2014年度国家社会科学基金重大项目
"中国民法重述、民法典编纂与社会主义市场经济法律制度的完善"
（批准号14ZDC018）阶段性成果

湖南大学罗马法系研究中心

Ius Romanum et Ius Commune
罗马法与共同法文库·文丛
主编／徐涤宇

拉美国家民法典编纂
历史与经验

Codification of Civil Law of Latin American Countries

徐涤宇 主编

北京大学出版社
PEKING UNIVERSITY PRESS

图书在版编目(CIP)数据

拉美国家民法典编纂:历史与经验 / 徐涤宇主编.—北京:北京大学出版社,2018.10
(罗马法与共同法文库·文丛)
ISBN 978-7-301-30042-8

Ⅰ.①拉⋯ Ⅱ.①徐⋯ Ⅲ.①民法—法典—拉丁美洲 Ⅳ.①D973.03

中国版本图书馆 CIP 数据核字(2018)第 251106 号

书　　　名	拉美国家民法典编纂:历史与经验 LAMEI GUOJIA MINFADIAN BIANZUAN:LISHI YU JINGYAN
著作责任者	徐涤宇　主编
责 任 编 辑	杨玉洁　焦春玲
标 准 书 号	ISBN 978-7-301-30042-8
出 版 发 行	北京大学出版社
地　　　址	北京市海淀区成府路 205 号　100871
网　　　址	http://www.pup.cn　http://www.yandayuanzhao.com
电 子 信 箱	yandayuanzhao@163.com
新 浪 微 博	@北京大学出版社　@北大出版社燕大元照法律图书
电　　　话	邮购部 010-62752015　发行部 010-62750672 编辑部 010-62117788
印 刷 者	三河市北燕印装有限公司
经 销 者	新华书店
	965 毫米×1300 毫米　16 开本　22.5 印张　340 千字 2018 年 10 月第 1 版　2018 年 10 月第 1 次印刷
定　　　价	59.00 元

未经许可,不得以任何方式复制或抄袭本书之部分或全部内容。
版权所有,侵权必究
举报电话:010-62752024　电子信箱:fd@pup.pku.edu.cn
图书如有印装质量问题,请与出版部联系,电话:010-62756370

总　　序

本文库(含文丛和译丛)之冠名,若不加阐释,颇有作茧自缚的意味。盖罗马法与共同法之谓,在西方法史上有其特指,由此似已决定本文库的选题仅限于特定的法史范围。

其实,以罗马法与共同法为名,并不意味着本文库崇尚"述而不作,信而好古"之史学幽情。我们提倡的是,过去为当下所用、法律史研究为法律教义学服务——前者的问题意识会受到现行法的影响,问题的解决则以后者为落脚点。易言之,本文库绝无意成为一座博物馆或一块纪念碑。所谓"一切历史都是当代史"、历史书写受"效果历史意识"支配的命题,均可为此种基本立场提供认识论上的支撑。其法律理论上的基础则在于:现行法的内容不是从石头缝里蹦出来的,而是从昨天一直演进到今天的产物。法律制度乃像语言一样的复杂现象,哪里有什么立法者能凭空将其建构出来? 诚如萨维尼所言:最重要的是应当认识到当前与过往的生机勃勃的相互联系;否则,我们只能认识到当前法状态的外在表象,而不能把握住其内在本质。

问题在于,我们如何把握这种生机勃勃的相互联系?

一、法律往事重提的实践理由

法律教义学"从某些未加检验就当做真实的,先予的前提出发"[①],是一门安于体制内的、有封闭倾向的学

---

① 〔德〕阿图尔·考夫曼、温弗里德·哈斯默尔主编:《当代法哲学和法律理论导论》,郑永流译,法律出版社2002年版,第4页。

问。但法律教义学者终究不是"明希豪森男爵",不能抓着自己的头发进行自我拯救。现代法与现代法学之正当性、科学性危机的诊断与消解,尚须进入法律史才能得到经验层面的切实观照;没有法律史根据的法哲学批判,只会是形而上的玄谈。

遥想当年,基希尔曼冒天下之大不韪发表雄文《论作为科学的法学的无价值性》,其在法学界激起的巨浪今天仍未消退。如果不否认法学主要是以价值为导向的实践性学问,后笛卡儿时代以自然科学为原型的法学范式难逃走进死胡同的宿命,那么,什么构成前此时代被接受的正当裁判规范,彼时的裁判者、解释者又如何获得正当法? 新的正当法模式、法学范式完全可以从历史传统中汲取营养。也就是说,通过与不同历史时期的法相比较,作为当前教义学前提的法典法本身产生、适用的特质能得到强烈凸显;从而,其在法哲学外亦能得到反思。

当下中国,撇开与意识形态密切关联的政治法领域不论,立法层面的现代法规范可谓基本齐备,法律教义学得以成为主流的法学研究范式。相形之下,对立法继受之母法及其法律史研究却呈现相当程度的萎缩,似乎以此现行中国法成为完全自给自足的研究对象。诚然,体系化、合理化现行法,以服务于司法裁判作业,为司法裁判"等置"制定法规范与案件事实做准备,是法律学者的重要使命。然而,现行立法、法学的继受属性,乃我国法律学者面临的基本事实:一百多年前,为解决"治外法权"问题,我国引进欧陆法制;改革开放后,以"与国际接轨""全球化"为口号,我们重整旗鼓、再续变法弦歌。自始在外力刺激下的立法继受,已然决定其先天发育的不足;即便是后天的理论与实践滋养膨胀了我们在制度和理论上的自信,也无法割裂继受的历史性。因此,本文库的旨趣,一方面鼓励以继受母体为主要对象的法律史和比较法研究,另一方面更为强调在历史关联中观照现行中国法的正当性和科学性,凸显其产生和适用的特质。

二、作为"绝对自然法"的罗马法?

古罗马人乃实践理性园地里的天才民族,在从公元前5世纪到公元6世纪的一千多年里,他们发展出一套完善的法律语言系统——诉、债、契约、所有权、遗嘱等,借此我们得以从法律角度来释读、调整社会经济事实。能与之相媲美的,大约只有古希腊人在哲学领域的成就。

与古罗马法不同,作为其后续发展,中世纪继受意义上的罗马法有其自身的特质。这种肇端于优帝《市民法大全》之学术性发现的罗马法继受,乃以法学的学术架构、方法为目标,因此法学只在它自己划定的范围、以自己的解释内涵来接受罗马法。① 但是,中世纪法律家在欧洲贯彻着一种确信:罗马法具有普世且超越时代的正确性,理性本身在《市民法大全》中化为文字,乃"记述之理性"(ratio scripta)。由此,罗马法虽然区别于凭着理性认识到的、建立在自然基础之上的近现代自然法,但它事实上已获得一种"绝对自然法"的地位。在中世纪盛期,这种权威性植根于罗马理念,即罗马帝国在救赎史上是基督徒的法律社会本身(一致性观念),当代世界与罗马法律家的世界根本上是同一的;普世帝国的权力崩溃后,代之而起的则是人文主义法学的确信:"我们这个时代文明的标准,早在古代即已确定。"②

随着民族国家的兴起,现代的罗马法学家虽仍借用"共同罗马法"(ius romanum commune)一词来强调罗马法对所有的人都是开放的,但他们已谦逊地意识到共同的罗马法只是潜在地对不同的民族有效,也就是说,其有效性取决于各民族国家是否将其采用为自己的法(diritto proprio)。于是,罗马法体系只是作为保护对共同法以及自有法的运用能够得以继续发展的一种工具,或者是基于其作为"人类共同遗产"的角色,作为各种制度要素的交汇点和对接点而发挥其功能。③ 本文库所谓的罗马法,正是在这种意义上展开的。

三、走向自有法与共同法的辩证关系模式

共同法或普通法(ius commune),在历史上特指12世纪罗马法原始文献被重新发现至18世纪自然法法典编纂期间,以罗马法和教会法为基础、在欧陆具有共同效力的法律和法学。④ 降至现在,经由重新

---

① 参见〔德〕弗朗茨·维亚克尔:《近代私法史——以德意志的发展为观察重点》(上册),陈爱娥、黄建辉译,上海三联书店2006年版,第108、109页。
② 同上,第36页以下。
③ 参见意大利著名罗马法学家桑德罗·斯奇巴尼为《罗马法与共同法》辑刊(法律出版社)所作序言(黄美玲译)。
④ 参见网络词典 Wikipedia "jus commune"词条,http://en.wikipedia.org/wiki/Jus_commune。关于欧洲共同法或普通法更详细的阐述,请参见〔美〕H·J·伯尔曼、约·雷德:《罗马法和欧洲普通法》,陈健、黄道秀译,载《研究生法学》1996年第1期。

诠释,共同法概念复为欧盟和拉丁美洲私法统一运动提供法律文化上的正当性①;在实在法文本上,现行《魁北克民法典》在序编即明确该法典明示或默示地规定了共同法(jus commune),它构成其他法的基础②;在司法实践层面,学者在欧洲法院的诸多判例中发现了罗马法和共同法,以及在此基础上形成和发展的欧洲民法的一般原则。③ 这种借助法的历史渊源展开的逻辑,表达的仍然是一种法的普世主义(universalism)理念:共同法超乎各民族或各法域的固有法之上,具有普世且超越时代的正确性,代表着法的理想状态。

在结识意大利 Trento 大学 Diego Quaglioni 教授和法律史大家 Paolo Grossi④ 教授之前,我也一直认为共同法是普世的,它凌驾于各法域自己的法之上。但二位教授非常严肃地指出我对共同法的认识误区:在中世纪其实有两个层次的法共生共存,即自有法(iura propria)与共同法(ius commune)。其中,iura propria 是复数的,而 ius com-

---

① 在欧洲,代表性的观点可参见:Reinhard Zimmermann, Roman Law and the Harmonization of Private Law in Europe, in *Towards a European Civil Code*, 4th ed., Arthur Hartkamp et al, eds., Kluwer Law International, 2011。关于新共同法的集中评论,可参见 R. C. 范·卡内冈:《欧洲法:过去与未来——两千年来的统一性与多样性》,史大晓译,清华大学出版社 2005 年版,第 32 页以下。在拉美,有学者提出作为共同法或曰普通法(ius commune)的拉丁美洲法这一概念,认为罗马法曾是世界范围内的普通法,而在历史上作为欧陆普通法重要法源的罗马法,应该成为认定和构建一个真正的拉丁美洲法的基础;该法不仅要在国际法院的层面,而且也要在国内法院的层面得到适用。参见〔秘鲁〕埃尔维拉·门德斯·张:《作为拉丁美洲一体化进程中统一因素的罗马法:对普通法的反思》,徐涤宇译,载杨振山、〔意〕桑德罗·斯奇巴尼主编:《罗马法·中国法与民法法典化——物权和债权之研究》,中国政法大学出版社 2001 年版。

② 其原文为:"The Civil Code comprises a body of rules which, in all matters within the letter, spirit or object of its provisions, lays down the *jus commune*, expressly or by implication. In these matters, the Code is the foundation of all other laws, although other laws may complement the Code or make exceptions to it."

③ 参见〔德〕罗尔夫·克努特尔:《罗马普通法和罗马法对欧洲联盟法院的影响》,米健译,载《外国法译评》1998 年第 1 期。关于欧洲法官在新共同法中的角色和作用,可参见〔法〕米海依尔·戴尔玛斯-马蒂:《欧洲法官在共同法复兴中的作用——含义及局限性》,张莉译,载《法学家》1999 年第 4 期。

④ 斯人为"新欧洲法律史"的代表人物,关于以他为首的意大利该学派的介绍,请参见梁治平先生为葡萄牙学者叶士朋教授的著作《欧洲法学史导论》(吕平义、苏健译,中国政法大学出版社 1998 年版)所作序言以及该书第 23 页以下。

mune 是单数的,易言之,自有法具有多样性,如封建法、王室法、庄园法、城市法、行会法等等,共同法则是统一的。虽然共同法被视为面对所有人、所有问题的解决手段,但自有法优先于共同法得到适用,共同法仅具有补充适用的效力。因为依据中世纪的法律观,越小范围法域之法优先于越大范围法域之法。① 复数的自有法与普遍的共同法处于紧密的辩证关系中:它们都是法,相互之间并没有高低之别,没有法源等级差异。

在今天主权国家的框架下,谦抑的共同法与自有法辩证关系模式仍具有借鉴意义。法的地方性差异应被尊重和关注;在"地方性知识"有缺漏的情况下,在历史的和比较的基础上获得的共同法可以完善和补充自有法。这颇类似于当事人缔结的合同条款与有名合同之任意性规范的适用关系:当事人的意思表示具体而个别化,它优先于制定法中有名合同的规定而被适用;后者通用于同类型的合同,其功能仅在于补充当事人意思表示的不足。

四、本文库的任务

因此,毋宁说,本文库致力于对立法继受之母法、法学作"历史深描",特别是对大陆法系源头的罗马法、共同法,其结构、功能、价值前提与推理方法予以深挖,主张将之作为现行法解释适用时的补充,以完成中国的"现代运用"。并且,本文库冠名为"罗马法与共同法",并不是要将之奉为现行法正当与否的检验标准,作为超乎其上的典范,而是倡导面向社会交往实际和法的地方性差异,发挥罗马法和共同法为"地方性知识"拾遗补阙的功能。所以,我们不仅欢迎关于罗马法、共同法之前世今生的研究,而且也愿意为面向中国问题、建立在法的地方性差异基础上的比较研究提供平台。

徐涤宇

2013 年 9 月 24 日

---

① 参见前引维亚克尔书,第 116 页。

目 录

总 论

拉美国家民法典编纂中的行动者　　　　　　　徐涤宇 / 3
拉丁美洲体系中的民法典
　　　　　　〔意〕桑德罗·斯奇巴尼 著
　　　　　　蒋佳艺 睢苏婕 宋晓庆 谢蔚 译　谢蔚 统校 / 23

智利民法典编纂研究

智利民法典导读　〔意〕桑德罗·斯奇巴尼 著　蒋佳艺 译 / 83
关于智利民法典重新编纂的一些思考
　　　　　　〔智利〕古兹曼 著　薛 军 译 / 95

阿根廷民法典编纂研究

在阿根廷生效的萨尔斯菲尔德民法典
　　——为该法典的汉语译本而作
　　　　　　〔意〕桑德罗·斯奇巴尼 著　薛 军 译 / 107
阿根廷共和国新民商法典导论
　　　　　　〔阿根廷〕里卡多·路易斯·洛伦塞蒂 著
　　　　　　　　　　　　　　　潘 灯 张 今 译 / 124
解法典后的再法典化：阿根廷民商法典启示录
　　　　　　　　　　　　　　　　　徐涤宇 / 135
《阿根廷共和国民商法典》目录　　徐涤宇 译 / 159

巴西民法典编纂研究

《巴西新民法典》序言
　　　　　〔意〕桑德罗·斯奇巴尼 著　齐 云 译　徐国栋 校 / 179
《巴西新民法典》和其罗马法基础
　　　　　〔巴西〕弗兰西斯科·阿马拉尔 著　齐 云 译 / 199
在传承与革新之间的巴西新民法典
　　　　　〔意〕阿尔多·贝特鲁奇 著　薛 军 译 / 218

秘鲁民法典编纂研究

1984年的《秘鲁民法典》
　　　　　〔意〕桑德罗·斯奇巴尼 著　黄美玲 译 / 253
秘鲁民法典的中译
　　　　　〔意〕里卡尔多·卡尔蒂里 著　陈晓敏 译 / 275
秘鲁民法典的改革　　　　　　　　　　　　徐涤宇 / 287

其他拉美国家民法典编纂研究

《波多黎各民法典》的重订进程
　　　　　〔波多黎各〕马尔塔·菲桂罗阿·托勒斯 著　徐涤宇 译 / 327

总 论

拉美国家民法典编纂中的行动者[*]

徐涤宇[**]

一、比较法研究中被遮蔽的拉美法典样式之缔造者

拉美诸国经历过两次民法法典化浪潮。第一次始于19世纪初,由于独立后的国家面临着创造统一的民族法典的政治需要,拉美各国相继颁布了自己的民法典:以继受乃至翻译《法国民法典》为一组,如海地(1825年)、玻利维亚(1831年)、多米尼加共和国(1845年)等国;第二组属于自主的或内生的法典编纂(codificazione endogena),它们虽然仍以法国法为模式,但已体现出"南美立法风格最为独特的和最具本色的成就"[①],其代表作为1857年《智利民法典》、1871年《阿根廷民法典》(由巴拉圭等国沿袭)和1917年《巴西民法典》。第二次我们可以称之为"再法典化"运动,亦即由拉美诸国社会变迁、政治转型催生的民法典之重新编纂,其肇始于1928年通过、1932年生效的《墨西哥联邦民法典》,继而有1933年和1964年的危地马拉新民法典、1936年《秘鲁民法典》等,而1984年秘鲁再次重新编纂的民法典、2003年《巴西新民法典》以及2014年12月通过、于2016年8月生效的《阿根廷民法典》,更将拉美的再法典化运动推向巅峰,并在世界范围内赢得声誉。

许多比较法学者把拉美各国第一次的法典编纂运动视为《法国民

---

[*] 意大利罗马第一大学桑德罗·斯奇巴尼(Sandro Schipani)教授为本文写作提供了丰富的外文资料,在此谨致谢意!

[**] 徐涤宇,中南财经政法大学法学院教授。

[①] 〔德〕K. 茨威格特、〔德〕H. 克茨:《比较法总论》,潘汉典等译,贵州人民出版社1992年版,第209页。

法典》在海外取得的巨大成就,其成功的原因主要在于这些新独立的国家需要某种范例。一方面,《法国民法典》是大革命的产物,它奠定了一种思想境界的基础,讲西班牙语的美洲人在此基础上可以证明自己争取独立的正当性,而西班牙作为曾经的殖民者,其法律根本不可能被拿来当作范例;另一方面,尽管《法国民法典》在形式上由法国法学理论著作发展而来,其内容是罗马法和习惯法妥协的产物,但其根源于罗马法传统的法律概念与结构体系,以及语言的简洁、精炼和通俗近民,使其对于外国法的继受来说,具有很强的可接受性和便利性。[1]

这种以法律样式论为基础的比较法上的观察,立基于法律秩序的历史来源与发展、特有的法学思维方式、有突出独立性的法律制度、法源的种类及其解释方法、意识形态或宗教信仰的各种因素等法律样式的客观性构成要素[2],着重对拉美各国法典编纂中的政治、社会状况进行一般性描述,通过对法典文本之体系结构、内容性要素乃至立法渊源之承继性的简单对比,认为拉美各国对《法国民法典》亦步亦趋,甚至无非是其海外译本。

然而,我们与其把拉美各国法典编纂运动的分析集中于抽象的民族国家之独立需求和简单的文本对照,毋宁落实为对具体的法典编纂之参与者的行为进行描述,因为"倘若没有有学识的法律专家决定性的参与,不管在什么地方,从来未曾有过某种程度在形式上有所发展的法","这些形式的品质发展的方向直接受到所谓的'法学家内部的'关系的制约"[3],即决定于这样一些个人的特质。事实上,决定法典之样式的,除了那些客观性的要素,从主观性要素看,更直接取决于它们的编纂者以及各种形式的参与者。这些作为法典编纂者的法律专家,因其训练方式、职业分工和阶层分化的不同而形象各异,其在法典编纂中担当的角色也因此决定着法典的不同

---

[1] 参见〔德〕K. 茨威格特、〔德〕H. 克茨:《比较法总论》,潘汉典等译,贵州人民出版社1992年版,第208—209页;〔美〕艾伦·沃森《民法法系的演变及形成》,李静冰、姚新华译,中国政法大学出版社1992年版,第161—162页。

[2] 参见〔德〕K. 茨威格特、〔德〕H. 克茨:《比较法总论》,潘汉典等译,贵州人民出版社1992年版,第131页以下。

[3] 〔德〕马克斯·韦伯:《经济与社会(下卷)》,林荣远译,商务印书馆1997年版,第117页。

样式。例如,《法国民法典》的起草者均曾长期从事律师职业,这多少决定了该法典"实务家法"的特质;而《德国民法典》虽然也是在实务家统率下进行的,但以教授为中坚力量的潘德克顿法学派却直接或间接地主导着立法,由此决定了该法典独特的理论性和体系性样式,并不可避免地被打上教授法的烙印。①

同样的,拉美国家那些自主编纂的民法典也几乎都是法学家委员会的作品;甚至,第一次法典编纂运动中被誉为代表民族构造努力之范本的《智利民法典》《阿根廷民法典》和《巴西民法典》,更是法学家的个人作品。这些伟大的法典编纂者,分别在他们各自所属的法律秩序中创造了自己的法典样式。离开对这些编纂者之身份和工作的认识,我们也就很难识别其法典样式的构成要素。因此,尽管通过一些学者的努力,拉美的一些民法典如《智利民法典》《阿根廷民法典》以及 2003 年《巴西新民法典》已分别被译为中文并出版,但其单纯的文本还是很难获得法学界对《德国民法典》《法国民法典》《瑞士民法典》《日本民法典》的那种厚遇,这也恰恰印证了西班牙学者为《智利民法典》抱屈的那个判断:"这部法典因其作者未获得一个伟大的立法者有权获得的承认而很少被了解。"②

对于中国的民法典编纂来说,可资借鉴的外国法典文本已相当丰富。也许,相较于被奉为经典的《德国民法典》和《法国民法典》,即便是那些具有原创性的拉美民法典,在文本借鉴的意义上不过是几味佐料而已。真正对已被提上立法日程的中国民法典编纂具有借鉴意义的,毋宁说是这些伟大的立法者是如何成就其独特的法典样式的:是怎样的法学家品质使他们成为法典样式的缔造者?他们在何种进路上开展工作?他们如何对待本国的和外国的立法资源?既然他们也承认"(法典编纂)工作所涉及的诸多问题,在许多情形下允许不止一个的理论探讨,以及在法政策上具有同等理性的不同解决方案"③,那

---

① 参见〔日〕大木雅夫:《比较法》,范愉译,法律出版社 1999 年版,第 265—273 页。

② *Enciclopedia*, publicada bajo la dirección de Carlos E. Mascareñas con la colaboración de eminentes profesores y juristas, t. IV, num. 12, Barcelona, 1952, p. 248.

③ 这是阿根廷新民法典编纂委员会 6 位成员于 1998 年 12 月 18 日致函司法部部长时坦陈的。*Antecedentes Parlamentarios: Proyecto de Código Civil de la República Argentina*, directado por Carlos J. Colombo, La Ley, Buenos Aires, 2000, p. 11.

么是什么因素促使他们就最终方案达成一致意见?

二、第一次民法典编纂运动:政治家、法学家与法典编纂的进路

19世纪的民法典其实都承载着"一个国家、一部法律"的政治使命,甚至一些国家的民法典还分担着宪法的某些功能。① 对于19世纪初纷纷独立的拉美诸国而言,其借助法典编纂昭告与其宗主国决裂的政治需求更为迫切,于是,编纂诸法典成为由宪法规定的一项政治任务。例如,1811年《新格拉纳达联合省联邦决议》第7条第3款,1816年《海地宪法》第37条,1823年《秘鲁政治宪法》第106条、第121条,1824年《巴西帝国政治宪法》第178条第18款,1825年《洪都拉斯政治宪法》第32条第2款,1826年《玻利维亚宪法》第46条,以及在一些国家国会的议案中,我们都能发现包含民法典在内的法典编纂之政治任务。此时,法典的编纂能力和丰足的法源储备显得并不那么重要,迅速完成法典的编纂才能真正配合实现政治上的独立,而以建立在自然法理想上的法国大革命为契机编纂而成的《法国民法典》风头正劲,即便是全盘照搬,也能在立法上使这些新近独立的国家完成和宗主国决裂的政治宣示任务。在此背景下,海地、多米尼加共和国和墨西哥的瓦哈卡州先后直接采用《拿破仑民法典》,玻利维亚、哥斯达黎加只是对其稍加改编,拉美独立之父玻利瓦尔在1829年提议哥伦比亚直接采用《拿破仑民法典》,智利民族独立运动领袖贝尔纳多·奥希金斯·里克尔梅(Bernardo O'Higgins Riquelme)甚至在1822年准备打包引进法国的五部法典,也就不足为奇了。②

不同于政治家更多地关注法典的政治宣示功能,作为编纂的具体行动者,法学家感同身受的是:"否认一个文明民族和它的法学界具有编纂法典的能力,这是对这一民族和它的法学界莫大的侮辱。"③况且,自克里斯托弗·哥伦布于1492年到达美洲后,无论是讲西班牙语

---

① 参见谢鸿飞:《中国民法典的生活世界、价值体系与立法表达》,载《清华法学》2014年第6期。

② Véase Sandro Schipani, *El Código Civil Peruano de 1984 y el Sistema Jurídico Latinoamericano*(*Apuntes para una investigación*),1985.

③ [德]黑格尔:《法哲学原理》,范扬、张企泰译,商务印书馆1996年版,第220页。

的伊比利亚美洲,还是讲葡萄牙语的卢西塔尼亚美洲,其植根于宗主国的长期法律实践,以及卡斯蒂利亚、葡萄牙法学家学说的广为传播,都使法学家们内心形成了自有法(propio derecho)的确信。在法律渊源层面,独立运动前伊比利亚美洲的法源效力等级依次为本义上的印第安法(如西班牙人为美洲领土制定的《印第安法律汇编》、与《印第安法律汇编》不冲突的地方当局颁布的规定、必要的习惯、印第安人过去的法律和好的习惯)和西班牙本土的卡斯蒂利亚王国法律(如《西班牙最新法律汇编》《皇室法律汇编》《七章律》);在卢西塔尼亚美洲,法律渊源体系涉及特别针对巴西的法律和在葡萄牙施行的法律[包括《菲利普法令集》、国王法令集、一些古代意大利法学家的作品(如《阿库修斯评注大全》)、巴托鲁斯的评论,但与法学家一致意见相左的除外]。这些法律渊源甚至在新的共和国建立过程中,除了与新的宪法冲突的部分,基本上保持了效力。① 它们和法学家的学说一起,构成整个拉丁美洲以共同的罗马法为基础的法律文化。因此,法典编纂之于法学家们,并非要通过制定新法与过去决裂;相反,按照乌拉圭法学家、《阿根廷商法典》的作者爱德华多·阿塞韦多(Eduardo Acevedo)(1815—1863)的表述:"这使得我们的工作除了极少方面外,不过是以现代法典的形式编纂每天由法院适用着的法律和学理。"②

由于法学家的参与,法典编纂的进路不再单一地表现为照搬"革命"的《法国民法典》。在那些准备自主编纂民法典的国家,讨论得最为激烈的是法典究竟应该是以改革旧法为目标,还是仅仅对现行法进行汇编式的整理。在智利,虽然奥希金斯在1822年就提出整体继受法国的五部法典,但其提议以及此后的一些方案都未能付诸实施。1831年5月,思想家胡安·埃加尼亚(Juan Egaña)提出一个激进的、完整的改革旧法的方案,即着手编纂现代法典,抛弃传统,代之以新观念。该建议显然和一些政治家、律师、法官的传统观念发生碰撞,但却获得了政府的支持。在随后的较量中,政府提出的法典编纂计划获得

---

① Cfr. Sandro Schipani, *Codici civili nel sistema latinoamericana*, in *Digesto. Delle discipline privatistiche. Sezione civile. Aggiornamento*, UTET, Torino, 2010, ps. 290–291.

② Véase Bernardino Bravo Lira, *Cultura de Abogados en Hispanoamérica. Antes y después de la Codificación* (1750–1920), en *Roma e America. Diritto Romano Comune*, 12/2001.

7

参议院通过,但在寄送给众议院时,受到议员曼努埃尔·何塞·托科纳亚(Manuel José Tocornal)的激烈批评,他提出一个替代方案:对仍在智利施行的《七章律》进行汇编。讨论似已陷入困境,而议员曼努埃尔·卡米洛·维阿尔(Manuel Camilo Vial)于1833年6月14日在众议院会议上提交了"编纂民法典的议案",意图平息国会内部、部分议员和共和国总统之间的争议。他提出以一部法典来取代源自宗主国西班牙的旧法,但其议案第4条却如是规定:"此项工作的受托者仅限于汇编现行法典中的既有法律,只是将这些法律的规则部分转化为简朴和精确的语言;添加著名注释者和著述者阐明的规则,以补充现行法律中所欠缺者;在每个条文末尾援引这些规则的出处。"此段文字表明,该工作仅在于汇编现行法,即智利从宗主国继受的旧的罗马—卡斯蒂利亚—印第安混合法,而不引入任何改革。①

在这个时期,受智利政府之邀来到这个国家担任要职的委内瑞拉人安德雷斯·贝略(Andrés Bello,1781—1865)参与了讨论。1833年6月28日,他在《阿劳坎人》(El Araucano)上发表《民法之法典化》一文,赞成并倡导维阿尔的方案。在该文中,他也在汇编的意义上使用法典编纂一词,并区分了法典编纂和法律改革。在他看来,法律改革在于"纠正现行制度中一切与人的理论性原则不符的部分,形成一个新的法律体系";此外,就是要简化立法,填补其漏洞,引进由国家之"政治转型""人性"或"哲学"催生的革新。法律改革导向的是"理想的立法"(legislación ideal),它完全可以在"哲学家式的立法者(legislador filósofo)的会客室里"形成。而法典编纂(汇编)就是要"将民事法律化约为一个整理好的体系,没有拐弯抹角的废话和冗余的句子,没有无用的词语和词组之堆砌,这些都使法律缠绕不清和晦涩";要摒弃"我们生活于其中的事物秩序中那些从未或不再适用的内容";就现行法律之评注者所发生的分歧选择一个解释;协调既有规则并删除矛盾和多余的规则。这样一个法的体系所要实现的功能就是要作为一个有用的汇集服务于律师、法官和学习者,"在那里,他们能找到

---

① Véase Alejandro Guzmán Brito, *Codificación y consolidación:una comparación entre el pensamiento de A. Bello y el de A. Teixeira de Freitas*, en *Agusto Teixeira de Freitas e il diritto latinoamericano*, a cura di Sandro Schipani, CEDAM, Padova, 1988, ps. 256-258.

与主题相关的法律概览,以及在法律缄默或其规定模糊的大量情形,能找到最好的法律解释者之观点的概览表"[1]。随后,贝略又通过超越法典编纂(汇编)与法律改革之间的前述对立,来表达一种确信:正是改革性的推进作为一种批判性和体系性的成果不断出现,去除了共同罗马法遗产中"因数世纪专制主义而蒙受的污点"[2]。在后来受托起草《智利民法典》时,贝略虽然围绕着汇编现行法展开工作,但他确实也凭借其体系化的能力和罗马法的知识完成了对智利法的改革性推进。

在巴西帝国,其1824年的宪法虽然规定了民法典和刑法典的编纂任务,后者也于1830年颁行,但民法典的制定在19世纪上半叶根本未提上日程。政治家和法学家欧塞比奥·德·凯罗斯(Eusébio de Queirós)曾含糊地想推动采用科雷亚·特莱斯(Correia Teles)的《葡萄牙学说汇纂》(Digesto Português),他也试图游说其同僚若泽·托马斯·纳布科·德·阿劳若(José Tomás Nabuco de Araújo)开展此项工作。纳布科于1853年就任司法部部长后,决定推动旧法的修订工作。他致函被后世誉为巴西民法之父的奥古斯都·特谢拉·德·弗雷塔斯(Augusto Teixeira de Freitas,1816—1883),咨询应向谁请求开展修订工作,以及弗雷塔斯本人若承担此项工作所要求的条件。弗雷塔斯以报告的形式作出了答复,他承认此项工作的最终目标是制定一部新的法律,但为达此目标,必先认识既有的法律。因此,民法法典化的第一步是对所有既存法律进行一般的、体系化的分类:分类体系应从公法和私法的自然分类导出,并且要保持一种编年的顺序;既有的法律不仅包括现行生效的法,也包括那些已被废除或搁置不用的法,这是认知法的唯一方法。第二步则是对分类的法律进行简化或归并、汇编(consolidação),即把现行有效的法律规定尽可能地化约为简单而精确的命题,并将其划分为章节和条款。显然,此项工作不是要对立法做深层次的修改,只是对它进行文字性重组。第三步就是法典化,即填补其缺失和漏洞,纠正其错误。这是一种新的立法,必须按照现代法典编纂的最优方法塑造,其编纂应该采取简约而清晰的风格,而且除

---

[1] Alejandro Guzmán Brito, *op. cit.*, ps. 258-260.
[2] Sandro Schipani, *Codici civili nel sistema latinoamericana*, p. 295.

非确有必要,应避免学理性规定、举例和定义。①

1855年2月,巴西帝国政府和弗雷塔斯签订了一份合同,委托他汇编巴西的法律。合同的内容基本参照弗雷塔斯本人的要求,其第1条委托他对所有巴西的法律进行收集和分类,包括独立前的葡萄牙法律和巴西法律(不管是否已被废除);第2条则规定分类应虑及公法和私法的划分和亚类型的划分,并要遵循编年顺序;第3条是委托其对民事法律进行汇编,以展示立法的最近状态。此外,该条也提及弗雷塔斯本人倡导的汇编方法,并要求在相应的注释中应引证从中提炼命题的法律,或者参考与法律相冲突的或相适应的习惯。② 尽管合同期为5年,但弗雷塔斯于1857年就完成了此项任务。《民事法律汇编》得到了负责评价它的委员会的赞赏,并获得顺利通过。但汇编不是一项立法活动,它似乎只是作者基于委托合同向政府提交的法学研究成果,所以委员会认为没有必要由立法者批准。③

同样是尊重其法典编纂的三步走进路,1859年弗雷塔斯又被赋予编纂一部民法典草案(Esboço)的任务,这次合同应于1861年到期,后来被延期到1864年。弗雷塔斯立即投入此项工作,并在1860年出版了总则,在1861年出版了关于对人权的第二编的前两部,在1865年出版了第三部,以及关于对物权的第三编的前三部,此时草案已推进到4 908条。然而,一方面是弗雷塔斯的慢工出细活,一方面是巴西帝国政府急于得到一部民法典,后者召集了一个委员会评估前者的起草成果。1867年9月,弗雷塔斯致信司法部表示反对,并提出总法典的设想,试图在总法典下的民法典中实现民商法的统一。1868年6月,司法部听取了部长纳布科的报告,后者赞成该提议。但司法部认为弗雷塔斯未在规定的期限内完成草案,考虑撤销合同。1872年11月,司法部正式撤销了合同。④ 于是,弗雷塔斯的法典编纂计划就此止步。

---

① Véase Alejandro Guzmán Brito, *op. cit.*, ps. 260-262.
② Véase Alejandro Guzmán Brito, *op. cit.*, p. 262.
③ 参见〔意〕桑德罗·斯奇巴尼:《〈巴西新民法典〉序言》,载《巴西新民法典》,齐云译,徐国栋审校,中国法制出版社2009年版,序言。
④ Cfr. Munir Karam, *O processo de codificação do Direito Civil Brasileiro (da Consolidação de T. de Freitas ao projeto Beviláqua). O sistema do Esboço*, in *Augusto Teixeira de Freitas e il diritto latinoamericano*, a cura di Sandro Schipani, CEDAM, Padova, 1988.

至此，我们已不难发现，拉美各国从独立之初纷纷效仿甚至照搬《法国民法典》，到后来采取自有法之法典编纂进路，实因其有着共同的法源和法学家文化。这种共同的根，能很好地解释即使是那些自主编纂的拉美民法典为何也具有高度的相似性，以及它们为何如此容易地被其他新独立的共和国全盘接受。甚至，如果我们对比一下原创性的拉美民法典和同时期西班牙、葡萄牙编纂的民法典，也不会惊讶于前者比后者更忠实于卡斯蒂利亚法和葡萄牙法。①

三、法典编纂者与拉美三大范式民法典的样式

正如前述，对法典样式的比较研究通常从文本的内容、体系出发，忽略了法典样式之缔造者在其中的创造性作用及其丰富的角色担当信息，而这些信息往往都是其独特样式的决定性要素。有鉴于此，下文将选择拉美三大范式民法典作为样本，缕述其起草者和审查者的身份背景、起草思路和具体工作内容，以发现文本背后的法典样式之特质。

（一）贝略与《智利民法典》

贝略作为外国人，却能受智利政府委托起草《智利民法典》，其原因不外有三：第一，他在当时的整个西班牙语地区享有崇高的声誉，是拉丁美洲伟大的人文主义者，被认为是拉丁美洲文化上的独立之父，恰如他的学生玻利瓦尔是美洲政治上的独立之父；第二，尽管他从未取得律师资格，其法典编纂能力也因此受到一些传统的政治家、律师和法官的质疑，但其父曾为律师，他本人在中学结束后就开始接受法律方面的教育，而且，他写过小型的要点性的罗马法教科书和一本国际法著作，其著作在美洲广为传播；第三，独立后的拉丁美洲各国相互之间认同本地区政治、体制、文化之共同性、相对独特性以及一体性，尤其是由罗马法、伊比利亚法、在拉丁美洲存在的前哥伦布时代的法三种因素组合而成的拉丁美洲共同法律文化，经常由法学家以及由法学家制定并且得到立法者批准的法典来表明其相互的认同。②

---

① Véase Bernardino Bravo Lira, op. cit., p. 47.
② 参见〔意〕桑德罗·斯奇巴尼：《在智利、厄瓜多尔、哥伦比亚生效的安德雷斯·贝略民法典》，徐国栋译，载《智利共和国民法典》，徐涤宇译，北京大学出版社 2014 年版；Alejandro Guzmán Brito, op. cit., p. 251; Sandro Schipani, Codici civili nel sistema latinoamericana。

受人之托,忠人之事,贝略勤勉地完成了这一任务。他1833年或1834年开始工作,于1840年9月向由一项法律创设的"民事法律法典编纂委员会"(其本人亦为成员)提交了《智利民法典第一草案》,内容包括"序题""死因继承"和"合同与协议之债"二编,委员会作出了修订的决定,但贝略几乎是独自地进行了修订。他于1846年重编了继承编,1847年修订了"合同与协议之债"编,此即"1846—1847草案"。1853年贝略再次提交草案,这次他增加了第一编"人"和第二编"财产",继承和合同则分别成为第三编和第四编,而扩展了的"序题"则取代了原来很简单的同名序题。该草案被提交给同年由智利总统任命、由法学家和法官组成的审查委员会,总统亲任主席,贝略再次成为成员。其审查催生了一个新的草案文本,其中的修改虽然归功于审查委员会,但多数修改是由贝略本人倡议而被采用的。其后,该草案仅由贝略一人再次修订,于1855年形成了提交给国会的最终草案。同年12月,议会未加讨论即通过了该草案。① 显而易见,《智利民法典》几乎是贝略的个人作品,因此其个人对民法典内容、体系乃至表述方式的理解决定了该法典的样式。

贝略在其1853年草案某些条文的注释里,记载了其立法渊源主要是《七章律》和《西班牙最新法律汇编》,这表明他坚定地将民法典植根于伊比利亚法律传统,没有偏离其倡导的以现代法典的形式汇编现行法律的法典化进路。但贝略在其工作中,并不完全拘泥于旧的罗马—卡斯蒂利亚—印第安混合法,他广泛借鉴欧洲民法典的成就,参酌大量法语著作以及萨维尼的《当代罗马法体系》一书,有条不紊地推进法律的革新。例如,在原因理论方面,他亦步亦趋地采用了《法国民法典》的规定和法国学者相对成熟的观点;就水资源问题,他遵循《撒丁民法典》的模式,规定了强制性的导水役权,并在国有财产的相关规定中也体现了撒丁模式;他接受了萨维尼对法人的理论构造,第一次在民法典中规定了法人制度,并且他曾一度打算增加"法律行为"一章,但最后还是放弃了。贝略并未就此止步,他甚至根据自己对法的理解和个人的一些经历,原创性地树立了一些

---

① Véase Alejandro Guzmán Brito, *Causa del Contrato y Causa de la Obligación en la Dogmática de los Juristas Romanos, Medievales y Modernos y en la Codificación Europea y Americana*, en *Roma e America. Diritto Romano Comune*, 12/2001.

立法典范。例如,在定义所有权时,他为所有权确定了两个限制(法律的限制和他人权利的限制);他出版过一本国际法著作,从事过外交活动,还被智利政府聘为外交部法律顾问,所以他原创性地规定了智利人和外国人在民事权利的享有方面一律平等,其法典中甚至还包括一些国际法的内容。①

《智利民法典》样式的另一个标志是其罗马法印记,意大利法学家桑德罗·斯奇巴尼甚至断言:"(贝略)主要的罗马法著作是民法典草案。"确实,贝略接受了罗马法的指导和他所受的罗马法教育的指导,他的这些指导来自《法学阶梯》,该书为他提供了进行简单化和体系化的模式;这些指导也来自《学说汇纂》,该书为他提供了一份进行精细区分、深化处理和阐述方式的巨大遗产,而这些技巧是在一个内在一致的体系中表现出来的。他在罗马法的指导下,对既有的各种民法典(它们全都是以罗马法为基础的)进行科学比较,在对更公正的法律解决方案的寻求中归纳出大量规则。② 由此,在建构法典的结构体系上,贝略基本遵循了优士丁尼《法学阶梯》的顺序,但受对物权(iura in re)与向物权(iura ad re)大论战的影响,他不再像《法国民法典》那样将继承权和债权作为"所有权的取得方式"而归于物法编了,这就形成了其独特的四编制结构。③ 在所有权变动的体系性构造中,贝略严格遵循罗马法规则,他区分基于意思表示的所有权变动(第二编第六题)和继承中遗产的所有权变动(第三编第一题),对于前者,他继承罗马法上交付(traditio)制度,构建了实质上的物权合意之所有权变动模式,同时他采用前萨维尼自然法学派名义(titulus)加形式(modus)取得说,

---

① 类似例子俯拾即是,具体可参见〔意〕桑德罗·斯奇巴尼:《在智利、厄瓜多尔、哥伦比亚生效的安德雷斯·贝略民法典》,徐国栋译,载《智利共和国民法典》,徐涤宇译,北京大学出版社2014年版,第7—11页;Alejandro Guzmán Brito 的前引二篇文章;Sandro Schipani, *Codici civili nel sistema latinoamericana*。

② 参见〔意〕桑德罗·斯奇巴尼:《在智利、厄瓜多尔、哥伦比亚生效的安德雷斯·贝略民法典》,徐国栋译,载《智利共和国民法典》,徐涤宇译,北京大学出版社2014年版,第5页。

③ 参见〔意〕桑德罗·斯奇巴尼:《法学研究方法以及对古罗马法学著作和近现代法典结构体系中若干问题的思考》,丁玫译,载《比较法研究》1994年第2期。

形成了所有权变动的有因性原则。①

  法典编纂应遵循规范陈述之经济性(economia di enunciati normativi)原则,这正如贝略所理解的,法典应避免废话和冗余的句子、无用的词语和词组之堆砌,为律师、法官和学习者提供"相关主题的法律概览"。而作为一名语言学家,贝略曾致力于维护独立中诞生的诸共和国与西班牙在语言上的统一,并为此目的写作了一部西班牙语语法作品;作为一名教师,他在《学说汇纂》和罗马法著作的帮助下,发展了其一系列简略的要点。正是基于贝略娴熟的语言驾驭能力和教学中养成的要点提炼能力,《智利民法典》由诸多精短、准确并且典雅的条文组成。② 法国比较法学家对此也不由赞叹:"其技术是完善的;它所有的规定明晰、符合逻辑并前后一致;安德雷斯·贝略可以被理智地认为是人类最伟大的立法者之一。"③在智利,许多法学家都认为他们的民法典在语言风格上可与《法国民法典》相媲美。

  1857年《智利民法典》以其独特的样式卓立宇内,但其意义并不止于此。在19世纪的新美洲大陆,独立后的新共和国通过"拉丁美洲"(America Latina)一词来谋求政治—法律的自我认同(autoidentificazione),该种认同与宗教的认同一起形成"我们的美洲"(nuestra America)的概念。《智利民法典》的面世,在法律的自我认同层面标志着罗马法体系下拉丁美洲法系的真正形成。正是出于这种考虑,智利政府在1877—1879年的利马会议上提交了一个提案,主张在法律统一化的视角下采贝略的民法典为共同法典。尽管该提案在非常复杂的背景中并无结果,但《智利民法典》为厄瓜多尔、哥伦比亚、巴拿马等国几乎逐字逐句照搬以及深刻影响洪都拉斯、尼加拉瓜的民法典制定

---

  ① 参见笔者为《智利共和国民法典》中译本(北京大学出版社2014年版)第670条和第675条所作的注释。事实上,萨维尼也是通过对"traditio"的分析,构建物权契约之概念的。

  ② 参见〔意〕桑德罗·斯奇巴尼:《在智利、厄瓜多尔、哥伦比亚生效的安德雷斯·贝略民法典》,徐国栋译,载《智利共和国民法典》,徐涤宇译,北京大学出版社2014年版,第5页;Sandro Schipani, *Codici civili nel sistema latinoamericana*。

  ③ Pierre Arminjon, Boris Nolde et Martin Wolff, *Traité de Droit Comparé*, t. 1, num. 88, Paris, 1951, p. 163.

的事实,足以说明这种自我认同的普遍存在。①

(二)萨尔斯菲尔德与其教科书式的民法典

1864 年,达尔马西奥·维勒斯·萨尔斯菲尔德(Dalmacio Vélez Sarsfield,1800—1875)受任起草《阿根廷民法典》,5 年后他向国会提交了草案,而国会实际上根本没来得及看看其具体内容和进行认真的讨论,就"非常迅速地"批准了其草案。显然,《阿根廷民法典》完全是萨尔斯菲尔德的个人作品,而其个人经历不可避免地影响到这部作品。

首先,萨尔斯菲尔德受过罗马法教育,他在起草民法典时直接或者间接地利用了《市民法大全》,并根据后来学者的重读再进行重读。据统计,他在法典的条文注释中引证了罗马法 1 303 次,且其 799 个条文源自罗马法,也就是说,大约 1/5 的条文以罗马法为渊源。正因为如此,在国会讨论其草案期间,最主要的责难就是罗马法对草案影响过大。② 但萨尔斯菲尔德对此指责不以为然,因为在他看来:"(罗马的)立法是其自己的(即阿根廷的),就如同它也是西班牙自己的。"③

其次,作为律师的萨尔斯菲尔德在为客户提供法律意见时经常旁征博引。例如,在针对总督胡安·曼努埃尔·德·罗萨斯(Juan Manuel de Rosas)发布的扣押令发表法律意见时,他引证了《学说汇纂》《七章律》的有关片段并进行了深入分析,他同时引证了《法国民法典》以及波蒂埃、居雅士(Cujas)的作品;在另一个关于收回道路通行权的案件的法律意见中,他虽然依据的是西班牙的《皇室法律汇编》(Fuero Real),但为加强论证,他引用了《学说汇纂》中乌尔比安和彭波尼的观点。当萨尔斯菲尔德为躲避罗萨斯的迫害而流亡乌拉圭时,他开始对法国的、萨维尼的和弗雷塔斯的现代法学理论以及欧洲和拉美的法典(尤其是《智利民法典》和西班牙戈耶拿、巴西弗雷塔斯的民法典草案)感兴趣。④ 他的这种论述风格在《阿根廷民法典》的条文注释中继续得到体现,以至于这些被包括在法典正式文本中的注释事实上发挥

---

① Cfr. Sandro Schipani, *Codici civili nel sistema latinoamericana*, pp. 310–311.

② Véase Noemí Lidia Nicolau, *El Rol de los Juristas en la Formación del Subsistema Obligacional Argentino*, en Roma e America. Diritto Romano Comune, 12/2001.

③ Sandro Schipani, *Codici civili nel sistema latinoamericana*, p. 307.

④ Véase Noemí Lidia Nicolau, *op. cit.*.

着民法教科书的作用,直至最早的一些评注作品问世,而其主要的原因是该法典颁行之时阿根廷法律文化所处于的短缺状态。①

再次,由于萨尔斯菲尔德长期从事律师职业,并在政治机构中长期任职,所以他非常关注具体的法律问题,也因此对一般的非诉讼问题和公共问题非常敏锐,这一个人经历决定了其立法技术更多地采用了具体决疑的方法,其法条表述也非常直白。尽管萨尔斯菲尔德也很擅长把需要判决的问题的构成要件有机组织起来,但这种立法技术还是导致了《阿根廷民法典》的条文多达 4 051 条之巨,以至于该法典看起来更像法律适用指南。此外,《阿根廷民法典》中也存在一些划分和举例,对此非常个人化的立法技术也存在不少争议。好在该法典是一个人的作品,所以尚能保持其内部的高度统一。②

必须指出的是,萨尔斯菲尔德面对的最大批评来源于其同胞胡安·包蒂斯塔·阿尔韦迪(Juan Bautista Alberdi),后者认为其主要的来源是巴西法学家弗雷塔斯的《民法典草案》。③ 为此,萨尔斯菲尔德辩解道:"草案四分之三的条文与各民族国家的任何一部法典都不一样……我希望在我的法典中呈现的是科学的法,这就如同德国人称呼由科学亦即声誉卓著的法学家的理论所创设的法那样;我也希望,若有可能,在草案中能看到科学的现状,假如我力所能及的话;有鉴于

---

① *Antecedentes Parlamentarios*: *Proyecto de Código Civil de la República Argentina*, p. 10. 事实上,附加注释是萨尔斯菲尔德受托编纂民法典时的一项明确任务,这些注释同时也表明了几乎所有的法典编纂者的工作流程和工作方法。参见〔意〕桑德罗·斯奇巴尼:《在阿根廷生效的萨尔斯菲尔德民法典》,薛军译,载《最新阿根廷共和国民法典》,徐涤宇译注,法律出版社 2007 年版,第 15 页。

② 参见〔意〕桑德罗·斯奇巴尼:《在阿根廷生效的萨尔斯菲尔德民法典》,薛军译,载《最新阿根廷共和国民法典》,徐涤宇译注,法律出版社 2007 年版,第 11 页。

③ 这一批评并非空穴来风,据学者分析,萨尔斯菲尔德虽然没有接受弗雷塔斯设立总则的想法,但《阿根廷民法典》的篇章结构在修正的基础上遵循了弗雷塔斯《民事法律汇编》的结构,甚至连有些篇名都有抄袭之嫌。并且,弗雷塔斯的《民法典草案》至少对《阿根廷民法典》中的三编来说是直接的立法渊源,该三编中有超过1 200条或者说其 1/3 的条文是通过字面翻译或评注采自该草案的。参见〔意〕桑德罗·斯奇巴尼:《在阿根廷生效的萨尔斯菲尔德民法典》,薛军译,载《最新阿根廷共和国民法典》,徐涤宇译注,法律出版社 2007 年版,第 7—8 页;Munir Karam, *op. cit.*, p. 337。

此,我认为本法典追随所有民族最著名的作者而设计的方案是合理的。"①而斯奇巴尼教授则认为,这种现象正好说明了西班牙语国家与葡萄牙语国家在拉丁美洲的一体性之内的紧密联系,是它们所具有的共同的罗马法基础使得这种相互的交流成为持续性的和永久性的。②

无论如何,萨尔斯菲尔德毕竟塑造了拉丁美洲法系的第二部范式民法典,并以此在阿根廷构建了罗马法系框架下的民法体系,自此以后学理更多的是致力于法典的解释而非体系构建。也只是在大约50年后,法学家们才开始谋求变革。③

(三)弗雷塔斯之后的法学家与巴西1917年的民法典

在弗雷塔斯之后,巴西先后出现了几部民法典草案:1872年,曾委托弗雷塔斯起草民法典的司法部部长纳布科自己被授予编纂一个草案的任务,但他出师未捷身先死,留下一个包含118条序题和182条总则的草案;1881年法学家、参议员若阿金·费利西奥·多斯·桑托斯(Joaquim Felício dos Santos)编纂了一部私人草案,并将之提供给政府,但政府任命的一个审查委员会援引当时已广为流行的德国潘德克顿体系批评了其体系;1889年的一个委员会在皇帝的亲自主持下,基于潘德克顿体系进行工作,但在同年因宣告成立共和国中断了工作;1890年,共和国政府授权参议员、法学家安东尼奥·科埃略·罗德里格斯(Antonio Coelho Rodrigues)起草一部草案,他为此前往瑞士专注于起草工作,据说其草案的结构采用了瑞士的《苏黎世州私法典》的模式,也曾将1884年《瑞士债法典》作为其参照系,但可以肯定的是,其1893年提交而最终未被政府接受的草案采用的都是潘德克顿体系。④

克洛维斯·贝维拉瓜(Clóvis Beviláqua,1859—1944)在1899年1月受司法部委托起草一部民法典草案,他于同年11月就完成了委托。

---

① Véase Noemí Lidia Nicolau, *op. cit.*.
② 参见〔意〕桑德罗·斯奇巴尼:《在阿根廷生效的萨尔斯菲尔德民法典》,薛军译,载《最新阿根廷共和国民法典》,徐涤宇译注,法律出版社2007年版,第8页。
③ Véase Noemí Lidia Nicolau, *op. cit.*.
④ 参见〔意〕桑德罗·斯奇巴尼:《〈巴西新民法典〉序言》,载《巴西新民法典》,齐云译,徐国栋审校,中国法制出版社2009年版,第10页;参见徐国栋:《巴西民法典编纂史略》,载《巴西新民法典》,齐云译,徐国栋审校,中国法制出版社2009年版,第15—16页。

该草案几经周折于 1916 年 1 月 1 日被通过,并于次年生效。但 1917 年《巴西民法典》很难说完全是贝维拉瓜的个人作品了,因为它曾于 1900 年接受一个校订委员会的审查,而该委员会做了不少修改,并且,该草案在同年被提交给众议院时,众议院也提出了修改意见。①

尽管如此,1917 年《巴西民法典》毕竟因贝维拉瓜的主导性工作而不可避免地烙上其个人的印记。作为法学教授,贝维拉瓜著作等身,其比较法研究尤为精深;作为法典编纂的受托人,贝维拉瓜在被委托之时,就被司法部长要求以罗德里格斯的草案为基础,并参照纳布科草案、弗雷塔斯草案和桑托斯草案进行工作。正因为如此,贝维拉瓜的法典编纂进路及其体系设计理念一方面受到当时风行巴西的潘德克顿体系的影响,另一方面也与弗雷塔斯、罗德里格斯的设想一脉相承。他从"对象"(objeto)出发,将民事法律关系分为家庭关系、所有权关系及其派生权利关系、债的关系、法定继承和遗嘱继承关系四类,但他认为这四组关系并未穷尽法的躯体(corpo do direito),必须考虑的是:第一,在法律关系中存在着主体(人)、客体(财产)和将二者结合起来的联系(法律关系);第二,存在着导致权利产生、变更或消灭的一种特定的力(法律事实);第三,存在一些在任何类型的法律关系中都不能变通的一般适用规范。② 据此,他将民法典的体系划分为总则和分则,前者包括人、财产、法律事实,以及更高位阶的适用规范(即引导法),后者则包括家庭法、物法、债法和继承法四编。基于此种设计理念,贝维拉瓜提交了一个 1 973 条的民法典草案和一个 43 条的民法典引导法草案,而最终通过的民法典在体系结构上并无实质改动,包括 21 条的引导法、179 条的总则和 1 628 条的分则,这事实上是弗雷塔斯体系与潘德克顿体系的聚合。这种极尽体系化之能事的法典样式俨然使《巴西民法典》也具备"教授法"的气质,并反映了德国潘德克顿体系的巴西化及其持续化。③

---

① 参见〔意〕桑德罗·斯奇巴尼:《〈巴西新民法典〉序言》,载《巴西新民法典》,齐云译,徐国栋审校,中国法制出版社,2009 年版,第 11 页。
② Cfr. Munir Karam, *op. cit.*, p.334.
③ 参见〔意〕桑德罗·斯奇巴尼:《〈巴西新民法典〉序言》,载《巴西新民法典》,齐云译,徐国栋审校,中国法制出版社 2009 年版,第 12 页;参见徐国栋:《巴西民法典编纂史略》,载《巴西新民法典》,齐云译,徐国栋审校,中国法制出版社 2009 年版,第 7、17 页。

然而,从内容来看,《巴西民法典》并未偏离拉丁美洲共有的民法传统,甚至有学者指出,只要对比一下《巴西民法典》和1867年《葡萄牙民法典》,不难发现前者比后者更忠实于传统的、以罗马法为基础的葡萄牙法。① 也许是在此种意义上,斯奇巴尼教授才将《巴西民法典》誉为最后一部"独立的并把罗马法输入拉丁美洲的法典"②。

四、再法典化进路与法学家群体

如果说拉美诸国19世纪伴随着独立运动发生的自主法典编纂乃以植根于罗马法的自有法之样式构造为其目标的话,那么20世纪上半叶开始的法典重新编纂之浪潮,则孕育于拉美经济社会发展和法律文化史中一个极为不同的时代。一方面,法典的重新编纂指向的已经不是独立模式的构建和完善,而往往是引领新宪法所要求的社会新构造;另一方面,20世纪初开始的法律文化之潘德克顿化,亦即德国法律文化的影响已蔓延至拉美,并与弗雷塔斯、萨尔斯菲尔德、贝维拉瓜的遗产汇合。在此背景下,墨西哥联邦区于1926年成立了一个编纂新民法典的委员会,该委员会于1928年提交草案,同年7月新民法典颁布并于1932年8月生效;危地马拉1933年的新民法典也许考虑了瑞士经验而不包括债法,其1964年的新民法典才将债纳入;秘鲁1936年重新编纂的民法典受中欧自然法的影响,它似乎更多关注瑞士的经验而未规定总则,但德国法律文化和《意大利民法典》存在的一些类似特征也被凸显;在玻利维亚,家庭法从民法典中被分离出来,和商法典同时于1973年4月生效,而1976年的新民法典也维持了这种选择;也许是受社会主义国家立法例的影响,古巴1975年将家庭法从民法典中分离出来,其1987年的新民法典更是重视东欧社会主义国家尤其是民主德国1976年的民法典文本。③

然而,在那些信仰民法典之不可变易性和永久性统治的国家,尤其是在其民法典已成为原创性之立法典范的国家,再法典化的过程则

---

① Véase Bernardino Bravo Lira, *op. cit.*, p.47.
② 〔意〕桑德罗·斯奇巴尼:《〈巴西新民法典〉序言》,载《巴西新民法典》,齐云译,徐国栋审校,中国法制出版社2009年版,第13页。
③ Véase Sandro Schipani, *El Código Civil Peruano de 1984 y el Sistema Jurídico Latinoamericano*; *Codici civili nel sistema latinoamericana*.

表现得较为艰难、曲折。在民法典颁布之初,法学著作和法院判例基本围绕着法典而展开,产生了大量的评注作品,法典甚至封闭了民法的进步和发展。从20世纪20年代末开始,学者们开始了民法典之学术编纂活动。例如,在阿根廷,1926年胡安·安东尼奥·比维洛尼(Juan Antonio Bibiloni)起草的民法典草案、1936年由五位法学家组成的委员会起草的草案、1954年由豪尔赫·华金·利安比亚斯(Jorge Joaquín Llambías)领衔起草的改革草案、1968年由吉列尔莫·A. 博尔德(Guillermo A. Borda)起草的改革草案,以及1927年、1937年、1961年和1969年举行的、以这些草案的讨论为主题的四次全国性民法会议,掀起了一波又一波的学者重纂法典的热潮,而博尔德的草案更是直接催生了1968年的第17711号修正法,《阿根廷民法典》的大量条文被该法废除、替代、更改或添加;1941年,在巴西出版了一部关于法典中债的学者建议修订稿,目标是统一民法和商法中的债。①

真正对民法典的结构和功能产生深刻影响的,是这些国家在社会、经济、文化层面的变革导致的宪法重修和大量特别立法的出现。在宪法层面,不断重修的宪法通过直接的方式渗透乃至干预民法,如大多数国家通过新宪法认同原住民的生活、组织形式及其土地制度,巴西1988年新宪法的内容则更加广泛,其中关于经济和金融秩序以及社会秩序的规定,非常详细地涉及私权,不过新宪法只对家庭法领域进行了实质性的变更。当然,对民法典的解构更多的是通过大量特别立法的方式实现的,这些立法要么被嵌入既有的民法典,要么被附录在法典的官方版本之后,从而实质性地改变其结构和内容。从主题来看,特别立法或涉及民法典本身的内容,例如智利1998年的第19585号法律在婚姻、家庭、继承制度上对其民法典做了大篇幅的修订,深刻改变了贝略设计的法典体系;或在民法典规范之外创设新的类型法典,例如未成年人法典、劳动法典、消费者保护法典、运输法;等等。②

这些以不同的方式规范特殊类型的法律关系的所谓"例外法律",似乎使民法典之"法律大全""中心法"神话不再,它开始担负起剩余法(diritto residuale)的功能,亦即民法典现在调整的是一些没有由特

---

① Cfr. Sandro Schipani, *Codici civili nel sistema latinoamericana*.
② Cfr. Sandro Schipani, *Codici civili nel sistema latinoamericana*.

殊规范调整的情形。① 尽管这种解法典化的思潮在拉美诸国也曾盛极一时,但 1984 年秘鲁的新民法典以及新千禧年巴西和阿根廷的新民法典,却以再法典化的行动表明了拉美法学家对法律体系之存在、法典的启发价值及其广义上系统化解释之规定性功效的认同。在他们看来,21 世纪的法典被置于一个系统的中心,该系统以特别法、司法判例和大量法源的不断涌入为其特征;法典和各微系统之间的关系,则是前者如同太阳,培育和启发着各个微系统并使其维持在系统中;重要的是,法典在宏观层面规定着私法的各个范例性领域,制度系统中的剩余部分则借助法律原则进行渐次构建,从而形成一个开放的系统。② 在立法技术上,此种系统的构建,主要是依赖法律适用之指引性条款在民法典和各个微系统之间建立关联。

在确认再法典化进路后,法典的重新编纂依然是法学家的职责范围。尽管民法典的结构已被部分地改变,并且它与微系统的关系总是多样性调和的产物,但民法典编纂活动总是为了更全面的目的,通过达成法典本身的统一文本和加强特别立法的完善,来形成文本多样性的协作,而这种立法体系的和谐,总是以法学家的理论建构和法学家构成的立法委员会保证的一致性为前提。可以说,在解法典化、再法典化的过程中,法学家从未缺席。首先,他们通过法学杂志、不同题材的汇编作品(关于民事责任、诚信等)、专题体系书或法典评注,定期的国际、国内学术交流会议不断解读民法典,这种连续的重编活动实现了一种整体的汇编,完成了对民事立法、判例和学理的重述,为法典的重纂奠定了统一的、坚实的基础。③

其次,法典编纂不再是某个法学家个人的工作,而是法学家群体持续性的开放性工作。这个群体不仅仅在编纂委员会的组成上包括法学家和实务界的法律专家,而且通过意见征求、专家咨询的方式广泛吸纳法律精英们的参与,并以会议讨论的形式在最大程度上达成意见的统一。例如,1965 年 5 月 1 日,秘鲁总统以 95 号令设立了 1936

---

① 参见〔意〕那塔利诺·伊尔蒂:《解法典化的时代》,薛军译,载徐国栋主编:《罗马法与现代民法(第 4 卷)》,中国人民大学出版社 2004 年版,第 98 页。

② Véase Ricardo Luis Lorenzetti, *Nuevo Código Civil y comercial de la Nación Argentina*, trabajo presentado al Congreso Internacional sobre "*Il Nuovo Codice Argentino e il Sistema Giuridico Latinoamericano*", Roma, 2015.

③ Cfr. Sandro Schipani, *Codici civili nel sistema latinoamericana*.

年民法典之研究和修正委员会,委员会由司法和信仰部部长任主席,其成员包括最高法院指派的 1 人以及其他 7 位各个专业领域的法学专家。总统令要求委员会在履行其职责时,必须注意使法典、基本法律与学理发展、判例贡献、比较法和秘鲁本国的现实需要保持持续的契合。该草案被提交后,1982 年 5 月,国会成立了由 3 名参议员、3 名众议员、3 名司法部指派的法学家组成的审查委员会,负责审查草案并引入其认为适当的修改,委员会在审查时须听取原委员会成员的意见。此后,审查委员会召开 225 次会议,对草案做了 7 次整体修改,最后形成了 1984 年的最终草案。在阿根廷,继学者数个草案之后,官方在 20 世纪 80 年代后,相继成立了几个法典重纂委员会,他们分别提交了自己的法典草案,如众议院分别于 1987 年、1993 年提交的民商事立法统一化草案,由政府 1992 年第 468 号法令指定的委员会提交的草案,由政府 1995 年第 685 号法令指定的委员会提交的 1998 年民商统一法典草案。2011 年 2 月 23 日,阿根廷政府依第 191 号法令组建了由最高法院院长领衔、两位法学家为成员的法典编纂委员会。委员会在广泛借鉴历次草案(含学者草案)并咨询近百位阿根廷法学家、3 位外国法学家的基础上,于规定的期限内向政府提交了草案。2012 年 7 月 4 日,国会组建了一个由执政党和反对党组成的两院(众议院和参议院)委员会,在全国举办了大量的公开听证会,收集了近千条建议。① 2014 年 12 月,经编纂委员会修改的草案被国会通过,于 2016 年 8 月正式取代旧法典而生效。

  总之,正是通过对法典体系性功能的重新认识和法学家广泛参与的立法活动,再法典化运动中脱颖而出的三部新民法典既可被归纳出一种拉美特色,也能被看成是法学家为达到体系的和谐一致而创造的共同类型。在这些法典中,我们可以找到体系同一性的一些识别要素,如法典在私法系统中的再定位、经由法律原则和多样性的法源实现法典的开放性、民商合一的立法模式、公私法互通的宪法保障、自然人人格权保护的全面升级、多元文化中的家庭及其保护平等化、权利行使的社会连带性等。②

---

 ① Véase Ricardo Luis Lorenzetti, *op. cit.*.
 ② Véase Ricardo Luis Lorenzetti, *op. cit.*. 参见《秘鲁共和国新民法典》,徐涤宇译,北京大学出版社 2017 年版,第 404—436 页。

拉丁美洲体系中的民法典

〔意〕桑德罗·斯奇巴尼* 著

蒋佳艺** 眭苏婕*** 宋晓庆**** 谢 蔚***** 译

谢 蔚 统校

一、序言

1. 法典:最初的成就

"法典"(codices/codici)一词是指528—534年,优士丁尼皇帝下令(Deo Auctore 11)由法学家委员会编纂完成的《优士丁尼法典》《学说汇纂》和《法学阶梯》。"手抄本法典"(codice)作为新的书写载体,由折叠并装订的纸张组成,因其更为结实、方便,无需收拢、展开,也因其便于阅读、衔接文本中不连续的部分,从而有助于前后对照,最大限度地实现了书本的一体性,自3世纪起,比卷轴本更受欢迎。到了5世纪,"手抄本法典"除了表示书稿以外,在法律领域还产生了特定的含义,此外,"手抄本"作为图书馆管理学的术语沿用至今。最初,优士丁尼参照习惯用法,用"法典"一

---

* 桑德罗·斯奇巴尼(Sandro Schipani),意大利罗马第一大学("Sapienza" Università di Roma)荣誉教授。

** 蒋佳艺,意大利罗马第二大学法学博士,译第1—4节、第17—19节及第23节。

*** 眭苏婕,意大利罗马第一大学法学博士,湘潭大学法学院讲师,译第5—9节及第20—22节。

**** 宋晓庆,意大利罗马第二大学法学博士,湖南大学法学院讲师,译第10—12节及第24—25节。

***** 谢蔚,意大利罗马第一大学法学博士,湘潭大学法学院讲师,译第13—16节及第26—28节。

词来指代帝国的法律体系,对本人以及历任皇帝的敕令进行汇总、筛选,使之相互协调,形成《优士丁尼法典》。随后,该词还被用来表示对古典法时期的法学家作品所进行的庞大的系统性的汇编、筛选和协调,也即《学说汇纂》(Deo Auctore 6)。最终,该词还指代全新的教科书《法学阶梯》(Tanta 23)。尽管在《优士丁尼法典》编纂时,后两部作品还未被构思,并且相对于第一部作品,后两部作品的思路已发生部分转变,但通过使用统一的名称,明显突出了几部作品的共同特点。

公元前8世纪,在罗马建城之时,罗马法业已发端。罗慕路斯登上王位并制定市民法规范的根基立足于朱庇特。朱庇特是不同种族之间的守护神,掌管"许多共同法"(multa iura communia),而所有已知或未知民族都潜在地成为共同法的一部分。罗慕路斯的立法从共同法中区分出奎里蒂法以及之后的市民法(即市民之间特有的法),而非将两者对立。2世纪的法学家彭波尼有言,罗马城"建立在法律的基础上",即《十二表法》(D.1,2,2,4)。根据李维所述,《十二表法》是"一切公法和私法的渊源"。在贵族阶层和平民阶层之间的斗争中,人们追求"使自由均等"(aequare libertatem)的目标,这种经由人民所制定的规则就是法律。彭波尼进一步阐释,为了"日益完善法"(D.1,2,2,13)的需要,这些法律亟须法学家的解释(D.1,2,2,5)。随着体系化编纂发展的第二个基础的来临[D.1,2,2,41:ius civile generatium constituere(将市民法分类整理)],罗马法发展到"创建市民法"(D.1,2,2,39)。与诸神和平共处、追求平等以及系统编纂这三处根基,在杰尔苏的定义中得到整合:法是善良与公正的艺术(D.1,1,1pr.),并体现在法学家的著作、博大精深的《学说汇纂》和《告示评注》等作品之中,而盖尤斯的《法学阶梯》集其大成,处于中心位置。在这一过程中,市民法经由不同的渊源得以发展:法律,即人民意志的表现,此外还有平民会决议、元老院决议、皇帝谕令,这些是最初的渊源;裁判官告示包括市民所有受法律保护的请求,是一份真正且完整的清单;基于解释能力和权威形成的法学家的意见,这种权威后来也被皇帝所确认;与人民意志原则密切相关的习惯(Gai.1,2-7;J.1,2,3-9;D.1,1,7;D.1,2,2,12)。此外,还囊括普世主义、《十二表法》、平等、法学家著作的体系方法、永久告示:此法关涉与诸神和平相处,作为人类的产物,完全由人来决定［hominum causa（因人而设立）］，旨在统一人类共同的法律思想。

《优士丁尼法典》并没有与上述发展相对立，而是围绕上述多种进路并将其融为一体：①法典获得"神的同意"，是法的两个主要渊源的产物：以皇帝敕令为形式的法律，由权力的所有者，即人民授权皇帝（D.1,4,1）批准法典；以及法学家的学说（专业、智慧），这些法学家应当能够辨别"更完善和更公正"的事物（Deo Auctore 6，与上述杰尔苏关于法的定义之间的联系显而易见），他们被认为是法典的"缔造者"（huis operis conditores；Tanta 17）。有鉴于此，法典并非一部由外部预先构想好的作品。②法典是一部为正义服务的"法"（ius est autem a iustitia appellatum），具体来说，要实现的目标包括法之确定、诉讼简化、法学教育完善、针对不同人民的法的自由平等，特别是巩固地中海西部和东部之间的统一性。③尽管规则多种多样，但法典（倾向于）简洁、清晰地阐述法律，事先编纂案例的方法都被印刻上了专业的部门术语，并在可证实的诉状的基础上具有关联性。④法典包括罗马人民最早的法律，旨在消除其中的矛盾，实现体系（consonantia, digesta, pandectae, systema）和概念［罗马共同法（ius Romanum commune）］的完整与统一。此举倾向于纳入其他的法律渊源（裁判官告示和习惯），但并没有消灭市民法、万民法和自然法的多元性。面对现实中不断变换的新情况，法典还规定了法律渊源增长的其他方式，形成了一个动态成长的体系。⑤法典乃是围绕人（复数，包括奴隶）而运转的法，旨在扩展作为根基的共同法律思想，主张男女平等（从遗产继承开始），通过取消市民和异邦人的分类来减少其差异，并从其受孕到死亡一直提供保护；将这种基本的平等延伸到家父父权至上、无私的角色时，汇集了得以维系的共同利益。家父作为物之权利的所有者，在涉及其财产时需谨慎注意（任何人不得不当使用其财产，系政治共同体的利益所在）。家父能自由地与他人缔结债，进而合作。根据允诺和市民法规定的方式，家父能够完成涉及利益的直接和具体的自治行为，并彰显诚实信用原则的作用。家父得自由处置其遗产，且应当考虑家庭的共同利益。⑥法典是以上述家父的地位为核心的法律，这体现在《法学阶梯》及其顺序之中：法、章节划分以及法的渊源；人法，家庭和类家庭制度，比如监护和保佐；物——财产的元素：有体物及该物之上的权利；继承权；债及其在契约、准契约、私犯、准私犯中的渊源；诉权，即每个人所享有的通过诉讼主张其应得的权利。① ⑦法典旨在在所有人民之间以及所有土地之上广为流传,支持法学的发展并使法日益完善(D.1,2,2,13)。

2. 中世纪法律制度和(复兴的)罗马法共存时期的优士丁尼及当时法学家的法典

在希腊语通行的环境里,法典由希腊语中的"罗马人"(romaioi)用拉丁语写就,其后在第二罗马——君士坦丁堡,人们用希腊语进行重读和翻译(尤其是制定了《巴西尔法典》)。后来,古代的斯拉夫人翻译了法典,传播到第三罗马——莫斯科,再后来与博洛尼亚的传统相结合,法典又被带回意大利拉文纳和罗马。几个世纪之后,法典从博洛尼亚(1088年)和追随博洛尼亚模式的各个大学中传播开来(1218年萨拉曼卡大学、1288年科英布拉大学、1364年克拉科夫大学、1367年佩奇大学等)。正如从希腊迁移到日耳曼的帝国制度之革新,《优士丁尼法典》为欧洲提供的法律和中世纪的法律制度相竞存(英国没有受到此种崭新且极为广泛的传播之影响)。

3. 大革命和现代法典时期

罗马法系中的大革命和现代新法典编纂时期,肇始于地理大发现——从发现被称为"新大陆"的地方到环球航行。这一时期越过"日出之地与日落之地"的帝国,直到形成"日不落"帝国,完成了经济、政治和文化革命,并克服了封建社会形态及其具体制度与罗马法之间的相关冲突,帝国之下的成文理性(ratio scripta di un imperium)呈现出普遍性。

这一时期的重要法律事件包含:《七章律》(Siete Partidas,13世纪)成为卡斯蒂利亚和葡萄牙的共同法;后期经院哲学的发展;卡罗五世在基本原则之外,针对原住民的"习俗和生活方式"颁布了法令(《西印度群岛诸王国法律汇编》2,1,4;5,2,22);"两个共和国"的学说;大学的成立(1551年利马圣马科斯大学和1553年墨西哥大

---

① 此处并不涉及程序法,就像对物的权利一样,指的是对人的权利,以具有诉讼保护手段为特征。因为在产生于裁判官告示的法律体系中,对诉讼手段的编纂"优先于"对法律"实体"方面的编纂。

学①等),伊比利亚半岛法学家的教育,以及意大利其他大学对传教士的教育;通过将著作运到印第安或者在当地印刷,形成罗马共同法的完整书库;皇帝对"正义"的需求在罗马和中国之间的交流中被提出来,并在美洲和中国之间建立起注重仪式、习俗、伦理的些许联系;产生了"美洲罗马"的概念,后来也出现在有关巴西独立的论战中;罗马法传播到南非,荷兰海军为"罗马荷兰法"奠定了长足基础等。法国大革命、美国独立战争、墨西哥革命、俄国十月革命、中国革命和古巴革命刻画了近两个世纪的时代特征。与此同时,为追求"根据法来生活"(J. 2,17,8)的普遍制度,大革命同时伴随着新的法典的编纂和创新研究。

对以上事件此处不予展开。②

二、在罗马法输入与拉丁美洲独立中所诞生的民法典:起草、通过、生效、继受、本土化建构、各民法典内部及其与欧洲法典之间的交流

4. 独立革命、宪法和民法典

伊比利亚美洲、印第安和巴西,通过一系列法案宣布独立。2011年,人们为早期的独立运动举行两百周年庆祝活动(1811年5月14日巴拉圭宣布独立;1811年7月5日委内瑞拉宣布独立等);海地最早脱离法国而独立(1804年1月1日)。

这一系列条款包括:《新格拉纳达联合省联邦决议》(1811年)第7条第3款;《基多国的社会和省联盟之间的神圣条约》(1812年)第一节第6条;《海地宪法》(1816年)第37条(正如该岛北部1807年的宪法第29条);《秘鲁政治宪法》(1823年)第106、121条;《巴西帝国政治宪法》(1824年)第179条第18款;《洪都拉斯政治宪法》(1825年)第32条第2款;《玻利维亚宪法》(1826年)第46条;等等。在政府向国会、议会所作的大量草案和咨文中,可以发现编纂法典的内容,几乎都特别明确了"对个人权利的保护……自由、平等、安全……对自

---

① A. M. Rodríguez Cruz O. P., *Historia de las Universidades. Período Hispánico*, 2 vol., Bogotá, 1973(所选的两页重印于 *ReA*, 16/2003, 303 ss. 纪念上述两所大学建校五百周年)。

② 参见一篇综述 S. Schipani, *Premessa*, in *Iustiniani Augusti Digesta seu Pandectae. Testo e traduzione*, I, Libri 1-4, a cura di S. Schipani, Milano, 2005, VII ss。

己的物和个体物"①[玻利瓦尔(Bolívar)语]。

5. 独立前伊比利亚美洲的法律渊源体系

我们可以将独立前伊比利亚美洲的法律渊源体系简单概括为以下内容：

根据1680年《印第安法律汇编》2.1.1-2、2.2.2、2.1.4以及5.2.22的规定,西班牙美洲(Indie)法律渊源的效力等级如下:①本义上的印第安法②,也即(a)"专为印第安人制定且并未废除",当即或嗣后为《印第安法律汇编》收录的"法律、令状、规定、条例、命令、决议、敕令"等。(b)当局颁布的与《印第安法律汇编》不冲突的规定。(c)必要的习惯。(d)"印第安人过去的法律和好的习惯,该法律和习惯在他们信仰天主教后仍然被遵守,并且不与我们神圣的信仰以及本书中的法律相冲突。"②卡斯蒂利亚王国的法律。《印第安法律汇编》援用了与《托罗条例》相关的法律。《托罗条例》通过一些修改,再现了1348年《埃纳雷斯堡汇编》第64章的内容,并相继被《西班牙新法律汇编》2.1.3和《西班牙最新法律汇编》3.2.3所确认。卡斯蒂利亚王国的法律渊源如下:(a)法律集,例如1505年的《托罗条例》,该条例于1567年被《西班牙新法律汇编》取代,并最终被《西班牙最新法律汇编》(1805/1806)替代。(b)13世纪的《皇室法律汇编》,因其具有独特性,不仅仅只对当地产生重要影响。(c)《七章律》。(d)国王的法令。这些渊源中并未直接涉及罗马法,但人们明确宣称:"在研究王国的基础制度时阅读古代法学家所著学说,从而汲取书中蕴含的智慧。"值得强调的是,除了罗马法经由《七章律》得到传播外,"法学家的学说",也即古代意大利法学家的作品也成为大学研究的对象,甚至还出现在法院的判决理由中。从18世纪开始,针对此情形,人们颁布了多道禁令(《西班牙最新法律汇编》

---

① [S.S.], *Il riferimento a "código" nei primi documenti costituzionali latinoamericani*, in *Roma e America. Diritto romano comune*, 12, 2001, 371 ss. 1812年《卡迪兹宪法》第258条也提到了这些法典,其规定了殖民地在整个西班牙王室统治下的共同特征,在特定方面上述规定与独立宣言相冲突。这些规定后来证明了法典的"宪法"意义。Cfr. O. Behrends, *Le codificazioni romanistiche e le costituzioni moderne* (sull'importanza costituzionale del diritto romano) in *DVS*, 195 ss.

② 当我们在广义上使用"印第安法"时,该表述指代所有印第安的现行法,因此也包含文中第二项下的法律渊源的内容。

3.2.11第2款）。①

卢西塔尼亚美洲的法律渊源体系涉及：①特别是针对巴西的法律，主要是指"有关赠与、地租的令状，政府、宫廷以及最高法院的管制章程"等内容，其他组成"殖民地章程"，规范法院及其他行政机构，规定人的地位（印第安人、奴隶、外国人），规定教堂、矿藏、商业等的法令等[这些法令于1753年被伊格纳齐奥·巴博萨·马查多（Ignacio Barbosa Machado）收录于《为葡萄牙海外领地颁布的法律、法规、决议》中]。②葡萄牙现行法律渊源，主要包括：（a）法律，也即《菲利普法令集》，或称为1603年《葡萄牙王国法令集》，该法不仅保留了此前法律编纂的内容（如1446年《阿方索法令集》、1521年《曼努埃尔法令集》），还汇入其他单行法例、后两部法令集之后的立法、宫廷礼仪以及习惯法。（b）管辖"罪过"的教会法，以及管辖其他方面的"帝国法"，即罗马法。"罗马法基于正当理性而被遵守"（也即适用罗马法并不代表承认罗马帝国的统治地位）。（c）《阿库修斯评注大全》以及《巴多鲁斯的评论》。"除了与法学家的一致看法相左的内容外，《阿库修斯评注大全》的内容常为上述法律所吸收"，"除非巴多鲁斯之后的法学家的一致意见与其相反，也即巴多鲁斯的评论通常被视为最符合理性的"。（d）国王的法令。在该法律渊源体系中，1769年《良好理由的法律》第十四部分明确规定宫廷礼仪和习惯服从于法律，期间至少是100年；该法第十二部分规定"教会法庭的外庭"不能调查犯罪，因而消除了教廷权力与司法权冲突的可能性，从而将每个问题置于本土以及相关辅助性法律下解决；该法第九部分建议在有本土法律及王国习俗存在的情况下，不可将纠纷诉诸罗马法，也不可按照罗马法解释本国法，在本国法与罗马法冲突的情况下，不可依罗马法对本国法作限制性解释。该法明确了"正当理性"的概念：或者作为原始的原则（primitivos principios），此原则依据与罗马人同样的伦理制定，并为基督教所接受；或者作为"万民法"的"规则"；或者作为与政治、经济、贸易、海事相关的法律。"基督教国

---

① 直接使用罗马法的证据数不胜数：例如，R. Roa Bárcena, *Manual razonado de prática civil forense mexicana* 2, México, 1862 (rist. con Estudio preliminar di J. L. Soberanes Fernández, México, 1991)。其总结出墨西哥人们据以断案的渊源列表，里面写道："依《七章律》之法律，在本国法没有规定时，可以适用罗马法或注释者的观点。"

家"认为这些法律有"明显效用",从而颁行。关于是否应诉诸罗马法的问题,可以从罗马法干预1772年《科因布拉大学章程》的改革中看出端倪。

在新的共和国建立过程中,除了与新宪法相冲突的部分,罗马法基本上保有其效力。

6. 1804年《法国民法典》之继受及其局限性:1825年《海地民法典》,1884年《多米尼加共和国民法典》,1829年《瓦哈卡州民法典》

在此,笔者将集中阐述各国民法典,但并不涉及1808年《路易斯安那民法典》。1803年路易斯安那被北美洲的美国占领后,其法典被置于另一法律体系之中,后者从根本上改变了其法典原先的功用。①美洲(以下称为"拉丁美洲")的第一部民法典是《海地民法典》。此时海地共和国尚包含1844年从其独立出来的多米尼加共和国。在使用1804年《法国民法典》作为补充性法律10年(从1816年起)后,《海地民法典》于1825年3月27日通过,并于1826年5月1日生效。除了少数部分采用简化方式外,《海地民法典》直接依赖《法国民法典》:《海地民法典》在分类及标题上追随《法国民法典》的阐述体系;但其由2 047条条文构成。此后,1825年《海地民事诉讼法典》、1826年《海地商法典》、1826年《海地刑事诉讼法典》、1826年《海地刑法典》相继通过。为了完善法典体系,1826年的《海地农村法典》也加入其中,该法典基于1804年1月2日的法令以及1814年《海地农业法》的发展而形成。1793年8月29日,海地发表宣言后,奴隶制度被革命性地废除;之后《海地宪法》(1801年《海地宪法》第3条,1805年《海地宪法》第2条等)又对此进行了确认;《海地民法典》最终确立所有海

---

① 1808年《奥尔良民法典》及此后的1825年《路易斯安那民法典》均以1804年《法国民法典草案》为基础。在其他拉丁美洲民法典的制定过程中,《路易斯安那民法典》曾被审慎阅读并作为参考,也为其他拉丁美洲民法典带来了诸如在解释法律和填补法律空白方面公正性的提法,此提法曾出现在上述草案中,后来在《法国民法典》最终文本中被删除。See il Progetto c. c. Ch. /1853, art. 4 e Nota di Bello. Il c. c. Luis. /1825 fu riformato nel 1870; J. Dainow, *Civil Code of Louisiana. Revision of 1870 with Amendments to 1960*, St. Paul, 1961. Cfr. *Una rist. del Titolo preliminare con le pagine del manoscritto relativo alle fonti dello stesso*, con una Nota di D. F. Esborraz, ReA, 25/2008, 233 ss.

地人民的自由与平等。① 1825 年的《海地民法典》现今仍然有效。

多米尼加共和国从海地独立后仍遵循前法,但于 1845 年 7 月 4 日直接继受了 1816 年复辟运动修改后的(例如关于离婚部分的修改)法语原文的《法国民法典》,还一并采用了其他法国法典。随着一系列事件的发酵,包括 1861 年至 1865 年多米尼加共和国并入西班牙,并于此间(1862 年)通过了《圣多明哥民法典》,最终多米尼加共和国从 1884 年 4 月 17 日起固定时间进行修正至 1876 年的西班牙语版本的《圣多明哥民法典》;至此,《多米尼加共和国民法典》与《多米尼加共和国商法典》《多米尼加共和国刑法典》《多米尼加共和国民事诉讼法典》《多米尼加共和国刑事治罪法典》等法典并存。② 1884 年的《多米尼加共和国民法典》现今仍然有效。

瓦哈卡州是墨西哥联邦的一个州,1829 年《瓦哈卡州民法典》同属 1804 年《法国民法典》继受运动中的一员。除了一些修改(例如,第 18 条关于外国人无条件享受"自由、安全、财产、平等诸权利"的规定,或者第 78 条关于婚姻应适用教会法的规定),该法典与其法源存在强烈的依附关系。不过《瓦哈卡州民法典》彼时并不完整,1836 年废除联邦制后(联邦制后于 1846 年在墨西哥重新建立③),该法典于 1837 年随即失去效力。

7. (续)1831 年《玻利维亚民法典》、1841 年《哥斯达黎加共和国一般法典》

可以确定的是,由于玻利瓦尔对法国"五法全书"的推动,在军事领袖安德烈斯·德·桑塔·克鲁斯的主持下,玻利维亚在 1825 年 8 月 6 日独立后迅速开始编纂法典:最高法院尚在对法典草案进行审查,该法典就于 1830 年 10 月 26 日颁布,并于 1831 年 4 月 2 日生效,该法典被命名为《桑塔·克鲁斯法典》。以从"现行法典"中提取规范为目标,该法典明确提及广义上的印第安法(如上述),因为后者"正

---

① 笔者在参考文献中已标明本文将多次引用 A. 古兹曼·布里托的 CCI,若无特殊原因,此后将不再重复标注。对于所谓的"黑人雅各宾"革命,参见 S. Schipani, *Il diritto romano nel Nuovo Mondo*, cit., 75 ss。

② Véase V. J. Castellanos Pizano, *La influencia del derecho francés sobre el derecho dominicano*, ReA, 25/2008, 11 ss. con estesa bibl.

③ Cfr. Ristampa, *con ampio studio introduttivo di R. Ortiz Urquidi*, Oaxaca, *cuna de la codificación iberoamericana*, México, 1974.

确并适应当下"。该法典改编了 1804 年《法国民法典》的结构、风格和大约 2/3 的法律条文,法条数量缩减至 1 571 条。改编涉及的内容如下:关于婚姻的规定吸收了教会法的内容(第 99 条);在遗嘱优先权方面除军人之外也考虑印第安人的需求(第 455 条)。一方面,比如针对民事权利的外交互惠(第 7 条)①或者承认通过合意"与之债"(第 729 条)②,忠于《法国民法典》的规定;另一方面,除可依照 1812 年《卡迪兹宪法》第 131 条第 1 款和第 261 条第 10 款以及法律渊源效力层级来解释疑难问题外③,在法律出现空白或者法律条文意义存疑时,该法典第 1570 条还引入立法者解释。1831 年《桑塔·克鲁斯法典》颁布前,玻利维亚还存在一部有关司法组织和程序的法律(1827 年,该法包含部分刑法的内容,后者基于 1822 年《西班牙刑法典》制定)。以此法为基础,玻利维亚相继制定了刑法典、诉讼法典(1832 年 11 月 14 日)。刑法典也被命名为《桑塔·克鲁斯法典》(1831 年生效、1834 修订)。此后,1834 年 11 月 13 日,玻利维亚通过了以 1829 年《西班牙商法典》为模型的《玻利维亚商法典》。几年后,《玻利维亚矿产法》(1852 年)通过。1845 年,玻利维亚颁布另一部民法典④,但因其缺陷及其造成的影响于 1846 年被废除,先前的民法典再次被启用,其效力截止于 1976 年(见下文)。

在秘鲁—玻利维亚邦联时期(1836—1839),1831 年《玻利维亚民法典》通过一些细微的修改,在北秘鲁和南秘鲁两个州曾短暂有效,但

---

① Cfr. S. Schipani, *Il diritto romano nel Nuovo Mondo*, cit.,79 s. 文中对此问题作了一般性说明,in rapporto al quale adde S. Schipani, *Codici civili del Risorgimento e codici dell'Indipendenza latinoamericana: base comune e consonanze* (principi generali del diritto e considerazione giuridica degli stranieri), in Il Risorgimento italiano in America Latina, Atti del Convegno internazionale, Genova 24/25/26 – 11 – 2005, Ancona, 2006, 209 ss。

② Cfr. S. Schipani, *Le definizioni del contratto nel sistema giuridico latinoamericano*, in Scritti in onore di Giovanni Galloni, Roma, 2002, 1097 ss. (关于合同的研究一般会引用该文)

③ 一方面请参见 il Progetto c. c. sp./1821, art. 12,另一方面请参见 le Siete Partidas 1,1,14;关于此点,参见 S. Schipani, *Il diritto romano nel Nuovo Mondo*, cit., 90 e CDRC, 142。

④ Véase A. Jordán Quiroga, *Un código perdido en los Andes*, 1998 su cui (S. S.), Cinque libri sulla codificazione in America Latina, ReA, 8/1999, 275 ss.

在联邦解散前约一年的时间内,该法典的效力先被中止,随后即告废除。

此外,哥斯达黎加继受了1831年《玻利维亚民法典》在北秘鲁州颁布的版本。哥斯达黎加在1821年独立于西班牙,1822年并入墨西哥,1823年从墨西哥独立。在中美洲联邦共和国(1824—1835年、1848年)衰亡的背景下,哥斯达黎加于1841年7月30日颁布《哥斯达黎加共和国一般法典》,该法典分为三部分:民法、刑法、诉讼法,三个部分各自对应法国的"法典体系"(该法典与《普鲁士一般邦法》不同,确切地说,其更像1819年两个西西里王国的法典,众所周知,该法典也分为不同部分:民事法,刑事法等,这些部分的实体内容不同,只是为了强调法典的内部统一性而并列于法典之中)。事实上,在法典结构如何设置的争论中,人们也讨论过采用《路易斯安那民法典》的方案,但最终采用的文本(经过细微修改)仍为上述一般法典。《哥斯达黎加共和国一般法典》根据1859年4月8日的法令进行过一次修订,该法典至1888年仍然有效。除此法典之外,1853年哥斯达黎加还颁布了一部关于商业行为的程序法。①

8. (续)经验的总结

关于这些拉丁美洲最初的民法典,前文已经强调了它们在继受《法国民法典》时的区别,以及通过《玻利维亚民法典》发展而来的对《法国民法典》的改编。

《法国民法典》一直伴随着拉丁美洲法典体系的发展直至被其吸纳为法典体系的核心要素(笔者并未论述这些法典修改的实质,而仅限于指出《法国民法典》如何成为拉丁美洲法典体系的一部分)。《法国民法典》具有特定的客体及阐述体系②,以及独特的法规论述技术与风格,这些都使其区别于《七章律》或者《西班牙新法律汇编》《西班

---

① Véase J. E. Guier Esquivel, *Historia del derecho*, San José, 2006.
② 我们均了解,此种论述体系与优士丁尼《法学阶梯》的对应关系,而优士丁尼《法学阶梯》又以盖尤斯的《法学阶梯》为基础,关于此点,参见本文第一部分。

牙最新法律汇编》《印第安法律汇编》等法典。①《法国民法典》吸收罗马法系的内容，是制定和解释罗马法的法学家们知识的载体，也是罗马法系表达一系列目标的载体。这些目标的内容包括公民平等、所有权自由流转与统一、以尊重家庭关系为前提的遗嘱自由（但该自由不受长子身份及性别的限制）、债法中的契约自由与诚信原则和赔偿责任以损害为基础。因此，《法国民法典》是罗马法系的表达：它是罗马法系的一员，依赖于罗马法，并因罗马法才得以被其他法典继受。

对《法国民法典》直接继受或通过改编继受（例如，通过《玻利维亚民法典》而实现对其改编）在其他地方也曾被提出，但并未取得成功。《法国民法典》自身以及受其影响的法典或草案对拉丁美洲规则的制定、法典体系、法律制度或单行规定作出了广泛贡献。但在最初的几十年后，更多的是作为《法国民法典》基础的罗马法，在通过《法学阶梯》的统帅功能，承担首要角色并构建法律。新兴独立国家在创建自己的法律制度和发展他们共同法律体系（该体系自身虽具有统一性、特别性，但自认是罗马法体系的组成部分）的过程中，完成了对罗马法的新解读。②

9. 第一次本土法典化：1852 年《秘鲁民法典》和 1877 年《危地马拉民法典》

在秘鲁，相继制定的《秘鲁宪法》（1826 年第 46 条第 1 款，1828 年第 131 条，1834 年第 11 条）一再重申必须制定新法典。关于宪法制定新法典的指示，除了玻利瓦尔初始的政治推动外，著名法学家曼努埃尔·洛伦索·德·比道雷（Manuel Lorenzo de Vidaure，1773—1841）的工作至关重要。由于其特别关注以欧洲为中心的自然法学派，他起草

---

① 这些技术在流传甚广的"Istituzioni di Diritto Romano, di Heineccius"、"Pandectae Innovum Ordinem Digestae, al titolo D. 50, 17, De Regulis Iuris, di M. Pothier"以及"Libri Regularum, dei Giuristi Romani"的阐述中可找到前例；另外，"Libri Regularum, dei Giuristi Romani"的永久敕令程式条款所运用的是一种非常综合的法规论述形式，以必要且技术上非常精确的方式区分种类的构成要件，因而将不同"部分"联系在一起，有时候这些部分在法典论述体系中差距甚远。

② 关于学说汇纂的作用，参见 K. Luig, *Institutiolehrbücher des nationalen Rechts* im 17. und 18. Jahrhundert, in Ius commune, 3, 1970, 64 ss.；S. Schipani, *Andrés Bello "romanista-istituzionista"*, in AB, 205 ss.（in CDRC, 279ss.）；Id., *Il "méthodo didáctico" di Augusto Teixeira de Freitas* (Prime osservazioni), in ATF, 533 ss.（=in CDRC, 319 ss）。

的诸多草案丰富了法典体系的全景。他的草案代表了对法典体系的另一种重读方式,超越了仅参照1804年《法国民法典》与广义上的印第安法的法典编纂方式。但是因为上述秘鲁—玻利维亚联邦发生的系列事件,这些草案被搁置。此后,安德雷斯·马丁内斯(Andrés Martínez)主持的委员会于1851年对1847年的《秘鲁民法典草案》进行了深入的修改,该草案于1851年12月23日通过,1852年7月29日与《秘鲁民事执行法典》一起生效。1853年6月15日《秘鲁商法典》生效;1861年1月1日《秘鲁刑法典》生效。1852年《秘鲁民法典》共2 301条,其内容概括而准确。

1852年《秘鲁民法典》与1804年《法国民法典》不同,也与此前的拉丁美洲民法典相区别,因为该法典吸收了19世纪上半叶西班牙的"实用"法学作品,展现了法典与传统社会以及人的等级划分相连的保守关系;例如,保留了与奴隶制(此时秘鲁仍未废除奴隶制)相关的法规,即使根据1823年《秘鲁政治宪法》第95条的规定,在秘鲁,任何人不应生而为奴;存在对神职人员的特殊规定(第83条起);有关于教会及慈善机构的规定(第1189条起)。但该法典也包含一些最新成果:例如,该法典强调与体系的持久关系,在法律空白的情况下,在拉丁美洲,其第一次提出应适用"法律的基本原则"(总则第9条)①;在更紧密地依附罗马法的基础上,与《法国民法典》的规定相反,转让所有权必须以物的交付为要件(第574条),由此该法典将债法、契约与所有权的取得模式分离开来。1852年《秘鲁民法典》在第二卷关于所有权的取得模式中规定了财产继承,以强调后者与取得物之所有权的联系(第630条起)。该法典第三卷单独规定了债和契约,该卷不再以所有权的取得方式为视角,放弃用"给付某物"统领"做某事"的观点,但也存在很多问题。② 1855年1月5日,秘鲁的法令废除了该法典中与

---

① 众所周知,1838年的《阿尔韦蒂诺民法典》第5条第一次引入该表述,该表述不同于 ALR/1974, par. 49, c. c. fr./1804, art. 4 Tit. Prel., ABGB./1811, par. 7. 参见 S. Schipani, *Il diritto romano nel Nuovo Mondo*, cit., 90 e CDRC, 133(关于"法律基本原则"的研究比较普遍地引用了此文)。

② Véase J. Basadre, *Historia del Derecho Peruano* 4, Lima, 1988, 323 ss.; C. Ramos Nuñez, *Historia del Derecho Peruano*. Siglos XIX y XX, I, El orbe jurídico ilustrado y Manuel Lorenzo Vidaure, Lima, 2003; Id., II, La codificación del siglo XIX: Los códigos de la Confederación y el Código Civil de 1852, Lima, 2005.

"生来自由人、奴隶以及解放自由人"相关的整个章节后,其在1936年前依然有效。

1847年的《秘鲁民法典草案》经过一些重大修改(例如删除与神职人员及奴隶制度有关的章节),与巴拿马法学家 J. 阿罗塞梅纳(J. Arosemena)①为"格林纳达联邦"(哥伦比亚)制定的草案文本折中后,1857年为该联邦的马达莱纳州所采用,并在该州一直生效至1866年底。

1852年《秘鲁民法典》被危地马拉所继受,危地马拉的独立进程与哥斯达黎加相似(如上述)。尽管危地马拉的刑事立法开始得非常早(1834—1837年),但一些极度消极的经验使已通过的法典效力无限中止(1838年),因此,其在很大程度上推迟了民法典的制定。《危地马拉民法典》于1877年3月8日通过,并于1877年9月15日生效。该法典与1852年《秘鲁民法典》相比,改变了一些规则,填补了一些法律空白,但不管怎样,其仍是《秘鲁民法典》的追随者。直到1933年,《危地马拉民法典》仍然有效。

10. 1857年《智利民法典》,1861年《厄瓜多尔民法典》,1873年、1887年《哥伦比亚民法典》,1862年《委内瑞拉民法典》,1859年《萨尔瓦多民法典》,1871年《尼加拉瓜民法典》,1880年、1898年、1906年的《洪都拉斯民法典》,1903年《巴拿马民法典》都是人民主权的立法产物,清除了拉丁美洲因数世纪专制主义而蒙受的污点,并实现了期盼已久的社会统一

A) 1857年《智利民法典》经历了与1852年《秘鲁民法典》相近的修订进程,成为拉丁美洲主要的民法典之一。1818年2月12日,智利宣布独立并颁布《智利临时宪法》;1822年,颁布第一部宪法;1833年,经过迭弋·波塔勒斯(Diego Portales)的努力,颁布了以成立国家为内容的宪法。

1822年,智利开始讨论编纂新法律大全,通过了已修订多次、以适用"五部著名法典"为内容的奥希金斯提案。该提案提出了制定以修订或保留国家独立前后的实体规范为内容的民法典的目标,在每个章节中增加了修改前关于各条规范的注释。然而,包括该提案在内的维

---

① Véase C. H. Cuestas G., *Romanismo y latinoamericanismo en Justo Arosemena*; Panama, 1991, 24ss.

阿尔提案(1833-6-14)未获通过,因此修订民法典的工作中止。而后,在伦敦居住了20年的国际法学家、罗马法专家、语言学家安德雷斯·贝略(Ardrés Bello,委内瑞拉人,1781—1865)受邀前往智利,担任外交部官员。1843年9月17日,他成为智利大学首任校长。贝略通过超越法典编纂(汇编)与法律改革之间的对立立场来表达一种确信:正是改革性的推进作为一种批判性和体系性的成果不断出现,拭去了共同罗马法遗产中"因数世纪专制主义而蒙受的污点"①。

在此背景下,贝略接受了汇编《智利民法典草案》的委派。这一草案主要运用根源于罗马法的西班牙法传统的"丰富、珍贵材料"而形成汇编。1840年,由国会创设的"民事法律法典编纂委员会"(其本人亦为成员)提交了第一草案(非完整的),随后的成果分为两个阶段颁布,即1841—1845年草案与1846—1847年草案。1848年至1853年,贝略几乎是独自进行工作,编纂了一部完整的新草案。1853年,该草案被提交给由智利总统任命的、由法官和法学家组成的审查委员会审核。1853年至1855年,草案经过数次修改,形成了最终草案,并在1855年12月14日颁布的法令中通过,于1857年1月1日生效。② 在此法律生效之前,根据统一的立法计划,智利颁布了关于民事诉讼方面的一系列法律(1837年和1851年;于1902年颁布了《智利民事程序法典》)。同时,智利着手制定刑法典(1846法令),于1874年颁布;制定商法典(1852法令),于1865年颁布;制定矿产法典,于1874年颁布(见《智利民法典》第4条)。

1857年《智利民法典》由诸多精短、准确并且典雅的条文组成。其中增加了"立法的一般精神"和"自然衡平"(equità naturale)作为解释法规则内容的一般标准[根据德尔文科(Delvincourt),Cours de Code Civil,关于罗马法的概要介绍](第24条)。③ 该法典分为序题和四编:

---

① S. Schipani, *CDRC*, 279 ss.; A. Guzmán Brito, *El pensamento codificador de Bello entre las polemicas chilenas en torno a La fijación del derecho civil*, StSS, 139 ss.

② 《智利民法典》文本及多本提案的文本,参见 A. Bello, *Obras Completas*, XII - XIII, Caracas, 1954 (Introducción di P. Lira Urquieta) (con rist.)。

③ 关于1853年《智利民法典草案》第4条的规定,参见上注。因为它保留了1851年的多份判决理由的法律规定,所以未被采用。此外,这个法案规定了确定习俗的法律效力的条文。(1853年《智利民法典草案》第2—3条)。

①人;②财产、所有权、占有、使用及收益;③死因继承和生前赠与;④债的通则和各类合同,以符合区分基于有因性的所有权变动模式(第670条和第675条)、强调诚信(第1546条)和公平(第1888条、第2206条等)要素而考量其效力的债的模式;同时,非限于国民互惠原则而是基于全人类,确立了所有人法律地位平等原则,保障法典所赋予的民事权利的实现(第57条);保护他物权,对所有权人任意享有和处分物的权利的限制(第582条);承认任何人均享有提起民众之诉的权利(第948条,第2333条)。

1857年《智利民法典》根植于伊比利亚法学传统与民法大全,广泛借鉴欧洲民法典的成就①,参酌大量法语著作②,以及萨维尼的《当代罗马法体系》一书,并参考了《秘鲁民法典》[Vinnio、Einecci; K. F. v. Savigny, *System des heutigen römischen Rechts*, Berlin, 1840, trad. Guenoux, PARIS, 1843,其中,1853年《智利民法典草案》第1615条关于法律行为理论,贝略未采纳萨维尼的观点,而是适用了罗马法样式的规定③;但是,他接受了萨维尼对法人的理论构造(第545条)]。通过以下书目,可以更为清晰地了解上述阐述:J. V. Lastarria, *Instituta del Derecho civil cileno*, Santiago, 1863; J. Chacón, *Exposición razonada y estudio comparative del código civil chileno*, Santiago, 1868; P. Alfonso, *Explicaciones de código civil destinadas a los estudiantes del ramo en la Universidad de Chile*, Santiago, 1882; R. Vera, *Código civil de la República de Chile comentado y explicado*, Santiago, 1892–1897。④ 1857年《智利民法典》至今仍有效。

---

① Véase H. Hanisch Espindola, *El derecho romano en el pensamiento y la docencia de don Andrés Bello*, StSS, 21 ss.; Id., Andrés Bello y su obra en Derecho Romano, Santiago, 1983; K. Luig, *Gli Elementa Juris civilis di J. G. Heineccius come modello per le Istituciones de Derecho romano di Andrés Bello*, AB, 259.

② Cfr. P. Villard, *I romanisti francesi nell'opera di Andrés Bello* (1804–1865), AB, 275 ss.

③ Crf. S. Schipani, *Del Derecho romano a las codificaciones latinoamericanas: la obra de Andrés Bello (Pluralidad de fuentes del Tit. I del lib. IV del, Código civil de Chile y de sus proyectos)*, in Rev. de Estudios Histórico-Jurídicos, Valparaíso, 6, 1981, 165 ss.

④ Crf. A. Guzmán Brito, *El Código civil de Chile y sus primeros intérpretes*, in Rev. Chilena de Derecho, 19, 1992, 1, 81 ss.

1857年《智利民法典》以其独特样式卓立宇内,但其意义不止于此。它通过"拉丁美洲"一词谋求"政治—法律"的自我认同,因其代表着拉丁美洲期盼的社会统一而被广泛传播。(M. Arcízar 和 Basterra,见下文)

B) 1822年,厄瓜多尔摆脱了西班牙的统治,成为(大)哥伦比亚共和国的一部分,并且逐步开展法典筹备工作(1830年《厄瓜多尔宪法》第36条第22款),或曰对法国法典的接受。1830年,它从(大)哥伦比亚共和国独立出来,同年,《厄瓜多尔宪法》第26条(11)、第43条(14)明确规定要制定法典。为了实现该目标,厄瓜多尔制定了一个继受1804年《法国民法典》的草案;1831年,该草案被提交国会并讨论,但未被批准。1836年,厄瓜多尔制定了一个继受1831年《玻利维亚民法典》的草案;1837年,该草案被提交国会并讨论。1852年,厄瓜多尔重新创设了一个委员会;1855年,该委员会委任最高法院在1831年《玻利维亚民法典》文本的基础上编纂法典草案。1857年,汇编工作已完成近一半,最高法院开始考察刚生效的1857年《智利民法典》,非常认同其造福共同的子孙以及兄弟共和国的信念,同时,在技术层面全面参考该法典,完成了草案的最后修订(几乎是逐句照搬),随之发布并宣传该草案。数天后,该草案被递交参议院和众议院的代表们审核,于1857年9月21日获得通过,1860年颁布,1861年1月1日生效。1872年厄瓜多尔颁布了刑法典。

1810年7月7日,哥伦比亚单方面宣布独立。经过了1811年至1816年的持续战争,1819年8月7日,哥伦比亚结束了西班牙的殖民统治,该独立获得承认,并参与了(大)哥伦比亚共和国框架下的前述法典编纂工作。在(大)哥伦比亚共和国解体之后,新格林纳达先后制定了1832年、1843年以及1853年的宪法,规定各省享有自治权。随后这些自治省组成了共和国形式下的联邦州(巴拿马,1855年;安提奥基亚,1856年;桑坦德、考卡、昆迪纳马卡、博亚卡、马格达莱纳,1857年)。在这一变革中,诞生了1858年《格林纳达联邦宪法》。随着州际之间关系的进一步发展,成立了哥伦比亚合众国,1863年颁布了宪法。最后成立了中央集权体制的哥伦比亚共和国,1886年颁布了新宪法。哥伦比亚同样参与了上述提及的法典编纂工作,其1832年的宪法第74条(24)规定制定国家法典,但该项规定未受关注。

J. 阿罗塞梅制定了第一部民法典草案。1853年,该草案被一个委员会审查后,经国会批准在马格达莱纳州生效(1857 年)。1856 年,这部法典被认为是"吸取了其他国家经验和选择了我们南美最为成熟的法学理论"(M. Arcízar 和 Basterra)的《智利民法典》的复制品,经过修改后适用于桑坦德(1858 年通过,1860 年生效)和昆迪纳马卡(1859 年通过,1860 年生效)。随后,《昆迪纳马卡民法典》间接地适用于考卡(1859 年);巴拿马(1860 年通过,1862 年生效);托利马①(1861 年);博亚卡(1863 年通过,1864 年生效);安提奥基亚(1864 年通过,1865 年生效);马格达莱纳(1866 年通过,1867 年生效)。最后,1860 年《桑坦德民法典》通过,1873 年起适用于联邦特区(Distretto Federale)的所有领域以及玻利维亚(1883 年通过,1885 年生效)。该中央集权国家(包括巴拿马),在《哥伦比亚联邦特区民法典》的基础上修改,并于 1887 年 4 月 15 日开始适用自己的民法典(其中,考虑了外国人资格问题,尽管 1821 年的宪法第 183 条已经承认了其与国民具有平等资格,1886 年《哥伦比亚宪法》第 11 条重提了互惠性原则,因为"例如,北美人不允许在哥伦比亚购买土地,这条规则同样适用于在美利坚合众国的哥伦比亚人"。这是基于已被外国人购买了大部分领土的墨西哥的经验而引入的保护性禁止规则)。除了这部法典以外,还有 1887 年第 57 号法令、关于陆上贸易(巴拿马,1869 年)与海事贸易(1884 年国家法典)的法典、刑法典(昆迪纳马卡,1858 年)、诉讼法典(1873 年国家法典)均已生效。对于 1887 年《哥伦比亚民法典》,F. 维勒斯(F. Vélez)最先进行了充实、丰富的评论[Véase Estudio sobre el derecho civil colombiano(Medellin,1898)]。② 该法典与 1873 年《哥伦比亚联邦特区民法典》一样,目前仍具有效力。

1811 年 7 月 5 日,委内瑞拉从西班牙统治下宣布独立,开始法典化;经过多次战争后它终于实现独立,加入(大)哥伦比亚共和国,也参与了上述提及的法典编纂工作。从(大)哥伦比亚共和国分离出来之后,1830 年《委内瑞拉宪法》第 36 条(22)规定了制定法典,1858 年《委内瑞拉宪法》第 64 条(1)、1864 年《委内瑞拉宪法》第 43 条(6)、

---

① 1862 年玻利维亚同样采用了该部法典,同年生效,但笔者并不清楚它的起源。

② 2a ed. corregida y aumentada por el autor y por Luis-angel Arango, Paris, 1926. (actualizado y complementado con nociones generales, comentarios y jurisprudencia por Jairo Lò pez Morales, Bogotà, 1981).

1874年《委内瑞拉宪法》第43条(6)再次规定了该问题。1853年法学家胡利安·比索(Julián Viso)独自制定了一部民法典草案,该草案参考了J. M. 肯珀(J. M. Kemper)主持编纂并吸收了圣若瑟(Saint-Joseph)观点的欧洲当时最新制定的法典——1838年《荷兰民法典》,但未被政府采纳。1861年委内瑞拉颁布商法典后,成立了一个包括胡利安·比索在内的委员会,该委员会以贝略制定的1857年《智利民法典》为范本稍加修改后制定了一个不同于前述的草案,并于1862年10月28日颁布。不过该法典寿命非常短,随着J. 安东尼奥·派斯(J. Antonio Páez)政府的垮台,在1863年被下一任政府废除。

C) 1821年,萨尔瓦多从西班牙统治下宣布独立,经历了墨西哥独立与并入墨西哥之后,它加入了中美洲联邦共和国,1841年从中分离,1842年至1852年,经历了萨尔瓦多和洪都拉斯联邦时期。19世纪50年代,其完成了1855年《萨尔瓦多商法》和1857年《萨尔瓦多诉讼法》,并实现了民法的统一;1859年,在对1857年《智利民法典》较小修改的基础上制定了民法典,并于同年生效。

尼加拉瓜经历了与萨尔瓦多相似的变迁之后,1853年至1857年遭受威廉·沃克(William Walker)的侵略[其组成的政府获得了恢复1824年已废除奴隶制的美国总统富兰克林·皮尔斯(Franklin Pierce)的承认]。1867年,和萨尔瓦多一样,照搬了《智利民法典》的《尼加拉瓜民法典》被颁布,并于1871年10月1日生效直至1904年。

洪都拉斯经历了与尼加拉瓜相近的变迁后,同样遭到威廉·沃克的侵略(但该次侵略失败,1860年其在此被枪决)。1873年《洪都拉斯宪法》第26条(6)授予政府颁布法典的权力。根据该规定,以1857年《智利民法典》为模版,经过一定程度修改的1880年《洪都拉斯民法典》被颁布。这部民法典生效至1898年,而后被参照1889年《西班牙民法典》制定的1898年《洪都拉斯民法典》替代。不过,后者又被极大程度上参照《智利民法典》制定的1906年《洪都拉斯民法典》替代,其相对于1880年的民法典,进行了更大程度的修改。1906年的《洪都拉斯民法典》至今有效。

1903年,巴拿马从哥伦比亚分离出来。在该国,以《智利民法典》为基础制定的1887年《哥伦比亚民法典》仍保留效力,随后,其作为1903年《巴拿马民法典》有效至1916年。

D) 在 19 世纪,这种相互影响的法典化运动还与其他法典相联系:笔者认为,这是属于 1877 年至 1879 年在利马召开的美洲法学家大会(Lima, Congresso Americano di Giuristi)短暂而具有象征性的时刻。1875 年 12 月 11 日,秘鲁政府发出照会,邀请其他美洲国家的法学家参与一个以民法一体化为主题的国际会议,正如上述法典化活动,探讨制定国际私法统一规定的可行性。秘鲁政府建议在 1857 年《智利民法典》的基础上实现民法一体化。① 这一建议体现了对不断成熟且体系化的《智利民法典》的极大程度的接受。

11. 1871 年《阿根廷民法典》的"罗马人的法律如是说",以及其在巴拉圭的继受

1871 年《阿根廷民法典》成为拉丁美洲诸部显赫的法典之一。1810 年 5 月 22 日,拉普拉塔总督被废黜,阿根廷发动了独立进程,实现了布宜诺斯艾利斯独立政府的新一届政务会选举;1816 年 7 月 9 日,通过了独立宣言;1819 年 5 月 25 日,制定了《拉普拉塔联合省宪法》(province unite del rio la plata);1829 年,阿根廷革命者分裂为集权派与联邦派,后者逐步占据优势,后于 1853 年进一步成立各省联邦。与此相比,直至 1862 年,布宜诺斯艾利斯才实现独立。如果说,阿根廷在独立进程的前期,制定新法典的计划只存在于私人与官方的行动中,那么可以说,这一进程是非常缓慢的;不过,1853 年《阿根廷宪法》第 64 条(11)已规定民法典、刑法典、商法典、矿业法的制定属于国会的职权范围。

1857 年,《阿根廷民法典草案》的编纂工作被委派给了 M. 乌加特(M. Ugarte)和 M. 甘博亚(M. Gamboa),他们在已提及的、保留前期成果的戈耶拿草案的基础上进行编纂。此外,根据阿根廷的独立状态,1859 年布宜诺斯艾利斯适用了爱德华多·阿塞韦多(Eduardo Acevedo,乌拉圭人,1815—1863)和达尔马西奥·维勒斯·萨尔斯菲尔德(Dalmacio Vélez Sarsfield,阿根廷人,1800—1875)私人制定的一部草案,通过了商法典。这部法典规定了布宜诺斯艾利斯国家立法的一般原则(1862 年,这部法典的适用范围扩至整个共和国)。

随后,根据 1864 年的一项法令,萨尔斯菲尔德被委任制定民法

---

① Véase J. Samtleben, *Derecho Internacional Privado en America Latina*, I, Buenos Aires, 1983, 10 ss.

典,1869 年,该草案完成;这一委任工作还包括对每一个条款撰写注释。起草这些带注释的条文时,萨尔斯菲尔德参考了共和国当时的有效法、世界范围内主要国家的民法典及其不同规定的立法理由。1869 年 9 月 25 日,这部包括大量注释的民法典被批准通过,1871 年 1 月 1 日起生效。那时,刑法典的制定也在进行中(以 1865—1867 年的特赫多尔草案为基础),不过迟至 1886 年,该刑法典才获通过;同样,联邦也完成了程序法典的制定。

该部恢弘的民法典,包括 4 051 个条文,以复杂的语言风格,甚至有时用与迄止现在所考察之法典不同的术语写就,它是对从罗马法渊源至伊比利亚法传统、欧洲及拉丁美洲现代法典与学说这些体系化的"法"(diritto del sistema)进行广泛重读后的产物,也是妥当地、集中地反思自后期经院法学(seconda scolastica)以来的西班牙乃至整个欧洲法律文化的结果。[①] 该法典对拉丁美洲法律中较成熟之法律建构的借鉴(la comunicaizone)是鲜活的、创造性的,特别是贝略的民法典以及巴西人奥古斯都·特谢拉·德·弗雷塔斯(Augusto Teixeira de Freitas)的法典草案——萨尔斯菲尔德吸取了后者进行同样的体系建构时的元素,但并未接受其设计的总则部分,这可能是因为他接触弗雷塔斯作品时已经开始了这一工作。1871 年《阿根廷民法典》分为序题和四卷:人;民事关系中的对人权(债的总则,导致权利和义务取得、变更、转移和消灭之法律上行为与事实的总则);物权法;物权和对人权的共同规定(死因继承、权利与义务的竞合与时效)。与 1852 年《秘鲁民法典》(见上文)一样,这部民法典以返回"法的基本原则"来保证与(自罗马法以来的法的)体系之间的鲜活联系(la vitale comunicazione)。这种鲜活联系的表现之一即是,不论当事人是否有公民资格以及存在互惠原则(1871 年《阿根廷民法典》第 53 条),法律自 19 世纪中期以来就一般性地承认每个人的权利与行为的效力。作为民法典补充内容的注释具有极高原创性的贡献——不仅实质性地帮助理解这部民法典的性质,而且,还揭示出所有的

[①] Véase V. Tau Anzoà Tegui, *La codificación en la Argentina* (1810-1870). *Mentalidad social e Ideas juridicas*, Buenos Aires, 1977; A. Levaggi, *Dalmacio Vè lez Sarsfield jurisconsulto*, Còrdoba, 2005; R. Knutel, *Influenza dell' Allgemeines Landrecht prussiano del 1794 sul Còdigo Civil argentino del* 1869, DVS, 79 ss.

法典中所永久沉淀的法学的工作成果。随后,法学又继续其使命:比如在 1982 年《民法典教科书》之后,1881 年的《阿根廷共和国民法典法条评注》被视为第一部深刻的法典评注。① 1871 年《阿根廷民法典》至今仍有效。

巴拉圭,属于拉普拉塔总督辖区,它未承认布宜诺斯艾利斯 1810 年所成立的政务会(della Giunta di Buenos Aires)的效力;1811 年,其开始了脱离西班牙和阿根廷的独立运动。1813 年,巴拉圭通过了一项未涉及新法典的政府条例(Regolamento di Governo);其宪法框架受到卢梭对古罗马共和国重读的影响——象征性的如独裁者,就像玻利瓦尔一样。② 1842 年和 1846 年,巴拉圭通过了关于司法管理的法律,并且部分采用《西班牙商法典》。在经历了与巴西、阿根廷和乌拉圭的三国联盟对抗作战战败之后,巴拉圭开始制定与 1853 年《阿根廷宪法》相似的宪法(1870),1876 年 8 月 19 日,宣布《巴拉圭民法典》在该国生效——这一法律仅对 1871 年《阿根廷民法典》进行了极少修改后直接适用,同时这些修改也体现在 1889 年 7 月 27 日的法律中。该法典的植入导致巴拉圭土地的私有化——之前几乎完全公有,相较于西班牙总督辖区的经验,这是社会组织、经济的剧变。③ 1876 年的《巴拉圭民法典》有效至 1987 年。

12. 1868 年、1883 年、1914 年的《乌拉圭民法典》:对拉丁美洲法典部分的、多重的继受,本土化建构,以及与欧洲法典的对话

1810 年 5 月 22 日,在布宜诺斯艾利斯的第一次独立政府会议选举中(alla elezione della prima giunta di governo indipendente),拉普拉

---

① 关于 1871 年《阿根廷民法典》的最初解释,参见 A. Cháneton, *Historia de Vélez Sarsfield* 2, Buenos Aires, 1938 (rist. 1969), 496 ss。

② Cfr., P. Catalano, *Indipendenza e codificazione del diritto: alcuni dati della storia della Repubblica del Paraguay*, StSS, 551 ss.; Id., *Consolato e dittatura: l' "esperimento" romano della Repubblica del Paraguay* (1813–1844), AA. VV., *Dittatura degli antichi e dittatura dei moderni*, Roma, 1983, 151 ss.; C. A. Gonzá Lez, *El proceso legislativo paraguayo* (*Desde la Colonia hasta comienzos del siglo XX*), in Index, 167 ss.; G. Lobrano, *Il modello giuridico repubblicano romano nella Indipendenza latinoamericana e nel Risorgimento italiano*, in AA. VV., *Il Risorgimento italiano in America Latina*, Atti del Convegno internazionale, Genova 24/25/26-11-2005, Ancona, 2006, 189 ss.

③ Cfr. C. A. Gonzá Lez, *op. cit.*, 167 ss.

塔总督辖区的独立进程启动。乌拉圭从1811年开始了独立运动；1816—1825年期间，持续对抗葡萄牙殖民地巴西的侵略；1825年8月25日终于摆脱了巴西的统治，获得独立；1827年，获得抗战巴西的胜利后，签订了里约热内卢协议（trattato di rio de janeiro），加入拉普拉塔联合省联邦，自此获得了完全独立，成立乌拉圭东岸共和国。1830年7月18日，《乌拉圭宪法》第17条（1）规定了法典的制定与颁布，1836年和1837年，乌拉圭议会讨论了这一规定，但没有取得实质性进展。19世纪中叶，乌拉圭法学家阿塞韦多私人编纂了民法典草案；1852年，该部包括基本注释在内的草案出版①；1853年，该草案被递交到众议院；经过委员会审查后，1856年，草案被批准并递交到参议院，但未获通过。在思考该草案的过程中，《法国民法典》的影响受到极大削弱，这可能也参考了后来被仔细修正的1847年《秘鲁民法典草案》；（乌拉圭民法典）草案明显参考了《审判书》（Fuero Juzgo）、《七章律》、罗马法，其中体现了对西班牙法文献的优先选择，虽然该草案也参考了法国文献。1865年，以《阿根廷商法典》为基础编纂的《乌拉圭商法典》颁布（见上文）。

1866年，乌拉圭委任了一个委员会对阿塞韦多的民法典草案进行修订。阿根廷法学家特里斯坦·纳瓦哈（Tristán Narvaja, 1819—1877）——经历了智利漫长的法典编纂进程，他是深入展开该修订工作的主要法学家（1866—1867年参与法典修订）。1868年1月23日，《乌拉圭民法典》的新文本颁布，1868年7月18日生效。1878年，《乌拉圭民事诉讼法典》生效。

1868年《乌拉圭民法典》遵循了阿塞韦多草案，保留了各条款的制定风格与结构，其中物与物权（第二编）独成一编，取得所有权的方式与遗产继承一起被规定在第三编，债的一般规则与债的发生原因被规定在第四编。② 该法典更为注重1857年《智利民法典》的结构安排，而未受弗雷塔斯草案和1871年《阿根廷民法典》前几编的较大影

---

① Véase E. Acevedo, *Proyecto de Código civil para la Repúbblica Oriental del Uruguay*, Montevideo, 1852 (ried. Montevideo, 1963 con studi introduttivi di J. Peirano Facio).

② 笔者认为，比较其他的法典，它能够认识到这种动荡的根源，不仅处于《法国民法典》第三编无法满足的层面，而且处于盖尤斯《法学阶梯》和优士丁尼《法学阶梯》中存在的关于在继承权与取得个物与集合物不同的方式之间确定继承的地位的方式的不协调中。(Gai. 2, 97; J. 2, 9, 6)

响;更大程度上,它受到了以罗马法体系为基础的戈耶拿草案及欧洲法典的影响。1868 年《乌拉圭民法典》经过 1883 年、1941 年重新编排条款,再次修订颁布后继续有效。

13.(续)1888 年《哥斯达黎加民法典》、1904 年《尼加拉瓜民法典》、1917 年《巴拿马民法典》

1882 年,哥斯达黎加为了修订 1841 年的《哥斯达黎加共和国一般法典》而组建了一个委员会,其中民法部分由危地马拉的法学家安东尼奥·克鲁斯(Antonio Cruz)主持修订;新的文本(现在的民法典)于 1885 年 4 月 19 日通过,并自 1888 年 1 月 1 日起生效。它改变了原有法典的设置,即便没有改变原法典全部的顺序,但至少也选择性地更改了章节的设置。它们将那些处于不同章节中的"财产""所有权与所有权的各种变更""物权的取得"(有关所有权的取得,该法典第 480 条与之前的法典及《法国民法典》相比,没有改变"合意"的物权效力)和"遗产继承"整合起来,并通过创立一个新的债法总则将债法部分一分为二。在广泛继受各个拉丁美洲法典的框架下,这一曾以《法国民法典》为基础的民法典,与那些同欧洲的民法典不乏沟通的其他民法典相比,似乎已经考虑了来源的多样化,并创造了一种流行模式。① 经过数次修改[最初的修改见于 1887 年 12 月 12 日的 16 号法令,主要是关于家庭法部分(见下文)]的 1888 年《哥斯达黎加民法典》至今仍有效。

1899 年,尼加拉瓜组建了一个委员会,该委员会审议通过的法典草案在 1904 年 2 月 1 日被颁布,并自 1904 年 5 月 5 日起生效。它从前一部继受自智利的民法典中脱离出来,经过数次修改(它规定了知识产权,第 724—867 条;用单独一题来规定原物返还之诉,第 1434—1472 条),更接近于《秘鲁民法典》的设置,并且借鉴了多个拉丁美洲及欧洲国家的法典——借鉴的地方在该法典第一版中被标示出来,它们之间并非总是统一的。目前,经过修订的 1904 年《尼加拉瓜民法典》仍然有效。

巴拿马运河被开凿之后,巴拿马脱离了哥伦比亚,虽然之前生效的民法典[正如我们提到过的(见上文)]仍被保留下来,但该国开始朝着包括民法典、诉讼法典、商法典、矿产法典及刑法典在内的新

---

① J. E. Guier Esquivel, *op. cit.*

体系发展:1903年的法令、1904年的法律授权组建了实现这一目的的两个委员会。法学家F.穆蒂斯·杜兰(F. Mutis Durán)参照之前的法典制定了1906年《巴拿马民法典草案》。1913年,民法典的事业又获得了新的动力,那便是法学家C. A.门多萨(C. A. Mendoza)得到委任。后来组建的法典编纂委员会审议了这些草案,1916年它们获议会通过,其中《巴拿马民法典》在次年开始生效。这部民法典保留了之前法典的设置,并增加了关于公证员和登记的第五编。它在其他一些法典,尤其是1889年《西班牙民法典》①的基础之上,对多数条文进行了全面修订。经过修订的1917年《巴拿马民法典》至今仍然有效。

14. (续)1873—1982年的《委内瑞拉民法典》及1871—1884年的《墨西哥联邦民法典》:两部与欧洲的法典及草案之间广泛对话的法典

在1862年的《委内瑞拉民法典》被废除之后,1867年委内瑞拉又组建了一个新的委员会,并在数周后便开始起草新的草案;新的委员会大量参考了广泛借鉴《法国民法典》的戈耶拿草案。新草案随后被通过,并自1867年10月28日起开始生效。但是,紧接着又有委员会(1868年、1870年)被组建起来,并起草了另一部民法典草案,该草案于1873年2月20日颁布并于同年4月27日生效。1873年的这部法典在形式上于1881年、1904年、1916年、1922年、1942年和1982年被替换,但与其说它们是真正的、纯粹的新法典,倒不如说是借助对法典条文的重新编号而做的改革而已——有时也相当重要。这部民法典以1865年《意大利民法典》为基础——像《葡萄牙民法典》一样,后者也是当时新的欧洲民法典;并且,后者也强烈体现了《法国民法典》的印记(比如,1865年《意大利民法典》承认合同的物权效力的根源在《法国民法典》中;有创新的1865年《意大利民法典》第3条承认民事权利的保护也惠及外国人,这种新意与拉丁美洲民法典中的普遍性相遇,即反映在1873年《委内瑞拉民法典》第17条中)。

如上所述,虽然1873年《委内瑞拉民法典》有几次修改十分重要,比如,关于"人法和家庭法"中的"私生子""离婚"等方面;又比

---

① Véase B. Difernan, *Curso de Derecho Civil Panameño*, Panama, 1979, 62 s.

如,1942 年委内瑞拉的债法改革反映了 1927 年《意大利—法国债法草案》中的相关内容。但不管怎样,1873 年《委内瑞拉民法典》仍以 1982 年《委内瑞拉民法典》的形式继续有效。

始于 1810 年 9 月 16 日的一系列事件,导致了 1821 年 9 月 27 日墨西哥的独立;在一段短暂的帝国时期之后,紧接而来的是共和国时期,1823 年,墨西哥共和国在墨西哥国家宪政计划的基础上建立起来。接下来,1824 年产生了《(墨西哥)联邦宪法草案》,同年诞生了《墨西哥合众国联邦宪法》。从 1836 年开始,墨西哥开展了一次(由联邦制)向单一制国家转型的运动。在这一运动中,他们完善了 1843 年《墨西哥共和国组织机构法》,并在其第 187 条中规定制定一部统一的新法典;但是"联邦派"后来又重新占领上风,并在 1846 年恢复了 1824 年的宪法。在这些年间(1846—1848 年),墨西哥失去了 40% 的领土:得克萨斯、加利福尼亚、新墨西哥、亚利桑那、内华达、犹他;1852 年 12 月 4 日,墨西哥通过了瓦哈卡州制定的一部新的民法典草案,随后该草案虽已生效,但又旋即被废除了;在整个联邦层面,于 1854 年通过了《墨西哥商法典》。政治的斗争导致 1857 年又通过了一部新的联邦宪法;然后,由于第二帝国的建立,马西米连诺·迪·阿斯伯格(Massimiliano di Asburgo)在 1864 年 4 月 10 日加冕,直到 1867 年,他被暴力推翻后才又恢复了 1857 年的宪法。但是由于后续一系列改革的原因,直到 1917 年这部宪法才生效。1839 年,来自圣·米格尔(San Miguel)的 J. N. 罗德里格斯(J. N. Rodríguez)的《西班牙—墨西哥学说汇纂》一书出版①,正如他写到的:"国家编纂法典,可能是为了取代或者避免迫近的自由的法典编纂(la imminente codificazione liberale)。"

1858 年,墨西哥政府委托法学家希尔拉(Sierra)起草一份草案,他在 1861 年完成并公布了该草案,这份草案常被法院和律师引用。1861 年,希尔拉的草案在韦拉克鲁斯州获得通过,随后,该草案的一部分在 1866 年作为墨西哥帝国的法典获得通过。这部法典参照了之前提到的戈耶拿草案,也就是说它也间接地参考了法国的法典,当然,该法典修订的过程中同样也直接参考了《法国民法典》。接下来,一个新

---

① Véase M. D. Refugio González, 3 vol., México, 1980; Discurso Preliminar, ReA, 7/1999, 363 ss.

的委员会在希尔拉草案的基础之上开展工作,并对它进行修改;1870年12月13日,墨西哥通过了这一新的草案,并作为联邦区及下加利福尼亚州的民法典于1871年3月1日起生效。瓦哈卡州在1868年更换了民法典;墨西哥州在1870年也通过了一部民法典;其他各州或原封不动地接受联邦区的民法典(瓜纳华托州、普埃布拉州、圣路易斯波托西州,1871年;萨卡特卡斯州、格雷罗州,1872年;杜兰戈州,1973年),或在对其作出些微的改动后而接受之(伊达尔戈州、米却肯州、莫雷洛斯州、塔毛利帕斯州、索诺拉洲,1871年;恰帕斯州、克雷塔罗州,1872年;锡那罗亚州,1874年),或对这部民法典进行很大改动后才接受(坎佩切州、特拉斯卡拉州)。1871年《墨西哥联邦民法典》如希尔拉的草案一样,广泛地借鉴了戈耶拿草案,因此也是间接地借鉴了《法国民法典》。但是,通过一些有意义的补充,尤其是来自1867年L. 德·塞亚布拉(L. De Seabra)的《葡萄牙民法典》(曾是欧洲最新的民法典)的补充,《墨西哥联邦民法典》中的一些规定和制度得以完善,但其并没有采用《葡萄牙民法典》的结构(就此,应注意到《葡萄牙民法典》中的继承部分被移至最后一卷,1857年弗雷塔斯的《民事法律汇编》以及1871年《阿根廷民法典》也采取了这样的结构,但笔者没有发现它们彼此间有联系的档案信息)。除了这种补充,与1873年《委内瑞拉民法典》不同,在《法国民法典》之外,不同的媒介存在于《墨西哥联邦民法典》、1865年《意大利民法典》和戈耶拿草案之间,并且在其中留下了明显的痕迹。尤其是在戈耶拿为自己的草案提供的注释中,不仅大量涉及了一些其他法典,还牵涉到罗马法和伊比利亚传统,这些评注提供了对精细文本进行有效解读的脉络,这些脉络说明了体系的持续性和增长性。其中引用的《学说汇纂》仅仅只是这些精细文本的一个典型范例,此外还需要不断增加新的书籍来支撑他的观点。1884年《墨西哥联邦民法典》(直到1932年才生效)针对一些重要但比较细小的问题进行了改革(如取消继承方面的特留份以及取消了恢复原状),并且制定了一种新的法典:1884年《墨西哥商法典》通过,但很快被1889年的商法典所取代,后者于1890年1月1日生效①;这样,1871年《墨西哥联邦刑法典》、1872年《墨西哥联邦民事诉

---

① Véase Centenaio del Código de Commercio, Atti a cura dell'Instituto de Investigaciones Jurídicas-UNAM, México, 1991.

讼法》以及《墨西哥联邦刑事诉讼法》被制定并更新,它们构成了法国式的体系。M. 马特奥斯·阿拉尔孔(M. Mateos Alarcón)针对1871年至1884年的《墨西哥联邦民法典》开设了课程——后来收集在《联邦区民法典研究》一书中(墨西哥,1885—1990年),它代表了第一部对《墨西哥联邦民法典》的完整评注。①

15. 古巴和波多黎各引进1889年《西班牙民法典》:1889—1902年的《古巴民法典》,1889—1902年的《波多黎各民法典》,以及这些法典后续的适用

尽管多少有些深入的交流,古巴和波多黎各两国之间还是存在广泛的对立(l'opposto)。这两个国家都曾是西班牙王国的海外行省,因而它们之前都施行1889年《西班牙民法典》。不得不强调的是,虽然这部法典在很多方面继受了《法国民法典》,而在某些方面又同拉丁美洲以自己的方式创制法典的国家一致,仍植根于罗马法和伊比利亚传统(比如,否定单纯合意的物权效力,以及需要原因行为,这导致法典中有关财产、所有权、所有权的变动和取得的部分,与债的部分相互分离)。

众所周知,1898年"美西战争"之后,西班牙根据美西双方在巴黎签订的和约,结束了对古巴的统治,古巴建立起一个美国的军政府,直到1902年,这一军政府一直发挥作用。1901年,古巴颁布了宪法。战争期间军政府首脑1899年1月1日发表的声明、《古巴临时宪法》第5条的规定,以及1902年的第148号基本令(l'ordine generale),都规定所有现行法有效,直至新的法律颁行为止;《古巴临时宪法》的第59条第6项还规定了要进行法典的编纂。《西班牙民法典》从1889年11月5日起在这个岛上生效;1902年,古巴在独立之后,对其进行了实质性修改,并以前述规定为根据,它仍被作为《古巴民法典》(1889—1902年)继续有效,直至1987年。

同样依据1898年签订的巴黎和约,西班牙必须退出波多黎各——后者仍被美国占领,直到1952年,这一年,《波多黎各联合自由国宪法》得以制定。根据1900年的临时法律,1889年的《西班牙民法

---

① Véase C. Soriano Cienfuegos, 6 vol., México, 2004; R. Batiza, Las fuentes del Código civil de 1928, México, 1979. 它还涉及1871—1884年《墨西哥联邦民法典》的法律渊源。

典》在该国仍继续有效;依据1902年3月1日的法律,修改后的该法典再获颁布;1911年,波多黎各法律法典汇编为英文版本,后来经过1914年、1930年的修订,新版的法典以西班牙文公开。[①] 经进一步修订的《波多黎各民法典》(1889—1902年)目前仍然有效。

16. 从1857年的《民事法律汇编》到1917年的《巴西民法典》:"美洲的罗马"(Rome americana)的成果

1917年《巴西民法典》成为拉丁美洲又一部伟大的法典,这得益于1857年的《民事法律汇编》,这一汇编在巴西半个世纪的时间里扮演着民法典的角色,并且是法典成熟过程中基本的一环。葡萄牙国王若昂六世(João VI)在拿破仑入侵伊比利亚半岛期间辗转至巴西,之后又在1821年返回欧洲,其子佩德罗(Pedro)则留在巴西,不久后宣布了巴西的独立(1822年9月7日)并建立巴西帝国(1822年10月12日),而他成为皇帝。紧接着,于1823年10月20日制定《巴西帝国宪法》,根据该宪法第179条第18项的规定,须编纂民法典及刑法典。不同于其他曾隶属西班牙的美洲国家,巴西不曾设立大学,1827年才开始在圣保罗和累西腓(Recife)的欧林达(Olinda)开设首批法学课程;在制宪会议的讨论过程中,就法科课程的开设,有学者[若泽·达·库尔瓦·科斯博阿(José da Silva Lisboa)]强调未来的法律人应在"美洲的罗马"(训练)中养成。

当《巴西刑法典》《巴西刑事诉讼法典》(其中包括一些民事诉讼的法规)以及《巴西商法典》(它也包括关于商事诉讼的一章)分别在1830年、1832年和1850年获得通过后,《巴西民事诉讼法典》只在1878年A. J. 里巴斯(A. J. Ribas)的汇编中看到了最后一次统一编纂的尝试,尔后因改为联邦体制而成为分别立法的领域。民法的法典化显得更为费力和缓慢,主要是因为在法典编纂过程中接受建议改编葡萄牙人若泽·奥梅姆·科雷亚·特莱斯(José Homen Corrêa Telles)的作品,即《葡萄牙学说汇纂》(3卷,科英布拉,1835年)——该作汇集了当时的有效法律规范和学说。

---

① 关于《波多黎各民法典》的艰难更替,参见 J. Trías Monge, *El Choque de dos culturas jurídicas en Puerto Rico. El caso de la respinsabilidad extracontractual*, Austin, 1991。它的影响可参见 ID., *El sistema Judicial de Puerto Rico*, Santo Domingo, 1978; C. Delgado Cintron, *Derecho y colonialismo. La trayectoria hostórica del Derecho puertoriqueño*, Río Piedras, 1988。

1855年,巴西政府委任伟大的法学家、罗马法学家奥古斯都·特谢拉·德·弗雷塔斯(Augusto Teixeira de Freitas,1816—1883)①来进行汇编民事法律的工作,而后(1859年)编纂民法典草案——根据上文介绍过的区分,这种区分已经超越在智利发生过的相关争议以及贝略的相关思考;之后,这种超越又在巴西以不同的方式得到实现。计划分三步走:"分类""汇编""法典化",也就是说,首先,收集不同的规范、去除错误的习惯与解释并按照体系顺序将之分类,更好地认识现存的法律;其次,将已汇编的规范以简洁的语言加以重构,从而简化它们;最后,修订不正当的、有缺陷的规范,填补漏洞。1857年,在完成民法汇编之后,弗雷塔斯在他洋洋洒洒的导言中缓和了第二步和第三步之间的区别:强调对整个体系的思考、对更正当的方案的比较与研究。最终,这部作品以识别、重构与改革现行法的形式完成。实际上,他完成了如下基本工作:从原始文本中提取规则;将规则与他不认同的解释相分离;以法典条文的形式重构规则;将相同规则插入到基于若干少数重要的基本体系范畴的编章安排(un ordine espositivo)中。相较于广泛流传的《法学阶梯》的编章安排,在这一作品的体系轮廓下,他进行了创新,区分出总则与分则部分,并将前者分为:人和物②;后者分为两卷:对人权——包括家庭关系中的对人权和民事关系中的对人权,物权。③ 其所汇编的文本中,每个条文都带有"注释",这些"注释"和《智利民法典》中的注释一样,扼要地指明了条文的法律渊源。这一作品有几个不同的版本,也有一些增补,这些"注释"突出了它在重构体系中的指导作用,即便是对于那些没有被收录的条文也是如此(1865年第二版,1876年第三版,1915年第五版④)。这部作品由法学家创制,为1858年的法令通过,一直在巴西作为民法典被适用,直到1917年《巴西民法典》生效才废止。

　　由于《民事法律汇编》取得了积极的成效,弗雷塔斯在1859年又

---

① Ver S. Meira, *Teixeira de Freitas. O Jurisconsulto do Império. Vida e obra*, Brasília, 1983.

② Cfr. P. Rescigno, *La "Parte Generale" del codice civile nell' Esbôco di Teixeira de Freitas*, ATF, 341 ss.

③ Cfr. A. Burdese, *La distinzione fra diritti personali e reali nel pensiero di Teixeira de Freitas*, ATF, 303 ss.

④ Cfr. S. Schipani, *Il "méthodo didáctico"*, cit.

被授予编纂新民法典草案的任务。他立即投入此项工作,并出版了(1860—1865年)总则部分,包括人的一般规定、物的一般规定、事实的一般规定;第二卷被划分为三个部分:对人权总则、家庭关系中的对人权和民事关系中的对人权;第三卷的前三部分(物权):物权总则、对自有物的物权和对他人物的物权。但是,一方面,社会上出现了大量的对这一草案的批评;另一方面,弗雷塔斯自己也在1867年改变了法典原有的体系构造:在一封写给部长的著名信件中,他提出在私法体系的中心需要一个一般法典,且民法和商法应被整合到一部统一的民法典中。因此,他放弃了正在从事的工作,并请求另一个不同的任务。尽管他享有优势地位,但仍未被授予此项新任务。因此,他的《民法典草案》没有完成,并一直处于草案阶段。①

《民法典草案》已完成的部分夹杂着注释,并且常常论述广泛,它们体现了学术创作的真正智慧,反映了弗雷塔斯极为丰富的学识。他是葡萄牙法专家、几个最重要的法典编纂著作的作者,甚至还是罗马法学家。② 在特定的体系交流框架下,他的作品流传广泛:它曾被纳瓦哈考虑过将其作为1868年《乌拉圭民法典》;它还曾被萨尔斯菲尔德以特别的方式使用,1871年《阿根廷民法典》没有跟随其设立总则的思想,但是很多条文和制度都受到该草案的影响,以至于它在阿根廷被翻译并两次出版(1900年和1909年);而它也间接通过《阿根廷民法典》出现在了巴拉圭法中。在巴西,1917年《巴西民法典》的拟定肯定要追溯到《民法典草案》和《民事法律汇编》,但其也注意到了整个大陆法系内部的彼此关联,因而特别采用了德国的潘德克顿体系。

从1869年到1870年,律师坎迪多·门德斯·德·阿尔梅达(Cândido Mendes de Almeida)负责编辑第一个巴西版的《菲利普法令集》(1603年)和《司法助手》(一部查阅《菲利普法令集》的指南,还因为其添加了一些法律格言和公理规则而丰富起来)。弗雷塔斯也出版了一部法的规则集。而1864年至1865年,A. J. 里巴斯则在里约热内卢出版了一部体系性的作品,即《巴西民法教程》(第二版),共有2

---

① Véase A. Teixeira de Freitas, *Código Civil. Esbôco*, 4 vol., Rio de Janeiro, 1952 (Estudo critic - biográfico, di Levi Carneiro), successivamente, Brasília, 1983.

② Véase J. C. Moreira Alves, *A formação romantística de Teixeira de Freitas e seu espírito inovador*, ATF, 17 ss.

卷,其重新参考了弗雷塔斯草案的体系分类。对罗马—葡萄牙传统、规则的表达和体系建构的反思构成这一时期科学工作的特征。

通过若泽·托马斯·纳布科·德·阿劳若(José Tomás Nabuco de Araújo)(仅仅是初步的)、若阿金·费利西奥·多斯·桑托斯(Joaquim Felício dos Santos)(1881 年草案)、安东尼奥·科埃略·罗德里格斯(Antonio Coelho Rodrigues)(1893 年草案)①几个草案,再加之委托了克洛维斯·贝维拉瓜(Clóvis Beviláqua)②,他编纂的《巴西民法典草案》在短短几个月内便完成了,他的《指引法律草案》(il progetto di una Legge di introduzione)也在里约热内卢出版(1900 年)③,并在同年接受了一个修订委员会的审议,该委员会进行了不少的修改[例如,第 6 条第 2 款重新规定已婚妇女部分无行为能力;第 363 条(原草案中是第 427 条)缩减了允许核实父子关系的情形]。同样在 1900 年,该草案被提交给众议院,众议院提出须作进一步的修改;1902 年,草案再次被提交,而后在众议院被拖延了 10 年;1912 年,草案再次返回到众议院,并于 1914 年移交参议院;最终,该草案在 1916 年 1 月 1 日被通过,并于次年(1917 年)生效。

1917 年《巴西民法典》之前有一部《指引法》,这是一部关于法典适用的附属法,它包括一些公法和国际私法的规范。法典的总则部分分为三编:人、财产和法律事实;而分则部分分为四编:家庭法、物权、债权和继承权。这种顺序安排让我们看到了弗雷塔斯的结构设置与德国的潘德克顿体系的结合,例如规定了"事实",以及将"家庭法"作为分则的第一编。④ 从拉丁美洲国家所追随的大趋势来看,它以"法的基本原则"为基础,个性鲜明。在市民权利的取得、享有方面,没有设置国民和外国人的区分(第 3 条)。所有权是"排他的和无限制的"[第 527 条,以及"评论"(Osservazione)],包括知识产权(第 524 条)以

---

① Véase Coelho Rodrigues, *Projeto d Código civil brasileiro* (1894), Brasília, 1980 (Introdução di W. Brandão).

② Ver S. Meiraa, *Clóvis beviláqua. Sua vida. Sua Obra*, Fortaleza, Brasile, 1990.

③ Véase J. C. Moreira Alves, O centenário do projeto de Código civil de Clóvis beviláqua, in ReA, 8/1999, 3 ss.

④ 很容易看出,这一作品是最接近优士丁尼和盖尤斯《法学阶梯》的内容的,家庭法部分:J. 1, 8-26;物法:J. 2, 1-5。

及 1917 年《巴西民法典》对它的调整(第 649 条及以下数条);物权中包括永佃权(第 678 条及以下数条)这一其他法典搁置的制度。在总则部分规定了事实与行为,在债法卷中将合同意思的表示置于中心地位(第 1079 条);根据拉丁美洲的流行趋势,合同的效力是强制性的(obbligatotia)。1917 年《巴西民法典》的作者通过重要的《指引法》以及附随的"注释"对法典进行评注,正如萨尔斯菲尔德的那些注释一样,它们是通过法律科学以及立法者们来完成并被放置到法典中的。① 针对这一法典还存在一些其他人的评注,比如若昂·L. 阿尔维斯(João L. Alves,1917 年)、A. F. 科埃略(A. F. Coelho,24 卷,1924—1932 年)、J. M. 卡瓦略·桑托斯(J. M. CarvalhoSantos,29 卷,再版多次)等。②

后来修订过的 1917 年《巴西民法典》有效至 2003 年。

三、(续)小结:对体系同一性与特殊性的贡献

随着 1917 年《巴西民法典》编纂的完成,我们可以认为,拉丁美洲的法典化进程就此告一段落。在此,有必要简述这些法典的特点,以探究其相对于后续法典和罗马法系其他法典的异同。

17. 民法典制定中汇集的法律渊源:立法者和法学家的角色

论及产生上述民法典的渊源时,我们看到了立法者和法学家之间的竞争。他们有时在植根于正义的概念框架中工作,这个概念框架涉及对社会治理任务之神圣性的赞同。

民法典几乎总是法学家委员会的作品,这些法学家没有脱离法律实践,时常兼任律师或者法官,有时还卷入政治生活和(或)高校之中。杰出法学家的作品常常引人注目,这些作品的贡献如下所述:突出的事例有贝略对 1857 年《智利民法典》的贡献,弗雷塔斯对 1857 年巴西的《民事法律汇编》以及之后的《民法典草案》的贡献,后来由另一位伟大的法学家贝维拉瓜完成了《巴西民法典》;还有萨尔斯菲尔德对 1871 年《阿根廷民法典》的贡献,以及阿塞韦多、纳瓦哈、希尔拉等人的事例。尽管文本流露出作者的个体性,但是这些文本也是对源于共

---

① Véase *Código civil dos Estados Unidos do Brasil*, comentado por Clóvis beviláqua, 6 vol. (rist.: *Edicão hostórica*, 2 vol., Rio de Janeiro, 1975).

② Ver M. Reale, 100 *Anos de ciência do Direito no Brasil*, São Paulo, 1973.

同传统的工作的表达。正是通过这项工作及相关讨论,(法学家)职业团体的自我身份得到强化,他们在法律领域具有共同语言和社会视野,围绕这一团体形成了"欧陆公民"①(il "cittadino del continente")。

这些法学家都是罗马法学家,直接或者间接地利用《市民法大全》,并根据如下的解读来解读民法典——那些意大利方式(mos italicus)、《七章律》和西班牙后期经院法学的伟大评论者、巴洛克时期的一些印第安法学家②、葡萄牙作者和决定者[阿尔瓦罗·法拉斯科(Álvaro Falasco)、弗朗西斯科·德·卡尔达斯·普雷拉·德·卡斯特罗(Francisco de Caldas Pereira de Castro)、安东尼奥·达·伽玛·普雷拉(Antonio da Gama Pereira)等]、伊比利亚文化中的实务者[何塞·菲布勒罗(José Febrero)、尤吉尼奥·塔皮亚(Eugenio Tapia)等]或者倾向不一的教科书作者,还包括"王国的法"的法学家[首先是 J. Th. 海内修斯(J. Th. Heineccius);其次还有 H. 维尼乌斯(H. Vinnius)、A. 佩雷提乌斯(A. Peretius)、S. 马格罗(S. Magro)和祖里塔(Zurita)、B. 贝雷纳(B. Beleña)、J. M. 阿尔瓦雷兹(J. M. Álvarez)]。由于独立之后的开放,法学家们解读的根据还包括法国法学家对《法国民法典》的解读或者潘德克顿学者的解读。他们是罗马法学家,也是在这个基础上,法典和草案的文本逐渐形成、分化、形成他们反思文本的综合性学说[圣若瑟对汇编发挥的作用为人们所铭记,常常体现在韦尔加兰(Verlanga)和穆尼斯(Muñiz)翻译成西班牙语的作品中,不过这种关注还表现在其他方面]。

这些法学家们充满责任感,他们将对体系中建构的、有争议的法的比较范围扩展到极致;这种责任感还体现在他们选择、讨论各个提案,以寻求其中哪些是"更完善和更公正"的——根据罗马法系法学家从起源处而来的特质,哪些是可以插入典型(la coralita')的。"是什么妨碍我们利用这么多宝贵的资源呢?"这是贝略提出的问题。他手持《拿破仑民法典》,该法典所带来的丰富学说也十分显著(首先是德尔文科)。他还进行比较和反思,进而证明萨维尼关于

---

① Véase H. A. Stäger, *Die Bedeutung des römischen Rechtes für die lateinamerikanische Universität im 19. und 20. Jahrhundert*, in Index, 4, 1973, 22 ss.

② Véase B. Bravo Llra, *El Derecho común de ultramar. Autores y obras jurídicas de la época del Barroco en Hispanoamérica*, en Ius Commune, 15, 1988, 1 ss. (= ID., *Derecho común y Derecho propio en el Nuevo Mundo*, Santiago, 1989, 147 ss.).

法人(被采用)或法律行为(未被采用)的建构具有实用性;他促使人们排除给予之债中合意的移转效力,或有要求物的交付的效力(1852年《秘鲁民法典》第574条);他还使得弗雷塔斯对萨维尼关于生物人人格开始的批判反思成熟(《民法典草案》第221条及注释,1871年《阿根廷民法典》第63条)①;还有承认法典中规定的权利是为了所有人利益的选择,这些选择已经由弗雷塔斯说明清楚(下文第22节);还使人们反思废除永佃权的问题;等等。

此外,立法者重申人民制定法律这一自古有效的原则,并依此进行立法活动。《十二表法》中就已经规定了该原则的效力,它存在于皇帝权力基础之传统和自治城邦之中,并在人民宣布独立于总督时回到了人民(积极分子)手里,在对古老概念和原则的重述中得到丰富(S. Bolivar, J. Gaspar de Francia, l'Imperio de Brasil)。"共和国"的观念得以复兴,但人们对它的形式的研究则摇摆不定——一方面是要充分体现拉丁美洲的具体情况,另一方面是趋于采取欧洲民族国家的现代国家模式。后者已经开始席卷欧洲,有时这一模式还与盎格鲁美洲的传统元素相结合。尽管这种趋势在19世纪也成为拉丁美洲的主流,但是它似乎没能在这片大陆上找到足够广泛的合意和获得稳固的地位。这是因为该模式有不适当的地方,"西班牙人"和"当地人"的"两个共和国"(due repubbliche)在民族国家和领土方面并不具有同步关系,结果在第一类人中出现部分人为的区分,使当地人被隔离,虽然在一些区域他们占到大多数。②

立法者的批准没有将这些法典变成法学家的分外之事,法学家接受这些法典如同接受事实:实际上,不同于1794年《普鲁士一般邦法》第46条至第49条的规定(涉及立法者对待疑案以及这部法典中填补漏洞的一般原则),这些法典的立法者也没有一味以文本的权力所有人自居,虽然法学家也强调先前存在的、以"服从但不执行"(obedezco

---

① Véase P. Catalano, *Osservazioni sulla persona dei nascituri alla luce del diritto romano (da Giuliano a Teixeira de Freitas)*, in CATALANO, *Diritto e persone*, Torino, 1990, 195 ss.

② Véase H. A. Stäger, *Legitimación y poder. La formación de sociedades nacionales en América Latina*, in Index, 59 ss.

pero no cumplo)为标准的伊比利亚法律传统。① 通过上述所有对现实的预判,鉴于系统的法学以及由争论而实现的法学的筛选和完善,法典的文本回归到法学家手中,转向他们"始终和法律同在,使之日益完善"的能力。法学家教育则通过因独立运动而复兴的大学模式运转着(由贝略重建并担任第一任校长的智利大学具有象征性意义)。这里不可能展开对信息的综合和总结工作,无论是针对高校研究②,还是针对拉丁美洲的法学学说——这些民法典在颁布并对其作出初步阐述之后才发展起来。还有对欧洲学说、法国注释学派和德国潘德克顿学派的追忆,仅仅表明一个文本对这些法典生命之检视有待完成的后续方面,即罗马法系的内部交流。

18. 法典化的目标:输入罗马法与独立[自由的均等(aequare libertatem)],法律的完善

这些法典融入到革命背景之中——以"法"(diritto)之名将实现独立作为目标,法典本身也被卷入其中并承担着这样的任务,它们以自身独立的方式表现罗马法体系,使得新兴独立国家可以"适用自己的法律"(suis legibus uti)。

独立就是在美洲拥有罗马:相比欧洲大陆趋向于民族国家化,在伊比利亚半岛,人们自主利用罗马法体系,获得其普世视角。为了阐明罗马法体系进入正在建成中的拉丁美洲社会的过程——缓慢、自然且事关重大,罗马法体系被"输入"拉丁美洲的说法得到强调。③ 事实上,贝略认为:"他们将它(即罗马法)视为一种外国立法,就像其本身在我们的社会也是外国法。"类似的,萨尔斯菲尔德也强调"(罗马的)立法就是他自己(即阿根廷)的法,正如罗马法也是西班牙的法"。与此同时,弗雷塔斯说,他"一直未停歇"地吸收罗马法(的营养)。

---

① Véase V. Tau Anzoátegui, *La ley "se obedece pero no se cumple". En torno a la suplicación de las leyes en el Derecho indiano*, in ID., *La Ley en América Hispana. Del Descubrimiento a la Emanamcipación*, Buenos Aires, 1992, 67 ss.

② Véase H. A. Stäger, *Universidad de abogados y universidad futura*, in Index, 4, 1973, 59 ss.

③ Véase A. Díaz Bialet, *La transfusión del derecho romano en la Argentina (s. XVI – XIX) y Dalmacio Vélez Sarsfield autor del Código Civil Argentino*, StSS, 251 ss.; ID., *El espíritu de la legislación en la concepción del derecho en Dalmacio Vélez Sarsfield*, DVS, 11 ss.

对于其他国家的人民特别是伊比利亚人来说，独立就是获得平等，反过来，对于欧洲人民也是一样。作为拉丁美洲典范的玻利瓦尔，他本人通过圣山的预言宣誓，将贵族和平民的冲突同由此产生的"自由的均等"联系起来，把握了民众关系的新方面。① 这一实现各族平等自由的抱负，与自由的内涵结合在一起，首先反对的就是奴隶制。这早在海地的贾科比尼(Giacobini)黑人革命时期及其后的法典编纂中就出现了。玻利瓦尔占领了海地，1816年登陆并在委内瑞拉的卡鲁帕诺宣布海地人民享有通商和工业的自由、处分遗产的自由等。

因此，通过民法典，人们以独立的方式追求重新归属罗马法系的目标，从而制定更好的法律；其利用罗马法——有时表现为净化罗马法的原则；独立的目标渗透于法典的建构、解释及适用中，在这个共同的、有特色的目标面前，体现了19世纪拉丁美洲大陆上不同时期、不同地域的不同构造的多元性。

19. 民法典的结构概述

A) 法典本身：规则简洁(brevita', regole)、对规则的陈述简约(economia)；萨尔斯菲尔德的注释是学说和立法理由(*le rationes*)的连接。

这些民法典风格不一，有些很繁复(casuistici)并涉猎广泛(《阿根廷民法典》有4 051条)，其他的则更为简短，风格更加灵活或者典雅。民法典的简洁，主要体现在规则上，有时还包括一些定义——对法律渊源的意义尤为明显；力求达到阐释规则简约这个标准，为了实现这种简约性，民法典遵循设置总则的标准。总则里汇集了关于大多数制度的共同方面的规定，而将关于特别部分的规则置于别处，如此一来，一个制度的完整规范散见于不同的地方。总则是部门化的(例如，典型的有债法总则或合同法总则，其后便是其他债的渊源以及特殊合同的规定)，只有1917年《巴西民法典》制定了针对整部法典的总则(在总则中，值得注意的是三编中有一编是"法律事实")，而这部民法典草案的作者(弗雷塔斯)提出对诸法典体系的建议。在这些民法典中，一场伟大学术运动的成果得到了普遍继受，即欧洲在17、18世纪以来，对法的重新编纂。法作为阐释规则的体系，以规则为形式。通过

---

① Cfr. P. Catalano-A. Mastrocinque, *A proposito del "Giuramento profetico" di Simón Bolívar*, Roma, 2005.

恢复并改造有关裁判官的《永久告示》《法学阶梯》和法学家著作的阐述方法，以及上述文本的理性重读（主要参考莱布尼兹和朴蒂埃），法的重新编纂得以开展。但是，没有一部民法典是按照1806年《西班牙最新法律汇编》的思路编纂的，在这个方面，如前所述，1804年《法国民法典》创造了参考术语，并产生了极为广泛的继受效应。这种继受早于广泛发行的规则汇编，并得到后者的协助和支持（首先是 D. 50, 17，如1868年墨西哥①，埃维尔·布朗科斯特的论述和佩德罗·卢瓦诺的协调，或者1847年，经戈耶拿协调，汇编出现在智利《法院公报》的不同刊次里）。② 弗雷塔斯的《民事法律汇编》也具备这些特点。

民法典以这种形式具体化了预先建构要件事实的方法，要件事实几乎都刻上了专业术语的印记；上述编纂技术突显了术语的重要性（贝略起草的1857年《智利民法典》还在序编中用了一章来规定许多常用词语的含义），术语中凝聚了它们先前的变化和发展的潜力。立法理由、讨论、不同的需求和视角以及选择的理由则留给了学说。

特别的是，萨尔斯菲尔德为1871年《阿根廷民法典》作的注释，其价值辐射至所有这里考察的民法典，民法典的参考网络与立法理由均被明文形式规定在其中。这些注释构成了揭示法典条文、体系、学说之间关联的基础环节，这个环节是发展的表现和时刻。③ 与此相同的有弗雷塔斯对1857年《民事法律汇编》所作的注释。采用相同方法论的还有贝维拉瓜对1917年《巴西民法典》所作的注释。

B）作为法典体系中心的民法典。正如《法国民法典》一样，这些民法典处于由商法典、刑法典、民事程序法典和刑事程序法典组成的法典体系之中。有时法典体系延伸到其他领域，尤其是和个别国家有关的领域：矿业、农业，但是不会通盘改变。拉丁美洲没有一部像1794年《普鲁士一般邦法》那样具有一般性的法典，尽管哥斯达黎加的首部民法典中曾经出现过这样的信号。无论如何，法典体系不像《普鲁士

---

① Cfr. Rist. della nota alla Rubrica in ReA, 11/2001, 245 ss.
② Ver Sulle *Regras de Direito* di Freitas, S. Schipani, *Il "méthodo didáctico"*, cit.
③ 特别在涉及罗马法时，参见 A. Diaz Biallet, *El Derecho Romano en la obra de Vélez Sarsfield*, 3 vol., Córdoba, 1949–1952, e *Código civil de la República Argentina con la traducción de Ildefonso García del Corral de las fuentes romanas citadas por Dalmacio Vélez Sársfield en las Notas*, coord. S. Schipani, Santa Fé, 2007; L. Moisset de Espanés, *Reflexiones sobre las Notas del Código Civil Argentino*, StSS, 445 ss。

一般邦法》所覆盖的主题那样包罗万象,从这方面来看,《普鲁士一般邦法》更加类似于《七章律》或者《优士丁尼法典》。法典体系通常不能在短时间内被制定出来。有时候民法典被其他法典超前,但是,这只取决于偶然的因素。我们可以理想地认为,法典体系总表现为一致性。民法典是法典体系的中心元素,正如该法典体系是最广泛的立法活动的中心元素一样:事实上,民法典规定了普遍有效的规则,除非被废除,否则对其他法典也有效力。

C) 民法典的客体与体系(从《优士丁尼法典》到《七章律》第五章的债编)。在民法典中,客体作为不可或缺的部分被识别并规定在体系之中。民法典的客体取决于盖尤斯—优士丁尼的《法学阶梯》确定的内容范围,论述客体的顺序在一定程度上被重置,客体的数量从《秘鲁民法典》到《智利民法典》有所增多——通过删除《法国民法典》第三章关于所有权取得的规定,并确定不同的领域和论述的顺序:权利之一般,人(家庭和类家庭制度),财产和物权,继承和赠与,债法总则和合同。最后这个部分的制度基础确实受到了《七章律》第五章的强化,第五章也是用来规定这些内容的,构成了有特色的一面。这种对各编有着不同划分的顺序,被保留在1868年至1914年《乌拉圭民法典》及其他的一些民法典中。尽管从1804年《法国民法典》开始,这些民法典就规定了合同的间接物权效力,如1871年《墨西哥联邦民法典》、1873年《委内瑞拉民法典》、1888年《哥斯达黎加民法典》。

在1871年《阿根廷民法典》中,体系思考有了进一步的发展。在此,主张依照《法学阶梯》内容范围的编纂顺序的示例,只保留在局部范围内,正如其在1917年《巴西民法典》中得到局部保留一样,后者以创制总则及其规定特殊部分的位置而受到注意。不过这些变化却没有改变民法典的客体,其向其他领域的扩展没有成为一般趋势(1888年《哥斯达黎加民法典》规定了著作权,1917年《巴西民法典》、1917年《巴拿马民法典》规定了公证人的相关权利)。

D) 罗马法系中的民法典:习惯、学说和法的一般原则。

与上述客体的特征相一致,民法典自始就包括不同但有联系的法律(序编、导论等),或者说民法典与这些法律并存。时而彰显出"不仅仅要介绍民法典还要介绍所有的立法"的意义(贝略语),时而强调了法在一般意义上的异质性(贝维拉瓜语)。①

构成民法典第一部分的规定有时还包括其他渊源的规则,特别是学说和习惯,这体现出协作的空间以及上述渊源在体系中作为独立渊源的核心问题,在这两种情况下都需要仔细斟酌。

关于习惯,虽然1831年《玻利维亚民法典》、1825年《海地民法典》、1841年《哥斯达黎加共和国一般法典》、1884年《多米尼加共和国民法典》和1877年《危地马拉民法典》都未在第一部分"一般规定"中提及习惯,但1852年《秘鲁民法典》第5条、1857年《智利民法典》第2条(贝略在1841年至1845年的草案第5条和1853年的草案第2条却未如此规定)、1868年《乌拉圭民法典》第9条、1871年《阿根廷民法典》第17条、1887年《哥伦比亚民法典》第8条和第13条(1887年第153号法律)、1889年至1902年《波多黎各民法典》第7条以及1917年《巴拿马民法典》第13条均涉及习惯的问题,并规定了习惯和法律之间不同的关系模式:未在法律中规定适用习惯,或者仅在法律中明文援引习惯等。两者之结合导致了抵制习惯和人民适用习惯之连续性之间的紧张状态,由于习惯具有自主力量,尽管直到古代法晚期,人们通常还反对习惯作为法律体系的渊源;特别是因为印第安法承认了特殊"习惯和(集体的)生活方式"的作用,这涉及哥伦布到达美洲之前的印第安制度。

关于学说,除了之前所指出的问题(第17节),民法典还面临着自身不完整及其整合的问题。为此,民法典对民法典之间的关系及其与所属法系之间的关系作出了说明。与此同时,1825年《海地民法典》第8条和1829年《瓦哈卡州民法典》第12条来自于1804年《法国民法典》的文本。1862年《委内瑞拉民法典》第14条也有相同规定。而在优士丁尼、卡斯蒂利亚和法国革命的复杂传承中,1831年《玻利维亚民法典》第1570条的规定却表明在出现法律漏洞时,忠实于"参照立法者"之必要性。19世纪下半叶,如上所述,1852年《秘鲁民法典》序编第9条、1868年《乌拉圭民法典》第16条和1871年《阿根廷民法典》第16条在立法上确定了"法律一般规则"的提法,早已出现在

---

① Véase M. Rubio Correa, *Los Títulos preliminares en la codificación latinoamericana del siglo XIX*, in *Fuentes ideológicas y normativas de la codificación latinoamericana*, a cura di A. Levaggi, Buenos Aires, 1992, 155 ss.

1852年《乌拉圭民法典草案》第7条、1853年贝略的《智利民法典草案》第4条、1838年首次编纂的《撒丁王国民法典》第15条以及后来由此产生的1865年《意大利民法典》第3条"法律规定"。民法典对"自然平等的理性"以及之后"平等原则"的参考体现出相同的基本选择。智利的民事程序立法参考了以下条款：分别是贝略所拟定的1851年9月12日《智利民法典草案》第3条第3款第1点关于判决理由的规定，以及1902年《智利民事程序法典》第170条第5款。① 同样的情况还有1861年《厄瓜多尔民法典》第18条第7款对"世界法律的原则"的参考，1887年《哥伦比亚民法典》第4—8条（1887年第153号法律）对"自然法和法学规则""自然平等""宪法学说"的参考，以及1917年《巴拿马民法典》第13条对"一般规则"的参考。在1884年《墨西哥联邦民法典》第20条和1917年《巴西民法典》第7条中，我们也可以发现对"法律一般原则"的参考。不同于前述1794年《普鲁士一般邦法》以捍卫国家法律主义的名义，终结了国家对其自身的立法，拉丁美洲民法典作为整体，通过参考"法律一般原则"，适用了整个罗马法系为世人所知的共同原则。这些原则来自《市民法大全》及后世对该体系发扬光大的部分。拉丁美洲共同法下的民法典，在面对法律本位主义的危机时，以适用一般原则作为回应，依靠罗马法与现代法律编纂技术之融合化解危机。②

E）人的中心地位以及统一以人为本的法律观念；人、物权、债的模式。

民法典体系以人作为参照点，在法律一般原则之后，将人法规定在第一编。

统一以人为本法律观念的趋势日臻完善，但部分进程举步维艰、有得有失。抽象意义上的完善尚未考虑到平等的若干方面，这些方面很难解释清楚。

前面提到的紧张状态酝酿出了一项巨大的成果，即在享受法典保护的权利方面，公民和外国人具有同等待遇。弗雷塔斯恰逢其时地向

---

① Véase A. Guzmán Brito, *El significado histórico de las expresiones "equidad natural" y "principios de equidad" en el derecho chileno*, in *Revista de Ciencias Sociales*, 18-19-1981, Valparaíso, 111 ss. 德尔文科认为，罗马法就是"自然平等"的表现。

② Cfr. S. Schipani, *CDRC*, 111 ss.；132 ss.

世人道明原因:"外国人和公民的差别今后将会消失;在废除此种差别以前,会存在过渡阶段。在其消失的过程中,市民法和万民法的区分不复存在,二者融为一体。相反,在葡萄牙,本国市民的民法从来不与外国人的民法相冲突,在我国亦如此。在民法范围内,公民和外国人的差别已经消失,外国人的有限能力不复存在(1876年里约热内卢《民事法律汇编引导法》第125条,注释第213条)。"正如我们所见,下列条文规定了此种同等待遇,1857年《智利民法典》第57条、1861年《厄瓜多尔民法典》第43条、1862年《委内瑞拉民法典》第5条起、1871年《尼加拉瓜民法典》第4条、1877年《危地马拉民法典》第51条、1868年《乌拉圭民法典》第22条第2款、1871年《阿根廷民法典》第53条、1880年《洪都拉斯民法典》第49条、1859年《萨尔瓦多民法典》第55条、1888年《哥斯达黎加民法典》第21条、1917年《巴拿马民法典》第40条和1917年《巴西民法典》第3条(众所周知,1865年《意大利民法典》第3条亦采用了相同规定)。现代法典编纂倾向于潘德克顿术语所谓的"法律主体之统一",该趋势已经以罗马法系的名义实现,而非国家对个人的贡献。①

这种紧张状态还要求废除奴隶制,所遭受的阻力有时延缓了其全面实现。反观法典编纂,废除奴隶制此时提及不合逻辑,似乎互不相干、注定消失一样(此即弗雷塔斯对于编写《民事法律汇编》的意见),但是当时却破格在法典中写入于未来几年内废除奴隶制,秘鲁正是这种情况。

该趋势还致使对印第安人法律地位的区分规定的废除,即对印第安法典型规定的废除。然而,相对于已经编成法典的法律而言,废除区分规定并不意味着出现保护印第安人多样性和疏离性的其他保障形式。②

民法典围绕着人而运转,关乎对人从其受孕直至死亡及其家庭关系之保护。③ 因此,民法典调整其所拥有的物以及所有权,除了最早受法国影响的民法典之外(例如1831年《玻利维亚民法典》第289条),

---

① Cfr. S. Schipani, *Il diritto romano nel Nuovo Mondo*, cit., 80 ss.
② Véase A. Cattán Attala, *MN*, 137 ss.
③ 人们没有忽视有关上述紧张状态蔓延到两性平等问题的意见,只是两性之间的差异甚多,在此无法论及。

所有权不再"绝对",但是确保其享受与处分自由(1852年《秘鲁民法典》第460条已作出规定)。至于所有权之移转,与债相关的特别方式占到多数。民法典调整对自己的物所享有的其他权利。民法典调整人与人之间通过债所进行的相互合作,比如通过取得物而解除债。债主要表现为"为"之给付,但是绝不允许出现一种掩盖新型奴役形式的债。债主要产生于契约,系自由与诚信之表现;通过债,这种根本联系得以保存。民法典确保遗嘱自由,不存在长子继承或性别的任何限制,以适当保护家庭共同体为限度。为保护涉及集体利益的物,后来还出现了集体诉讼(如贝略的民法典,但其仅具有一般性意义)。

20. 民法典的受众及拉丁美洲法律体系

这些接受了罗马法传输的独立法典,在一定意义上适用于每个取得独立的国家的所有人民。美洲大陆各民族及拉丁美洲地域所期盼的社会统一和"法律条文在我们美洲被信奉"的论断,共同启发了对法典及各部分之间的解读、比较、接收和采用,激发了拉丁美洲法律体系的创建,也创造了智利政府1877—1879年在利马会议上值得铭记的提案。此提案在法律统一化视域下主张采纳贝略的民法典作为共同法典,但那时尚存许多有待长期解决的复杂问题,因此该提案未被接受。但该提案与独立进程相关,与在保护所有人民的权利的开放视角下创建一个处于现实与构想中的"共和国组成的共和国"(玻利瓦尔)的过程相连。

西班牙王国在行政和法律语言中一直沿用"Indie"一词,随着拉丁美洲的独立进程,该名称被废弃不用,并被多个新成立共和国的名称取而代之。19世纪下半叶,在这些名称旁出现了"América Latina"。

19世纪上半叶的欧洲,特别是法国,以超国家视角对新区域进行划定的研究中再次浮现"latinità"的提法。黑格尔遵循的"罗马—日耳曼"历史哲学二分法在几十年间被四分法所替代,也即:拉美—日耳曼—盎格鲁萨克逊—斯拉夫。以种族—语言学为基础的"latino"概念,曾是法兰西实现欧洲对外扩张的意识形态工具[对美洲来说,这一提法最直接的是指拿破仑三世支持的马斯米利亚诺(Massimiliano)在墨西哥的活动]。

"Latinità"在美洲以不同的意义被使用。

1847年,北美洲的美国占领了墨西哥超过一半的领土。面对美国的扩张、威廉·沃克在美洲中部尼加拉瓜和洪都拉斯的军事活动以及欧洲利益的压力,统一的推力从玻利瓦尔召集巴拿马近邻同盟议会

(1826年)时起便完全展现出来。这种统一的推力催发人们讨论在政治—制度层面创造拉丁美洲联盟:拉丁美洲共和国联盟(1859年)、拉丁美洲联盟(1861年)、拉丁美洲同盟(1865年)。在上述进程中,一个新的称谓"Ameérica Latina"在智利弗朗西斯科·毕尔巴鄂(Francisco Bilbao)和哥伦比亚何塞·玛丽亚·托雷斯·凯塞多(José María Torres Caicedo)的文章中被证实。该名称中的"Latina"并不是形容词,而是相当于第一个名词(América)旁的第二个名词,两者一起构成词汇上较高一级的联合体。一如既往,除语言、种族等因素外,Latinità实质上具有政治—法律意义。此出处之外,该词源也在天主教会领域成熟,在一位智利律师同时也是教士何塞·埃萨吉雷·波塔勒斯(José Eyzaguirre Portales)的提案基础上,人们建立了拉丁美洲学院(1858年,第一次提案文本产生于1855年)。

上述政治—法律—宗教的自我认定强调"防御"(difensivo)特征,除此之外,还出现其他自我认定,比如"我们的美洲",该提法因何塞·马蒂(José Martí)对其强调而出名,但已在贝略的一个词义略减的认定中出现。由于巴西人贝维拉瓜的贡献,在法学领域出现了"美洲的立法"这种特殊认定。贝维拉瓜在他的《私法之比较立法纲要》(Bahia,1897)一书中,利用、修改了法国人格拉森(Glasson)提出的大纲,指出美洲的权利(此时美洲已被称为"Latina")直接与具有罗马法基础的权利相同。上述两种认定的交汇值得我们注意。①

以上概述的法典编纂事件嵌入了饱含实践意义的自我认定过程:法典完善了罗马法在拉丁美洲的传输,参与构建独立进程中的法律。法典在拉丁美洲创造了制定体系的新中心,此强调普遍性的中心可优先与罗马法律体系的子体系相"沟通"。当欧洲法律科学突破了20世纪长时间保持的欧洲中心主义视角时,作为罗马法律体系子体系的拉丁美洲法律体系具有的特殊性才逐渐成为欧洲法学认可的事实。② 但此认知并不否认与欧洲沟通的重要性,而是从后者中选取有意义的部

---

① Véase D. F. Esborraz, *La indiviadualización del Subsistema jurídico latinoamericano como desarrollo interno propio del Sistema jurídico romanista*:(I) *La labor de la Ciencia jurídica brasileña entre fines del siglo XIX y principios del siglo XX*, ReA, 21/2006, 42 ss.

② Cfr. P. Catalano, *Diritto romano attuale, sistemi giuridici, diritto latinoamericano*, in P. Catalano, Diritto e persone, I, Torino, 1990, 89 ss.

分置于拉丁美洲中心主义的完整逻辑中。①

四、平等和再法典化的新目标

21. 社会革命以及对具有前哥伦比亚渊源的本土制度的思考:墨西哥的再法典化(c. c. DF/1932 *)和危地马拉的再法典化(c. c. Gua./1933,/1964 *)

1917年《巴西民法典》通过的同时,拉丁美洲的民法典出现了重要变化,虽然从刚开始甚至到如今该变化也是部分而间接的。墨西哥1910年革命之后通过的1917年《墨西哥宪法》,不断干预此前民法典规定的内容:宪法规范更关注社会问题以及国家种族文化的不同情况,而这些问题后来为其他法律所规范(例如,1917年《墨西哥宪法》第一章第5条、第六章第123条第1—31款规定了劳动以及对劳动者的社会保护;另外,该宪法还规定了其他政策方针,例如第3条规定的教育方针,第27条规定的所有权、土地和水的使用权,"居民根据事实或法律保有团体身份,可共同利用土地",保护"农业小所有权"等)。这些变化表明,需要修订民法典。1926年,墨西哥联邦区成立新民法典编纂委员会,该委员会于1928年提交《民法典草案》,1928年7月30日民法典颁布,并于1932年8月29日起生效。新民法典中,继承与债的位置发生颠倒(上部法典第三卷规定继承,第四卷规定债),但法典在结构划分与形式设置方面并无显著变化,同时,民法典中出现了与新的"社会的"构造相应的规定(例如,第2条规定女性在法律上的平等地位;第17条规定主观损害;第840条涉及所有权滥用;第1912条涉及一般权利滥用;第1913条规定与使用危险物品相关的合同外客观责任;第1935—1937条规定职业风险,这部分内容其后由劳动法另行规定;第2751条规定关于土地未开垦之禁令)。② 与公共土地、劳动、社会救济相关的规范大多处于民法典规范之外,这表明民法

---

① Vgl. H. Eichler, *Privatrecht in Lateinamerika*, in Fest. Helbling, Berlin, 1981, 481 ss.

② Véase R. Batiza, *Las fuentes del Código civil de* 1928, México, 1979. Per sintetica analisi degli artt. cit., Código civil comentado, para el DF, a cura di Instituto de Investigaciones Jurídicas-UNAM, 5 vol., México, 1990; in generale: Libro del cincuentenario del Código civil, Atti a cura di Instituto de Investigaciones Jurídicas-UNAM, México, 1978.

典发生了间接变化,而后者对于新民法典的结构和功能来说并非无关紧要。从美洲大陆此后法典制定的发展进程来看,其他部门法及法典编纂数量的不断上升是这些变化中非常引人注目的方面。1932年《墨西哥联邦民法典》经过一些修改,至今仍然有效。此部民法典的主要评论由 R. 罗吉纳斯·维尔勒加斯（R. Rojinas Villegas）作出,从 20 世纪 40 年代开始,该评论一直被修订及重印。

关于墨西哥联邦各州的民法典,现行有效的是:1948 年《阿瓜斯卡连特斯民法典》、1974 年《下加利福尼亚民法典》、1996 年《南下加利福尼亚民法典》、1942 年《坎佩切民法典》、1938 年《恰帕斯民法典》(该州还存在 2006 年《恰帕斯家庭及弱势群体保护法》)、1974 年《奇瓦瓦民法典》、1999 年《科阿韦拉民法典》、1974 年《科利马民法典》、1948 年《杜兰戈民法典》、2002 年《墨西哥州民法典》、1967 年《瓜纳华托民法典》、1993 年《格雷罗民法典》、1940 年《伊达尔戈民法典》、1995 年《哈利斯科民法典》、2008 年《米却肯民法典》(该州还有 2008 年《米却肯家庭法典》)、1994 年《莫雷洛斯民法典》、1981 年《纳亚里特民法典》、1935 年《新莱昂民法典》、1944 年《瓦哈卡州民法典》、1985 年《普埃布拉民法典》、2009 年《克雷塔罗民法典》、1980 年《金塔纳罗奥民法典》、1946 年《圣路易斯波托西民法典》(该州还有 2008 年《圣路易斯波托西家庭法典》)、1940 年《锡那罗亚民法典》、1949 年《索诺拉民法典》、1997 年《塔巴斯科民法典》、1987 年《塔毛利帕斯民法典》、1976 年《特拉斯卡拉民法典》、1932 年《韦拉克鲁斯民法典》、1994 年《尤卡坦民法典》和 1986 年《萨卡特卡斯民法典》。所有上述民法典与刚性宪法、1890 年《墨西哥联邦商法典》、关于原住民的法律、1970 年关于劳动的联邦法律等并存。

新的《危地马拉民法典》于 1933 年 6 月 30 日生效。1933 年《危地马拉民法典》不包括对债的论述,后者由特别法加以规定(或许是借鉴 1888 年《哥斯达黎加民法典》的结构,甚至瑞士经验,或者意大利—法国模式)。此特别法未生效之前,1877 年《危地马拉民法典》中相应的债法部分仍然有效。此后该法典被再次修订,1964 年 7 月 1 日生效的新民法典包括对债的详细叙述,其着重关注 1932 年《墨西哥联邦民法典》,并且第四编关于公共登记的制度颇具独特性。

22.(续)秘鲁(1936 年和 1984 年)、玻利维亚(1976 年)、巴拉圭(1987年)、古巴(1987 年)再法典化过程中法律体系内部交流路径的多样化

1920 年《秘鲁宪法》承认原住民团体及其对土地享有的权利不受时效约束;但 1933 年《秘鲁宪法》仅用一个章节规定上述所有内容,另外纲领性地规定特别立法。与此同时,其他社会变革推进新民法典的起草:为此,1922 年一个由法学家组成的委员会被任命①,该委员会工作至 1936 年立宪会议提名另一委员会,后者经重组后快速修订了《民法典草案》。该草案于 1936 年 8 月 30 日通过,1936 年 11 月 14 日起生效。很明显,委员会的委员们参考了 1907 年《瑞士民法典》,其是《秘鲁民法典》与潘德克顿法学之间沟通的纽带。1936 年《秘鲁民法典》最后一编构建了债法,债法以法律行为(第 1075 条)为开端;该法典还有一章专门规定劳动合同,但只有两个条款(第 1571 条起),实质上是授权特别立法条款;另外,该法典曾与 1902 年《秘鲁商法典》(该商法典取代 1853 年版本)共存。1936 年《秘鲁民法典》还包括一章(第 70 条起)与原住民团体相关的内容,该法典宣称原住民团体需纳入宪法,并重申对其进行特别立法的必要性。由此,该法典开始寻找与法典相联系并与所有公民平等的追求相适应的方法,因为公民平等不能只是被宣誓(如上述),还需通过不同的规范来构建。随着 1984 年《秘鲁民法典》的生效,1936 年的民法典失去效力(见下文)。

玻利维亚于 1967 年重新修订宪法,几年后修订了民法典。与《墨西哥先法》相比,《玻利维亚宪法》在社会、文化层面的转变路径,以及承认玻利维亚原住民"i pueblos"及其土地应适用特别法律制度等方面均有所发展。1831 年《玻利维亚民法典》曾因很多问题而修改。新法典编纂过程中,也曾制定多部草案:包括 1893 年草案及 1919 年草案,1941 年,法典修订任务被委任于彼时居住在玻利维亚的西班牙法学家 A. 奥索里奥和加利亚多(A. Ossorio y Gallardo),他于 1943 年发布草案。为了修订法典,1963 年人们建立了不同的委员会,决定将家庭法从民法典中析出。1973 年 4 月 2 日,家庭法与商法典同时生效,

---

① 对 1852 年《秘鲁民法典》的第一次反省,参见 in Código civil del Perù anotado con la modificaciones que contedrá el Proyecto de nuevo Código civil (…), Lima, 1926。

但商法典后来被 1978 年《玻利维亚商法典》取代。民法典编纂委员会 [H. 桑多瓦尔·萨阿韦德拉（H. Sandoval Saavedra）和 P. 奥尔蒂斯·马托斯（P. Ortiz Matos）] 在 1972 年扩大规模,并于 1975 年结束所有工作,1975 年 7 月 6 日颁布新民法典,该法典于 1976 年 4 月 2 日生效。对此民法典有价值的评注包括 C. 莫拉莱斯·纪廉（C. Morales Guillen）的《民法典》(*Codigo Civil*,1977 年第一版,2004 年第二版),以及 G. 卡斯特利亚诺斯·特里戈（G. Castellanos Trigo）的《物权法》(2009 年)和《债法》(2008 年)两系列法律评注。纪廉的评注用拓展注释的方式逐条评论,并集合了法律渊源分析、在先法律、学说争议以及判例的内容。1976 年《玻利维亚民法典》编纂过程中,特别关注 1942 年《意大利民法典》,尽管家庭法和商法独立于民法典,但其在很大程度上体现了前者的不同选择。更重要的也许是法典第 72 条规定的对农民团体进行特别立法（这与此前 1831 年、1871 年、1874 年和 1880 年的法律相冲突）;该规定在奥索里奥（见上文）的草案中第一次提出,后陆续出现在 1947 年《玻利维亚宪法》第 168 条以及 1953 年到 1956 年土地改革的法律中（2004 年《波利维亚宪法》第 1 条指出玻利维亚共和国多民族、多文化的特点）。1976 年《玻利维亚民法典》现今仍然有效。

秘鲁 1984 年最终替换了民法典。1965 年秘鲁决定建立立法委员会。该委员会由 J. L. 巴兰迪亚兰、I. 别利奇·弗洛雷斯、A. 埃格伦·布雷萨尼、J. E. 卡斯塔涅达、H. 科尔内霍·查韦斯、C. 费尔南德斯·塞萨雷戈、R. E. 拉纳塔·吉伦、F. 纳瓦罗·欧文、M. 阿里亚斯·施雷贝尔·佩塞特和 J. 维加·加西亚组成,委员会完成工作后形成草案,1982 年该草案被提交给一个更为精简的委员会修改,后者在 1984 年完成修改。1984 年 7 月 24 日,新民法典颁布,并于 1984 年 7 月 24 日起生效。该法典分为 10 卷,提出了一些新方案（例如,该法典用一卷规定人,该卷中规定了对身体处置的规则,该规则引入一些先进的概念,将未出生的婴儿认定为"主体",这些概念与这个原则相关,即:未出生的婴儿,在对其有利的情况下,视为已出生;新民法典发展了前民法典中已有的部分规定,在第一卷人法之后的第二卷特别关注法律行为;该法典用一卷内容只规定债法通则,该做法我们能在 1888 年《哥斯达黎加民法典》中看到先例)。此外,一些方案部分参考了 1942 年《意大利民法典》,例如,通过民事合同商业化,引入合同当事人利益平衡规则从而达到民事合同与商业合同的统一,进而部分吸收商法的内容。① 如果说商法典只是为民法典部分吸收,随着《秘鲁未成年人法典》等法典的通过(1962年生效,现今有效的是2000年第23.377号法律),法典体系进一步细分。未成年法与民法并列,其规制的未成年人问题,民法典中也有所规定。

1979年《秘鲁宪法》(第161条起)承认原住民团体,1993年《秘鲁宪法》还承认其权力机构具有特别司法权。在不与基本法相抵触的情况下,原住民团体在他们的聚集地域内适用习惯法。此外,在1984年《秘鲁民法典》中,我们能看到对这些原则的肯定:这些原则"对秘鲁法律有所启发",支撑法律规范的制定(总则第8条);这些原则统领整个民法典,是拉丁美洲法律体系的表达②,因而人们讨论原则是否可以进一步修正民法典,或简而言之"诉诸一般法律原则或拉丁美洲法系的特别原则"③。1984年《秘鲁民法典》生效后,在国会组织的大规模学说编纂活动中,最为重要的是多作者合著的一部系列作品——秘鲁天主教大学出版社出版的《图书馆阅读与民法典渊源》(至今共17卷)。

1959年巴拉圭为制定法典而建立国家委员会。在统一民事合同和商事合同的指示下,民法典的编纂工作委付于L.德·加里佩里(L. De Gasperi);后者在1964年提交草案。该草案经委员会修改,新文本于1985年12月23日颁布,并于1987年1月1日起生效。相较于前一部民法典,新民法典尽管作了一些修改(例如,第二卷分为两部分,以及法律事实与法律行为分离,区分合同之债及其他渊源产生的债),但仍保留了前部民法典的典型结构特征。新民法典着重参考了1942年《意大利民法典》、对1871年《阿根廷民法典》的修订部分以及相关的比维洛尼草案。M. A. 潘格拉齐奥(M. A. Pangrazio)的《民法典评注》(2002年)对此法典作出了总体的学理

---

① 具体示例参见 C. Torres y Torres y Lara, *La codificación comercial en el Perù de un código formal a un código real*, in AA. VV. , Centenario del Código de comercio, México, 1991, 583 ss。

② Cfr. S. Schipani, *El Código civil peruano de 1984 y el sistema jurídico latinoamericano* (apuntes para una investigación), CCP, 41 ss.

③ Cfr. S. Schipani, *A proposito di una proposta di codificazione dei "principi generali del diritto latinoamericano" nell'art. VIII del Tit. prel. del c. c. del Perù del 1984*, CDRC, 175 ss.

阐述。考虑到巴拉圭的社会文化背景,该法典目录使用了两种语言:西班牙语与瓜拉尼语。另外,巴拉圭也通过了对原住民团体的特别立法(1981年第904号法律),此后,1992年《巴拉圭宪法》第62条及以下规定也承认:除非与根本法相抵触,原住民团体可适用自己的习惯法而不适用民法。此外,巴拉圭还通过一部未成年人法以及一部儿童法(1981年第903号法律,后为2001年第680号法律所废除),这在另一种意义上对民法中的相关内容产生影响,例如在构成未成年人的要件方面。

一系列民法典修订草案被提交后[特别是1940年A. 桑奇斯·德·布斯塔曼特(A. Sánchez de Bustamante)草案],1959年的革命推动古巴制定新民法典。与其他国家一样,1975年古巴通过了一部家庭法。从1969年开始,其开始修订其他部门法草案,最终这些草案汇集于1983年草案中[V. 拉帕·阿尔瓦雷斯(V. Rapa Alvarez)等人编纂]。1985年,古巴再次修改该草案,于1987年7月16日通过,并于1987年10月15日起生效。

除了保留先前文本中根深蒂固的内容,该法典优先参考东欧社会主义国家的民法典文本,赞同这些民法典(特别是1976年的《民主德国民法典》)作出的使民法典尽量简短、使普通民众易于理解的努力[①],简洁的民法典为政治行政机构的解释性实践,以及对法典基础的罗马法学说的预先理解提供了广阔空间。[②] 1987年《古巴民法典》现今仍然有效。

23.(续)巴西新千禧年首部民法典(2003年)

最新的拉丁美洲民法典是2003年《巴西新民法典》。1941年,

---

① Cfr. *Concordancias del articulado del anteproyecto de código civil con los códigos de los Estados de la comunidad socialista, con el derecho vigente y con otras disposiciones*, testo policopiato, senza indicazione di luogo (La Habana), 1983.

② 前引关于《古巴民法典》的材料参见:P. Rescigno è Pubblicato Anche in Rivista di diritto civile, I, 1991, 437 ss., v.: J. Fernández Bulté, *Veinte años del código civil cubano. ¿Romanista o socialista?* (Nuestro Código, América Latina y el Caribe) e L. B. Pérez Gallardo, *¿Quo vadis Derecho de contratos? Una reflexón crítica sobre los principios generales de la contratación inspiradores de las normas del Código civil cubano*, ReA, 24/2007, 87 ss. e 103 ss. e bibliogr. 关于1987年《古巴民法典》20年的应用参考原文297页及以下。

巴西曾公布了债法典的私人建议稿,但该稿未被采纳,其旨在统一民法和商法规定。1961年,奥尔兰多·国梅斯(Orlando Gomes)受任起草除债法部分以外的《民法典学者建议稿》①,该部分已委托佩雷拉(Pereria)拟定。建议稿明确反对设立总则,倾向于援用《瑞士民法典》的内容结构(其他可能的先例仅限于对债的规定,如众所周知的1865年《德累斯顿草案》和1927年《意大利—法国草案》)。此后,建议稿变成了草案,并且得到修订,但是后来进程中止。1969年,古巴司法部创设了"民法典修订委员会",以米格尔·雷阿勒(Miguel Reale)为首,成员有莫雷拉·阿尔维斯(Moreira Alves)、阿戈斯蒂纽·阿尔维姆(Agostinho Alvim)、西尔维奥·马尔孔德斯(Sylvio Marcondes)、埃伯特·卡默恩(Erbert Chamun)、克洛维斯·多·库多和库尔瓦(Clóvis do Couto e Silva)和托尔夸托·卡斯特罗(Torquato Castro)。其成果保留了总则的规定,区分出五个特别部分:债法、企业法、物法、家庭法和继承法。第二部分企业法构成民法与商法相融合的地方,并非独一无二,亦非面面俱到(商法典中的内容仍然有效)。历经三个版本(1972年、1973年、1974年),1975年的版本于同年提交至巴西国民大会,由众议院第634-B/75号法律草案予以通过。② 众议院整理了有关草案的诸多意见,并分别于1978年和1981年予以出版。1984年,众议院通过了一份考察前人观点与意见的文稿,并提交至巴西联邦参议院。这份草案搁置了将近十年。在此期间,1988年,巴西通过了新的宪法(一部严格的宪法),内容相当广泛(共250条,其中部分条文长达十余段),规定了经济和财政秩序(第170—192条)、社会秩序(第193—232条),非常详细地规定了个人权利,仅在家庭法领域进行了实质性变化。另外,此前还有一系列改革,例如从改革劳动法③,到改革有关原住民的制度④。在后一项改革中,规定了应当尊重"原住民公社的习惯、习俗和传统,及其对家庭关系、继承顺序、所有权制度和在原住民之

---

① O. GOMES, *Código civil: projeto* (1963), Rio de Janeiro, 1985.

② Vgl. *Código civil. Projeto de lei N. 634-B, de 1975*, in *Diário do Congreso Nacional*, suppl. al n. 047; cfr. anche *código civil. Quadro comparativo. Notas. Subsidios*, 6 vol, ed. policop., Senato Federal, Brasília, 1975.

③ 参见巴西《法律工作汇编》,第1号法令,第5452/1943号。

④ 参见巴西《印第安人条例》,第6001/1973号法律。

间进行的法律行为的效力,除非选择共同法"(《印第安人条例》第6条)。这影响到所有人的共同基本地位,恰恰是民法典的课题。改革就是用最为直接的方式干预民法典本身。1995年,巴西民法典草案重新启动,雷阿勒和阿尔维斯与其他人员合作,审阅了一系列修正案以及与新宪法相联系的附加修正案。1997年,参议院通过了定稿,提交至众议院,并于2002年1月10日通过,2003年1月10日生效。新的民法典促生了显著的学术成果:比如容凯拉·德·阿塞韦多(Junqueira de Azevedo,协调人)22卷的《民法典评注》(2003年,圣保罗)。民法典作为文化领域的标志,人们还可以关注其与宪法之间的特殊关系:2002年,泰佩迪诺(Tepedino)主编了《新民法典总则——民法和宪法视野下的研究》。

24. 对拉丁美洲法典间接和(或)修正影响

因没有进行再修订而未在前文中提及的14部法典分别是1825年《海地民法典》、1884年《多米尼加共和国民法典》、1857年《智利民法典》、1861年《厄瓜多尔民法典》、1887年《哥伦比亚民法典》、1859年《萨尔瓦多民法典》、1906年《洪都拉斯民法典》、1871年《阿根廷民法典》、1868—1904年《乌拉圭民法典》、1873—1982年《委内瑞拉民法典》、1888年《哥斯达黎加民法典》、1904年《尼加拉瓜民法典》、1917年《巴拿马民法典》、1889年《波多黎各民法典》。尽管这些民法典不可能再重新编纂,其中,部分法典通过法令替代、修正或增加规范的形式完成了对已颁布法典的修订工作(例如1871年《阿根廷民法典》被1968年由G.博尔达(G. Borda)在内的委员会制定的第17711号法律修订,该修订体现了对契约平等的特别关注:如对损害、权利滥用、诚信缺失、不可预见事件而导致的过重负担等规定。1857年《智利民法典》被1998年颁布的第19585号法律修订,该修订改变了贝略设计的编排结构;1887年《哥伦比亚民法典》被2002年颁布的第791号法律修订,缩短了消灭时效,修改了第四编第四十一节债法总论与各个合同规定)。同时,部分草案值得关注:如,对于《阿根廷民法典》,在未通过的草案中,有受到德国潘德克顿学派以及《德国民法典》颁布后诸多优秀成果影响的比维洛尼草案(1926—1932年)、拉法乐(Lafaille)和其他学者重新制定但未通过的1936年草案、利安比亚斯(Llambias)草案(1954年),关注意大利民商法统一经验并被国会通过的莱佩拉（Lepera）草案（1986年），因其事关国家民事与商事统一，分别在1987年和1991年被政府阻止而未被颁布；在已通过的草案中，有1993年众议院任命一个委员会起草的系列草案、国家参议院任命的委员会制定的草案（1993年）以及A. A.阿尔特尼（A. A. Alterini）主持的委员会制定的草案（1998年）。1887年《哥伦比亚民法典》则受到1960年的A.巴伦亚西亚·塞亚（A. Valencia Zea）民法典草案的影响。

除直接修订外，有些国家通过修订其他法典的方式改变了民法典的规定：例如，除秘鲁和巴拉圭（见上述）以外，还有乌拉圭（1934年第9342号法律，2004年第17823号法律），哥伦比亚（第2737号政府令，2006年的第1098号法律），哥斯达黎加（1998年第7739号法律，2002年第8261号法律），厄瓜多尔（2003年第100号法律）等，它们制定了关于未成年人、婴幼儿的特别法典；智利（1931年第178号政府令，2003年第1号政府令），哥伦比亚（1950年第2663/19号政府令，经修订的1950年第3743号政府令和1951年第905号政府令），厄瓜多尔以及美洲中部的国家，它们制定了劳动法典（这些内容经常被特别法调整：有些规则被吸纳，有些则被确认）。

此外，同样保留的有阿根廷（1985年关于原住民政治与支持原住民团体的第23302号法律），智利（1993年第19253号法律），哥伦比亚（2001年"在社会安全的整体框架下调整各民族团体参与"的第691号法律），厄瓜多尔的某些未被法典采纳、在不同方面与民法典竞合的、关于哥伦布发现新大陆之前生活和组织形式的本土法律规定。

正如上述，有些成为法典渊源的规定同样被修订：如玻利维亚、智利、哥斯达黎加、危地马拉和巴拉圭等国的严格宪法，规定了法律合宪性审查程序；另外，阿根廷、智利、哥伦比亚等国法律允许对国际公约直接适用（关于人道权利）。

同时，上述复杂、丰富的法典化进程通过权威法学作品实现了广泛、根本的交流，例如通过法学杂志[①]、不同主题的汇编作品（关于民

---

① 参见 La Ley e El Derecho a Buenos Aires。

事责任、诚信等)、根据内容划分的专题著作①等,通过学术交流活动②不断讨论而获得更为成熟的解读。这种持续的重读活动,实现了一种既包括概括方式、也包括对 20 世纪前叶作品修订、新评论或讨论的体系化汇编③;此外,在此未讨论的作品中,笔者希望指出自 20 世纪前半叶以来未改变的、最著名的经典著作复印本是:L. Claro Solar, *Explicaciones de derecho civil chileno y comparado*, 15vol., Santiago, 1898-1945。

正如在拉丁美洲法律体系与欧洲(大陆)法系的交流活动中制定的民法典对 1942 年《意大利民法典》的关注一样,在上述证实的民法典重读中,拉丁美洲法学也借鉴了意大利立法经验:例如,前述阿根廷第 17711 号法律和《阿根廷民法典草案》;在哥伦比亚,这一点也非常清晰。④

五、共同特征与开放视野

25. 民法典、复杂性、社会需求

民法典的生命力在 20 世纪已经得到证实。在这个世纪,为了完善政治独立运动后存在的单一简略的规定,各国不断发展民法典。从不同方面或单方面理解,该阶段的社会环境更为复杂,国家独立的目

---

① 例如 F. Hinestrosa, Tratado de las Obligaciones, Bogotá, 2002; J. Melich Orsini, *Doctrina General del Contrato*, Caracas,1997, A. A. Alterini, O. J. Ameal- R. M. López Cabana, *Derecho de Obligaciones Civiles y Comerciales*, 4 vol., Buenos Aires, 2008; M. A. Laquis, *Derechos Reales*, 4, Buenos Aires, 1975-1984。

② 例如,I "Congressi" e le "Giornate argentine di diritto civile"通过会议定期将阿根廷教授与外国教授聚集,会议结束后出版会议成果。最近出版物参见 Congresos y Jornadas Nacionales de Derecho civil, Buenos Sires, 2005。这些均为学说经过发展后的作品以及法院对 1871《阿根廷民法典》的解释与补充。

③ 概括方式,参见 G. Contreras Restrepoa. Tafur Gonzales, A. Castro Guerrero, *Código Civil Colombiano Comentado*, Bogotá, 2009;修订或评论方式参见:AA. VV. Código Civil comentado(doctrina-jurisprudencia-bibliografia, 18 voll., Santa Fé, 2004-2007(阿根廷); A. Alessandri-M. Somariva, A. Vodanovic H., *Tratado de Derecho Civil. Parte preliminary y general*, 2 vol., Santiago, 2005 (智利)。

④ Cfr. F. Hinestrosa, *La dottrina civilistica italiana in America Latina*: il contratto(relazione)。

的已经实现,社会朝向多样化发展:如基于奴隶制废除后,大量移民、原住民的诉求而形成的社会变革;在独立运动中确立的民主原则滋生的诸多产物;科技革新;生产阶级与官僚阶级的极大发展;能源问题;金融经济全球化等。在20世纪,法典体系的调整领域更为细化:劳动、运输、未成年人地位、家庭、消费者保护皆成为法典的规范领域[①];此外,也在淡化民商分化。同时,与民法典相关的其他法律也日益完善。在这个制度框架内,法律科学确立了宪法的重要性,由立法者实施合宪性审查程序的规定;确认了国际协议、宣言确定的权利的可诉性与重要性。一方面以不断增加的碎片信息化方式展开,另一方面通过围绕民法典的统一化展开的拉丁美洲法学理论,均体现了与民法典不同层面的交织。

民法典重构一直属于法学家委员会的工作范畴,尽管工作的形式多样,这二者的关系与体系化规范之间更多体现为偶尔批判性地促成发展产物或要素的出现。为了更全面的目的,民法典重构活动通过统一文本这一工具促进善良与公正技艺的革新发展,实现了文本多样性的协调,完善了特别立法。上述活动得到了法学家共同体的协助。尽管没有大范围地进行法典重构,但这些活动仍改变了规则的表达风格:如,不能称之为总则的个别制度的发展(上述1984年《秘鲁民法典》关于人和法律行为的两编),1987年《古巴民法典》的大范围删减,在民商法一体化背景下债法的发展趋势等;又如,2003年《巴西新民法典》中规定了公司法;同时,这种重构活动提高了诚信、信赖、安全在法律传播中的地位,强调了社会经济目的,再次引入了地上权(1984年《秘鲁民法典》第1033—1034条)。

26. 具有前哥伦布时期渊源的本土制度及法典

人们想实现同等对待所有人这一统一化的趋势,但人们追求平等之意识的增强也同样可以表现在一些特别条例上:它通过部分地承认前哥伦布时期对居民的规定以及承认其某些针对特定区域的制度来体现。并不是说这种制度设定的方式能够适用于所有地区,而是为了让这种精心的考虑能够适用于那些所谓的"少数人种"。这一想法的提出为拉丁美洲保留自己的法律遗产作出了巨大贡献。在它们独立

---

① Cfr. S. Lanni, *America Latina e tutela del consumatore. Le prospettive del Mercosur tra problemi e tecniche di unificazione del diritto*, Milano, 2005.

之前的一些法律草案中也曾提出一系列可能的解决方案(见上文),但似乎这一系列方案也为法学家和立法者们在构建新的法律体系时制造了障碍,因为这里涉及多个层次的"自由的均等"(aequare libertatem),包括那些被统一起来的民众以及属于同一个民族的人民,他们都是整个法律体系以及属于他们自己的法典的核心。①

27. 法的协调(统一化)的趋势

体系之存在、它的启发价值以及它完整并系统化的解释指引功能(这一功能体现在"一般原则"的注释当中),这三者是不同法典之间同样也是拉丁美洲的立法之间达到协调一致的解释基础。这种协调一致是以正在进行的区域以及次区域一体化进程为基础的,尽管它们(拉丁美洲自由贸易联合会、拉丁美洲一体化协会、拉丁美洲经济体系、安第斯次区域团体、中美洲共同市场、加勒比共同体、南方共同市场②)通常并未持续很久,也同样是因为这些因素,不管这些因素是各个国家内部的还是国际上的,其在一定程度上也阻碍了这一一体化进程。值得一提的工作是:"类型法典"或"模范法典"的概念被提出,笔者认为,既可以将此概念看作是一种拉丁美洲特色,也可以将之看成是法学家为达到体系的和谐一致而创造的"共通类型"。事实上,这一概念曾被运用于 1963—1971 年的(拉丁美洲类型)刑法典(Código Penal Tipo para Latinoamerica, a cura di F. Grisolia, 3 vol. , Santiago, 1973;而"类型法典"的概念体现在第 1140 页以下及第 211 页以下),尔后又在税法方面进行了尝试,之后在民事诉讼程序[《伊比利亚美洲民事诉讼模范法典草案》③(Anteproyecto de Código procesal civil modelo para Iberoamerica)]及刑事诉讼程序[《伊比利亚美洲刑事诉讼模范法典》④(Código procesal penal modelo para Iberoamérica)]中发展起来。这一

---

① 废除奴隶制带来的问题肯定不一样,但在某些情况下也可以看到聚集和团结的统一形式。

② Cfr. *Il diritto latinoamericano dell'integrazione*:*il Mercosur*, ReA, 4/1997.

③ Cfr. *Un "Codice tipo" di pricedura civile per l'America Latina*, Atti a cura di Schipani-Vaccarella, Padova, 1990 (il testo a p. 515 ss.).

④ Cfr. *Un "Codice tipo" di pricedura penale per l'America Latina*, Atti a cura di Massa-Schipani, Padova, 1994 (il testo a p. 395 ss.).

"共通类型"的概念也在劳动法立法中得到广泛讨论①,其后还波及"民法典""人法"②"公司法"③以及"债法"④等方面。其中,"债法"(的类型共通化)是在他们各个国家的"法律总则"对国际债务的认定参差不齐的情况下被推动的,而对国际债务的认定是保护弱势方必不可少的一环。⑤ 因此,拉丁美洲议会制定了《实现立法协调一致的方法论基础(2003)》[Lineamientos metodologicos para la realización de estudios de armoniziación legislativa(2003)]。⑥

28. 拉丁美洲的法典及其原则,法律体系内的交流、抵触与开放;法律科学的作用

拉丁美洲适用"法的一般原则"(比如,1932年《墨西哥联邦民法典》第19条、1938年《哥斯达黎加司法机构组织法》第5条、1984年《秘鲁民法典》序题第八条、1985年《巴拉圭民法典》第6条第2款、2003年《巴西新民法典》第7条)意味着排除了法条主义(statual-legalismo),这一主义曾经在18世纪末到19世纪上半叶的欧洲演变成为霸权(1942年《意大利民法典》序中第12条的阐述提及"国家制度的一般原则",这种表述最清晰地表明了这一观点,即在法律产生过程中所有制度处于国家垄断的前提下),尽管拉丁美洲也有受到这一欧洲思潮影响的例子[比如,《玻利维业民事程序法典》第1条第2款和第193条提到了"产生于国家法律制度的衡平"(equidad que nace del ordenamiento jurídico del estado)],但拉丁美洲特色的法律体系以及其法典的章节文本的论述在法的原则方面迈出了更大的一步,同时也附

---

① Cfr. *Principi per un "Codice tipo" di diritto del lavoro per l'America Latina*, Atti a cura di Perone-Schipani, Padova, 1993.

② Véase *La Persona en el Sistema Jurídico Latinoamenricano. Contrubuciones para la Redacción de un Código Civil Tipo en Materia de Personas*, Bogità, 1995.

③ Cfr. *Statuto dell'impresa e Mercosur. Atti*, ReA, 1/1996, 153 ss.

④ Véase *El contrato en el Sistema Jurídico Latinoamenricano. Bases para un Código Latinoamericano Tipo*, I, Bogotà, 1998; II, Bogotà, 2001; Roma e America. Colloquio di giuprivatisti per l'armonizzazione del diritto privato latinoamericano, ReA, 26/2008.

⑤ Cfr. P-Catalano-S. Schipani, *Promemoria sul debito internazionale*, ReA, 23/2007, 185 ss. "拉丁美洲议会强调法典制定和国际债务的关联性"主题会议结束词, São Paulo/2007, in ReA, 23/2007, 323。

⑥ In ReA, 21/2006, 331 ss.

随地深化了拉丁美洲法律体系基础的高等教育。尽管具有近似或迥异的背景,这些制度因为上述原因在彼此之间实现了统一,法学家以及他们的作品之间的互相交流也为这种统一提供了助力。①

这一学术成果导致了一个共通的学说诞生,并创造了体系解释的共同基础。但是,如前所述,这一学说仍不能脱离整个罗马法体系,而与欧洲大陆国家不断进行交流沟通也显得至关重要。

法典之间的统一性具有确认功能。笔者认为,在 20 世纪,这些法典还增设了一种"抵御"功能,即应对来自一些经济势力的压力的功能。这些势力试图通过排他性的方式来确认他们自己的规则和利益,用其预先确定和案例讨论的方式来瓦解罗马法体系中的法律,他们认为法律常常是"发展的绊脚石"。但似乎,由立法者和法学家们的心血汇集并不断改进的法典,并不阻碍法律体系的持续增长,这些法典是能够持续连贯地保护民众的一种存在形式。

《智利民法典》《阿根廷民法典》以及《巴西民法典》的中文译本,也可以证明这一体系的开放性。人们在不断改进章节的内容、加强体系中枢的多样性,因为民众在自由地制定他们自己的法。

---

① Véase P. Catalano, *Sistema y ordenamientos*: *el ejemplo de América Latina*, MN, 19 ss.

智利民法典编纂研究

智利民法典导读

[意]桑德罗·斯奇巴尼[*] 著

蒋佳艺[**] 译

1. 拉丁美洲伟大的法学家和人文主义者安德雷斯·贝略(Andrés Bello)于1833—1834年受法学家迭戈·波塔勒斯(Diego Portales)部长之任,参与智利共和国民法典的编纂工作。1840年,他已经编制了死因继承的相关部分、合同与债的不同章节以及序题。当时,贝略向参议院——他本人亦任职其中——提交了一份法律计划来启动法典化进程,该计划于1840年得到批准。国会设立了由参议员和众议员组成的委员会,包括贝略、M. 埃加纳(M. Egaña)、曼努埃尔·蒙特(Manuel Montt)、L. R. 伊拉拉扎保(L. R. Irarrázabal)和 J. M. 科博(J. M. Cobo);随后还增设了修订委员会。两个委员会合并工作,直到1845年才完成了对贝略提交的草案的首次修订并出版。贝略继续独自工作,于1852年完成并出版第一部(民法典)草案。法典编纂过程中制成的这些版本旨在让专门的公共意见参与其中。同样在1852年,智利共和国总统蒙特根据法令任命了由法学家和司法官员组成的修订委员会,他在1853—1855年任委员会主席,并组织了两次审读,同时接收并审查来自各个受询法院的意见。贝略当然也多次参加了该委员会的会议。1855年,该委员会提出了最终版本的草案,并由总统于1855年11月22日提交至国会表决。两院未讨论单个条文,亦未作出修改,于1855年12月14日表决通过该草案,因此《智利民法典》于1857年1月1日生效。该法典屡经修订,至今仍然有效。

---

[*] 桑德罗·斯奇巴尼(Sandro Schipani),意大利罗马第一大学荣誉教授。
[**] 蒋佳艺,意大利罗马第二大学法学博士。

2. 智利以及后来在被称为拉丁美洲的新世界有效的法律体系，就是如今被正名的拉美法系，其形成、身份和特性存在于罗马法系之中，但其本身又具有伊比利亚传统，加上前哥伦布时代遗留下来的特殊法律制度，智利法律在那几十年处于关键的决定性时刻。

具体来说，克里斯托弗·哥伦布（Cristoforo Colombo）于1492年抵达美洲时，印第安（Indie）领土被卡斯蒂利亚王国收入囊中，在那里被适用的是根据1348年《埃纳雷斯堡法令》（Ordenamiento de Acalá de Henares）确定、后经1505年托罗法律1号［Ley I de Toro，后录入《西班牙最新法律汇编》（Novísima Recopilación）2，1，3 和 3，2，3］修改的渊源等级所确定的在该国生效的法律，它们将依照卡洛斯五世皇帝的明确规定［1530年《皇家敕令》（Real cédula），后录入《印第安法律汇编》（Rec. Ind.）2，1，2］，在印第安地区适用。其所规定的渊源等级，首先是《蒙塔尔沃法令》（Ordenamiento de Montalvo）等汇编中所收集的法律和王室法规，以及随后的1567年《西班牙新法律汇编》（Nueva Recopilación）和1805年《西班牙最新法律汇编》；其次是各法典（fueros），但只有13世纪的西班牙《皇室法律汇编》（Fuero Real）和审判大全（Fuero Juzgo）的效力不限于地方；再次是13世纪智者阿方索十世著名的《七章律》（Siete Partidas），其中包含翻译和重新整理的《学说汇纂》（Digesti）、《优士丁尼法典》（Codice）、《法学阶梯》（Istituzioni）、《新律》（Novelle）、《格拉齐亚诺教会法汇要》（Decreto di Graziano）、《教皇谕旨集》（Decretali）中的片段，还汇集了阿佐（Azzone）、阿库索（Accursio）、古列尔莫·杜然得（Guglielmo Durante）、恩里科·迪·苏萨（Enrico di Susa）等人的成果，后来由罗马法学家格雷戈里奥·洛佩斯（Gregorio López）以拉丁语加以注释；最后根据立法者的逻辑，位列最末是国王之要求。随后，《市民法大全》（Corpus Iuris Civilis）和《教会法大全》（Corpus Iuris Canonici）成为共同法，或者说——按照某些学者的观点，前者是"智者的学问"（doctrina de los sabios），并且还是大学教育的基础课程（自1713年以来，曾规定要讲授王国法，但这一规定难以实施）；这一"共同法"集意大利方式（mos italicus）的伟大学者巴托鲁斯（Bartolo）和巴尔多（Baldo）之大成。后来一部印第安法律生效，其渊源遵循下列顺序：首先是通常由印第安事务委员会（Consejo de Indias）制定的、"颁予印第安地区并不得撤销的"法律和其他规定，后被收入《西印度群岛诸王国法律汇编》（Recopilación de

Leyes de los Reinos de las Indias）（根据 1680 年 5 月 18 日法律生效）及后续汇编之中；其次是印第安当地机关颁布的或是不同的地区颁布但由国王批准的法规；最后是习惯，这是《七章律》中的所规定的；与之平行的还有，根据卡洛斯五世皇帝的规定——"土著民自古遵行并在皈依基督教之后继续遵行，且不与宗教和法律相悖的法律和善良风俗"（《印第安法律汇编》2，1，39 和 40）。

然而，关于卡斯蒂利亚王国的法律，由于自 1614 年以来，上述渊源之首在印第安地区仅限于在明确延伸的范围①内得以适用，第二个渊源则未曾适用；另外，即使为印第安地区发布的法律强烈地干预了私法，但主要还是调整公法领域，私法因此主要基于罗马法及其在《七章律》和欧洲共同法理论的发展中而形成，并在大学里出现了法律科学及法学著作。这些大学以萨拉曼卡（Salamanca）大学为典范，肇始于圣多明各（Santo Domingo）大学（1538 年授权，1539 年开始）、利马圣马尔科斯（San Marcos de Lima）大学（1551 年授权，1553 年开始）、墨西哥（México）大学（1551—1553 年）、拉巴斯圣地亚哥（Santiago de la Paz）大学、波哥大圣达菲圣托马斯（Santo Tomas de Santafe a Bogotà）大学（1580 年授权，1639 年开办）等，开始教授主要是基于《市民法大全》中的"法律"，从全欧洲引进并出版书籍。由此形成了美洲的共同法，后称为统一一体的拉丁美洲共同法。

这一渊源和规则体系，一方面各不相同，另一方面又将体系进行统一化塑造，在独立后发生变化，首先是改变宪政框架，使得与新宪法不兼容的法律走向衰落，在私法领域涉及不同制度时亦如此：从奴隶制到长子继承制（mayorazgos），有时还涉及永佃权等。大学不断发展、创新。

1825 年，拉丁美洲开启了通常由各国宪法所规定的法典化阶段。民法典处于中心位置，我们可以将这视为"罗马法与独立的输入"。

罗马共同法曾作为该大陆统一的黏合剂，其内部有若干地区或个人的差异和多元主义。因此，应当强调拉丁美洲法系建立在三个板块的基础上：罗马法、伊比利亚法和哥伦布达到美洲之前的法。

随着独立运动的发展，各新生共和国纷纷通过宪法，并普遍宣告先前的法仍然有效，其中与宪法原则相悖之处除外。随后通过的民法

---

① Ch. Rec. Ind. 2, 1, 39 e 40.

典(通常在取得独立后数十载之内)意味着罗马共同法对拉丁美洲大陆有意地决定性征服。

美洲首部民法典系《路易斯安那民法典》。路易斯安那后来被法国割让给美国,美国的体系虽然限制但并未抹杀该法典的存在。在拉丁美洲,首部民法典是从法国获得独立的海地于 1825 年通过的民法典。而后有短期存续的 1827—1829 年《瓦哈卡州民法典》。1830 年颁布的《玻利维亚民法典》(该法典后被废除,现在生效的是 1976 年的民法典)体现出迅速进行法典编纂的愿望,并与 1804 年《法国民法典》的模式密切相关。1841 年《哥斯达黎加共和国一般法典》(该法典后被废除,现在生效的是 1886 年颁布的民法典)亦遵循该模式。自主拟定的民法典有:1851 年颁布的《秘鲁民法典》(该法典后来被废除,现在生效的是 1984 年的民法典);再就是《智利民法典》。后来的重要阶段由下列民法典构成:1862 年《委内瑞拉民法典》(已废除,现行有效的是 1942 年的民法典)、1868 年《乌拉圭民法典》(仍然有效)、1871 年《阿根廷民法典》(仍然有效,《阿根廷民法典》曾在巴拉圭生效,直到 1986 年巴拉圭颁布了新民法典将之废除)、1870 年颁布的《墨西哥联邦民法典》(已废除,现行有效的是 1932 年的民法典)、1917 年的《巴西民法典》(仍然有效)。

所有这些法典都表达出独立的愿望,以及如下这种期待——即已经来到拉丁美洲的罗马法,能够在形成长久统一的体系中成为各国自主编纂的根本点(一位主张巴西独立的爱国者曾有言"美洲的罗马",而更为晚近时,这一说法由文化史学家迪·理贝依罗重申为"吾辈即新罗马")。

3.《智利民法典》的作者安德雷斯·贝略①于 1781 年 11 月 29 日出生于委内瑞拉,祖籍是卡纳里耶岛(Canarie);其父曾任律师、税务官员;其家庭出身平凡,但富有文化教养。贝略于 1800 年完成中学学业并开始学习法律。他在加拉加斯(Caracas)结识了正在委内瑞拉探险的德国科学家 A. 冯·洪堡(A. von Humboldt);他学习法语,后来又学了英语。他当过私人教师,尤其值得一提的是,他当过西蒙·玻利瓦尔的私人教师,这个学生后来成了拉丁美洲的解放者(Libertador)。在完成学业之前,他可能在公共机构任职。贝略在独立运动中肩负了

---

① Cfr. R. Caldera, *Andrés Bello*, Caracas, 1 ed. 1935 (molte ed. e traduzioni).

更多的责任。1810年,他作为与英国政府谈判的代表团的成员,与玻利瓦尔一同被派到伦敦。他留在伦敦并居住了将近20年之久,时间比预期的要长得多。在伦敦时,他从事研究、进行学术与外交活动,历经各种家庭变故(完婚丧偶、回国再婚),这些变故有时因经济困难而加剧。1829年,贝略接受了智利政府之邀前往该国。他在智利曾担任要职:参议员、外交部法律顾问,后来还出任由他所创办的崭新的智利大学的首任校长。他凭借卓越的能力在不同知识领域撰写著作:《拉丁语语法》(*Gramatica Latina*)、《供美洲人使用的卡斯蒂利亚语语法》(*Gramatica de la lengua castellana para el uso de los Américanos*)、《理智哲学》(*Filosofía del Entendimiento*)以及多篇诗作,尤其是《罗马法》(*Derecho romano*)、《民法典草案》(*Proyecto del Código civil*)、《国际法》(*Derecho internacional*),以及大量论文和短论。① 他于1865年10月15日逝世,被公认为拉丁美洲文化独立之父。②

4. 在法律领域,贝略的著作致力于研究罗马法③、国际法④和民法典⑤。

在获取独立之后,同时为顺应欧洲在上一世纪⑥出现的趋势,有学者认为,单一国家的"祖国法"(diritto patrio)与罗马法相冲突。贝略完全采取偏向罗马法的立场,承认罗马法中指导所有法的原则,坚称罗马法既在大学中作为维护法学教育的基础,又是制定法典的依据。

其罗马法著作是一部有要点总结的小型教科书,体现了贝略将罗马法视为法学研究之系统、有序基础的理念。资料显示,其在教学中

---

① 安德雷斯·贝略的著作已全部出版:*Obras Completas de Don Andrés Bello*, a cura di M. L. Amunategui, 15 vol., Santiago de Cile, 1881 ss.;后来重新出版:*Obras Completas*, a cura di R. Caldera, 26 vol., Caracas, 1948 ss.(为纪念安德雷斯·贝略诞辰两百周年,该版本于1981年在加拉加斯重印)。

② 对安德雷斯·贝略本人及其著作已有诸多研究。为纪念其诞辰两百周年,1980—1982年在加拉加斯召开了四个重要的国际会议,会议文集在加拉加斯出版。

③ Cfr. H. Hanisch Espindola, *Andrés Bello y su obra en Derecho Romano*, Santiago, 1983.

④ Cfr. F. Murillo Rubiera, *Andrés Bello: Historia de una vida y de una obra*, Caracas, 1986.

⑤ Cfr. A. Guzmán Brito, *Andrés Bello codificador*, 2 vol., Santiago, 1982.

⑥ 上一世纪即是18世纪。

曾借助《学说汇纂》和罗马法学者之著作,总结出一系列简略的要点。可以说他主要的罗马法著作就是《民法典草案》。

在智利独立以后,针对现行立法进行的争论既涉及已经失去实际意义的规范,例如家庭和遗产继承特权方面的规范、限制不动产流转的规范等,又牵涉日积月累的复杂规范[上一世纪新增的西班牙法律;印第安人法(Leyes de Indias)和地方法]以及系统性简化之阙如。

贝略接受了罗马法及其所受罗马法教育之指导,《法学阶梯》为他树立了进行简单化和有序化的典范;《学说汇纂》为他提供了源自内在的一致体系中进行精细区分、深度和准确处理的巨大遗产。罗马法基础还为他确定人法作为第一位原则的指导方针,应当根据人来制定所有的法,由此发展出平等的图景。这一基础也带给他由古罗马法学家所阐述或提出问题、解决方案的全部财富,由此结合起对罗马法的运用,指导对各类既存民法典(它们全都是以罗马法为基础的)的科学比较,并寻求法律上更为公正的解决方案。

耐人寻味的是,作为历史学家,贝略强调研究各个民族、国家和地区的经济、气候和文化之特性的重要性。作为语言学家,他强调独立运动中诞生的新兴共和国就西班牙语上的一致性,不遗余力地加以维护并为此撰写了一部西班牙语语法书。该书收录的语法根源涵盖以西班牙语写就的最为古老的诗歌,到美洲正在出现的新近特殊用法。作为法学家,他以罗马法为基础,认为借由批判精神可发现美洲大陆的独立所必要的法律解决之道。①

5. 贝略的民法典分为四编,遵循优士丁尼《法学阶梯》的顺序,并在此方面较之两个新近的伟大模式②《法国民法典》和《奥地利民法典》更为忠实于原著。

---

① 已经针对安德雷斯·贝略的法学著作,罗马和智利的圣地亚哥分别召开了国际会议。这两个会议的论文集发表在:*Andrés Bello y el Derecho Latinoamericano. Congreso internacional*. Roma 1981, Caracas, 1987; *Congreso internacional: Andrés Bello y el Derecho*, Santiago, 1982。

② 一般来说,关于法典阐述的顺序问题,参见 S. Schipani, "Method of Jurisprudence and some Considerations on Roman Law and Modern Law Codes", trad. in cinese a cura di Ding Mei, in *Bijiaofa Yanjiu* (= *Journal of Compartive Law*), 8, 1994, 205-216; e dello stesso la Nota, in *Codice civile italiano*, trad. in cinese di Fei. A. e Ding. M., Pechino, 1997。

贝略的民法典始于序题，涉及一般意义上法律及其解释的问题。在序题中，《学说汇纂》中有关法律（D.1,3）和词语含义（D.50,16）章节的模式明显存在，该模式也为《七章律》和《路易斯安那民法典》所遵循。贝略注重用专业术语来引导体系化内容，因而没有制定总则（我们在不同的草案中得到了相关事实线索：贝略考量过制定总则的可能性，尤其是涉及法律行为时，但此后并未付诸实现）。

有关法的渊源，可以注意到贝略倾向于承认习惯法，并曾在其草案中引入了承认习惯法效力的条文。但是该条款被草案修订委员会修订（第2条），较之贝略的条文①而言，遵循了罗马法特征较弱的安排，并在法的产生问题上更趋向于肯定国家独有的控制权。这一路线严重损害了尤其是哥伦布到达美洲之前的习惯法，该习惯法曾因上述卡洛斯五世的规定得以部分保存。

关于法律解释，趣味盎然的事实是，草案（第24条）提到了"立法的一般精神和自然衡平"。这些词语的含义重在理解贝略对衡平作为自然理性（naturalis ratio）之思考，它具体体现在《市民法大全》作为成文理性（ratio scripta）所包含的法的一般原则之中。

接下来的第一编是人法和家庭法，第二编是物法，第三编是遗产继承，第四编则是债与合同。可见该法典在很大程度上忠实于《法学阶梯》关于"物（有体物和无体物）"的第二部分，分开规定物权、继承和债的内容，正如盖尤斯《法学阶梯》2,1—96;2,97—3,87;3,88—225② 以及优士丁尼《法学阶梯》中的规定。

该法典不乏趣味盎然、有待深入之处，笔者在此不予逐一探讨。

第一个典范当然就是肯定所有人，无论是智利人抑或外国人，都能够取得并享受法典承认的权利（第57条）。这是拉丁美洲法所具有特色的伟大原则之一，追随了罗马共同法，同时还符合欧洲各国法律对外交或立法互惠性的要求（《法国民法典》第11条；《奥地利民法典》第33条；唯有1865年《意大利民法典》第3条超越了这一规定，但随后1942年《意大利民法典》序编第16条又予以恢复）。

---

① 关于习惯法在罗马法中的意义，参考 D.1,3,32 ss.,in *Corporis Iuris Civilis fragmenta selecta*, I,1, trad. a di Huang F., Pechino, 1992, ss。

② Cfr. *Gai Institutionum Commentarii* IV, trad. a cura di Huang F., Pechino, 1996, 80 ss.; 112 ss.; 226 ss.

之后第 102 条对婚姻的定义耐人寻味,明确了婚姻契约学说。①尽管当事人可以作出不同约定(第 1718 条),但是配偶合伙制度仍是配偶间财产关系的一般制度。与类似制度相比较,其有别于先前《法国民法典》(第 1387 条及以下)的规定或者《意大利民法典》(第 159 条及以下)所引进的共同财产制度。

在众多范例之中,可以着重指出第 582 条对所有权的定义②,其确定了对所有权的两项限制,即法律的限制和他人权利的限制。《法国民法典》第 544 条并未如此规定,仅规定了法律的限制。后来 1900 年《德国民法典》第 903 条是如此规定的。

此后,关于水的役权(第 860 条及以下),该法典开创性地强调了用水应当始终符合一般的利益,也就是水流经土地的所有权人的利益(第 834 条及以下),并且逐步明确了作为强制性引水役权基础的各项前提。该法典对此予以调整(第 870 条及以下),遵循《撒丁民法典》的模式来回应第 589 条及以下各条对国有财产的需求,这些需求还反映在所有权的定义之中(《意大利民法典》第 1032 条及以下各条深化了强制性役权的问题)。③

另一个颇有意味的范例是:罗马法中涉及所有权和其他物权转移的规则得以保留,据此需要特殊的行为原因(第 670 条和第 675 条)④,仅具备《法国民法典》(第 1101 条和第 1138 条)或《意大利民法典》(第 1321 和第 1325 条)中的合意原因是不够的,仅具有《德国民法典》(第 873 条)中的抽象行为亦是不够的。

关于债的渊源,第 1437 条自主运用并进一步发展了优士丁尼《法学阶梯》(J. 3,13)和莫特斯丁的论述(D. 44,7,52 pr.),还重新调整了内容;如此一来,它填补了《法国民法典》的部分漏洞(第 1370 条)。

---

① 关于罗马法中婚姻的概念,参见 D. 23,2,1 pr., in *Corporis Iuris Civilis fragmenta selecta*, II, trad. di Fei A., Pechino, 1995, 19。

② 罗马法相关规定,参见 *Corporis Iuris Civilis fragmenta selecta*, III, trad. Fan H., Pechino, 1993。

③ 罗马法相关规定,参见 D. 8,1,1, in *Corporis Iuris Civilis fragmenta selecta*, III, trad. Fan H., Pechino, 1993, 180 ss. 关于通行权而非导水权的强制性役权的一个范例,参见 D. 11,7,12 pr., 前引第 133 页。

④ 关于让渡,参见 D. 41,1,9,3。关于让渡的原因,参见 D. 41,1,31 pr., in *Corporis Iuris Civilis fragmenta selecta*, III, trad. Fan H., Pechino, 1993, 53 ss., 58。

相较于盖尤斯的片段 D. 44,7,1 pr.[①],后者与后来的《意大利民法典》(第1173条)紧密关联,该条文保留了对合同与自愿行为的区分,同时使自愿行为在教义和体系中以一种耐人寻味的方式脱颖而出。

关于私人自治的限制,贝略从四个方面进行阐述:法律、公共秩序、善良风俗(第1461条),以及智利公法(第1462条)。他除了接受罗马法中所提及的法律与善良风俗之外[②],还接受了《法国民法典》(第6条)中有关公共秩序的规定。

针对行为无效的问题(第1681条及以下),贝略的民法典区分了绝对无效行为与相对无效行为,其后确定了由法官宣告前一种行为(绝对无效行为)无效、仅由当事人宣告第二种行为(相对无效行为)无效的规则——所有利害关系人都有权主张前一种行为无效,而不得主张第二种行为无效;第一种行为无效不得因当事人认可而补正,第二种行为无效可以因当事人认可得到补正;第一种行为无效不适用时效制度(逾期30年除外),第二种行为无效则具有时效。该法典通过阐述此问题,从而区别于《法国民法典》,又因为受到罗马法的影响[③],早于《德国民法典》制定出相关规则。

关于非常损失,贝略的民法典自主发扬了罗马法中的非常损失制度(《优士丁尼法典》4,44,2 和 8[④]),并通过解释有利于债务人原则(favor debitoris)的真正起源是为了保护合同中较弱一方当事人,使得法典既有利于买方也有利于卖方(第1888条及以下)。这一制度逻辑还对接下来借贷利息不得超过通常利率一半的问题,尤其是利息限制,有所启示。

关于合同责任,第1547条基于罗马法中以"过错""意外事件"

---

① Cfr. *Corporis Iuris Civilis fragmenta selecta*, IV,1, trad. di Ding M., Pechino, 1992, 4 ss.

② Cfr. D. 1,3,29; D. 22,1,5; D. 45,1,26,in *Corporis Iuris Civilis fragmenta selecta*, I,3, trad. di Xu G., Pechino (in corso di stampa).

③ 罗马法相关规定,参见 *Corporis Iuris Civilis fragmenta selecta*, I,3, trad. di Xu G., Pechino (in corso di stampa)。

④ Cfr. *Corporis Iuris Civilis fragmenta selecta*, IV,1, trad. di Ding M., Pechino, 1992, 37 ss.

"不可抗力"(D. 50,17,23①)的规则,进行了堪称典范的概括性调整,避免了《法国民法典》第 1147—1148 条取消"过错"而采用"原因"的不准确规定,后者无法与"意外事件"及"不可抗力"的规定协调一致(《意大利民法典》第 1218 条也存在这种不准确的规定)。

关于违约金条款,第 1539 条减少违约金["应当"(tendrá,dovrà);还参见 D. 2,11,9,1]的规定相对于《法国民法典》第 1231 条["可以"(peut,può);还参见《意大利民法典》第 1374 条]来说,可以更好地保护债务人。后来的《法国民法典》结合 1975 年的法律,接受了贝略的解决方案。

关于选择之债,在所有可选择的标的因债务人过错而灭失的情况下,第 1504 条第 2 款权衡、明确了颇具争议的内容(《法国民法典》第 1193 条第 2 款、《德国民法典》第 265 条、《意大利民法典》第 1290 条第 1 款、《学说汇纂》D. 46,3,95,1②)。

关于和解协议③,第 1879 条引进了和解协议,开创性地允许债务人在延迟后 24 小时内进行补救,从而增加对债务人的保护(有别于《法国民法典》第 1656 条、《德国民法典》第 360 条)。

关于连带性和代位权④,第 1522 条颇为耐人寻味地表明其罗马法基础。

关于准合同(第 2304—2313 条),贝略的民法典对财产共有的斟酌填补了《法国民法典》的漏洞。⑤

再来看最后一个意义深远的范例,涉及占有保护,有意思的是,贝略的民法典(第 916、918、920、921、928 条)规定了回复占有之诉和请求停止妨碍占有之诉,填补了《法国民法典》的相关漏洞;又比如 1865

---

① Cfr. *Corporis Iuris Civilis fragmenta selecta*, IV,1, trad. di Ding M., Pechino, 1992, 165.

② Cfr. *Corporis Iuris Civilis fragmenta selecta*, IV,1, trad. di Ding M., Pechino, 1992, 99.

③ Cfr. D. 18,3,1;D. 18,3,2 ss., in *Corporis Iuris Civilis fragmenta selecta*, IV,1B, trad. di Ding M., Pechino, 1994, 969 ss.

④ Cfr. D. 45,2,11,1, in *Corporis Iuris Civilis fragmenta selecta*, IV,1, trad. di Ding M., Pechino, 1992, 105 ss.

⑤ Cfr. D. 10,3,2 pr., in *Corporis Iuris Civilis fragmenta selecta*, III, trad. Fan H., Pechino, 1993, 138 ss.

年《意大利民法典》(第694、695条)以同样的方式填补该漏洞。应当强调的是,在法国,填补该漏洞的学说也是寻求罗马共同法之助。罗马共同法①不仅指导了规则的产生,还指导了漏洞的填补:它是理解与比较各法典可能性的基础;也是超越单纯描述并探寻解决方案的理性,进而实现选择最优方案的基础。

贝略在解读拉丁美洲罗马法系统一的基础上,编制出了一部体现这种统一性的法典。实际上,贝略的民法典在厄瓜多尔(1860年)、哥伦比亚(1858年该国还是邦联;后来于1887年诞生统一国家)经过极少变动便得到适用,现在依然在这两个国家有效。该法典还被巴拿马(1916年与哥伦比亚合并时曾被废除,在分立后采用)、萨尔瓦多(1859年,后于1912年废除)采用。此后它影响了其他拉丁美洲民法典,比如《尼加拉瓜民法典》(1871年,后于1904年废除)和《洪都拉斯民法典》(1880年,后于1906年废除),并在单个规则、制度或制度集合的有限范围内影响了其他民法典。

注释

原始文献

《智利共和国民法典》(Código civil de la República de Chile)首部草案部分内容于1841—1845年在智利由期刊《阿劳坎人》(*El Araucano*)按章出版,逐步就绪;后来除序题之外,还出版了修订文本(1846年和1847年第2卷);随后出版了修订的完整草案(1853年第四卷);最终出版了《议会通过的民法典草案》(*Proyecto de Código civil aprobado por el Congreso*)[智利圣地亚哥(Santiago de Chile)出版社,1855年10月];数年之后,出版了1853年草案及审议委员会一读修订案。

这些文本后来被《安德雷斯·贝略全集》(*Obras completas de Andrés Bello*)重新编辑[第15卷,智利圣地亚哥,1881—1893年。第11—13卷,智利圣地亚哥,1887—1890年("1841—1842年民法典草案"死因继承与序题,第11卷,第1—139页;"1842年草案"合同与契约之债,第11卷,第141—311页;"1846年草案"死因继承与序题第二稿,第11卷,第315—405页;"1847年草案"合同与契约之债一编

---

① Cfr. D. 43,16,1 pr., in *Corporis Iuris Civilis fragmenta selecta*, III, trad. Fan H., Pechino, 1993, 218 ss.

第二稿,第11卷,第407—617页;"1853年智利民法典草案"第一部完整草案,第12卷,1888年;未出版草案,第13卷,1890年)];《安德雷斯·贝略全集》(重印版,第12—13卷),《智利共和国民法典》(加拉加斯,1954—1955年)(所有草案都在通过的文本的注释中被指出,备有索引与对照表)。

至于所谓的埃加纳(Egaña)草案,参见 *Primer Proyecto de Código civil de Chile*,A. Guzmán Brito-A. de Avila Martel-L. Melo Lecaros,Santiago,1978。民法典文本及后续修订均于万维网可查询。

关于智利民法典重新编纂的一些思考

〔智利〕古兹曼* 著

薛 军** 译

一、引言

所谓民法的法典重编,是指颁布一部新的法典来取代先前存在的法典。这一活动往往会提出许多富有深意的问题。在19世纪的欧洲,法典重编活动是很少见的。虽然曾经有过废除那些出于法国征服者的意志强加而来的《拿破仑民法典》,由本国来编纂法典的几个情形,但是,这不是严格意义上的法典重编。举例来说,在现在的皮埃蒙特—撒丁王国就发生过这样的情况。它在1802年被法国吞并。《法国民法典》在1804年颁布后,也在这一地区颁布生效。拿破仑帝国在1814年覆灭之后,《法国民法典》在这一地区被废止。1837年,该地区颁布了一部新的法律文件,叫作《撒丁王国民法典》,世人称之为《阿尔贝蒂诺法典》。不过,虽然它取代了《法国民法典》,但它在本质上不以法典重编为目的。在20世纪的欧洲,情况则发生了很大的变化,出现了一些重要的法典重编运动,如1942年《意大利民法典》、1967年《葡萄牙民法典》、1992年《荷兰民法典》。

在拉丁美洲,情况却有所不同。在19世纪,这里就开始了真正意义上的法典重编活动。举例来说,1830年颁布的《玻利维亚民法典》被1845年的新民法典所替代。在如此短时间内的更替固然是由于第一部法典在编纂时准备过于仓促,但它仍然不失为法

---

* 古兹曼(Guzman),智利天主教教皇大学法学教授。
** 薛军,北京大学法学院教授。

典重编。哥斯达黎加在1886年颁布了一部新的民法典,以取代1841年颁布的民法典。1904年《尼加拉瓜民法典》取代了1867年颁布的民法典。在1906年,洪都拉斯颁布了历史上第三部民法典,它取代的是1898年颁布的民法典,而后者本身就是对1880年《洪都拉斯民法典》的重编。秘鲁也进行了法典重编的活动。最初的1852年《秘鲁民法典》被1936年的民法典所取代,而后者又被1984年的民法典所取代。危地马拉也是如此,1877年《危地马拉民法典》被1933年的民法典所取代,而后者又在1963年被重编。1916年颁布的《巴西民法典》则在2000年被重编。关于这一方面,还有其他的例子。

  对法典重编过程的研究可以提出如下的问题:是什么样的客观需要导致了法典重编?如何进行法典重编?法典重编必须全盘推翻先前的法典,也就是说,先前的法典必须在内容和形式上都作出改变吗?或者说,对先前的法典是进行彻底的重编好一些,还是有限的修订好一些?诸如此类问题,不一而足。

  但是,这些问题是非常抽象的,而且难以作出一般性的回答。每一个国家都面临着自己的特殊情况,而这些情况在别的国家则不一定存在。推动一个国家进行法典重编的理由在另一个国家不一定能够成立。因此,在谈论法典重编的问题时,最好放弃抽象的提问,而必须进入到一个具体的情形中,也就是进入到一个具体国家的特殊语境中来讨论这一问题。为此,我们可以考察智利的情况。对于智利的情况的研究,也许可以帮助中国的法学家。虽然中国目前正在进行的是民法典编纂而不是法典重编活动,需要注意这二者之间的重要区别,但是,它们之间仍然存在一些共同的因素。比如说,二者都要考虑法典的体系问题。我们知道,德国民法的潘德克顿体系在中国是具有强大影响的传统学说。由于这样的因素,在目前所进行的中国民法典编纂中,人们就提出了这样的问题:是否能够完全抛弃这样的传统,并在民法典的编纂中采用一种完全不同的体系,或者仍有必要将这一体系保留在民法典中?

二、智利民法典的编纂

  为了给中国读者提供一些必要信息,笔者首先对现行《智利民法典》的历史进行简要介绍。

关于智利民法典重新编纂的一些思考

（1）《智利民法典》于 1855 年颁布，并自 1857 年起开始生效施行。① 但是，这一法典的准备工作在 19 世纪中期持续了 30 多年。《智利民法典》的起草人安德雷斯·贝略（Andrés Bello）出生于委内瑞拉，在 1829 年移居智利，于 1834 年加入智利国籍，成为智利公民。② 期间，他接受了迭戈·波塔勒斯（Diego Portales）的非正式委托，起草了一部民法典草案，并在草案中整理智利王国先前有效的所有立法。这些法律是指先前由西班牙君主颁布的法律在 1818 年智利宣告独立之后，新的共和国保留的有关立法。1840 年，贝略已经编纂了一章序编、关于继承的完整一编以及债的部分和不完整的合同部分。此后，作为参议员的贝略在参议院进行活动，向国民会议提出了立法草案，并且建议成立一个法典编纂委员会。贝略的建议得到国民会议的批准，并且迅速依法组建了一个委员会。贝略成为这一委员会的当然成员。委员会的首要工作就是重新审查贝略根据其个人观点所编纂的关于继承和债法以及关于合同的草案。在 1840 年到 1845 年间，法典编纂委员会结束了关于序编、关于死因继承以及关于债和合同部分的绝大部分的编纂。有关内容先后在政府的官方文件中发表。关于继承部分，经过修改，在 1846 年作为单独的一部分而得到发表，关于债和合同部分则在 1847 年分作 8 卷发表。此后，由于委员会结束了其职能，贝略独自开展工作。在 1848 年到 1852 年间，贝略大幅度地修改了序编，并结束了剩余部分，即关于人和财产部分的编纂。同时，他对 1848 年之前已经发表的部分又进行了修改。在 1852 年年底，贝略向政府提出了完整的民法典草案，并在 1853 年出版。当时的共和国总统曼

---

① 关于《智利民法典》的历史，参见〔智利〕古兹曼：《法典编纂者安德雷斯·贝略：生平历史与智利民法典的编纂（第 1 卷）》，智利大学出版社 1982 年版，第 469 页以下；〔智利〕古兹曼：《法典编纂者安德雷斯·贝略：生平历史与智利民法典的编纂（第 2 卷：法律渊源）》，智利大学出版社 1982 年版，第 436 页以下。

② 关于贝略的生平，参见〔智利〕阿穆纳特盖：《唐·安德雷斯·贝略的生平》，智利圣地亚哥 1882 年版。这部著作就如同贝略本人的口述一样。另外，卡尔德拉的《安德雷斯·贝略》（加拉加斯，1935 年）及以后的版本具有重要的价值；维库纳的《唐·安德雷斯·贝略》（第 3 版）（圣地亚哥，1940 年），也具有价值。现代的比较全面的著作有〔委内瑞拉〕鲁比拉：《安德雷斯·贝略：生平与作品》，贝略出版社 1986 年版。最近的一部优秀的著作是〔智利〕亚克斯基：《安德雷斯·贝略：追求秩序的激情》，圣地亚哥大学出版社 2001 年版。

努埃尔·蒙特(Manuel Montt,1851年至1861年在任)组成了一个委员会来修订这一草案,委员会由法学家和法官组成,贝略本人担任委员会秘书。在1853年到1855年间,该委员会(由总统本人亲自指导)完成了对全部草案的审查和修改。在1855年年底,经过最终修订的草案文本被发表并提交给国民会议批准。经过国民会议讨论之后,这一草案在1855年12月14日作为法律被正式颁布。

(2)《智利民法典》所采用的体系①是盖尤斯—优士丁尼体系,也就是所谓的法学阶梯体系。这一体系建立在人与物划分的基础上,物本身又划分为有体物与无体物(用益权与地役权、继承与债)。在这两部分之前,有一个关于法律渊源的序言。序言被包括在所谓的序编中;关于人的规定在第一编;关于有体物、关于所有权的取得以及关于用益权和地役权的规定都包括在第二编中;关于继承的规定在第三编中,随后则是关于债的第四编。在这里,贝略没有追随《法国民法典》三编制体系,而是根据罗马法和共同法对权利与取得权利的方式进行区分。这样的区分尤其使自然人生前的转让行为具有意义,它使得买卖、赠与、给付等不具有物权或者取得的效力(但是,《法国民法典》则承认这样的效力),要实现取得,则还需要加上具有取得效力的交付行为。这样一来,类似于《法国民法典》第三编的"取得所有权的各种方法"就不再出现于智利的新民法典中。关于真正意义上的取得方法,该法典将其规定在第二编"财产及其所有、占有、使用和收益"之中。作为其例外,由于继承涉及的问题很多,它自己也构成了独立的第三编,被叫作"死因继承和生前赠与"。该法典最后的第四编,则完全用来规定"债的一般规定及各类契约"。

(3)从一般的意义上来说,《智利民法典》只是将《法国民法典》作为一般模式,作为对各种具体法律主题作出法律规定时的参考依据。针对具体内容的规定,贝略还参考了其他的法源,比如说西班牙中世纪时期的法典《七章律》(Siete Partidas)。该文本在智利历史上曾经是私法的主要渊源。贝略也参考了优士丁尼的《市民法大全》。进入贝略参考视野的,还有各个时代的理论和学说,远者如普捷,近者如《法国民法典》最早的一批注释者,比如德尔文科(Delvin-

---

① 参见〔智利〕古兹曼:《安德雷斯·贝略民法典的体系》,载《安德雷斯·贝略与拉丁美洲法国际会议文集》,贝略出版社1987年版,第317—332页。

court)。在一些问题上,他还参考了几乎是同时代的罗马法学家萨维尼的观念。当然,他也参考了许多其他的法典(《普鲁士法典》《奥地利普通私法法典》《荷兰民法典》《撒丁民法典》以及《路易斯安那民法典》)。

《智利民法典》要感谢它的起草者所具有的特殊的法律文化素养、人文主义气质和高超的文学水准。贝略编纂的《智利民法典》不仅符合法律所要求的严格、连贯和准确,而且在文体上也具有原创性,典雅而优美。① 作为罗马法学家的贝略,他不拘泥于罗马法,因此没有让他的民法典成为一个守旧的东西,他特别注意到民法典中的所有法律问题的详细规范。从某种意义上说,他以《法国民法典》为基础,但又填补了《法国民法典》所留下的诸多空缺(我们知道,《法国民法典》对许多问题的规范是有严重缺漏的,比如说,关于法人、管领、添附、交付、占有、替代等,要么就没有规定,即使有所规定,也过于简陋)。贝略的《智利民法典》后来得到法学家的持续阐述、研究和修改,并被带到其他国家,影响了整个美洲。

(4)关于《智利民法典》的影响,这里只进行一些学术性的思考。它在1858年被厄瓜多尔整体采用。几乎是整体采用了这部民法典的国家还有1858年和1866年的格林纳达联邦(哥伦比亚),以及在1886年统一后的哥伦比亚,1859年的萨尔瓦多,1862年的委内瑞拉,1867年到1904年的尼加拉瓜,1880年到1898年以及1906年的洪都拉斯,巴拿马等。《智利民法典》在本国以及上述大部分国家仍然有效。当然,贝略的《智利民法典》也影响了拉丁美洲后来的民法典。对此,我们可以这么说,在拉丁美洲,《智利民法典》所取得的成功,一如《法国民法典》之于欧洲大陆。

(5)现在,一些智利学者提出,必须对1857年《智利民法典》进行重新编纂,以一部新的民法典取而代之。面对这样的设想,我们首先需要考虑的是,民法典的哪些部分需要修改,哪些部分仍然可以维持。在1974年,当时的军政府试图推动对民法典的全面性改革。并且,整个改革计划不仅仅包括民法典。但是,这个计划后来就不了了之,被人遗忘了。现在,有一个民间性质的学术机构在推动一项新的民法典

---

① 需要指出的是,贝略还是一个伟大的语法学家,他撰写了权威的西班牙文的语法著作。

改革计划,并试图将商法典也统一到民法典中。毫无疑问,这一组织所开展的活动具有重要的学术价值,但是,智利政府并没有计划在近期从事这项活动。

《智利民法典》从颁布到现在已经接近150年,与《法国民法典》和《奥地利民法典》一样,也可以算是世界上高龄的、仍然有效的民法典之一。随着时代的变化,它的具体内容当然必须随着时代的发展而发展,所以研究《智利民法典》的重新编纂中会遇到的主要问题,绝非毫无意义。毫无疑问的是,在这样的研究中,也必须密切关注国外法典重编的各种具体经验。

三、关于人格权的问题

首先需要解决的一个问题涉及人格权:它必须被规定在未来的民法典中吗?如果是的话,应该规定在哪里呢?

为了思考这一问题,可以考察智利目前的情况。智利自其独立以来,一直遵循着一个传统,也就是将关于人权——其中也包括了作为民事权利的人格权——的详细规定放在具有政治性质的宪法中。现行1980年《智利宪法》的第三章"关于宪法权利和宪法义务"是非常广泛和具体的。在这样的情况下,首先必须承认,将人格权的规定放到民法典中,既非迫切也非必须。

在不久前,少数的智利法学家呼吁制定新的民法典。其中,费约(Fueyo)特别强调,将人格权的问题规定在新法典文本的第一部分,也就是关于人的部分。在其中规定诸如人身自由与人身安全、信仰自由、教育自由、表达自由、出版自由与信息自由、工作自由、获得各种财产的自由等。[①]

这样的做法一方面会引起许多的疑惑。一些权利(比如出版自由)是否属于人格权不无争议,另外一些明显属于人格权的内容又没有被包括进去,如缔结婚姻的自由、生养子女的自由、设定住所的自由等。另一方面,至少在智利,根本没有必要在民法典中涉及这一问题,因为,诚如前述,它们在传统上已经被定位在宪法中,且一般被界定为"宪法性的权利",甚至也因此形成一个特殊的学科来专门研究这些

---

① 参见〔智利〕费约:《现代民法导论》,智利法律出版社1990年版,第29页。

"基本权利"(其中也包括民事权利)。在智利,没有出现因为人格权的规定不在民法典之中而得不到保护的问题。相反,它们得到了更加严格的保护,因为它们不受到民法典事实上会存在的遗漏、缺陷和沉默的影响。

关于人格权问题的规定,在智利的环境下,笔者认为,最好的解决方法是维持目前的解决方案,对一般性的宪法权利的规定进行改进,强化基本权利这一特殊领域即可,没必要将这一问题规定在民法典中。

四、民法典的体系

编纂一部新的民法典,自然需要考虑诸如其体系以及法律材料的顺序安排问题。在这一问题上,虽然《智利民法典》遵循法学阶梯体系,但是其分为四编。因此,它与同样遵循了法学阶梯体系的《法国民法典》在结构上并不相同。其中的差别主要在于,《智利民法典》的体系改变了《法国民法典》中的"取得所有权的各种方式"(该体系包括了通过债的方式取得所有权),其认为,债不是一种取得方式,因此将它与第二编(关于财产及其所有、占有、使用和收益之类的规定)分离出来,形成单独的一编(第四编)。虽然继承是取得财产的一种方式,但它也被独立出来,从而形成单独的一编(第三编)。经过这样的处理之后,与《法国民法典》冗长且不协调的第三编相比,《智利民法典》的四编结构显然更加匀称和协调。

对于这样的民法典,当然可以对它的细节进行经常性的修改,但是,有没有必要对这个已经存在了150多年的民法典的整体结构进行全盘性的修改呢?答案显然是否定的,这个结构没有任何修改的必要性。

对于法典体系的选择以及法律材料次序的安排,主要是为了满足以下的基本要求:合理、连贯、清晰和直观。① 为了起到这些作用,法典所采用的体系就必须是为法律使用者和操作者(律师、法官、公证人、行政管理者)所熟悉的体制。如果贸然对这样的体制进行剧烈的变

---

① 所谓的直观,就是指在法典的材料划分和次序安排上给读者提供一种索引,使其知道某一问题规定在什么地方,而不是混杂在不相关的内容中,不易检索。从这个角度看,法律的结构划分主要是为读者提供一个直观的检索机制。

动,只会引起上述人员的混乱和迷惑。基于这样的考虑,在民法典的体系安排上,立法者自由选择的空间其实是有限的,他们要受到传统的制约,因为法律的结构不只是简单的次序安排问题,更主要的是,它必须遵循在法学传统中接受教育的法律实践人员的法律思维习惯。基于这样的考虑,我们就会问,如果对一个法典的体系进行全盘性的改动,所导致的结果却是法典结构的功能的丧失,那么,为什么要去改变它呢?

因此,毫无疑问的是,即使智利在未来会进行新的民法典编纂活动,现行《智利民法典》中的结构仍然会得到保留。

五、民法与商法的统一

19世纪伟大的巴西法学家奥古斯都·特谢拉·德·弗雷塔斯(Augusto Teixeira de Freitas)提出,将传统上属于民法以及属于商法的内容合并在一部法典,也就是民法典中。① 众所周知,这样的设想在后来的1942年《意大利民法典》中成为现实。从某种意义上来说,弗雷塔斯是这一法典编纂新模式的先驱。

在智利,除了有一部民法典之外,还存在一部于1865年颁布的商法典。但是该法典中关于海商法的第三编在1988年被完全重新修改了。该商法典第四编和最后一编,即关于破产的规定,在1929年被废止,并就这一问题颁布了单行法,而这一单行法又在1982年被一部新法律所取代。现在也有许多人主张修改票据法的部分。此外,在这一陈旧的法典之外,还颁布了大量的特别法(保留所有权的分期付款买卖、商业抵押、有限责任公司、个人有限责任公司、匿名合伙、消费者保护、银行账户以及支票、债券、保险等)。

现在智利也有人提出要重新编纂商法,但采取的方式是将其合并到民法中去,也就是说采取意大利的方式。商法的编纂不仅涉及原先

---

① 弗雷塔斯在1867年9月20日给司法部长的信中提出了这样的设想。该信的内容,参见梅拉所编辑的《民法杂志:不动产、土地以及企业分卷》1977年第1期,第362页以下。也可参见〔圭亚那〕米斯莫:《德·弗雷塔斯与私法的统一》,载《活法》,圭亚那,1984年版,第223页以下;〔意〕卡尔瓦罗:《德·弗雷塔斯与私法的统一》,载〔意〕桑德罗·斯奇巴尼主编:《德·弗雷塔斯与拉丁美洲法》,帕多瓦,1988年版,第101页以下。

为商法典所包括的内容,还包括诸多商事特别法所涉及的内容。不过,海商法仍然可以作为一个特别法典而得到保留,因为它包括了许多特殊的规范。关于破产法的问题,也考虑将其作为一个单独的法律,或者是将它整合到民事诉讼法中。为此,人们在讨论,破产法究竟是实体性规范,还是程序性规范。

六、关于契约责任与非契约责任的统一问题

有一些学者提出,在立法上统一传统的契约责任与非契约责任。这样做的主要理由在于,两种责任并没有本质上的不同,因为它们都产生于一定义务之违反,其区别不过是前者是违反了契约中确定的义务,后者则是违反了毋害他人的法定义务。

但是,无论是从基础理论①上,还是从实践②上来看,这样的考虑都是不成熟的。也许这样的考虑是从"责任"(它可以追溯到罗马法)这个术语出发的,因为责任是这两个领域都会遇到的问题,然而这容易导致混淆。因此,笔者觉得没有必要在这里对这一问题作进一步的解释。

我们还可以反问:将这两种体制在立法上统一起来,究竟有何实益?统一规定又能获得什么?在法律规范上会更加清楚吗?这些好处都不存在,它反而会导致不必要的混乱。比如说,出于非契约责任体制的影响,规定对于不履行契约进行契约上的精神损害赔偿。这都是难以接受的。

基于以上理由,笔者认为,传统的划分还是应该得到维持的。

七、结论

对于笔者在上文中所表现出来的明显具有保守色彩的立场,可否有一个辩护呢?可以这样说,保守的立场并不天然就是错误的。亚里士多德曾经说过,法律所拥有的要求他人遵守的力量,其唯一的来源在于长时期内为人们所遵守的习俗,法律的修改只能通过与习俗建立联系才能够获得力量。对于这样的思想,在它作为一般原则而不是作

---

① 由契约所确立的义务是"债",而毋害他人的义务不是债。但是,违反这一义务可能会导致债的关系的发生。总的来说,不能把义务与债混淆起来。
② 虽然这二者都被叫作责任,但它们之间存在根本的区别。

为一个严格的规则的意义上,笔者敬表赞同。因此,我们在修改一个生效已久的法典时,必须保持高度谨慎和节制,因为通过长期的适用,该法典已经与人民的习惯相结合,并长期为社会提供了令人满意的服务,它没有表现出较大的缺陷和严重的困难。同样,如果进一步考虑,对计划中的新法典究竟在实践中会产生什么效果,我们实际上根本一无所知,那么我们的活动也应该更加慎重。

阿根廷民法典编纂研究

在阿根廷生效的萨尔斯菲尔德民法典

——为该法典的汉语译本而作

[意]桑德罗·斯奇巴尼* 著
薛　军** 译

1.《阿根廷民法典》于1869年9月29日颁布,1871年1月1日起生效。该法典至今仍然有效。①

《阿根廷民法典》是伟大的拉丁美洲法学家达尔马西奥·维勒斯·萨尔斯菲尔德(Dalmacio Vélez Sarsfield)的作品。在拉丁美洲现代法典的形成过程中,他与1857年《智利民法典》(又称为《贝略民法典》)的作者安德雷斯·贝略(Andrés Bello)②、1858年《民事法律汇编》以及《民法典草案》(在1860年到1865年之间出版)的作者奥古斯都·特谢拉·德·弗雷塔斯(Augusto Teixeira de Freitas)一起融合了拉丁美洲的罗马法系的统一性基础。《阿根廷民法典》的条文注释,就是萨尔斯菲尔德对这一基础进行重新解读和阐释的证明,这也使得这一作品具有了特殊的价值。《阿根廷民法典》对拉丁美洲法律建立在罗马法系共同基础上的统一,作出了自己的贡献。它先后被其他国家所采用,或者部分地影响其他国家的民法典。具体来说,它被巴拉圭采用(1876年,一直到1986年才被新的《巴拉圭民法典》所取代),

---

* 桑德罗·斯奇巴尼(Sandro Schipani),意大利罗马第一大学荣誉教授。
** 薛军,北京大学法学院教授。
① 《阿根廷共和国民商法典》已于2016年1月1日生效。
② 关于该法典,参见《智利共和国民法典》,徐涤宇译,金桥文化出版(香港)有限公司2002年版。

它部分地影响了《乌拉圭民法典》(1868年)、《尼加拉瓜民法典》①(1904年)、《巴拿马民法典》(1917年)②。

2. 拉丁美洲法系是罗马法系下的一个分支。这一法系在以下几个因素的共同影响之下形成:首要的基础是优士丁尼所编纂的罗马共同法,这一共同法后来由起源于意大利博洛尼亚大学的法学研究传统扩展到整个欧洲大陆;其次是建立于罗马共同法基础之上的伊比利亚法学传统所作出的特别贡献(这里面的主要因素包括《七章律》《西印度法律》以及西班牙后期经院哲学的作品);最后是起源于哥伦布到达美洲大陆之前的当地印第安人社会生活的习惯法,卡洛斯五世皇帝在不与基本的法律原则相冲突的范围内,承认这些习惯法的效力。③

拉丁美洲法系产生于拉丁美洲国家独立之后各国对这一地区的文化共同性、相对的独特性以及统一性的认同。

在19世纪最初几十年间获得政治独立之后,在原先的美洲西班牙属地上,产生了一些共和国以及巴西帝国。这些国家先后制定了宪法④,并在不与这些宪法相冲突的范围内,保留了先前生效的法律。那些与宪法相冲突的因素,一般都不涉及法律的罗马法基础,也不涉及某些起源于中世纪、建立在罗马法基础之上的制度。这些新兴的政治体废除了奴隶制。并且,在这些国家的宪法中,通常规定要进行民法典、刑法典和诉讼法典的编纂。在1825年(海地)到1917年(巴西)之间,在这些国家所进行的法典编纂活动,在政治独立的框架下,以一种崭新的、保持了历史连续性的方式,将罗马法传输到拉丁美洲国家的法律体制中,并且这一进程事实上在此之前已经持续数个世纪。这一背景能够很好地解释,为什么拉丁美洲国家的法典编纂通常能够以相当快的速度进行,并且经常发生这一地区的某一国家接受由同一地区的另一个国家所编纂的民法典的现象。

---

① 尼加拉瓜的第一部民法典,也就是1867年颁布的《尼加拉瓜民法典》,即基于《贝略民法典》而形成的。

② 当巴拿马属于哥伦比亚的一部分时,其在1860年采用了《贝略民法典》。

③ 参见笔者为徐涤宇教授翻译的《智利共和国民法典》中文译本所撰写的导言。

④ 一部非常好的、关于拉丁美洲国家独立宪法的汇编,参见 *El pensamento constitucional ispanoamericano hasta 183*, vol 1-5, *Biblioteca de la Accademia nacional de istoria*, Caracas, 1961。

在这一背景下,这些地区的国家对相互之间的文化共同性、独特性和地区一体性的认同也逐渐成熟,并且找到了一个用以表达这种认同的名称:"拉丁美洲"(America Latina)。

位于北美的美国在1847年侵占大半个墨西哥,以及威廉·沃克(William Walker)在中美洲、在尼加拉瓜和哥斯达黎加(1856年)从事的活动,"促使美洲大陆的一部分自我确认为拉丁美洲,作为对抗具有侵略性的美洲的另一部分的相对立一方"①。推动采取统一的政治制度的尝试——这一努力在玻利瓦尔时代(1826年)就已经出现了——19世纪下半叶,拉丁美洲催生了一场广泛的、关于政治制度的大讨论。讨论主要涉及创造一个拉丁美洲共和国联盟(Unión de las Repúblicas de América Latina,1859年)、拉丁美洲联盟(liga Latinoamericana,1861年)、拉丁美洲同盟(Unión Latinoamericana,1865年)。在这一涉及地区联合的讨论中,我们可以在智利人弗朗西斯科·比尔巴奥(Francisco Bilbao)和哥伦比亚人何塞·玛丽亚·托雷斯·卡依塞多(José María Torres Caicedo)的著作中,找到"拉丁美洲"(América Latina)这一新名称。② 在这一名称中,拉丁(Latina)是大写的,不是一个形容词,而是第二个名称,它与"美洲"结合起来指称一个具有新的内涵的统一体。③ 这一名称的使用者宣称,之所以援用拉丁因素,只是为了确认其中所包含的"非种族的""防御性"的内涵④(在罗马法系中,"拉丁"一词并不表示一种基于遗传或种族共同性而联系在一起的民众,

---

① Véase L. Zea, *El descubrimiento de America y la universalización de la historia*, in L. Zea (curatore), *El descubrimiento de América y su Impacto en la Historia*, México, 1991, 13.

② 参见 F. Bilbao e J. M. Torres Caicedo in A. Ardao, *Genesis de la idea y el nombre de América Latina*, Caracas, 1980, 171 ss。他们的分析可参见第65页以下,第99页以下。

③ Cfr. A. Ardao, *Genesis de la idea y el nombre de América Latina* cit.

④ Cfr. J. Vasconcelos, citato in Zea, pagina 14. 关于这些作者对"种族"这一术语的使用,参见同一作者的分析, Torres Caicedo: "*Empleamos la palabra, an cuando no es rigurosamente exacta, para seguir el epritu y el lenguaje dela convención que hoy domina*" (cit. presso A. Ardao, *Genesis* cit., 86).

而是基于文化、协议和盟约而产生的民众联合①)。也是在同时代,天主教会也开始使用这一新的名称。这一切都表明,这一地区的一体性的文化认同感已经成熟。②

在紧随其后的几十年中,基于这一政治、体制和文化上地区共同性的认同感[主要是由于巴西法学家克洛维斯·贝维拉瓜(Clóvis Beviláqua)的作品],人们也开始认同,这一地区的法律体制作为罗马法系下的一个分支所表现出来的独特性。③ 这种思路在20世纪拉丁美洲的主流法学中得到进一步的阐发和确认,阿根廷的代表人物是奥克塔维奥帕斯(Octavio Paz)和曼努埃尔·拉奎斯(Manuel Laquis);在秘鲁的代表人物是卡洛斯·费尔南德斯·塞萨雷戈(Carlos Fernandez Sessarego);在哥伦比亚的代表人物是费尔南多·伊内斯特罗沙(Fernando Hinestrosa);在智利的代表人物是A.古兹曼·布里托(A. Guzmán Brito);在欧洲国家,引领这一思潮的代表人物是F. W. 冯·荣赫豪普特(F. W. von Bauchhaupt)、P. 卡塔拉诺(P. Catalano)和H. 艾西勒(H. Eichler)等。这一思潮将法系区别于不同国家的法律体制,并且超越了法文化上的欧洲中心主义,承认由不同的民族对法律所进行的科学阐述本身也促进罗马法系的发展。罗马法系下的拉丁美洲法系,由罗马法、伊比利亚法、存在于拉丁美洲前哥伦布时代的法三种因素组合而成,它启发和引导着这一地区的国家的法律体制的发展,并且在与罗马法系的其他分支的交流中发展着对自己的一体性、独特性和统一性的认识。在交流的过程中,法学家以及由法学家制定并得到立法者批准的法典,是表明这一认同、进行交流的主要渠道。

3. 萨尔斯菲尔德是1871年《阿根廷民法典》的作者。他于1800年2月18日出生于阿根廷的科尔多瓦省(Córdoba),并在古老

---

① Cfr. S. Schipani, *Latinità e sistema giuridico romanistico*, in *La Latinité en question. Colloque international. Paris*, 16-19 mars 2004, Ed. Union Latine, Paris, 2004, 300 ss.

② Véase E. Ayala Mora, *Origen de la identidad de America Latina a partir del discurso católico del siglo XIX*, in *La Latinité en question. Colloque international. Paris*, 16-19 mars 2004, Ed. Union Latine, Paris, 2004, 146 ss.

③ Ver Clóvis Bevilaqua, *Resumo das Licçoes de Legislação Comparada sobre o Direito Privado*, 2 ed., Bahia, 1897.

的科尔多瓦大学读书,于 1822 年 12 月结束学习和职业实习。由于经济上的迫切需求,他立即开始执业而未能继续学习以获得博士学位。1823 年,他移居到布宜诺斯艾利斯。当时的阿根廷刚刚获得独立(1810 年),整个国家的制度结构仍然处在建立的过程中。萨尔斯菲尔德参加了政治活动,作为圣路易斯省(San Luis)的议员参加了国会的第一次会议(1825 年)。在布宜诺斯艾利斯大学建立之后,他在大学里教授政治经济学(1826 年),同时也从事律师执业活动。后来由于政治原因,他不得不一度离开阿根廷,到乌拉圭避难。回到布宜诺斯艾利斯之后,他仍然从事律师职业,同时就一些重要的法律问题,向政治当局提供咨询意见,但是,他宁愿在幕后从事这项工作。1842 年,他再次被流放 4 年。这次回国后,他积极从事政治活动,曾经成为布宜诺斯艾利斯省公共事业部的部长。在 1850 年之后的 10 年中,他还组建了布宜诺斯艾利斯省的中央银行,参与起草了 1852 年的商法典。在 1860 年以后,当国家恢复统一,他从 1862 年开始担任科尔多瓦省的参议员,并在同一年被任命为财政部长。不过,他在一年之后辞去这一职务。1864 年,他受仟起草民法典,并在从事这一任务期间,从 1868 年到 1870 年担任内政部长。后来,他不再参与政治活动,回归私人生活。在 1875 年 3 月 30 日,萨尔斯菲尔德逝世。①

4. 萨尔斯菲尔德的作品深刻地受其本人生活经历的影响:他所受到的罗马法教育;他因为从事过律师职业而对具体问题非常关注;他在政治机构中长期工作,因此对一般问题和公共问题非常敏锐;此外,在他所处时代的文化中,对拉丁美洲的认同也对他具有深刻的影响。

首先,非常有意思的是,萨尔斯菲尔德曾经从拉丁文翻译了维吉尔的《埃涅阿斯纪》。但是,这一翻译并没有完成,并且是在译者去世 13 年后才得以出版。但是,他选择翻译这一史诗,是很有意思的。维吉尔的作品讲述的是罗马的起源。其中,埃涅阿斯讲述了其在特洛伊城被毁灭之后,到达拉齐奥的旅途经历。从某种意义上来说,与拉丁因素的相遇,就成为奥古斯都时代的伟大诗人维吉尔诗作的主题之

---

① 最完整的传记参见 A. Cheneton, *Historia de Vélez Sarsfield*, ristampa, Buenos Aires, 1969。

一。这与维吉尔时代的主题是有联系的,是试图复兴共和国和使罗马的制度与帝国在整个地中海地区所获得的辽阔疆土相适应的努力之一。诗人维吉尔曾经担任过民政职务、罗马的辉煌和拉丁特质,是吸引萨尔斯菲尔德从事这一翻译活动的主要因素。

与政治体制问题相联系的是萨尔斯菲尔德所撰写的《教会公法》(*Derecho Público Eclesiástico*)一书。该书的缘起是1834年他就新的共和国在"庇护法"继受的问题上,应政府邀请而给出的咨询意见。该法主要涉及西班牙国王在主教任命上的干预权力以及其他与天主教会生活的有关问题。萨尔斯菲尔德在其法律意见的基础上,对这一问题进行了深入研究和拓展性分析,因而写出上述著作。在该著作中,他提出的论点是,该法必须适应新的形势:"该法产生于以前的悲惨的数个世纪的需要,而其中没有什么内在的、来自于事理之性质的限制。在一个国家应该以一种方式来行使,而在另外一个国家则应该以不同的方式来行使。"

阅读(作为律师的)萨尔斯菲尔德的作品,可以发现,他的论述所具有的一贯风格。对于当事人向他提出的保护其利益的要求,他都通过具有扎实基础的法学观点来予以论证。在这些作品中,可以看到他交相引用罗马法原始文献、《七章律》以及后续的法律。并且,他能够把需要判决的问题的构成要件有机地组织起来。在对非诉讼问题提出法律意见时,他也遵循同样的方法。[①]

危地马拉的法学家 J. M. 阿尔瓦瑞(J. M. Alvarez)在1818到1820年间出版了两卷本的《卡斯蒂亚和西印度群岛王室法概要》(*Instituciones de Derecho Real de Castilla y de Indias*)。该作品是根据优士丁尼的《法学阶梯》的模式而编写的,加上了一些针对伊比利亚法传统中的特有制度的论述。该作品的编写和传播,是在拉丁美洲法典编纂运动之前推动该地区的法律趋于统一的重要因素之一。它获得了极大的成功,在墨西哥、西班牙、哥伦比亚和古巴等国家先后出版。萨尔斯菲尔德也在布宜诺斯艾利斯出版了这一著作(1833年),并且加上了对一些很有意思的问题的论述,作为该版的附录。

萨尔斯菲尔德从商法典的编纂,开始其作为一个法典编纂者的活

---

① 这些作品的最好汇编本是 D. Vélez Sarsfield, *Escritos Jurídicos*, Ed. Abeledo-Perrot, Buenos Aires, 1971。

动。商法典草案的编纂是他与乌拉圭法学家爱德华多·阿塞韦多（Eduardo Acevedo）合作的产物，后者曾自主地为乌拉圭起草了一部民法典草案，于1852年在蒙得维的亚出版，但该草案一直没有被批准。①商法典草案的编纂，始于1855年，终于1857年，于1859年在布宜诺斯艾利斯省得到批准。1862年，阿根廷共和国的国家议会批准了该法典，使之在整个国家生效。

5. 当萨尔斯菲尔德受任编纂《阿根廷民法典》时，他作为一个法学家的声誉已经得到确认。他从1864年开始从事这一工作，直到1869年。当时，在他受托编纂民法典文本时，也被要求必须撰写注释。他也完成了这一任务。他提出的草案被国会"非常迅速地"批准。也就是说，国会实际上根本没有翻开来看看他的草案的具体内容并进行讨论。自1869年9月29日的第340号法律得到批准之后，该法典于1871年1月1日开始生效。

该法典被视为是塑造了拉丁美洲法系民法典的典范之一。相对于先前的民法典而言，它保持了高度的独立性，虽然它所使用的每个表述都与先前的民法典进行了对照。它的主要来源是巴西法学家弗雷塔斯的《民法典草案》（*Esboço*）。这一事实本身被萨尔斯菲尔德的同胞胡安·包蒂斯塔·阿尔韦迪（Juan Bautista Alberdi）批评过。不过，这很好地表明了西班牙语国家与葡萄牙语国家在拉丁美洲一体性之内的紧密联系；他们所具有的共同的罗马法基础，使得这种相互的交流具有持续性和永久性。

6.1. 萨尔斯菲尔德的民法典的基本结构如下：

——序题；然后将民法典的内容分为4卷，分别规定：

——人（以及家庭关系中的对人权）；

——民事关系中的对人权（也就是债）；

——物权；

——物权与对人权的共同规定（死因继承，用以担保债权的物权性的和债权性的优先权，消灭时效）。

---

① 这一草案已经在1963年于蒙得维的亚被重新出版了，加上了一篇由 J. 佩拉诺·法西欧（J. Peirano Facio）撰写的导言。《乌拉圭民法典》是在其基础上编纂的，经过了特瓦哈的修订，不过也使用了其他的法典，其中包括《贝略民法典》、已经由萨尔斯菲尔德完成的草案、戈耶拿起草的西班牙民法典草案等。民法典在1868年被批准，从1869年起生效。

相对于优士丁尼《法学阶梯》的体系而言,该民法典的体系有部分创新。

优士丁尼的《法学阶梯》的体系是:
——正义与法;
——人,这一部分也包括了家庭法;
——有体物与无体物,这一部分包括了:
    ——物权;
    ——继承;
    ——债;
    ——诉讼。

优士丁尼《法学阶梯》的这一体系,在《法国民法典》和《智利民法典》中以不同的方式被沿用。

萨尔斯菲尔德则将《法学阶梯》的体系与弗雷塔斯的《民事法律汇编》(*Consolidação*)的体系结合了起来。后者的结构是:
——总则,其中包括:
    ——人
    ——物
——分则,其中包括
    ——对人权,其中包括
        ——家庭关系中的对人权;
        ——民事关系中的对人权;
        ——物法,其中包括了遗产继承,时效。

可以看出,萨尔斯菲尔德并没有接受弗雷塔斯设立一个总则的想法,在第一卷中,通过设立一个序题以规定法的一般问题,遵循了《法学阶梯》的顺序;然后使用了弗雷塔斯的一些范畴,论述人、家庭。之后,萨尔斯菲尔德更加密切地追随弗雷塔斯的体系,在论述物权之前首先论述债,这预示了后来在1900年生效的《德国民法典》所采用的体系。但是,在这里,他遵循的是一个不同的逻辑。弗雷塔斯将家庭关系和民事关系中的人身关系和债的关系放在一起。萨尔斯菲尔德在这两部分之后规定遗产继承,这样就修正了弗雷塔斯的做法,后者的体系实际上导致遗产继承被吸收在物法的规定之中。萨尔斯菲尔德在这个问题上采用了1811年《奥地利民法典》的做法。事实上,需要注意的是,在这一时代,《法国民法典》中的"无体物"的范畴——它在《法学阶梯》中就表现为一个统一的、关于"物"的部分——已经出现了危机,这一部分包括三大块内容,分别是物权、遗产继承和债。这三大块内容已经在《智利民法典》中被划分为三卷的内容。萨尔斯菲尔德受到弗雷塔斯的影响,根据上面所提到的逻辑,改变了它们的顺序。①

6.2.《阿根廷民法典》的开篇是两题预备规定,一题关于法律,另一题关于时间上的效力。第一题的传播非常广泛,第二题的内容则没有很大的影响力,因为其中关注的主要问题对应于《智利民法典》的预备规定(第48—50条)中关于期限的规定,也对应于弗雷塔斯的《民法典草案》(第8—15条)的预备规定中关于"时间"的规定。至于第一题,笔者认为有必要特别一提的是第16条。根据该条规定,为弥补法律的漏洞和在进行解释的时候,可以援用"法的一般原则"。笔者在另外的场合已经指出,这一援引指向罗马法系中的一般原则。② 有意思的是,该法典第17条限制习惯法的功能,除非法律明确规定援用习惯法。这是受到19世纪占据优势地位的反对习惯法的思潮的影响。这与先前的、受到卡洛斯五世皇帝(参见前文)认可的拉丁美洲法体的做法相对立。在确立相关规则时,萨尔斯菲尔德援用的是背离罗马法和《七章律》的《西班牙最新汇编》(*Novissima Recopilación* 3,2,3—11)。在阿根廷,对萨尔斯菲尔德的这一做法的唯一反对者是曼努埃尔·萨兹(Manuel Saéz)。在智利,情况则相反,《智利民法典》的作者贝略更加倾向于支持习惯法,他在这个问题上是少数派。③ 在19世纪的最后

---

① 这一分析有必要深入展开。参见 A. Guzmán Brito, *La sistematica de los Códigos civiles de la éepoca clásica de la codificación iberoamericana*, in *Mundus Novus. America. Sistema giuridico latinoamericano* (= *Roma e America. Diritto romano comune*, 18-20), Roma, 2005, 283 ss。

② Cfr. S. Schipani, *Codici e rinvio ai principi generali del diritto*, in *La codificazione del diritto romano comune*, e. ed., Giappichelli, Torino, 1999, 119 ss. 参见由阿根廷法学家在阿根廷举办的民法学者大会上的决议(布宜诺斯艾利斯,1987年),决议确认:……(III)立法者对法的一般原则的参考,基本上遵循罗马法学家的作品,即所谓的"法理"(iurisprudentia),该"法理"支撑着现代的立法。它与拉丁美洲的民法典存在不可脱免的联系,因为这些法典都具有罗马法基础。Cfr. *El derecho privado en la Argentina. Conclusiones de Congresos y jornadas de los últimos treinta años*, Buenos Aires, 1991, 57.

③ 参见笔者为该法典的汉语译本所撰写的导言。

几十年中,人们对习惯法的关注发生了变化。这一方面表现为拉丁美洲的一部分民众坚持认为,存在前哥伦布时代起源的制度,另一方面则表现为更加一般性的、对待习惯法的态度的变化。阿根廷通过第17711号法律,修改了民法典第17条的规定,允许在法律没有规定时适用习惯法。①

本文不可能一一分析《阿根廷民法典》中的诸多问题,在这一方面当然值得专题的深入研究。

6.3. 就立法技术而言,《阿根廷民法典》相对于《智利民法典》,篇幅更长(《阿根廷民法典》有4 051条,《智利民法典》有2 514条),也更多地采用具体决疑的方法。法律条文的构成更加具有分析性;讨论的一些问题,比如说是否有必要进行定义(第495条注释),在有些情况下——不过并不总是如此——不进行定义;提出了一些划分和列举,不过,这种立法技术存在不少争议②,因为相关的划分是非常个人化的。不过,由于该法典是个人作品,所以其内部高度统一(后来的修改在某种程度上破坏了这样的统一性)。

6.4. 罗马法系中的法典不仅仅是法的一种载体,也与罗马法系法的一般原则存在密切联系。在这些原则中,首要的原则就是,所有的法都是为了人而存在。③ 这一原则不仅被用来论证法律材料的一种处理模式④,而且还被援用来指导整个法系,协调各个不同层次的原则和规范,指出法律规范的设立目的以及解释法律规范时所应持有的标准。我们这里所讨论的《阿根廷民法典》与贝略的民法典一样,都

---

① 也可参见1917年《巴西民法典》第4条,其中规定,对某一法律的废止或者背离,唯可依据另外的法律规定才可作出。这样一来,它既没有排除作为附属性的法律而存在的习惯法,也没有排除原初状态的法律(Clóvis Beviláqua, *Ccodico civil dos Estados Unidos do Brasil. Ediçao histórica, comentada* 就是从这个意义上来理解习惯法的)。同样的处理,也可参见1886年颁布的《哥斯达黎加民法典》第12条;1942年《委内瑞拉民法典》第7条;1887年《哥伦比亚民法典》第8条,更加直接的是1887年第153号法律第4—8条的规定,该规定后来被1917年《巴拿马民法典》第13条所接受:"当没有明确的法律可以使用,适用法的一般规则和习惯法,只要该习惯法是一般性的,并且与基督教道德相符合。"

② 特别参见A. Colmo, *Tecnica legislativa*, 2 ed., Buenos Aires, 1961。

③ 参见D. 1, 5, 2。

④ 参见J. 1, 2, 12 (*Iustiniani Institutiones*, 汉语译本,参见《法学阶梯》,徐国栋译,中国政法大学出版社1999年版);D. 1, 5, 2。

是基于这一原则的考虑,在法典开篇的第一卷就论述人。就具体概念和规则而言,该法典表现出来的新颖之处是,在论述人的部分的开始,就加入了一题关于法人的论述。这是一个现代的创造,是在德国的潘德克顿法学中成熟的,潘德克顿学派在论述法人理论时也运用了罗马法上的、不同于单独的个人的法律关系的载体的相关原始文献,并以人的形象投射于其上;然后,一旦在人格化之后,其类型就经历了多样化的过程。《智利民法典》接受了在当时刚刚由萨维尼提出的关于法人的理论构造。不过,《智利民法典》把关于法人的论述放在了关于人的一卷的最后部分,也就是第 33 题。① 《阿根廷民法典》关于人的这一卷的另外一个需要强调的一点,是关于胎儿的一题;在这一题中,它以非常清楚的方式确立了罗马法系中的一项基本原则,即胎儿在整个法之中,在对其有利的情况下,视为已经出生。这一原则也体现在《智利民法典》中,但更加明确地体现在弗雷塔斯的《民法典草案》中。萨尔斯菲尔德正是从后者的文本表述中提取了法律规范的具体内容。这一过程意味深长。② 在同样的意义上,《阿根廷民法典》对所有的人都给予关注,包括对外国人也给予民法典所规定的保护(第 63 条以下)。③

6.5. 所有权的概念在《阿根廷民法典》中以非常实质化的方式予以界定,其中,所有人的意志居于中心地位(第 2506 条)。这一概念是阿根廷独立以后农村所有权转变,以及在当时的自由主义占据主导地位的文化环境下的产物。它本身属于对罗马法系中原有的法学范畴的重新解读和阐述的产物。这一定义必须结合《阿根廷民法典》第 2513 条的注释中对优士丁尼《法学阶梯》中所确定的原则——根据这

---

① 这里不可能来讨论由于这一理论建构所导致的以抽象的人的形象导致对真实的关系的掩盖的危险。事实上,的确有必要在一定的情况下,揭开法律人格的面纱,赋予真实的关系、内部的约定以法律意义等。关于这一方面的理论论述,参见 R. Orestano, *Il problema delle persone giuridiche in diritto romano*, Ed. Giappichelli, Torino, 1968; P. Catalano, *Alle radici del problema delle persone giuridiche*, in *Diritto e persone*, ed. Giappichelli, Torino, 1990, 163 ss。

② Cfr. P. Catalano, *Osservazioni sulla "persona" dei nascituri alla luce del diritto romano (da Giuliano a Teixeira de Freitas)*, in *Diritto e persone*, cit. 195 ss.

③ 笔者已经在为《智利民法典》的汉语译本所撰写的导言中强调了此点。

一原则,任何人不恶用其物,是公共利益之所在①——的援引来加以理解。罗马法上的这一原则,是《阿根廷民法典》这一条文后来的修改基础。并且,关于所有权定义的这一条款,还要与第 2511 条以及主要是第 2611、2612 条等条文结合起来考虑,这些条文通过对公共利益的援引,以及对相邻关系的准确调整,弱化了所有权定义中的个人主义色彩(正如笔者已经强调的,《智利民法典》中关于所有权的界定,已经明确指出了来自法律和他人的权利的限制)。

这种关于所有权的概念与物的分类联系在一起,进而开始了第三卷的内容。《阿根廷民法典》特别是在第 2339 条规定了属于国家和省的物的制度,将公有物与属于这些机构的私所有权的物区分开来,前者是为公共的目的而使用和享用的。

在所有权的问题上,基础性的规范是为了转移所有权,必须要进行有因的、导致所有权之转移的交付②(《阿根廷民法典》第 2601—2603 条;第 577 条;第 2524 条;第 2609 条;第 2505 条,根据原来的文本是采纳这一规则,不过现在已经被修改了,为了获得针对第三人的对抗力,如果交付涉及不动产,则必须在公共登记簿上进行登记)。罗马法同样采用这一规则,而且这一规范在《阿根廷民法典》的编纂时代,已经被拉丁美洲的 1852 年《秘鲁民法典》和《贝略民法典》所采纳。因此,在这一问题上,既不是如同《法国民法典》(第 1101、1138 条)或《意大利民法典》(第 1321、1325 条)③那样,纯粹的合意就足够,也不是如同《德国民法典》(第 873 条)那样,需要一个抽象的行为。

6.6. 关于契约的定义(《阿根廷民法典》第 1137 条)④,此法典关注的中心是"意思表示";此外,它还清楚地要求在双方当事人之间必

---

① 参见 J. 1, 8, 2。

② 众所周知,罗马法学家对此存在着长期的理论讨论,讨论所关注的是罗马法中的交付是有因的还是抽象的。这一讨论在很早就已经开始了,并且导致了两种处理模式。在伊比利亚地区和拉丁美洲,主导的模式是"有因"或"有名义"的模式;在德国,名义则认为是不必要的,需要的只是所有人以转移的意思从事交付。

③ 在拉丁美洲,这样的处理模式被墨西哥采纳,最近为巴拉圭和秘鲁所采纳。

④ 关于拉丁美洲民法典中的合同的定义,参见 S. Schipani, *Las definiciones del contrato del sistema jurídico latinoamericano*, in *El contrato en el Sistema jurídico Latinoamericano*, II, Bogotà, 2001, 13 ss。

须存在协议。① 合意、行为能力、客体、形式(或证明)是契约的构成要件(《阿根廷民法典》第1144条以下,第1160条以下,第1167条以下,第1180条以下)②;在这些要素之外,还加上在另外的地方指出的"原因"③,作为补充。在萨尔斯菲尔德的民法典中,契约被处理在一个法定的金字塔形的能够产生法律效果的事实类型体系——法律事实,自愿的人为事实和非自愿的人为事实(hechos humanos),适法的和不适法的法律行为(actos jurídicos)等——中,它与其他的一些类型相比,具有一些共性,也有自己的特殊性。这些行为的效力并不都是债法性的,虽然它们被放置在关于债的内容的章节之中。④ 在这一试图建构一个完整的行为类型及其法律后果的一般理论框架中,对债的发生根据体系的阐述被牺牲掉了,只是在一个注释中附带地提到这一问题。⑤ 但是,如同《智利民法典》一样,契约只是债的发生根据⑥,对契约进行集中且单独的处理,这本身在法典的结构中就构成了一个独立的单元(《阿根廷民法典》第495—895条)。来自契约的债的客体,是在契约中"形式化地表达出来的内容",并以契约中"潜在"地包括的内容作为补充(《阿根廷民法典》第1198条;在第17711号法律作出修改之后,在履行中也援用诚实信用原则)。

  这些独特之处,对于术语、概念和法律体系结构的阐发具有重要的意义。相对于已经在先前的1852年《秘鲁民法典》和1857年《贝略

---

  ① 对于"表示"的援引,其规范上的根源在于第913条以下,但就术语而言,是依据第915—916条的规定;这些都与意志必须外化有关。第913条和第914条、第917条一样,反映了弗雷塔斯的《民法典草案》第445条以下的内容,使用的是"表示";而第915—916条的根源在于德国的《普鲁士一般邦法》第一部分第四章,以及萨维尼的《现代罗马法体系》,从那里,人们开始使用"表示"这一用法。

  ② 由于契约被整合在一个金字塔式的结构中,存在着上位概念。所以,在处理其要素的时候,经常转引法律对其上位概念的规定(《阿根廷民法典》第896条以下)。

  ③ 参见《阿根廷民法典》第500—502条及第926条。

  ④ 参见1871年《阿根廷民法典》第499条和第896条以下。

  ⑤ 参见萨尔斯菲尔德针对第三卷第四题的预备性的注释:"以下的任何一个都是债的渊源:契约、准契约、私犯、准私犯和法律。"

  ⑥ 参见《阿根廷民法典》第1137条。该法条一般性地提到"用来规范其权利",这种表述使人想到它可能具有更加广泛的效力。但毫无疑问的是,如果要产生物权性的效力,还需要其他的行为。

民法典》中所采纳的处理方法而言,《阿根廷民法典》中的尝试开启了新的思路,并且指向建构总则这一体系模式,该体系模式在1917年《巴西民法典》中得到实现。与此同时,《阿根廷民法典》中的债法一卷,在后来基于法学的共同观点,通过明确援用诚信原则,一直与其他拉丁美洲国家的民法典保持协调,并且与此同时,仍然不失其作为一种具有原创性的立法模式的特征。

6.7. 在本文开始的时候,笔者已经指出,《阿根廷民法典》中的条文注释是其本身所具有的一个显著特征。阿根廷在正式委托萨尔斯菲尔德编纂民法典的时候(1864年10月20日),就明确将撰写注释作为一项任务,也规定在其中了。对于这项附加的任务,授权中明确指出:"在那些构成法典的不同条文中,最好带有相应的注释,以说明条文规定与已经确立的法律规则相符合或不相符合,以及与当今世界主要国家的民法典相关规定的相同之处和不同之处。"根据这一规定而编纂的注释,从《阿根廷民法典》具有法律效力的第一版(1870年)开始就一起出版,并且至今一直以这样的方式出版。一个由笔者主编的、汇集了《阿根廷民法典》注释中所引用的罗马法原始文献的全部内容的西班牙文译本,目前正在出版过程中。出版这一作品的目的是,使法学家在对《阿根廷民法典》进行解释的过程中,能够更加容易地接近和理解那些注释中所提到的罗马法文献。

萨尔斯菲尔德的注释远不是简单地指出那些生效的民法典的相关规定,这项工作其实通过立法比较的研究才可以完成。他从《优士丁尼法典》到智者阿尔方索编纂的《七章律》,深入地讨论理论和法律的问题。这些注释是真正的理论著述,其总是试图寻求最为公正合理地解决问题的方案,一如优士丁尼对那些协助他编纂法典的法学家所提出的要求。《阿根廷民法典》的注释,就其本身的性质和特征而言,可以分为几类:索引性的注释;引用性的注释;针对某一题、节、部分的预备性的注释;以及最后的注释。当然,这些注释不具有法典中的条文所具有的效力,但是,它们也具有官方文本的地位。并且,它以一种最直接的方式证明了科学的研究工作与法典编纂之间所具有的内在联系。法典不应该仅仅被看作立法者权力运作的成果,它也包含了法学家的权威和学术能力。

这样的内容在其他法典中并不存在。不过,我们首先可以把这些注释与弗雷塔斯编纂《民事法律汇编》时的工作进行比较。后者在受任编纂时,也遇到了类似的要求("必须在相应的注释中指出相应法律,明确那些与文本相对立或者相适应的习惯做法")。其次,同样的工作也出现在弗雷塔斯编纂的《民法典草案》中。注释也出现在加西亚·戈耶拿编纂的1851年《西班牙民法典草案》中。相应的,爱德华多·阿塞韦多进行《乌拉圭民法典草案》、贝略进行《智利民法典草案》的准备过程中,注释都非常少。类似部分也可以在许多法典的不同版本中找到,例如塔格里奥尼(Taglioni)编辑的《拿破仑民法典》,三卷本版,自1808年至1811年出版于米兰;由贝维拉瓜编辑的《巴西民法典》,1940年版。最后,在《欧洲合同法原则》的起草过程中,由卡斯特罗诺沃(Castronovo)编辑的意大利文本[①],也可以采取同样的方法,但由于编辑不主动与该文件的法律体系基础建立联系,因此,在某种程度上其价值被削弱了。

《阿根廷民法典》中的注释,也表明了几乎所有的法典编纂者的工作流程和工作方法。它的存在表明,法典编纂其实是法系通过科学和立法对自身进行发展的表现形式。在法典编纂中,新的社会形势被考虑进来,各国不同的具体情况也被考虑进来,而那些与法系的基本原则和发展趋势不相吻合的制度(例如中世纪的封建制度)则被排除出去。就此意义而言,法典编纂构成了立足于法系的传统和基本原则基础之上的重要的革新时刻。

一部带有丰富的学术意蕴的注释民法典的存在还表明,就其属于法学活动一种特殊形式的成果而言,现代的法典在本质上与罗马古典时代的那些综合性巨著——《学说汇纂》或《告示评注》——并不存在区别。它与后世的法学家,从优士丁尼到注释法学派时代的巴托鲁斯(Bartolo)、巴尔多(Baldo)、多内鲁斯(Donello)、多玛(Domat)、波蒂埃(Pothier)、萨维尼(Savigny)或温德夏伊德(Windscheid)的作品不存在本质区别:这些法学家研究实际问题以及其他法学家对这些问题所提出的解决方案,寻求一个在科学上"更加公正和完善的"解决方法。我们甚至可以把这种出现于同一法系之内,但是表现在不同民法典的不同做法之间的规定的相互对照、相互影响,以及某些模式的传播,看作是一种"处于论辩中的法",这种建立在法系的共同性基础之上的、持续不断的相互交流,使得法系本身保持恒久的活力。罗马法系,基于

---

① Ed. Giuffrè, Milano, 2001.

其共同的原则,基于"所有人都部分地使用共同的法,部分地使用自己独特的法"①这样的原则,不断地扩展其范围。它促使其内部分支之间的传播和交流,并且在这一过程中对自身的内容进行不断扬弃,使自身对一切人保持开放。

7.《阿根廷民法典》从1871年以来经历了多次修订。其中,最重要的修订是1968年的第17711号法律所引入的。这一修订削弱了法典先前的个人主义和意志论色彩,引入了对法典的社会性维度的关注。最近,已经起草了一些涉及面广窄不定的民法典修订草案。在一些修订草案中规定以新的条文取代原先的条文,但同时保留原来的注释;在另一些修订草案中,则把注释也删除了。这些修订的首要动机是试图实现民商合一(这是由1942年《意大利民法典》所推动的一种立法模式),但是也有另外一些动机。不过,由于几年前的政治和经济危机,以一部崭新的民法典取代原先的民法典的设想,至少现在是被搁置起来了。

8.徐涤宇教授完成的这一翻译是一项非常重要且有益的工作。他在布宜诺斯艾利斯与诺贝尔特·里纳尔蒂(Norberto Rinaldi)教授一起从事学术研究期间开始了这一工作。他的研究工作是在意大利罗马第二大学法律系法的历史和理论研究部所推动的学术合作的框架下展开的。完整的翻译工作由徐涤宇教授根据当前有效的《阿根廷民法典》的文本进行,其中包括了主要的修订。他的这项翻译工作,在自己完全独立承担责任的前提下,得到了徐国栋教授的支持。正是在徐国栋教授的规划之下,中国目前正在积极有效地对拉丁美洲法系的重要法典进行研究和翻译,其卓有远见的学术能力和投身于事业的精神,值得称道。徐涤宇教授也是《智利民法典》的译者,现在他又翻译了《阿根廷民法典》。这两部作品的翻译,对于罗马法系内部分支之间的交流和对话,具有重要的价值。就方法而言,对《阿根廷民法典》的阅读,最好结合已经被翻译为汉语的《民法大全选译》系列以及盖尤斯和优士丁尼的《法学阶梯》的阅读来进行。

在这里,笔者要对徐涤宇教授这项翻译工作的完成表示祝贺。这

---

① Gai. 1, 1 (*Gai Institutionum Commentarii IV*, 汉语译本可参见〔古罗马〕盖尤斯:《法学阶梯》,黄风译:中国政法大学出版社1996年版) = D. 1, 1, 9; J. 1, 2, 1.

一带有注释的民法典本身是一部具有极高学术价值的作品。萨尔斯菲尔德在他的注释中经常写道"罗马法说……"他以这样的方式表明了罗马法进入拉丁美洲大陆的过程。《阿根廷民法典》,再加上已经翻译的《智利民法典》,这表明中国的法律文化已经开始注意和接纳拉丁美洲通过罗马法而表达其文化独立性的几部主要法律文献。产生这些文献的,是一个充满创造性的时代。在那个时代,人们并没有注意到构成拉丁美洲法系的一个重要因素,即那些产生于哥伦布到来之前的时代的制度。虽然这些制度具有形形色色的地方性,但是时光的流逝并没有消除这些制度的痕迹;相反,为了寻求新的平衡,它们又重新出现了。对此,罗马法系基于其鲜明的普世主义,以开放的态度投射于这些因素之上,以其作为活着的"万民法"(所有民族的共同法)这样一种角色[1],提供了基本原则,以不断适应当代的需要。

---

[1] 关于三个伟大的拉丁美洲法典编纂者,以及罗马法在拉丁美洲的传播和拉丁美洲的独立,参见 S. Schipani (curatore), *Diritto romano*, *Codificazioni e unità del sistema giuridico latinoamericano* (*Studi Sassaresi*), ed. Giuffré, Milano, 1981; S. Schipani (curatore), *Dalmacio Vélez Sarsfield e il diritto latinoamericano*. Roma e America, Collana di Studi Giuridici Latinoamericani, 5, ed. Cedam, Padova, 1991; e inoltre: A. A. V. V., *Andrés Bello y el Derecho Latinoamericano. Congreso Internacional. Roma*, 10/12 diciembre 1981, ed. La Casa de Bello, Caracas, 1987; S. Schipani (curatore), *Augusto Teixeira de Freitas e il diritto latinoamericano*, Roma e America. Collana di Studi Giuridici Latinoamericani, 1, ed. Cedam, Padova, 1988。关于萨尔斯菲尔德,也可参见 Accademia Nacional de Derecho y Ciencias Sociales de Córdoba, *Homenaje a Dalmacio Vélez Sarsfield*, 5 vol., Córdoba, 2000;关于拉丁美洲法典编纂的一般情况,参见 A. Guzmán Brito, *La Codificacióon civil en Iberoamerica. Siglos XIX y XX*, Santiago de Chile, 2000。

阿根廷共和国新民商法典导论

[阿根廷]里卡多·路易斯·洛伦塞蒂* 著

潘 灯** 张 今*** 译

一、法典草案、法典和法律制度

需要特别指出的是,阿根廷学界对于修订民商法典这一问题,已经取得了广泛的共识。多年来,这种需求在7份法典案①中得以体现,并在国内外诸多场合上得到支持。阿根廷立法委员会(Nuestra Comisión)运用了大量资源,咨询了将近一百名阿根廷法学家和3名外籍专家。特别值得强调的是,司法机关所作出的贡献大力促进了修法进程,立法机关也提前颁布了诸多法律,这些立法现在已经被吸纳到新的民商法典当中。

尽管如此,立法委员会逐条起草了《法典(草案)》。该草案呈现出体系化特征,并且范式极其清晰。由立法委员会对所有草案文本完全负责,这样的安排是符合逻辑的,由他们通过精准的规则和条文来对需要立法的各项信息进行编排,但对于其未参与编纂的部分

---

* 里卡多·路易斯·洛伦塞蒂(Ricardo Luis Lorenzetti),阿根廷共和国最高法院院长,布宜诺斯艾利斯大学教授。

** 潘灯,中国政法大学比较法学院副教授。

*** 张今,中国政法大学法律硕士学院2016级硕士研究生。

① 即胡安·安东尼奥·比维洛尼于1926年提交的《法典预备案》,由豪尔赫·华金·利安比亚斯牵头起草的《1954年法典草案》,1987年国会众议院提出的《民商法统一法典》,1993年国会众议院联邦委员会作出的提案,依据国家行政权机关468/92号行政令指定的委员会提交的《法典预备案》、《1998年法典草案》,以及依据国家行政机关685/95号行政令指定的委员会提交的《法典预备案》。

不予采纳。

接下来在立法程序①中,草案在经历了一系列修改后,转化为《法典》。② 我们从中不难分析到,在这一过程中主要进行的调整和修改,都是在回应之前出现的,并且已经达成完全共识的争论和学术意见。如果要提到最重要且最具争议的内容,那就是由行政机关提出的事项。③ 这些事项在委员会[提交的草案中]*并不涉及,而在国会审理程序中成为了主要讨论的内容。

大部分这类问题,最后要么留待特别法进行规制,如关于国家的民事责任问题(第 26944 号法令)、关于(人的)无性繁殖的规定、关于原住民的所有权制度;要么不予保留,如关于人人享有完全相同的权利,或者人人享有得以获取饮用水的权利;要么部分地予以接纳,如惩罚性赔偿金和商事企业方面。《法典》的一些规定也采纳了政府提出的建议,例如规定了给付金钱的义务(第 765 条和第 766 条)、删除了关于融资租赁中承租人的义务的规定(第 1243 条),以及对仲裁合同作出了限制(第 1649 条以及以下数条)。

这些规定一经批准,就应当在法律体系内部予以适用和解释(第 1 条和第 2 条)。

可以得出这样的结论,草案[在之前的法典的基础上]进行了瘦身,但是并没有改变[之前的法典的]实质。无论是从全部 2 671 条条文的绝大部分得到保留,还是从大量关于法律原则的轮廓得以继承,都可以佐证这一结论。

---

① 依据 2011 年 2 月 23 日颁布的 191/11 号行政令,设立了由最高法院院长里卡多·路易斯·洛伦塞蒂任主席的,并由埃莱娜·海顿·德诺拉斯科博士和阿依达·科美梅尔·德·卡路西博士组成的编纂委员会。《法典(草案)》在规定的期限内提交至行政机关。2012 年 7 月 4 日,国会组建了由执政党和反对党组成的两院委员会,该委员会之后进行了大量工作。该草案在全国范围内经过多场公开听证,期间收集到了近千份意见。《法典》于 2013 年 11 月 28 日获得参议院通过,并于 2014 年 10 月 1 日获得众议院通过。2014 年 10 月 7 日,行政权机关对《法典》进行了颁布。
② 本文中所谓的《法典》,除特别说明外,均指 2014 年 10 月 1 日通过,并于 2016 年 1 月 1 日生效的《阿根廷共和国民商法典》。——译者注
③ 这一论断基于在国会审理期间进行的辩论。在这些辩论中,提出的不同主张涉及了这些修改。
* 本文中的中括号"[ ]"中的内容为译者所补充的。

至于未纳入《法典》的内容,是否对其进行规定,完全取决于国会——当然也可以通过各项特别法进行很好的规定。而对于已经纳入《法典》内进行规定的内容,其产生的意义在很大程度上取决于对其适用的过程。在对其进行适用的过程中,需要考虑的是,阿根廷法律体系中的法律渊源多元性这一重要问题,或者也可考虑通过进行后续的各项特别法立法,对这些规定进行修改。

二、法律范式和法律原则

作为在 21 世纪颁布的法典,《法典》应当被纳入这样一种具有显著特点的法律体系中,即这套体系中会不断出现各项特别法规定、法官权威判例和多元的法律渊源。《法典》和该体系中的其他微观系统的关系,如同太阳和太阳系中行星的关系——太阳照亮太阳系里的每颗行星,同时,又确保每颗行星在太阳系中运行。

最重要的一点是,民商法的子部门法律抽象出诸项法律原则,而《法典》通过上述原则确立出私法的主要范式。这正是《法典》在编纂时采用的核心方法。就各特别法而言,[立法机关]已经决定了哪些特别法应当予以保留,哪些因为已经纳入《法典》而应当予以废止。在精神卫生、消费者、企业等方面,[立法机关]已经进行了这样的取舍。

然而,《法典》规定这些法律原则的深远意义在于,这些原则会逐渐丰富各民商法子部门的内涵,这恰恰是学术研究和法官判案时应当承担的任务。

与上述内容并不冲突的是,从[决定对《法典》进行]改革开始到现在,[在阿根廷]已经形成了普遍认可的共识,即《法典》需要]保留一系列私法中的传统规定。

[此外,]考虑到公民得以知晓法律规定,考虑到立法范式、法律原则应当与社会实践和文化潮流相适应,[因此,]全部立法文本都应当以通俗易懂的用语进行表达。

三、立法渊源之间的对照呼应

《法典》要求,法官在作出合理合法的判决时,不应当只局限于法条的规定,而应当基于法律渊源的多元性,这就要求与各类法律渊源应当进行"对话"。就此,《法典》第 1 条规定了本法应当遵守宪法、法律、各人权性条约,并且符合立法的宗旨。同样的,第 2 条规定了法律应当是可以解释的,解释时应当通过保持与全部立法内容相统一的方式,考虑到其用语、立法宗旨、可以进行类推的各项法律的规定、关于人权的法律的规定,以及各项法律原则和法律价值。第 3 条明确了法官有义务通过作出合理合法的判决来化解纠纷。

这些立法文本充分汲取了国内外学说,并融合在一起,形成了司法判决的新模式。这一成果是阿根廷在法律领域的重大进步。

四、宪法性规定在私法中的体现

[各国各地区]现有的大部分法典都是建立在严格区分公法和私法的基础上的。而就《法典》而言,几乎所有的核心内容都体现了"公法和私法进行呼应"的原则。基于这一领域学术方面和案例方面的支撑,《法典》第一次将宪法和私法联系起来。

五、个人权利和集体利益

《法典》遵循宪法,规定了"个人权利"和"集体的利益"(第 14 条)。在关于集体利益方面规定:个人权利的滥用可能对环境造成影响时,或者对事关整体公众的集体利益的权利行使造成影响时,法律对该个人权利的滥用不予保护(第 14 条和第 204 条)。

六、自然人的监护制度

构筑自然人的个人权利领域,是《法典》的一项核心内容。这一内容表现在诸多方面。

[《法典》]应当将"人的行为能力"作为一项规则进行规定,而对其例外作出限制(第 31 条及以下数条)。针对某些"特定行为"的限制,为了对应当受到保护的群体作出优先安排,根据《法典》的规定,需要对他们作出必要支持,以确保这一群体实现意思自治,并且得以作出其决定(第 32 条)。本着这一考虑,《法典》是最早一批根据《联合国残疾人权利公约》(由第 26378 号法令通过)所确立的原则,对既有规定进行调整的法典化法律。

[《法典》]对各项人格权进行了宽泛的承认(第 51 条及以下数条),包括自然人不受侵犯(第 51 条)、对肖像的保护(第 53 条)、针对

人体的研究（第58条）、知情权（第59条）、与姓名相关的更多自由的承认（第62条及以下数条），以及在人格尊严（第51条、第52条、第279条、第1004条）价值框架下的，在关乎个人重要利益方面，赋予[其]"自主确定"[一定]价值[的权利]（第55条、第56条、第58条、第59条，第561条及以下数条）。

这些规定回应了[阿根廷]浓厚的人文传统。

七、多元社会背景下的家庭

《法典》在亲属法领域作出了诸多重要的规定，以期对一系列不容忽视的社会行为设立规制框架。在这一领域，增加了有关婚姻平等的规定（第402条及以下数条），以及关于共同生活之结合的规定（第509条及以下数条）。同时，[《法典》]承认了通过人类辅助生殖技术形成的自然血亲的亲子关系和基于收养形成的亲子关系（558条及以下数条）。对于已经被立法者接受的并且可以在其中选择某项财产关系制度的婚姻等效形式[如共同生活之结合、同性婚姻等]，《法典》规定了这些婚姻等效形式的效力。

作出这些规定，不意味着《法典》鼓励某种特定行为，也并非是对某些行为作出评价性决定，而是因为多元化社会中存在着立法者不得忽视的不同视角，[立法]需要在这样的多元化社会中，提供一系列关于个人生活的可选项。

八、行使权利的社会性

不加限制地行使个人权利，会造成社会和市场的瓦解，因而需要公共秩序对其进行协调。正因为此，[《法典》]强化了关于社会性的诸项原则，并在序章部分进行了概括。例如"诚信"（第9条）和"权利的滥用"（第10条），接下来在多项专门的规则（第729条）中反复出现。

九、保护性范式

对弱势群体的保护范式及其宪法基础是平等[原则]。19世纪的各法典对公民各项权利的规定，是建立在绝对平等的基础上的，并且推定市场和社会在进行[资源和权利]配置时具有中立性。《法典》超越了这一视角,认为具体的人超越了抽象主体的观念,并且与其最重要的身份[会出现]分离。这一思想体现在关于病人(第59条)、消费者(第1092条)、禁治产人(第48条)、原住民社区成员(第18条)的规定方面,以及在对能力受限制的人进行保护的规定(31条)方面,并且《法典》列举了考虑到的各种情形。

《法典》寻求真正意义上的平等,制定出一系列规范来落实对弱势群体进行真正符合道德要求上的保护。《法典》中存在着大量这样的例子,比如对住宅的保护(第244条),又比如对共同担保之债权人的被排除在担保责任之外的财产的规定(第744条)。

十、消费者的权利

《法典》吸收的重要范式之一是,既考虑到主体之间在平等条件下进行活动的情况,也考虑到主体一方属于弱势群体因而需要得到更多保护的情况。主体之间在平等条件下进行活动的,应当对各主体进行同样的规定;但是对于处于不利状况下的一方,应当对其制定不一样的规则而进行保护。迄今为止,这类修改只针对一类主体的情况,并将这些规则或通过各项特别法,或通过部门法,类推适用到消费者领域。将此类问题在民事类法典中进行广泛规定,[在阿根廷]还是首例。

由此,[《法典》]对消费关系和消费合同进行了定义(第1092条、第1093条),对滥用行为作出了宽泛规定(第1096条及以下数条),对特别要件作出了规定(第1104条及以下数条),[《法典》在这一部分]还包括了对电子媒介(第1106条及以下数条)和对不公平条款(1117条)的规定。

这种决定在[《法典》]体系的调整上产生大量方法学意义上的影响。在此仅举一个例子,比如合同的形式需要分为两类,一类如同以往经典的合同,另一类则与消费合同相关。从比较法的视野看,这都属于具有创新价值的定义。

十一、不得歧视的范式

"平等性"体现在分类、用语和文本方面,[对概念]进行区分时不得产生歧视。由此,[《法典》]引入了"无差别地进行解释"的一般规定。例如[根据《法典》]第402条的规定,在对任何规则进行解释和适用时,不得限制、约束、克减或否认婚姻成员的权利和义务平等,以及不得对权利和义务的平等性产生的效力作出限制、约束、克减或否认,无论该婚姻关系是同性组成还是异性组成的。

十二、财产方面的新范式

[各国各地区]大部分的(民商——译者加)法典对"财产"的规定都已过时。事实上,[现实中]已经出现了这样一类"财产",它们属于自然人,可以使用,但是不具有经济价值,如身体、器官、基因等。财产和人的专属关系也已经发生了转变,正如原住民村庄那样,出现了共有的情况。再则,在环境方面的争议中,《法典》[把环境]作为"公共占有的物"进行了规定;而[阿根廷的]宪法和环境法则将其视为集体财产,而不是只由国家享有所有权的财产。

这些都需要对"财产"这一概念的外延进行扩大。由此,除了如同在[各国各地区大部分的其他民商]法典中规定的"物质财产"外,《法典》还规定了关于身体的权利(第17条)、原住民社区的权利(第18条),以及与个人和集体权利关系相关的财产(第240条及以下数条)。

十三、经济活动中的法律保障

这一方面,不仅体现在民商法的统一上,也体现在诸多领域的经济活动中为推动法律保障而采取的决定上。

1. 法人

[《法典》]在关于法人的规制(第141条及以下数条)和法人的管理人的义务(第159条及以下数条)方面,进行了重要的突破;对于当下显得尤为突出的结社方面,通过最完整的方式进行了规定(第168条及以下数条)。

在商事企业方面,引入了第19550号法令关于"企业"概念的修改,其中包括承认了"一人企业"。

2. 债的制度

[《法典》]就这一事项进行的重要修改包括:

把"债"定义为"债务"或是"义务"(第724条),其目的在于"给付"(第725条),并且吸纳了学说中的新产物。此外,规定了通过自动延期交付,对债务进行保护(第886条及以下数条);还规定了自动予以承诺的债务(第734条)和发生竞合的债(第850条及以下数条)。

[《法典》]还通过恰当的方式规定了"作为之债"制度(第773条及以下数条),以期对当前经济中已经取得迅猛发展的服务业进行规范。与之匹配的是,[《法典》]在承揽合同和服务合同(第1251条及以下数条)方面设立了最为完整的制度。

3. 合同的一般规定部分

从比较法的视野上看,[《法典》]专门设立了"合同总则",对[合同的]一般类型进行划分,这种处理做法实属创新。截至现在,[在各国各地区大部分的其他民商法中,]消费合同属于特别法规定的内容,或者是在德国等一些民法典中有所提及。现在,[《法典》]规定了合同的一般类型,又规定了消费合同的一般类型。由此,各种特殊合同可以根据其所具备的性质,纳入到某一种分类中。

该部分的第一章涉及合同的一般类型,这属于民商法中传统意义上的合同。这类合同采纳了国际统一私法协会(UNIDROIT)①设立的诸多原则,[《法典》]对其设立了当下法律传统中普遍接受的标准(第971条及以下数条)。本章对附合合同的缔结作出了一些特别的规定(第984条及以下数条)。同样需要强调的是,在长期生效的合同(第1011条)和关联合同(第1073条)方面,[《法典》]也设计了颇多创新的条文。

[《法典》该部分的]第三章规定的是我们之前所指出的消费合同。

4. 有名合同

[《法典》]规定了经销合同、银行业合同、特许经营合同和信托合同,以及由此产生的其他问题。基于这些目的,[《法典》]考虑到了国际立法,也采纳了很多专家的成果。关于仲裁合同,[《法典》]规定合同缔结各方在充分意思自治的前提下,可以无需受到诉讼类法律制度的影响,这对于当事方解决其争议是具有进步意义的。在《法典(草案)》进入到议会批准的程序时,[立法者]增加了在违反公共秩序的

---

① 国际统一私法学会(UNIDROIT)作为联合国下设机构,设立了关于合同的一系列一般原则,以协调不同国家的法律,为国际间缔约提供便利。国际统一私法学会设立的关于合同的一系列一般原则,在各比较法中得到了反复引用。

情况下对其进行限制的规定（第1649条）和附合合同的规定（第1651条第4项）。同时，对于以从事商事活动作为主要目的的一方，在其将商事领域出现的争端诉诸仲裁时，[《法典》]对其也作出了相关的限制性规定。

十四、作为体系的民事责任

体系化的关于民事责任的规定具有预防、救济和惩戒三重功能。政府在其提出的建议中，对"惩戒功能"提出了限制，建议在立法文本中将"惩罚性赔偿"的表述予以删除，并且不赋予法官作出此类赔偿判决的职权（第1714条）。需要着重强调的是，正如阿根廷学界一直以来呼吁的那样，[《法典》]文本中[第]一次将[民事责任的]预防（性功能）作为独立一节进行了规定（第1710条至第1713条）。

[《法典》在上述规定]之后的"第三节"，全节围绕"救济功能"展开（第1716条及以下数条）。而紧接之后的几节，[其]则规定了损害赔偿、因第三人的行为或其他特定物和特定行为造成的损害的直接责任问题、集体应当承担的民事责任问题、无法确定行为人的民事责任问题，以及特殊的民事责任问题（第1763条及以下数条）。值得重点指出的是，完全补偿原则（第1740条）已经成为了《法典》在这一领域最主要的原则。

十五、物权

[《法典》]为达到当代化和系统化，在物权方面进行了相当重要的调整，制定了物权的一般规定（第1882条及以下数条），之后是就某些物权分类的内部一般规定，以此达到条理清楚、便于理解、更好运行的目的。

重要的是，关于水平所有权（第2037条）、不动产的公摊（第2073条）、分时所有（第2087条）、私人墓地（2103条）和他人空间的使用（见2114条及以下数条）等，也被列入到规则当中。

十六、继承法

《法典》对已经出现的诸多难题和争议进行了明确和解决。此外，[其]还引入了一些重大的变化，如对特留份进行的修改（第

2445条);允许对继承作出更有利于残疾继承人改善的可能(第2448条);保留了禁止对未来出现的继承人设立合同的原则。但是,考虑到与当前[社会生活的]动向相一致,着眼于保护企业经营主体有利于预防和化解冲突,[《法典》]允许在不影响明显法定继承人、配偶或第三方[权利]的前提下,设定与各类生产经营或公司持股相关的协议。

十七、优先权和时效

[《法典》将]关于时效和权利失效(第2532条及以下数条)的规定列为一般规则。同时,[《法典》对]中止(第2539条)、中断(第2544条)、宽限(第2550条)和时效期间的经过(第2554条及以下数条)也进行明确规定。[《法典》]确立了新的时效期间,将一般情况下的期间时限减少了一半(从10年减少到现在的5年)。这样的规定符合当下法律关系的变化,因而显得更为合理。同样的方法也被应用到各种特权问题上(第2573条及以下数条,以及第2582条及以下数条)。[立法者]在采纳了学界的建议,并且解决了相关领域司法诉讼中出现的问题后,将这两方面的规则进行了简化。笔者认为,通过运用这种进行实质性保护的方式,可以使债权得到更好的保护。

十八、国际私法

国际私法呈现出了需要通过特别法进行规定的发展状态,以回应加速增长的全球性诉讼。在缺乏特别法规定的情况下,《法典》提出了一套包含诸项准据法的方案,来应对不同法律制度下的民商事状况(第2594条及以下)。按照现代的综合标准,[《法典》]在如下几个方面作出了相关规定:自然人(第2613条及以下数条)、婚姻(第2621条及以下数条)、共同生活之结合(第2627条及以下数条)、赡养(第2629条及以下数条)、亲子关系(第2631条及以下数条)、收养(第2635条及以下数条)、儿童的国际返回(第2642条及以下数条)、继承(第2643条)、法律行为的形式(第2649条及以下数条)、合同(包括消费合同,第2654条)、民事责任(第2656条及以下数条)、有价证券(第2658条及以下数条)和各项物权(第2663条及以下数条)。

十九、编纂工作

编纂工作就其本身来说,甚为复杂,因为需要对大量差异巨大的情况提供冲突解决的体系,而且涉及同样存在着差异的观点和利益,还需要对其进行协调。这个体系应当是平衡的,以使其可以面对各项个人权利的碰撞,可以面对各项个人权利之间产生的问题,可以面对可以实现社会共存的各项集体权利。

21世纪的社会,一切都在高速变化,遍布着多样性,要完成[民商法典]编纂这项任务更加艰难。正因如此,[在编纂《法典》时],应该考虑到指导其适用和允许其适用的大量方针、原则和价值。

这一法典具有新千年所需要的各项范式、各项原则和各项价值所形成的结构;它包含了体系化的条款,这些条款平衡了社会共存和经济发展所需要的各种利益。

所有的这一切,都建立在多年来学术领域和司法领域的巨大努力之上,现在是对其进行适用的时候了。

我们阿根廷人,因个体成功方面的辉煌而众人皆知,也因集体失误方面的周知而与众不同。但是,是时候给我们的民众提出具体解决[方案],并且给我们的子孙后代设计未来了。

只有站在历史的维度上,具有一定高度的政治家才可以欣赏到人类的情感;也只有站在历史的维度上,[这些政治家]才可以设计出超越人类情感而得以造福社会的战略。

解法典后的再法典化：
阿根廷民商法典启示录

徐涤宇 *

伟大的法学家达尔玛西奥·维勒斯·萨尔斯菲尔德(Dalmacio Vélez Sársfield)编纂了1871年《阿根廷民法典》。拉丁美洲和意大利的学者普遍认为,萨尔斯菲尔德构建了一个和当时占统治地位的超国家立法模式相一致的法律体系,该法典使得一个新的国家融入时代的政治、经济环境之中,至今仍然被认为是欧洲—拉丁美洲罗马法传统的标志性成果;归功于萨尔斯菲尔德的政治—法律标准,阿根廷成为拉丁美洲法律体系(该立法模式具有强烈的同质性)的一极,其民法典构造了"适用于一个广袤地理区域的共同法"[1]。在萨尔斯菲尔德塑造拉丁美洲法系第二部典范民法典(第一部是1857年《智利民法典》)之后,阿根廷学理长时间致力于法典的解释而非新体系的构建;在大约50年后,法学家们才开始谋求变革。[2]

意大利学者纳塔利诺·伊尔蒂说,"一个国家的立法史开始于法典的颁布,或者说是从法典颁布时起变得清晰的","法典的排他性意味着一个新时代的开端,一国历史的开始"[3]。此言就法典之于近代国家的政治意义而言并不为过,用以描述1871年《阿根廷民法典》之

---

* 徐涤宇,中南财经政法大学法学院教授。

[1] Véase Noemí Lidia Nicolau, *El rol de los juristas en la formación del subsistema obligacional argentino*, en *Roma e America. Diritto Romano Comune*, 12/2001, p.105.

[2] Véase Noemí Lidia Nicolau, op. cit., p.107.

[3] 〔意〕纳塔利诺·伊尔蒂:《民法典的理念》,董能译,载《交大法学》2017年第1期,第98页。

于当时阿根廷的政治意义和立法史地位①,尤其精当。同时,也正是这部带有浓烈的理论产品色彩的法典,使得学术界整理并固化了法学学派的成果,从而在学理和法典之间建立了一条生产性闭环的纽带:理论向法典提供自己的模式和概念;法典则尽管具有立法解决的内容和秩序,但仍然激励并指引新的研究。② 不过,社会、经济情况的变化所导致的解法典化现象,以及在法典功能和理论概念之竞争关系中储备的学术能量,于20世纪20年代开始驱动着一场旷日持久的法典改革乃至再法典化的运动。

经过长达近一个世纪的争论和反复,阿根廷于2011年2月23日以第191/11号政府令,组建了由最高法院院长里卡尔多·路易斯·洛伦塞蒂(Ricardo Luis Lorenzetti)担任主席、埃莱娜·伊格顿(Elena Highton)和艾达·凯梅马赫尔·德·卡尔鲁奇(Aida Kemelmajer de Carlucci)博士担任成员的法典编纂委员会。草案在规定的期限内被提交给政府。2012年7月4日,国会成立了一个由执政党和反对党成员组成的两院(参议院和众议院)委员会,该委员会紧张地工作,在全国范围举行了多场公共听证会,在听证会上收到近千条建议。尔后,《阿根廷共和国民商法典》于2013年11月28日在参议院获得通过,于2014年10月1日在众议院获得通过,于同年10月7日由政府颁布,并被宣布自2016年1月1日起施行。这部目前世界范围内最新的民法典,显然不可能再具有1871年《阿根廷民法典》之于当时阿根廷的政治意义,但伊尔蒂于20世纪70年代末宣称"解法典时代"已经到来后,这部新法典的出台,却又以事实否定了其如下断言:"我们的时代不是一个适合进行新的法典编纂的时代,也不是一个进行改变现行法典的结构和功能的一般改革的时代。"③

在解法典化思潮席卷西方法典国家、法典中心地位被广泛质疑的

---

① 虽然阿根廷的革命纪念日/国庆日为1810年5月25日(五月革命),但直到1861年,在巴托洛梅·米特雷重新完成国家统一并当选为首任总统后,才由他和他的继任者多明戈·福斯蒂诺·萨米恩托、尼古拉斯·阿韦利亚内达建立了现代国家的基础。也正是在那一时期,阿根廷才开始了一系列的法典编纂活动。

② 关于作为理论产品的民法典的评价,参见〔意〕纳塔利诺·伊尔蒂:《民法典的理念》,董能译,载《交大法学》2017年第1期,第101页。

③ 〔意〕纳塔利诺·伊尔蒂:《解法典的时代》,薛军译,载徐国栋主编:《罗马法与现代民法(第4卷)》,中国人民大学出版社2004年版,第105页。

当今世界,《阿根廷共和国民商法典》以及2003年《巴西新民法典》的问世,俨然吹响了法典国家再法典化的号角。这一方面固然要归因于法典文化的深厚滋养和持续影响,另一方面也说明法典所特有的功能和形式,经由原则的框架和法学家的配合,成功破除解法典化的魔咒而得以凤凰涅槃、浴火重生。就中国的经验而言,尽管稍早的观点认为"谈论所谓去法典化为时过早"①,但新近关于中国民法正处在一个"法典化"和"解法典化"并存的时代这一判断更为可信。② 在此背景下,本文对阿根廷解法典化和再法典化的背景、理念以及法典功能结构的变迁所作的描述和分析,当可为正在进行的中国民法典编纂提供比较法上的借鉴。

一、解法典后的法典重构:法典样式的再造

(一)法典解构是如何发生的

自20世纪20年代开始,阿根廷民法界认为,1871年《阿根廷民法典》已不适应新的社会经济条件和新的司法需要,但由于司法的保守主义倾向,法典改革的呼吁和推进一直由学者承担。学者们通过各种会议和论著讨论民法典的改革,尤其是在债法领域推动民商合一。③ 各种民法典草案的编纂也随之展开,但自1968年起,此项工作一度处

---

① 王利明:《论法典中心主义与我国民事立法的体系化》,载《云南大学学报(法学版)》2009年第2期。

② 参见陆青:《论中国民法中的"解法典化"现象》,载《中外法学》2014年第6期。

③ 围绕民法典的改革,阿根廷先后召开四次全国民法会议。1927年,第一届全国民法会议所讨论的问题和提出的改革意见非常具有前瞻性,但在40年后才被1968年的民法典修正法接受。1937年的第二届全国民法会议,目的是审议实际上于1926年组成的委员会所拟订的1936年的民法典草案。此次会议继续承认学理在构建民法体系中的作用,其突出贡献在于:其中倡导民商合一的1936年民法典草案之现代化纲领,大部分被1998年的民商法典草案所接受。1961年第三届全国民法会议的成果则成为阿根廷民法学界一个真正的路标:一方面,其大部分建议(尤其是大部分制度创新),均在1968年的民法典修正(第17711号法律)中被具体化;另一方面,这些理论创新也展示了前瞻性的学理和显然属于保守主义的司法判例之间的力量对比。第17711号法律对1871年《阿根廷民法典》进行了重大修改(尤其是债法部分)后,1969年的第四届全国民法会议则主要集中于其解释而非体系的构建。Véase Noemí Lidia Nicolau, *op. cit.*, ps. 109-113.

于停滞状态;从 1987 年开始,此项工作才开始提速,并转由国会或政府主导。① 此种经验显示:"法典同时是政治事实和技术事实:其诞生要求政府的效力和决策的权威;新颖之处在于素材的内容和规则的标准;但法典特有的、并使之在法的种种渊源中脱颖而出的形式,仍然处在原则的框架和法学家的配合之中。"②

与此同时,解法典化现象在新法典颁行之前从未停止。在阿根廷立法史上,一个解法典化和再法典化并存的时代真实地发生了。这种解构貌似主要是从民法典内部发生的,例如针对债和合同部分,第 17711 号法律修改了 1871 年《阿根廷民法典》第 515 条、第 707 条、第 715 条关于自然之债和连带之债的规定;第 522 条接受了精神侮辱的赔偿规则;修改了第 571 条关于债之期限、第 656 条关于违约金条款不可改变的规则;修改了第 954 条、第 1071 条、第 1198 条,相应导入了非常损失理论、权利滥用和不可预见理论(情势变更规则);修改了第 1204 条关于合同因不履行而解除的规定;添加了第 1185 条(附加),对不动产预售文书(boleto)提供一定保护;修改了第 2355 条。③ 尽管这些修修补补使得民法典面目全非,但如果考虑到"解法典化"一词主要具有描述型现象学和建构型方法论的双重含义的话,那么这些修补实质上只是法典为应对社会、经济的变迁而进行的内部再装修和功能升级。因为,大量条文的修改和添加,即使在形式上也未改变法典的

---

① 事实上,阿根廷新法典参考了此前的各草案:1926 年由胡安·安东尼奥·比维洛尼主持起草的草案;1936 年由 5 位法学家组成的委员会起草的草案;1954 年由豪尔赫·华金·利安比亚斯负责起草的改革草案(1968 年,由于法学家吉列尔莫·A. 博尔德的大量贡献,这部草案作为第 17711 号法律对 1871 年《阿根廷民法典》形成修正);1987 年由众议院任命的一个委员会起草的"民商事统一立法草案"(该草案一度成为法律,但又被政府整体否决);众议院任命的一个新委员会于 1993 年提交的草案;政府任命的另一个委员会于同年提交的草案。而由第 685/95 号政府令任命的改革委员会提交的 1998 年民商法典草案,则直接成为新法典的立法资源。

② 〔意〕纳塔利诺·伊尔蒂:《民法典的理念》,董能译,载《交大法学》2017 年第 1 期,第 98 页。

③ Véase Noemí Lidia Nicolau, *op. cit.*, p.115. 本文所有关于 1871 年《阿根廷民法典》的所引条文和注释,参见《最新阿根廷共和国民法典》,徐涤宇译,法律出版社 2007 年版。该译本所依据的是 1998 年阿根廷的官方版本,故当时已修改或添加的条文均被译出。

结构,更遑论"特别法和例外法现象"的出现、民法典体系解释功能的边缘化日趋削弱民法典的法源中心地位了。①

真正作为"解法典化"主要表现形式的民事特别法和例外法,如雨后春笋般层出不穷地出现在20世纪70年代之后。就民法典中的债与合同主体而言,1970年之前主要的修改和补充性法律有第11156号和11157号法律,它们修改了城市租赁(locaciones urbanas)的有关规定,此后大量与该合同有关的法律被颁布。但直到1978年,这些法律才最终构建了城市租赁的微观体系,与民法典发生分裂。这些法律决定了意思自治原则之结构性变迁,因为它们使此类合同中的国家干预得以正当化。此外,第14005号法律规范了依预售文书的不动产月供买卖(compraventa de lotes por boleto en mensualidades),其目的是要解决不动产预售领域中私文书的日益扩散对阿根廷合同法所造成的多重矛盾。基于此,该法进行了结构性的改革,确定了期限约款的例外,并对指定的不动产预售文书赋予某种对抗效力。例如,只要买受人已先于他人支付至少25%的价金,且预售文书有确定的日期,不动产取得具有充分公示性(无论是通过登记还是占有的方式),则善意买受人对第三人享有优先权。②

20世纪70—80年代,在阿根廷学理上占主导地位的是法典现代化思潮,而且其某种倾向是继受英美普通法以及国际商事制度。此后,一方面受学理的影响,另一方面因为1990年前后阿根廷国内政治、经济如被冰霜,债法也遭受一些实质性改变。1991年,第23928号法律基于本国货币的易变性,修改了给予金钱之债的有关规定(1871年《阿根廷民法典》第617条、第619条、第622—623条);第24240号法律规定了消费者保护,而第24999号法律建立了消费者保护的微观体系;第24241号法律为补充社会保障制度的短板,承认了社保性的终身定期金(renta vitalicia previsional)合同;第24283号法律限制对1991年之前的债务进行调整;第24441号法律将融资租赁合同和信托

---

① 关于"解法典化"的双重含义及其主要表现,参见陆青:《论中国民法中的"解法典化"现象》,载《中外法学》2014年第6期,第1486—1488页。

② Véase Noemí Lidia Nicolau, *op. cit.*, p.115. 不动产月供预售类似于不动产分期买卖,但这种新型合同不使买受人取得不动产的所有权,因为预售文书只是卖方承诺向买方移转所有权的私人文书,而所有权的移转须嗣后通过移转所有权的公证书和登记方始完成。

合同有名化;第 24830 号法律改革了教育机构的责任制度(1871 年《阿根廷民法典》第 1117 条);第 25065 号法律将信用卡制度有名化。这些规范大部分来自比较法,尤其是普通法系,它们所折射的不是法学理论,而是行政机关(准确地说,是经济部)的思维,这种思维又源自利益集团的博弈或推动。在阿根廷这样一个政府强势的国家,尤其在 20 世纪 90 年代的前几年,立法者往往追随政府的经济计划,旨在把国家从通货膨胀的危机中解救出来。①

不难发现,这正是伊尔蒂所描述的解法典化时代:社会团体或社会阶层与公共权力发生激烈而艰难的讨价还价,政府在社会经济生活中也越来越发挥着主导作用。于是,大量针对社会、经济领域的特别法和例外法被颁布。这些有着具体政策目标的"目的性"规范不同于技术中立或体制中立的"工具性"规范,它们逐渐"逃离民法典",在法律体系的构造上形成独立于民法典体系之外的微观体系;它们不仅超越和背离民法典的一般原则,而且在特定领域衍生出一些与法典原则相区别甚至相冲突的新原则。② 由此,原初的方法论秩序被改变,私法体系的原有统一性因大量有其自己独立的原则和价值的微观体系的缓慢形成而碎片化,民法典不免沦为剩余法。

(二)再法典化的定位和进路:认真对待法典与特别法的关系

单就形式体系而言,阿根廷新的民商法典深受《德国民法典》的影响,对 1871 年《阿根廷民法典》作出了拆分和重组的外科手术:序题得以保留;原第一编被拆分为两编,新法典将原第一编第一章的人法、第三编物权中有关财产的规定和第二编第二章的"法律事实和法律行为"整合为第一编总则,旧法典第一编第二章"家庭关系中的对人权"则独立为新法典第二编"家庭关系";新法典第三编对原法典第二编债权进行了民商合一的功能升级,第四编物权则基本维持原貌,只是增加了后文述及的一些章节(如建筑物区分所有权);旧法典第四编的第一章和第二章分别被拆分为新法典的第五编和第六编,甚至其标题也未进行实质修改,但第六编增加了一章规定国际私法的内容,以系统

---

① Véase Noemí Lidia Nicolau, *op. cit.*, p.116.
② 请参见〔意〕纳塔利诺·伊尔蒂:《民法典的理念》,董能译,载《交大法学》2017 年第 1 期,第 103—104 页;陆青:《论中国民法中的"解法典化"现象》,载《中外法学》2014 年第 6 期,第 1486 页。

地规定法律冲突中的法律适用和管辖权问题。以上种种,均说明新的民商法典虽然从 1871 年《阿根廷民法典》的 4 051 个条文瘦身为 2 671 个条文,但它并没有改变原法典的实质结构。民法典的体系轮廓得以继承,其绝大部分条文脱胎甚至直接来源于原来的民法典和商法典,都可以佐证这一结论。①

但是,在解法典化背景下重构民法典,本身就是一个艰难的选择:暂且不论诸多特别民法可能撼动民法典的教义学基础,单是法律规范的表达就足以让立法者却步。② 有着法典情怀的阿根廷立法者迎难而上,他们的目的不是在传统的意义上重构法典,而是要将再法典化定位为阻止或对抗 20 世纪日益增长的解法典化进程的一种有计划的操作手段。于他们而言,伊尔蒂的解法典化理论虽有夸张之嫌,但他在现象学的意义上洞察到了传统法典的危机,并在方法论上为法典的重构指引了方向。实际上,1998 年的民商法典草案就被认为是一部法典解构和重构兼有的草案,而 2012 年的草案编纂委员会更是在立法理由里宣称其选择了这样的法典重构方法:新法典必然要和私法"宏观系统"中已经存在的其他规范发生关联,所以不仅要尊重"单一法或例外法"这些具有规范自足性的微观体系(正是它们导致真正的实质性解法典化),同时也要尊重只是导致单纯形式性解法典化的那些特别法(其存在只是改变法典的编纂技术,并未否定法典体系的理性,它们仅仅构成法典的单纯延伸)。③

所以,在解法典化背景下,法典重构的关键是,如何处理法典和特别法之间的关系。因此,再法典化的进路不外乎以下两种:第一种就是全部再法典化,亦即实质上或形式上已独立成为规范对象的所有主题或制度均回归法典;第二种可称之为部分再法典化,也就是特别的

---

① Véase Ricardo Luis Lorenzetti, *Nuevo Código civil y comercial de la Nación Argentina*, trabajo presentado al Congreso Internacional sobre "*Il Nuovo Codice Argentino e il Sistema Giuridico Latinoamericano*", Roma, 2015.

② 参见谢鸿飞:《民法典与特别民法关系的建构》,载《中国社会科学》2013 年第 2 期,第 99 页。

③ David F. Esborraz, *Significado y consecuencias de la unificación de la legislación civil y comercial en el nuevo Código argentino*, en *Nuovo códice civile argentino e sistema giuridico latinoamericano*, a cura di Riccardo Cardilli e David F. Esborraz, CEDAM, 2017, ps. 112-115.

和例外的立法无需再整体纳入法典文本,而是由法典轨道牵引着。①按照第二种进路,重要的是法典占据着私法宏观体系的中心地位并发挥牵引作用,使其为那些异质的、分散的规范发挥有机整合和体系化的效用;法典在宏观层面规定私法的各个范例性领域(如家庭法、财产法、继承法),制度系统中的剩余部分则借助法律原则进行渐次构建,从而形成一个开放的系统。形象地说,民法典和该体系中其他微观体系之间的关系,就如同太阳和太阳系中行星之间的关系——太阳照亮太阳系里的每颗行星,同时又确保每颗行星在星系中运行。②

阿根廷最后通过的民商法典就是按照第二种进路展开法典体系重构的。也就是说,新法典并未着手内部的再体系化,它只是在基本维持原法典体系的基础上进行的部分再法典化。立法者不再考虑民法典本身的完整性、严谨性、封闭性特征,而是重点关注如何处理民法典和特别法的关系,这也就涉及以下两个问题:第一,哪些特别法应被纳入新法典? 第二,对于那些未被纳入或只是部分被纳入新法典的特别法,在立法技术上如何在民法典和特别法之微观体系间建立关联?

对于第一个问题,我国有学者通过对各国经验的分析,依功能把特别民法区分为补充型、政策型和行政型三种,并认为在重构法典时,无需将行政型特别民法纳入其中;补充型是否纳入以及在何种程度上纳入其中,则取决于其条文数量和法典的结构对称;而立法上最难处理的是政策型特别民法和民法典之间的关系。③ 就阿根廷法的立法经验而言,由于其早期民法典的体系建构相对完备,故在再法典化过程中,除下文将要分析的民商合一外,不存在整合、纳入补充型特别民法(或曰民事单行法)的难题。例如,在1871年《阿根廷民法典》中,家庭法本来就由第一编人法之"家庭关系中的对人权"篇规范,尽管在20世纪60年代后针对该部分的改革为数不少,重要者如1968年第17711号法律的改革,其他针对具体制度的实质性改革有1985年第

---

① David F. Esborraz, *op. cit.*, ps. 112–113.

② Véase Ricardo Luis Lorenzetti, *op. cit.*; Noemí Lidia Nicolau, *Código y sistema jurídico. Sus proyecciones en el Código civil y comercial argentino*, en *Nuovo códice civile argentino e sistema giuridico latinoamericano*, a cura di Riccardo Cardilli e David F. Esborraz, CEDAM, 2017, p.75.

③ 参见谢鸿飞:《民法典与特别民法关系的建构》,载《中国社会科学》2013年第2期,第108页。

23264 号法律对亲权和亲子关系的改革、1987 年第 23515 号法律对婚姻和离婚的改革、1997 年第 24779 号法律对收养的改革①，但家庭法在法典体系结构上并未遭受肢解，一直被置于民法典的框架之内，没有发生像个别拉丁美洲国家那样"家庭法逃离民法典"的现象。于是，阿根廷民法典在再法典化的过程中，俨然已构成规范自足的家庭法系统，依然被整体纳入法典，不至于影响其结构对称。对于 1871 年《阿根廷民法典》颁行后新兴的一些补充型特别民法，如果其与民法典的内容契合，并为司法实践形成的共同法所吸收，那么，只要它们并非在特定领域具备特殊性（如航空法典、航海法典），或在某些领域具有易变性或持续发展性（如根据技术发展的需要而被纳入易修改的法律中），即被整体或部分地引入新法典。例如，其在法人之"社团"一节（第 168—192 条）后规定了"基金会"（第 193—224 条）；在物权编增加了"建筑物区分所有权"（第 2037—2072 条）和"不动产之合有（conjuntos inmobiliarios）"（含分时所有和私人墓地；第 2073—2113 条）两章；也引入了第 24441 号法律中关于信托的规定（第 1666—1670 条），以便与 1871 年《阿根廷民法典》即已创设的信托所有权制度衔接（第 1964 条）。② 再如运输合同，在新法典中它被安排为第三编"债权"之第四章"各种特定合同"中的第七节，但在定义完运输合同后，第 1281 条随即规定，除非特别法另有规定，无论采用何种运输方式，均适用该节规定，唯有联运另由特别法规范。

至于对具有特定和具体社会政策目的的政策型特别民法，阿根廷新法典在所采用的立法结构类似于 2002 年"债法现代化"施行后的《德国民法典》，但事实上更接近意大利立法者采用的"外部方法"（metodología externa）。③ 所谓外部方法，其实就是对既有法典的"嵌入式外挂"。例如，1996 年意大利立法者为执行欧盟第 93/13/CEE 号指

---

① Véase Carolina Duppat, *Reformas en derecho sucesorio argentino: legítima y protección de personas vulnerables en el Código civil y comercial*, en *Nuovo códice civile argentino e sistema giuridico latinoamericano*, CEDAM, 2017, ps. 358-359.

② Véase Aída Kemelmajer de Carlucci, *Pautas para interpretar el Código*, en *Código Civil y Comercial*, revisado, ordenado y concordado por Eduardo A. Zannoni, Mariani de Vidal, Jorge O. Zunino, Fernando E. Shina y Gloria S. Ramos, ASTREA, Buenos Aires-Bogotá, 2015, p. 5.

③ Véase David F. Esborraz, *op. cit.*, p. 105.

令(关于和消费者订立的合同中的滥用条款),在1942年《意大利民法典》的第四编"债"中添加了第十四节(消费合同),该节被置于第二章"合同总则"尾部,却又被放在第三章"各种具体合同"之前。阿根廷立法者利用法典重构的机会深化了该方法,从而就消费者的保护形成了宪法、民商合一的法典和特别法三层保护体系,对此后文将有详述。

在立法技术上,那些未被纳入的特别法,主要借助于法律适用之指引性或限制性条款与新法典建立关联。例如,针对国家的民事责任问题,根据阿根廷新法典第1765条的规定,国家的民事责任由相应的国家或地方行政法规则和原则加以规范;由于其第18条将印第安公社的权利交由"与国家宪法第75条第17项规定相一致的"特别法规定,故新法典并不涉及原住民的所有权制度。另有一些特别法则由新法典作出原则性规定,其他委诸既有的特别法。例如,根据其第17条的规定,身体或其组成部分的权利,仅得由其权利人"依特别法的规定"处分;第143条在规定法人和其成员人格区分的同时,明确"除非在本章明定以及特别法规定的情形",其成员不对法人的债务承担责任。为处理好那些未被纳入的特别法和新法典的关系,第26994号法律甚至在通过新法典并废除原民法典和商法典的同时,部分修改了3部特别法,并废除原民法典和商法典近百项补充性法律中的11项,部分废除其中6项;那些被修改的以及未被废除的特别法,作为新法典的补充性法律得以继续有效。阿根廷学者据此认为,这其实也是部分再法典化的一种特殊形态。①

(三)从完备、封闭的法典到原则性的法典和"法源间的对话"

传统民法典的编纂,在条文技术上主要是根据具体的事实假定和相应的法律后果的传统逻辑展开的。立法者幻想构造一个有关典型事实和相应法律规范的索引,法官除按图索骥适用法律外,别无事情可做。此种立法技术取消了一般条款和内涵不确定的概念,或将其减少到最低限度。与此相对应,则是法典完备性的要求以及试图对现实中的所有问题给出答案的雄心。② 1871年《阿根廷民法典》正是这样

---

① Véase Noemí Lidia Nicolau, *Código y sistema jurídico. Sus proyecciones en el Código civil y comercial argentino*, p. 75; Ricardo Luis Lorenzetti, *op. cit.*.

② 参见〔意〕纳塔利诺·伊尔蒂:《民法典的理念》,董能译,载《交大法学》2017年第1期,第84页。

一部法典,其 4057 个条文不厌其烦地设定各种事实假定和相应的法律效果,甚至许多条文以举例的方式陈述要件性事实,在立法技术上没有达到足够抽象的程度,以至于带有强烈的决疑特征。例如,1871年《阿根廷民法典》自第 1459 条起,对债权让与之通知的规定多达 16 条,啰唆冗繁却又难免挂万漏一。而且,阿根廷曾是世界上唯一把编纂者的注释纳入民法典文本中的国家,这是由当时阿根廷法律文化所处的发展水平决定的。在早期,这些注释发挥着民法教科书的作用,直到法典颁布后出现了一些伟大的评注著作。不过,这些注释本来仅仅在其和法律文本协调一致时才被认为具有参考性,但它们和法条经常发生不协调的情况,引发了学理上无益而实际上又无结论的长期争论。例如,第 1137 条注释对合同的界定就不同于法条本身的规定,而第 2351 条、第 2400 条、第 2401 条、第 2480 条和第 2807 条注释所提及的准占有,在含义上与法律文本也不一致。①

新法典的编纂委员会改弦易辙,使决疑式的旧法典脱胎换骨为原则性的法典。之所以说新法典属于原则性法典的范畴,是因为其条文设计在很大程度上由基本原则和一般性规定构成。那些贯彻法典始终的所谓民法基本原则,如诚信原则(第 9 条)、禁止权利滥用(第 10 条)、禁止滥用市场支配地位(第 11 条)、公序原则(第 12 条)等,均位于"序题"。高度抽象的一般性规定则分置于各编,例如,第 257—264 条构成总则编"法律事实和法律行为"一章的"一般规定",分别界定法律事实、单纯的适法行为、法律行为、自愿行为、非自愿行为、意思表示、作为意思表示的沉默、默示的意思表示,其中第 261 条是对 1871 年《阿根廷民法典》第 900 条、第 913 条、第 921—922 条、第 924—928 条、第 932 条和第 935 条的提炼,第 262 条则是对原民法典第 913—920 条的高度概括;第 446—450 条构成第二编"家庭关系"第二章"婚姻财产制"的"一般规定",它们也分别脱胎于旧法典的相应条文,尤其是第 448 条关于婚姻财产协议形式的规定,是对原民法典第 1184 条第 4 项、第 1223 条和第 1225 条的萃取;第 724—735 条作为第三编第一章"债法总则"的"一般规定",以及第 957—965 条作为第二章

---

① La Comisión Honoraria designada por decreto del Poder Ejecutivo Nacional N° 685/95, *Nota de elevación del proyecto de Código Civil*, en *Antecedentes Parlamentarios*, Director Carlos J. Colombo, LA LEY, Buenos Aires, 2000, p.10.

"合同总则"的"一般规定",亦不例外,只不过许多条文(如第962—964条)是对原民法典和商法典乃至特别法诸多条文的综合提炼。这种立法技术非常重要的一个好处,就是对原民法典、商法典和相应特别法进行提炼、瘦身。①

新法典的原则性,亦表现为它对法的一般原则的开放,这可以借助其第2条得到理解:法律的解释应考虑"原则和法律价值,以和整个法律秩序保持一致"。不过,之所以说它是原则性的法典,主要是因为开放和弹性的规范构成其鲜明的特征。易言之,新法典中的诸多规范授权法官依具体情境裁判。如根据新法典第276条的规定,法官在判断"胁迫的显著性"时,应"虑及受胁迫人所处状况和案件的其他具体情境"。据统计,整部法典中,至少有58个条文(如第552条、第580条、第794条、第1881条、第1973条、第2246条)授权法官可以评估具体情境而对作为前提的事实赋予法律效果。由此可见,这些规范实质上是对法官的优化授权书(mandatos de optimación),其目的是使法官经由权衡具体案件中的各种情境而优化裁判水准,从而在法条主义和原则主义之间寻求平衡。这些开放、弹性的规范,以及一定程度的分散性,自然也为司法操作带来了一些不确定性。但这并不意味着对再法典化工作的贬损,它反而说明对法典编纂的再定义:当代法典乃借助原则,以适当的方式与法律推理相适应。②

就1871年《阿根廷民法典》所附加的注释而言,阿根廷学者认为,其已被固化为"立法者的意图",对法律的解释适用形成了一种"原旨主义"(originalista)的束缚。因此,法典编纂委员会认为,新法典虽然也提供了立法理由,但它们属于立法材料,不能作为注释附加于条文,使其成为法典的正式文本。在法律的解释上,新法典第2条也只是提到"法律的目的",而非"立法者目的"。这意味着,新法典奉行的是法

---

① Véase Noemí Lidia Nicolau, *Código y sistema jurídico. Sus proyecciones en el Código civil y comercial argentino*, ps. 75–76; *Código Civil y Comercial*, revisado, ordenado y concordado por Eduardo A. Zannoni, Mariani de Vidal, Jorge O. Zunino, Fernando E. Shina y Gloria S. Ramos.

② Véase Noemí Lidia Nicolau, *Código y sistema jurídico. Sus proyecciones en el Código civil y comercial argentino*, ps. 73–75.

律的客观解释立场。①

从法源及其适用的角度看,新法典以其原则性的规范结构,谦抑地处理了法典和未被纳入法典以及今后会不断出现的特别法、法院判例和其他法源之间的关系。具体而言,法源体系在传统意义上乃指以民法典为中心的单一、完备性体系,解法典化后则是一个以多个微观体系或部门逻辑的基础组合而成的框架性多极体系,宪法处于中心地位,民法典只是该多极体系中的一个组成部分。② 而再法典化后的《阿根廷共和国民商法典》虽然仍在整个私法体系中处于中心地位,但它要求法官必须合理地基于多元的、超越其自身文本的法源来作出判决,此即所谓的法源之间的对话。这种"对话"或可称为对话式的法律解释适用,法官在解释、适用法律时,其目光应穿梭于各类法源之间,而不拘泥于法律自身文本,其目的是让更好地保护自然人的规则被适用,无论它是一般法还是特别法,或者是否已被纳入法典。为此,新法典第 1 条规定,"在法源和适用的问题上,应考虑宪法、诸法律、人权公约以及规范之目的"。同样,第 2 条也规定:"解释法律时应虑及其语词、目的、类似法律、源自各人权公约的规定以及和法律秩序相一致的法律原则和价值。"第 3 条则规定:"法官对交由他裁决的事项,应以有合理依据的判决处理之。"③

当然,法源间的对话并不总是那么容易,因为法源的"溢出"(desbordamiento)是真实存在的,以至于总是有必要建立一种新的法源类型和分类,这种情况尤其会因诸如生物、环境以及跨学科的分支学科所引发的交错法律问题被民法典规范而发生。因此,新法典为各种法源的优先适用提供了诸多准则。例如,其第 150 条、第 963 条和第 1709 条,分别针对私法人设立行为、合同以及民事责任,规定了相关法源的适用顺序。④ 依此等规定,在各类法源中,特别法中的强制性规范总是处于第一顺位。但发人深省的是,设立行为、合同等意思自治的

---

① Véase Aída Kemelmajer de Carlucci, *Pautas para interpretar el Código*, en *Código Civil y Comercial*, p. 1.
② 参见陆青:《论中国民法中的"解法典化"现象》,载《中外法学》2014 年第 6 期,第 1487 页。
③ Véase Ricardo Luis Lorenzetti, *op. cit.*; Aída Kemelmajer de Carlucci, *Pautas para interpretar el Código*, p. 6.
④ Véase Aída Kemelmajer de Carlucci, *Pautas para interpretar el Código*, p. 6.

内容均被视为法源,且在适用顺序上总被列为第二顺位,即位于特别法和法典之强制性规范之后,但又优先于特别法和法典中的补充性规范,这充分说明了新法典强调私法自治的精神。

二、法典重构中的民商合一

(一)民商分立抑或合一:崎岖的历史路径

当代法教义学意义上的民商二元格局的真正形成,始于19世纪。也正是在该世纪,虽然商法在制度构造上依旧垄断大部分商事规范,但民法规范对部分共通的财产法制度同样具备了表达能力,其进步极大地侵蚀了商法的外在独立性。[①] 阿根廷民商事立法史所呈现出来的犬牙交错之二元格局,即为例证。1859年,当时独立于邦联其他省的布宜诺斯艾利斯省颁布了商法典,该法典于1862年被采纳为重新统一后的阿根廷的一般商法典。有意思的是,由于在民法典付之阙如的情况下,它以30节、365个条文规定了民法(主要是债法)的内容,故被认为贯彻了民商合一的原则(商法典包容民法规范)。但阿根廷学者对其整体的评价却是:"对规范商事的制度创新太多,但并无实益。"[②]

1865年,同时也是上述商法典作者之一的萨尔斯菲尔德独自完成了民法典的编纂,该法典颁行于1871年,从而形成了民商法典分立的格局。1889年,新的商法典颁布,它不再包括民事规范。但在形式上这部独立的法典却被认为至少提供了民商再度合一的基础,只不过这次是反向的(即民法典包容商法规范),因为该商法典序题第一条和法典正文第207条均规定应参照适用民法典的规定。甚至,1889年(商法典)修改委员会在通报中明确表示:"民法典的阙如,使得(1859年)商法典的作者不得不在法典中导入大量民事方面的章节和规定,在民法典通过后,这些又必须被废止。于是,民法典作为一般规则,在商事立法未作特别规定的情形中,规范着该领域",尽管"在法律演进的当

[①] 参见施鸿鹏:《民法与商法二元格局的演变与形成》,载《法学研究》2017年第2期,第80—81页。

[②] Noemí Lidia Nicolau, *El rol de los juristas en la formación del subsistema obligacional argentino*, ps. 102-103.

今状态,我们并不认为完全独立的商事立法是适宜的"①。

细言之,1889年的商法典并未规定债和合同的一般规则,而是直接适用民法典相关主题的规定。在这种意义上,债和合同的一般规则(所谓"共同私法"的天然场所)其实已实现"形式的合一"。1871年《阿根廷民法典》本身,尤其是在1968年第17711号法律对其进行修正后,接受了一些商法才有的规则和制度(如第17条对习惯和商事惯例之法源效力的承认、第509条的自动构成迟延、第1051条和第3430条的表见理论、第1198条的合同之诚信解释、第1204条的默示条款、第623条的复利规定),从而实现了财产法的"实质合一"。同时,为了缓和原民法典中的商事个人主义精神,上述修正也导入了一些原则和制度,如第954条的主观—客观非常损失、第1071条的禁止权利滥用、第1198条第2款的嗣后负担过重。②

由此可见,在阿根廷民商二元格局的立法史上,其实一直存在着在民法典或商法典的标签下统合共同债法的努力。也许正是基于民商合一的历史情结,1926年,阿根廷第二届全国律师会议任命了一个法学家委员会,负责执行简化和统一债法规范的工作;1940年在布宜诺斯艾利斯召开的第一届全国商法会议通过了一个动议,即致力于通过一部民商合一的统一债法典;1959年召开的第六届全国律师会议则通过如下宣言:"(1)通过一部统一私法典是适宜的;(2)为达成这一目的,作为中间步骤,应着手制定一部统一的债和合同法典;(3)作为最终目标,应实现拉美各国私法的统一。"1961年的全国民法会议也提议:"通过建立一个唯一的债和合同规则体系作为民法典的一编,来统一民事之债和商事之债制度。"外国立法先例掀起的民商合一浪潮,更是激励1998年的法典编纂委员会将此作为法典重构的主要任务。③ 对于最后通过的法典的立法者来说,采用民商合一的模式已经毋庸讨论,而且民法和商法的共存没有想象的那么困难,剩下的问题只有以下两个:①除了债和合同的一般规则这一"共同私法"的天然场所(locus naturalis)外,民、商法在哪些内容上也能实现统合?②商法

---

① La Comisión Honoraria designada por decreto del Poder Ejecutivo Nacional N° 685/95, *Nota de elevación del proyecto de Código Civil*, p. 5.
② Véase David F. Esborraz, *op. cit.*, ps. 95-96.
③ La Comisión Honoraria designada por decreto del Poder Ejecutivo Nacional N° 685/95, *Nota de elevación del proyecto de Código Civil*, ps. 5-6.

已经不是商人们的法律,那么如何通过民商合一来实现商法的人本化(humanización)？① 前一问题涉及民法商法化的程度,后一问题的本质则为商法民法化,而所谓的民商合一应该是在民法商法化和商法民法化之间达成一种平衡。

(二)法典重构中民法商法化的程度

从民商二元格局演变的历史来看,民商合一的实质其实是二者的相互渗透,它在时间轴上首先表现为民法商法化。即使在民商分立的法典体系下,作为"先锋队"的债法和动产物权法的商法化其实早已完成,面对传统民法的余绪,立法者只需以新的有名契约类型加以补充完善即可。其中的原因可能是,这些所谓的商法规范本来就属于民法的范畴,只是出于法典编纂的历史偶然性而出现于商法典之中,从而使得民法商法化的规模在一定程度上被夸大。② 以此观之,阿根廷立法者在编纂民商合一的私法典时,不过是从事重新归位和修饰工作而已。于是,他们力图消除对某些传统合同类型(如买卖、互易、委托、寄托、消费借贷、保证、质押等)的民商事双重规制,把原本位于商法典中有关这些合同类型的所谓商事规范并入民法典中。③

另外,有学者认为,商法的核心领域是无法一般化的,即便新的商事契约类型被纳入私法典,也无损其商法属性④,此可谓民商合一中真正的民法商法化。在此意义上,阿根廷立法者对迄今为止由商业习惯、商事惯例规范的诸如供应(suministro)、各类银行合同(银行寄托、银行活期账户、信用卡开户、保险箱服务等)、代办(agencia)、专卖或专营(concesión)、特许经营(franquicia)等合同进行法典化,以改变商事习惯"事实性存在"的属性,实现合同法源生产的国家化。⑤

有趣的是,据笔者统计,《阿根廷共和国民商法典》中涉及民商合一的条文基本集中在法律行为(原商法典中关于会计账簿的规定被悉

---

① Véase Aída Kemelmajer de Carlucci, *Pautas para interpretar el Código*, ps. 11-12.
② 参见施鸿鹏:《民法与商法二元格局的演变与形成》,载《法学研究》2017年第2期,第83—84页。
③ Véase David F. Esborraz, op. cit., p. 95.
④ 参见施鸿鹏:《民法与商法二元格局的演变与形成》,载《法学研究》2017年第2期,第84页。
⑤ Véase David F. Esborraz, op. cit., p. 108.

数纳入其中)和代理制度、债权编(合同总则、各种具体合同以及有价证券章节为民商合一的主阵地)、物权编之质权章节、时效制度中。对于作为商法外在独立性之制度基础的企业经营组织制度,只是参考《公司通则》的规定而在私法人一节中作出一些原则性的规定,其民商合一的程度有限。显然,阿根廷立法者并未步2003年《巴西新民法典》的后尘,在民商合一的问题上采用了意大利1942年的立法模式,将企业法亦作为其独立的一编。

就巴西的经验而言,其新民法典颁行不到十年,众议员比森特·坎迪多(Vicente Cândido)就向国会提交了商法典草案,提出基于商法的自治性而"再体系化"。他在提交的立法理由中明确表示,该草案的主要目的之一就是"在体系和技术上把商法的固有原则和规则汇集到一个唯一的法律文本中","必须构建商法的微观体系,该体系和消费者保护法典之微观体系一起,补全当前的私法。民法典则作为私法的一般文本"[1]。按照这一构想,要在已实现民商合一的法律行为和债法领域,根据传统的民事行为和商事行为之区分标准,把所谓的商法固有原则和规则再分离出来,确非易事。因为学理和立法例已普遍认为,商事(更准确地说,是经济)支配着人们生活的各个方面,民事行为和商事行为的界线已变得模糊不清,法律行为和债的规定完全可以通用于民商事领域。相反,在现代社会,企业经营组织已在市场中取得中心地位,以至于民商法的界定标准从客观标准(商事行为)转向主观标准(以前以商人为标准,现在则以企业为标准)。这种新的立法导向,使得企业法成为当代商法的核心。从此种意义上说,纯粹的商事领域是存在的,该领域属于企业法规调整的范围。[2] 因此,2003年《巴西新民法典》将企业法纳入其中并独立成编,与其说是民商合一,毋宁说是民法和商法的杂糅。如此一来,有人建议以企业法为中心构建一个商法的微观体系并从民法典独立出来,并非没有道理。但问题在于,将企业法一编分离出来,其新鲜出炉的民法典的地位倒显得尴尬了。

阿根廷立法者在这一问题上表现出来的审慎,和1984年《秘鲁民法典》的方案是一致的。在秘鲁,主流观点认为,既然已对民事和商事

---

[1] Véase David F. Esborraz, *op. cit.*, p.93, nota 6.
[2] 参见徐涤宇:《秘鲁民法典的改革》,载《秘鲁共和国新民法典》,徐涤宇译,北京大学出版社2017年版,第404页。

采取主观的区分标准,那么就应将企业法视为商法的核心,即以一个新的一般企业法取代商法典,其目的在于,使企业法成为调整所有企业之规程的一般性规范;其他商法属性的制度,如保险合同法、航空与海商法,都以特别法的方式出现,它们和企业法一道构成商法的微观体系。在民法典中则广泛采用渊源于商法的规范,全面推进债法的统一进程。① 阿根廷第 26994 号法律第 4 条在宣布废除原民法典的同时也废除了商法典,并于第 1 条和第 2 条规定新通过的民商法典和其他被修改的三部特别法(《不动产登记法》《公司通则》《消费者法》)分别构成该法的附录一和附录二,这足以说明其立法者已将《公司通则》作为商法微观体系的核心,而不纳入民商合一的范围。

由此可见,阿根廷立法者已充分认识到,商法的内在合理性关乎商法的内在独立性,它事实上已成为企业经营组织的外部特别私法,而商法典仅关系到商法的外在独立性,取消商法典只是意味着在法典化的意义上民商如何合一,并不妨碍商法以企业经营组织为核心构成内在独立的特别私法。② 总之,所谓的民商事规范在债和契约领域可以全面统合于一部私法典中,但那些具备内在独立性的商法规范,却可以构成一个以企业法为核心的特别法之微观体系。当然,这一微观体系和私法典之间也存在有限程度的统合,即在法典中原则性地设定私法人的一般规则(如设立、章程、清算、解散等)。以私法人与其成员的关系为例,《阿根廷共和国民商法典》第 143 条仅规定成员的人格、责任区分于法人,但成员是否享受有限责任的优待,则是第二层次的问题,应交由法典之特别规定(尤其是特别法)去处理。这样一来,该法典以私法人概念的包容性(享受和不享受有限责任优待的私法人,均包含其中),对各种形态的企业组织形式展示了其开放性。

(三)商法民法化的本质及其实现途径

有学者认为,真正意义上的商法民法化,应概括为以现有民法规范(适用于所有法律主体的一般私法规范)来规制商人与商事行为,从而使商法规范原有的规范特质与规范内容事实上趋于消亡的法律现

---

① 参见徐涤宇:《秘鲁民法典的改革》,载《秘鲁共和国新民法典》,徐涤宇译,大学出版社 2017 年版,第 405 页。

② 关于商法和商法典之独立性的探讨,比较清晰的认识,参见张谷:《商法,这只寄居蟹——兼论商法的独立性及其特点》,载《东方法学》2006 年第 1 期,第 79 页。

象。据此，该学者进一步认为，有意识的商法民法化既未在历史上真正出现，也不可能在未来大规模上演。①

对于阿根廷立法者而言，与其说商法民法化是要将原本仅适用于商人的商法规范民法化为适用于所有的法律主体，毋宁说是对传统商法过于关注商人阶层利益的一种矫正手段。质言之，在民商合一之再法典化的背景下，这涉及的是如何平衡企业经营组织之间以及他们和消费者之间事实上不平等的法律地位，以实现商法的人本化。在新法典施行之前，如果说"商人/产品提供者"和"顾客/消费者"之间的关系由商事立法来规范，那么消费者的权利几乎排他性地由民法理论来发展。从现代比较法的角度看，亦是如此：民法眼里的法律主体并无身份区别，它甚至越来越关注弱势主体，而自然人人格的发展是其终极关怀目标；商事立法则继续在本质上以企业自由和缔约主体完全自治为基础。于是，在人本主义理念的观照下，阿根廷立法者利用再法典化的机会，导入了商法民法化。②

为此，在构建合同制度的立法结构时，编纂委员会可能受意大利2005年施行的《消费法典》及其对民法典渗透的影响，深化了其所谓的"外部方法"。他们在新法典中规定了消费者的保护，但基于历史—教义的方法论，最终并未考虑定量数据的因素，以在"合同总则"中建立一般保护规则，而是选择将合同的一般类型再分为三个不同的亚类型：①有自由决定权的合同。此类合同是合意的结果，最终由意思自治原则规范，因而遵守新法典第三编第二章"合同总则"的规定；②附合事先拟定的一般条款而缔结的合同（所谓的附合合同）。此类合同被置于"合同总则"第三节"合意的构成"中，构成合意制度的一个例外情形（第984—987条）；③消费合同（第三编第三章）。在此类合同中，合意与否并不重要，其界定乃依主体分类和消费者特定弱势地位进行。在划分三种合同类型后，合同属于民事抑或商事从而适用何种法律已不再重要，重要的是，所订立的合同在主体的磋商能力上是否平等（有自由决定权的合同和附合合同之分），以及是否属于消费合同。③

---

① 参见施鸿鹏：《民法与商法二元格局的演变与形成》，载《法学研究》2017年第2期，第84页。
② Véase David F. Esborraz, *op. cit.*, ps. 107–108.
③ Véase David F. Esborraz, *op. cit.*, ps. 105–107.

按照这一立法结构,商法民法化的第一个表现就是对传统民事合同和商事合同之主体预设的扬弃,消费者和消费合同借民商合一之名在新法典中隆重登场。在这种意义上,新法典被称为消费者法的"硬核",也就是说,法典对消费者的最基本问题提供最低层次的保护,但这不妨碍依然有效的特别法作出较高层次的保护。[①] 具体而言,新法典的条文旨在更好地确立关于当事人同意缔结消费合同的表达形式,以及限制和取消造成消费者在缔约过程中处于不合理地位的规则。因此,新法典对各种滥用行为(prácticas abusivas)(如第1096条规定体面待遇、第1098条规定平等和非歧视待遇),消费合同的特别样式(如第1104条规定在商业场所之外订立的合同、第1105条规定远程订立的合同、第1110条针对这两类合同赋予消费者不可抛弃的撤回承诺的权利,以及第1111—1112条规定产品提供者告知撤回权的义务、告知的方式和期限等),以及滥用性条款(第1117—1122条)进行了规制。此外,这种最低层次但又是最本质性的保护也扩展到其他一些特殊的领域,如银行合同(第1384—1389条精心规定了与消费者和用户订立的银行合同)、与私人墓地相关的权利(第2111条的规范主题就是其中的消费关系)和分时所有权(第2100条规定了此种权利中的消费关系);其第1094条甚至规定,对调整消费关系的规范进行适用和解释时,应符合有利于可持续消费(consumo sustentable)的原则,这被认为在消费者权利和环境权之间架设了一座沟通的桥梁。[②]

商法民法化的第二个表现是前文述及的合同法源生产的"国家化"。从法源的表现形式看,这些原本定居于商事惯例和习惯中且体

[①] 新法典的立法理由曰:"存在二个支持这种(立法)态度的理由:(1)消费关系的持续动力使其极富变动性,因此特别立法是极其必要和不可替代的,而且可能是易变的;(2)部门法化构成一种子系统自身的解法典化……从这个角度说,法律体系被整合为由以下三个层级构成的阶梯:(1)被国家宪法承认的基本权利;(2)本法典提供最低程度保护的原则和规则以及共同(规范性)语言;(3)特别法中存在的具体化规则。前二个等级是不变的,而第三个等级是弹性的,且和变动中的商事习惯和惯例的情势相适应。" La Comisión de Reformas designada por el Decreto Presidencial 191/2011, *Fundamentos del Anteproyecto de Código civil y comercial de la Nación*, en *Código civil y comercial de la Nación. Proyecto del Poder Ejecutivo Nacional redactado por la Comisión*, La Ley, Buenos Aires, p. 530.

[②] Véase Aída Kemelmajer de Carlucci, *Pautas para interpretar el Código*, ps. 5-6.

现商事规范创制自治的合同,被纳入国家法范畴,并为新法典所确认,属于民法商法化,其目的是要谋求商事交易之法律安全或减少交易成本、诉讼成本。但在本质上,阿根廷立法者主要是出于保证更均衡的交易内容、保护消费者及其他脆弱的市场主体(如中小型企业)的考虑。① 而此目的的实现,依赖于附合合同、消费合同之一般规定对传统商事合同规则的矫正和限定。这样一来,不再游离于法典之外的那些所谓的商事合同,在体系上与所谓的民事合同一起,和合同总则中规定的三种合同亚类型形成前后呼应、民商合一的有机整体。可以说,阿根廷立法者借助这种方式真正保障了商事交易的法律安全,但这种法律安全已然不是专指商人或企业的法律安全,而是市场的交易安全,亦即不同类型的企业(它们并非总是享有相同的交易支配能力)以及企业和消费者共同所在场所的法律安全。②

总之,与《意大利民法典》的密集"商法化"(商事标准在债和合同制度中处于支配地位;"企业主之规则"独立成编)不同,阿根廷的新法典更表现为财产法的民法化。它减弱了商法化的密度,不仅注重商人或企业主的单方因素,同时也通过对消费合同和附合合同的规制,特别关注消费者和弱势主体的权利保护。③ 相较于《德国民法典》在纳入消费者保护法时所面对的"整合方式乏善可陈"之批评,《阿根廷共和国民商法典》在这方面的工作却是好评如潮。其原因不外乎是,前者系在欧盟指令的催迫下,将立法风格和体系化程度迥异的两部法律杂糅所致④,而后者是在解法典化背景下的法典重构,编纂委员会的工作相当于利用拆分后的音符重谱乐章,因而更能造就法典体系的和谐。

三、结语:对中国民法典编纂的启示

正如前述,阿根廷此次法典重构的初始动因是在私法领域实现民商合一的夙愿,这一点从其在世界范围内首次使用"民商法典"的名称

---

① Véase David F. Esborraz, *op. cit.*, ps. 108–109.
② Véase David F. Esborraz, *op. cit.*, p. 95.
③ Véase David F. Esborraz, *op. cit.*, ps. 111–112.
④ 关于对德国此项立法工作的批评及其原因分析,参见谢鸿飞:《民法典与特别民法关系的建构》,载《中国社会科学》2013年第2期,第110—111页。

即可窥知。就其实现程度而言,《阿根廷共和国民商法典》无疑是成功的,它甚至在以民事责任统合合同责任和非合同责任,并聚焦于损害赔偿制度的设计这一方面,都高度完成了民商合一。对此,西班牙有学者给予高度评价:阿根廷的解决方案非常大胆并且值得赞誉,而在不停"吹嘘"民商合一的欧洲,也仅仅是小心翼翼地达成了一个合一的体系。① 阿根廷本土的学者则认为,按照立法者私法统一的方式,对于为构建具有独有的商属性的规范性"微观体系"而有决定性意义的自然人或法人之"商"属性,以及法律行为的"商"属性之区分,新法典排除了其登堂入室的一切可能性。这表现为阿根廷 1889 年的商法典所包含的"商人"法规和"商事行为"之界定均被新法典删除,即便是继续有效的特别法中所使用的"商事公共登记"表述,也被"公共登记"一词取代。唯一表面上仍在使用的"民商"就是法典的标题,但这也只是为了强调此次法典编纂的民商合一目标。在内容上,新法典民商合一的范围几乎涵盖所有的财产法领域,如私法人制度、债与合同制度、民事责任制度等,甚至包括已通过法典重构而被"一般化"的消费者法中的一些原则、规则或制度。在这种意义上,该法典不仅是实质性的合一,也是全部的合一。②

其实,上述的民商合一都是在法典体系内部完成的,但在阿根廷法典重构中,更高层级的体系构造也颇值关注,这就是以企业法为核心的商法微观体系和消费者保护法典之微观体系一起,配合民商法典,共同构成私法的全部内容。其中,消费者法既代表民法,也代表商法,仍然是民商合一的汇合地带;而以企业法为核心的商事特别法之微观体系的存在,恰恰表明民商法典作为私法的一般文本,以私法人制度的开放性,为商法微观体系保留包容的空间。于是,一方面,未纳入法典的特别法在整体上承认前者的中心性;另一方面,法典的中心地位又因民商的统一而加强。

就我国迄今为止的法典编纂和前期立法工作而言,《中华人民共和国合同法》已在民商合一的领域迈出一大步,为未来合同编的编纂奠定了坚实的整合基础;《中华人民共和国民法总则》虽然在民事主体

---

① Véase Aída Kemelmajer de Carlucci, *Pautas para interpretar el Código*, p. 13.
② Véase David F. Esborraz, *op. cit.*, ps. 122–125.

和法律行为(含代理)制度上进行了民商合一的努力,但仍差强人意。① 就前者而言,在未来合同编领域着手民商合一时,阿根廷新法典尤其是在民法商法化和商法民法化的平衡(渗透性的合一)方面,大有借鉴空间。此种借鉴的目标应该是重述、整合现有的合同立法资源,尽可能为磋商能力不尽相同的企业以及企业和消费者的共存市场建立法律上的交易安全。就后者而言,撇开那些本土性元素(如个体工商户、农村承包经营户、某些特别法人等)不谈,若细加对比,我们可以发现,从民商合一的角度看,在民事主体尤其是法人制度的构造上,《中华人民共和国民法总则》和《阿根廷共和国民商法典》不无暗合之处。尽管前者未遵循国际通行做法而将法人区分为公法人和私法人,而是设立了营利性法人、非营利性法人和特别法人的类型划分,以至于对一些法人的类型认定存在剪不断理还乱的问题,但非法人组织被纳入民事主体制度规范,恰可补足我国法人制度因其成员有限责任的设定而不能因应企业经营组织形态日益多样化的短板。也就是说,《中华人民共和国民法总则》中"法人+非法人组织"的团体人格构造和《阿根廷共和国民商法典》中的私法人制度一样,可以使诸多新生的企业经济组织形态不再因《中华人民共和国民法通则》封闭的主体构造而游离于民事主体制度之外,同时又为超越法典体系从而构造更高层级的私法体系留下通道。依此种构造,私法典中主体制度的民商合一仅止于团体人格的一般性构造,而以公司法、合伙企业法为核心的微观体系则为企业经营组织的多样化提供具体的制度设计。

当然,《阿根廷共和国民商法典》对于我国民法典编纂的启发意义,更应该在于,它是解法典化背景下所作出的一种法典重构尝试。由于我国自1949年以来从未进行过真正的民法典编纂,故而一些学者所作出的我国民事立法正处于一个"法典化"和"解法典化"并存的时代这一判断,不见得真实。尽管如此,但那些学者所描述的"特别法现象"、民法解释学面临的挑战、作为"特别法专家"的法律人等现象②,与阿根廷立法者在再法典化过程中所面临的民商事立

---

① 参见张谷:《从民商关系角度谈〈民法总则〉的理解与适用》,载《中国应用法学》2017年第4期。

② 参见陆青:《论中国民法中的"解法典化"现象》,载《中外法学》2014年第6期,第1488—1493页。

法局面,又是何其相似! 所以,我国在法典编纂中需要面对的一个重大问题,同样是如何处理民法典和特别法之间的关系问题,而阿根廷立法者在这方面已赢得不俗口碑,其经验可资借鉴。不过,就我国民事立法的现状而言,所谓特别法不应包括诸如物权法、合同法、侵权责任法等民事单行法,因为这些法律本就属于民法典的固有元素,其体系化是此次法典编纂的直接目标和当然内容。

遗憾的是,囿于篇幅,本文并未介绍阿根廷新法典的其他成就。例如,在传承和变革之间,新法典就表现出某些不一致,它导入了极度现代化的家庭法,却基本维持1871年《阿根廷民法典》的继承制度。[1] 其中,对非婚伴侣关系(或曰非婚同居)的承认,在不同时期由数个立法草案推动,但未获通过;司法实务的承认也都是孤立、分散和无序的。新法典完成了这一挑战,承认了非婚同居之"家庭"本质,于是,对于那些为实施家庭生活计划而共同生活的人来说,婚姻不再是决定其权利和义务的排他性要素。[2] 此外,根据其第558条的规定,亲子关系可以通过自然生殖(不区分婚内或婚外的)、人工辅助生殖技术或收养发生,这在丰富亲子关系产生方式的同时,也预示着人工辅助生殖技术会成为允许以原创方法产生单亲家庭的一种方式,这种情况同样发生在被法律所许可的单身一人收养的情形。[3] 显然,对家庭和家庭关系的重新定义,意味着婚姻不再是家庭的唯一组织形式和家庭关系的起点,家庭法已由婚姻关系中心主义走向亲子关系中心主义。在此种意义上,若我国民法典分编之一仍冠名为"婚姻家庭编",其因循守旧的法政策目标已显现无遗。在此目标框定下,能否在家庭法领域实现人之基本权利的保护,颇为怀疑。

---

[1] Véase Noemí Lidia Nicolau, *Código y sistema jurídico. Sus proyecciones en el Código civil y comercial argentino*, p. 75.

[2] Véase Aída Kemelmajer de Carlucci, *El Código civil y comercial argentino y el derecho de familia*, en *Nuovo códice civile argentino e sistema giuridico latinoamericano*, CEDAM, 2017, ps. 189-190.

[3] Véase Aída Kemelmajer de Carlucci, *El Código civil y comercial argentino y el derecho de familia*, p. 173.

《阿根廷共和国民商法典》目录[*]

徐涤宇[**] 译

序　章

第一节　法(第1—3条)
第二节　法律(第4—8条)
第三节　权利的行使(第9—14条)
第四节　权利和财产(第15—18条)

第一编　总　　则

第一章　自然人

第一节　生存之开始(第19—21条)
第二节　能力(资格)
　　第一目　一般原则(第22—24条)
　　第二目　未成年人(第25—30条)
　　第三目　能力(资格)之限制(第31—50条)
第三节　人格权和人格行为(第51—61条)
第四节　姓名(第65—72条)
第五节　住所(第73—78条)

---

[*]　此目录之翻译,有助于读者通过了解和对比阿根廷新老民法典的体系结构和基本内容,更好地理解阿根廷新民商法典"解法典化后再法典化"的要义。阿根廷原民法典的中文译本,参见《最新阿根廷共和国民法典》,徐涤宇译注,法律出版社2007年版。

[**]　徐涤宇,中南财经政法大学法学院教授。

第六节 不在(第79—84条)

第七节 死亡推定(第85—92条)

第八节 人之生存的终止(第93—95条)

第九节 出生、死亡和年龄之证明(第96—99条)

第十节 代理和扶助;监护和保佐

　第一目 代理和扶助(第100—103条)

　第二目 监护(第104—137条)

　第三目 保佐(第138—140条)

第二章 法 人

第一节 一般规定

　第一目 人格:构成(第141—144条)

　第二目 分类(第145—150条)

　第三目 私法人(第151—167条)

第二节 民事社团

　第一目 民事社团(第168—186条)

　第二目 简单社团(第187—192条)

第三节 财团

　第一目 概念、目的、设立方式和财产(第193—194条)

　第二目 设立和批准(第195—200条)

　第三目 治理和管理(第201—213条)

　第四目 信息和账目检查(第214—215条)

　第五目 章程变更和解散(第216—218条)

　第六目 依遗嘱处分设立的财团(第219—220条)

　第七目 账目检查机关(第221—224条)

第三章 财 产

第一节 与人相关的财产以及和关系到集体的权利相关的财产

　第一目 概念(第225—234条)

　第二目 与人相关的财产(第235—239条)

　第三目 和关系到集体的权利相关的财产(第240—241条)

第二节 担保功能(第242—243条)

第三节 住宅(第244—256条)

第四章 法律事实和法律行为

第一节 一般规定(第257—264条)

第二节 作为意思瑕疵的错误(第265—270条)

第三节 作为意思瑕疵的欺诈(第271—275条)

第四节 作为意思瑕疵的胁迫(第276—278条)

第五节 法律行为

 第一目 法律行为的标的(第279—280条)

 第二目 法律行为的原因(第281—283条)

 第三目 法律行为的形式和证明(第284—288条)

 第四目 公文书(第289—298条)

 第五目 公证书和公证记录(第299—312条)

 第六目 私文书和个人文书(第313—319条)

 第七目 会计和会计账簿(第320—331条)

第六节 法律行为之瑕疵

 第一目 非常损失(第332条)

 第二目 伪装(第333—337条)

 第三目 诈害(第338—342条)

第七节 法律行为所附负荷①

 第一目 条件(第343—349条)

 第二目 期限(第350—353条)

 第三目 负担(第354—357条)

第八节 代理

 第一目 一般规定(第358—361条)

 第二目 意定代理(第362—381条)

第九节 法律行为之不生效果

 第一目 一般规定(第382—385条)

 第二目 绝对无效和相对无效(第386—388条)

 第三目 全部无效和部分无效(第389条)

 第四目 无效的效果(第390—392条)

---

① 在法律西班牙语中,负荷为条件、期限和负担的上位概念(属概念)。——译者注

第五目　确认(第393—395条)

　　　第六目　无对抗力(第396—397条)

第五章　权利的移转(第398—400条)

第二编　家　庭　关　系

第一章　婚　姻

　第一节　自由和平等原则(第401—402条)

　第二节　婚姻之要件(第403—409条)

　第三节　婚姻缔结之反对(第410—415条)

　第四节　结婚

　　　第一目　结婚之普通模式(第416—420条)

　　　第二目　结婚之特别模式(第421—422条)

　第五节　婚姻之证明(第423条)

　第六节　婚姻之无效(第424—430条)

　第七节　夫妻的权利和义务(第431—434条)

　第八节　婚姻的解除

　　　第一目　事由(第435条)

　　　第二目　离婚程序(第436—438条)

　　　第三目　离婚的效果(第439—445条)

第二章　婚姻财产制

　第一节　一般规定

　　　第一目　婚姻协议(第446—450条)

　　　第二目　以结婚为由的赠与(第451—453条)

　　　第三目　对诸财产制的共同规定(第454—462条)

　第二节　共同财产制

　　　第一目　一般规定(第463条)

　　　第二目　配偶的财产(第464—466条)

　　　第三目　配偶的债务(第467—468条)

　　　第四目　共有财产的管理(第469—474条)

　　　　第五目　共有的消灭(第475—480条)
　　　　第六目　紧随共有后的未分割状态(第481—487条)
　　　　第七目　共有之清算(第488—495条)
　　　　第八目　共有之分割(第496—504条)
　　第三节　分别财产制(第505—508条)

第三章　共同生活之结合

　　第一节　构成和证明(第509—512条)
　　第二节　共同生活协议(第513—517条)
　　第三节　共同生活之结合在共同生活期间的效果(第518—522条)
　　第四节　共同生活之结束；效果(第523—528条)

第四章　亲属关系

　　第一节　一般规定(第529—536条)
　　第二节　亲属的义务和权利
　　　　第一目　扶养(第537—554条)
　　　　第二目　联系之权利(第555—557条)

第五章　亲子关系

　　第一节　一般规定(第558—559条)
　　第二节　基于人类辅助生殖技术发生的亲子关系之一般规则(第560—564条)
　　第三节　母子关系的确定(第565条)
　　第四节　婚生亲子关系的确定(第566—569条)
　　第五节　非婚生亲子关系的确定(第570—575条)
　　第六节　亲子关系之诉：一般规定(第576—581条)
　　第七节　请求确认亲子关系之诉(第582—587条)
　　第八节　亲子关系异议之诉(第588—593条)

第六章　收　养

　　第一节　一般规定(第594—606条)
　　第二节　收养状态的司法宣告(第607—610条)
　　第三节　以收养为目的的庇护(第611—614条)

第四节　收养之审理(第615—618条)
第五节　收养的类型
　　第一目　一般规定(第619—623条)
　　第二目　完全收养(第624—626条)
　　第三目　简单收养(第627—629条)
　　第四目　一体收养(第630—633条)
第六节　无效和登记(第634—637条)

第七章　亲属责任

第一节　亲属责任的一般原则(第638—640条)
第二节　亲属责任的执行人和执行(第641—645条)
第三节　父母的义务和权利:一般规则(第646—647条)
第四节　子女之照管人的义务和权利(第648—657条)
第五节　父母的义务和权利:扶养义务(第658—670条)
第六节　子女的义务(第671条)
第七节　非血缘关系之父母子女的义务和权利(第672—676条)
第八节　未成年子女之财产的代理、处分和管理(第677—698条)
第九节　亲属责任的消灭、剥夺、中止和恢复(第699—704条)

第八章　家庭案件的审理

第一节　一般规定(第705—711条)
第二节　家庭状态诸诉讼(第712—715条)
第三节　管辖规则(第716—720条)
第四节　临时措施(第721—723条)

第三编　债　　权

第一章　债之总则

第一节　一般规定(第724—735条)
第二节　债权人的诉权和共同担保
　　第一目　直接诉权(第736—738条)
　　第二目　代位诉权(第739—742条)
　　第三目　债权人的共同担保(第743—745条)

第三节　债之种类

　　第一目　给予之债(第746—772条)

　　第二目　作为和不作为之债(第773—778条)

　　第三目　选择之债(第779—785条)

　　第四目　任意之债(第786—789条)

　　第五目　附罚金条款之债和(金钱性的)敦促性制裁(第790—804条)

　　第六目　可分之债和不可分之债(第805—824条)

　　第七目　多数人之债(第825—849条)

　　第八目　竞合之债(第850—852条)

　　第九目　并立之债(第853—855条)

　　第十目　主债和从债(第856—857条)

　　第十一目　账目之提供(第858—864条)

第四节　清偿

　　第一目　一般规定(第865—885条)

　　第二目　迟延(第886—888条)

　　第三目　资产改善时清偿(第889—891条)

　　第四目　能力限度利益(第892—893条)

　　第五目　清偿之证明(第894—899条)

　　第六目　清偿抵充(第900—903条)

　　第七目　依提存而清偿(第904—913条)

　　第八目　代位清偿(第914—920条)

第五节　其他消灭方式

　　第一目　抵销(第921—930条)

　　第二目　混同(第931—932条)

　　第三目　更新(第933—941条)

　　第四目　代物清偿(第942—943条)

　　第五目　抛弃和免除(第944—954条)

　　第六目　履行不能(第955—956条)

第二章　合同总则

第一节　一般规定(第957—965条)

第二节　合同的分类(第966—970条)

第三节 合意的形成
  第一目 合意:要约和承诺(第 971—983 条)
  第二目 附合于预先拟定的一般条款而成立的合同(第 984—989 条)
  第三目 缔约接触(第 990—993 条)
  第四目 预约合同(第 994—996 条)
  第五目 优先(缔约)约定和待同意或批准的合同(第 997—999 条)

第四节 缔约能力和无资格(第 1000—1002 条)
第五节 标的(第 1003—1011 条)
第六节 原因(第 1012—1014 条)
第七节 形式(第 1015—1018 条)
第八节 证明(第 1019—1020 条)
第九节 效果
  第一目 相对性效果(第 1021—1024 条)
  第二目 第三人加入合同(第 1025—1030 条)
  第三目 履行中止和不可抗力(第 1031—1032 条)
  第四目 瑕疵担保义务(第 1033—1058 条)
  第五目 定金(第 1059—1060 条)

第十节 解释(第 1061—1068 条)
第十一节 从合同(第 1069—1072 条)
第十二节 关联合同(第 1073—1075 条)
第十三节 合同的消灭、变更和调整(第 1076—1091 条)

第三章 消费合同

第一节 消费关系(第 1092—1095 条)
第二节 合意的形成
  第一目 滥用行为(第 1096—1099 条)
  第二目 面向消费者的信息和公示(第 1100—1103 条)

第三节 特别样式(第 1104—1116 条)
第四节 滥用性条款(第 1117—1122 条)

第四章　合同分则

第一节　买卖
　　第一目　一般规定(第1123—1128条)
　　第二目　出售之物(第1129—1132条)
　　第三目　价金(第1133—1136条)
　　第四目　出卖人的义务(第1137—1140条)
　　第五目　买受人的义务(第1141条)
　　第六目　动产买卖(第1142—1162条)
　　第七目　得附加于买卖合同的一些约款(第1163—1169条)
　　第八目　(不动产)预售文书(第1170—1171条)

第二节　互易(第1172—1175条)

第三节　供应(第1176—1186条)

第四节　租赁
　　第一目　一般规定(第1187—1191条)
　　第二目　标的和用途(第1192—1196条)
　　第三目　租赁期间(第1197—1199条)
　　第四目　租赁的效果(第1200—1212条)
　　第五目　转让和再租赁(第1213—1216条)
　　第六目　消灭(第1217—1221条)
　　第七目　消灭的效果(第1222—1226条)

第五节　融资租赁(第1227—1250条)

第六节　承揽和服务
　　第一目　承揽和服务之共同规定(第1251—1261条)
　　第二目　承揽之特别规定(第1262—1277条)
　　第三目　服务之特别规范(第1278—1279条)

第七节　运输
　　第一目　一般规定(第1280—1287条)
　　第二目　人之运输(第1288—1295条)
　　第三目　物之运输(第1296—1318条)

第八节　委托(第1319—1334条)

第九节　行纪合同(第1335—1344条)

第十节　居间(第1345—1355条)

第十一节 寄托
 第一目 一般规定(第1356—1366条)
 第二目 不规则寄托(第1367条)
 第三目 必要寄托(第1368—1375条)
 第四目 寄托物(第1376—1377条)

第十二节 各种银行合同
 第一目 一般规定(第1378—1389条)
 第二目 (银行)合同之分则(第1390—1420条)

第十三节 保付代理合同(第1421—1428条)

第十四节 在交易所或商品市场缔结的合同(第1429条)

第十五节 交互计算(第1430—1441条)

第十六节 联营合同
 第一目 一般规定(第1442—1447条)
 第二目 合作参与的事务(第1448—1452条)
 第三目 合作组织(第1153—1162条)
 第四目 过渡性结合(第1463—1469条)
 第五目 合作康采恩(第1470—1478条)

第十七节 代办(第1479—1501条)

第十八节 特许(第1502—1511条)

第十九节 特许经营(第1512—1524条)

第二十节 消费借贷(第1525—1532条)

第二十一节 使用借贷(第1533—1541条)

第二十二节 赠与
 第一目 一般规定(第1542—1554条)
 第二目 效果(第1555—1559条)
 第三目 特别赠与(第1560—1565条)
 第四目 归还与撤销(第1566—1573条)

第二十三节 保证
 第一目 一般规定(第1574—1582条)
 第二目 保证人和债权人之间的效果(第1583—1591条)
 第三目 债务人和保证人之间的效果(第1592—1594条)
 第四目 共同保证人之间的效果(第1595条)
 第五目 保证之消灭(第1596—1598条)

第二十四节 有偿的终身定期金合同(第 1599—1608 条)

第二十五节 游戏和赌博合同(第 1609—1613 条)

第二十六节 权利让与

    第一目 一般规定(第 1614—1631 条)

    第二目 债务让与(第 1632—1635 条)

第二十七节 合同地位的让与(第 1636—1640 条)

第二十八节 和解(第 1641—1648 条)

第二十九节 仲裁合同(第 1649—1665 条)

第三十节 信托合同

    第一目 一般规定(第 1666—1670 条)

    第二目 主体(第 1671—1681 条)

    第三目 效果(第 1682—1689 条)

    第四目 金融信托(第 1690—1692 条)

    第五目 受益权证书和债务凭据(第 1693—1694 条)

    第六目 债务凭据或受益权证书之持有人大会(第 1695—1696 条)

    第七目 信托的消灭(第 1697—1698 条)

    第八目 遗嘱信托(第 1699—1700 条)

第三十一节 信托所有权(第 1701—1707 条)

第五章 债的其他发生根据

第一节 民事责任

    第一目 一般规定(第 1708—1709 条)

    第二目 预防功能和过度惩罚(第 1710—1715 条)

    第三目 补偿功能(第 1716—1736 条)

    第四目 应补偿之损害(第 1737—1748 条)

    第五目 直接责任(第 1749—1752 条)

    第六目 因第三人行为产生的责任(第 1753—1756 条)

    第七目 源自物和特定行为之介入的责任(第 1757—1759 条)

    第八目 集体责任和行为人不明的责任(第 1760—1762 条)

    第九目 责任之特别要件(第 1763—1771 条)

    第十目 责任诉权之行使(第 1772—1773 条)

    第十一目 民事诉讼和刑事诉讼(第 1774—1780 条)

第二节 (他人)事务管理(第 1781—1790 条)

第三节 有益管理(第 1791—1793 条)

第四节 不当得利

　　第一目 一般规定(第 1794—1795 条)

　　第二目 非债清偿(第 1796—1799 条)

第五节 单方意思表示

　　第一目 一般规定(第 1800—1802 条)

　　第二目 公开的悬赏允诺(第 1803—1806 条)

　　第三目 公开竞赛(第 1807—1809 条)

　　第四目 单方担保(第 1810—1814 条)

第六节 有价证券(第 1815—1881 条)

第四编　物　　权

第一章　一般规定

第一节 共同原则(第 1882—1891 条)

第二节 取得、移转、消灭和对抗(第 1892—1907 条)

第二章　占有和持有

第一节 一般规定(第 1908—1921 条)

第二节 取得、行使、维持和消灭(第 1922—1931 条)

第三节 权力关系的效果(第 1932—1940 条)

第三章　所有权

第一节 一般规定(第 1941—1946 条)

第二节 取得所有权的特别方式

　　第一目 先占(第 1947—1950 条)

　　第二目 埋藏物之取得(第 1951—1954 条)

　　第三目 遗失物制度(第 1955—1956 条)

　　第四目 动产的加工和添附(第 1957—1958 条)

　　第五目 不动产的添附(第 1959—1963 条)

第三节 不完全所有权(第 1964—1969 条)

第四节 所有权的限制(第 1970—1982 条)

第四章 共 有

第一节 一般规定(第 1983—1992 条)
第二节 管理(第 1993—1995 条)
第三节 无强制性不分割之共有
　　独目　分割(第 1996—1998 条)
第四节 临时强制性不分割之共有(第 1999—2003 条)
第五节 永久强制性不分割之共有
　　第一目　必要附属物之共有(第 2004—2005 条)
　　第二目　墙、围圈物和沟壕的共有(第 2006—2036 条)

第五章 水平所有权(建筑物区分所有权)

第一节 一般规定(第 2037—2044 条)
第二节 所有权人的权能和义务(第 2045—2050 条)
第三节 对共有物和共有部分的改动(第 2051—2055 条)
第四节 水平所有权之规约(第 2056—2057 条)
第五节 业主大会(第 2058—2063 条)
第六节 业主委员会(第 2064 条)
第七节 管理人(第 2065—2067 条)
第八节 次级组织(第 2068 条)
第九节 违法违章(第 2069 条)
第十节 预先区分(第 2070—2072 条)

第六章 不动产之合有

第一节 不动产之合有(第 2073—2086 条)
第二节 分时共有(第 2087—2102 条)
第三节 私人墓地(第 2103—2113 条)

第七章 地上权(第 2114—2128)

第八章 用益权

第一节 一般规定(第 2129—2140 条)
第二节 用益权人的权利(第 2141—2144 条)
第三节 用益权人的义务(第 2145—2150 条)

第四节 单纯所有权人的权利和义务（第2151条）
第五节 消灭（第2152—2153条）

第九章 使用权（第2154—2157条）

第十章 居住权（第2158—2161条）

第十一章 地役权

第一节 一般规定（第2162—2172条）
第二节 需役地权利人的权利和义务（第2173—2179条）
第三节 供役地权利人的权利（第2180—2181条）
第四节 地役权的消灭（第2182—2183条）

第十二章 担保物权

第一节 共同规定（第2184—2204条）
第二节 抵押权（第2205—2211条）
第三节 不动产质权（第2212—2218条）
第四节 质权
 第一目 一般规定（第2219—2223条）
 第二目 物的质押（第2224—2231条）
 第三目 债权质押（第2232—2237条）

第十三章 占有之诉权和物权之诉权

第一节 占有和持有之防御（第2238—2246条）
第二节 物权之防御
 第一目 一般规定（第2247—2251条）
 第二目 原物返还之诉权（第2252—2261条）
 第三目 物权保全之诉权（第2262—2263条）
 第四目 确认物权之诉权（第2264—2265条）
 第五目 划界诉权（第2266—2268条）
第三节 占有诉权和物权诉权之间的关系（第2269—2276条）

第五编 权利之死因移转

第一章 继 承

第一节 一般规定（第2277—2280条）

第二节 不配继承(第 2281—2285 条)

第二章 遗产的接受和抛弃

第一节 选择权(第 2286—2292 条)
第二节 遗产的接受(第 2293—2297 条)
第三节 遗产的抛弃(第 2298—2301 条)

第三章 遗产之让与(第 2302—2309 条)

第四章 继承回复请求权(第 2310—2315 条)

第五章 继承人和受遗赠人的责任:消极资产之清算(第 2316—2322 条)

第六章 未分的状态

第一节 司法外管理(第 2323—2329 条)
第二节 强制性不分割(第 2330—2334 条)

第七章 继承程序

第一节 一般规定(第 2335—2336 条)
第二节 继承人资格之确认(第 2337—2340 条)
第三节 财产清单和估价(第 2341—2344 条)
第四节 继承之司法管理
 第一目 管理人的指定、权利和义务(第 2345—2352 条)
 第二目 管理人的职能(第 2353—2355 条)
第五节 债务和遗赠之清偿(第 2356—2360 条)
第六节 司法管理的终结(第 2361—2362 条)

第八章 分 割

第一节 分割之诉权(第 2363—2368 条)
第二节 实施分割的方式(第 2369—232384 条)
第三节 赠与之合算(第 2385—2396 条)
第四节 债务之合算(第 2397—2402 条)
第五节 分割的效果(第 2403—2407 条)
第六节 分割之无效和修正(第 2408—2410 条)
第七节 由直系尊血亲分割
 第一目 一般规定(第 2411—2414 条)
 第二目 依赠与分割(第 2415—2420 条)

第三目 依遗嘱分割(第 2421—2423 条)

第九章 法定继承

第一节 一般规定(第 2424—2425 条)

第二节 直系卑血亲之继承(第 2426—2430 条)

第三节 直系尊血亲之继承(第 2431—2432 条)

第四节 配偶之继承(第 2433—2437 条)

第五节 旁系亲属之继承(第 2438—2440 条)

第六节 国家的权利(第 2441—2443 条)

第十章 特留份(第 2444—2461 条)

第十一章 遗嘱继承

第一节 一般规定(2462—2471 条)

第二节 遗嘱的形式

第一目 一般规定(第 2472—2476 条)

第二目 亲笔遗嘱(第 2477—2478 条)

第三目 依公开行为订立的遗嘱(第 2479—2481 条)

第三节 无资格依遗嘱继承(第 2482—2483 条)

第四节 继承人和受遗赠人之设立和替补(第 2484—2493 条)

第五节 遗赠(第 2494—2510 条)

第六节 遗嘱处分之撤销和失效(第 2511—2522 条)

第七节 遗嘱执行人(第 2523—2531 条)

第六编 债权和物权之共同规定

第一章 时效和除斥期间(权利失效)

第一节 免责时效①和取得时效之共同规定

---

① 原文为 prescripción liberatoria。现代民法中,虽然一些国家继续沿用"消灭时效"(extinctive prescription)之传统术语,但 prescripción liberatoria/liberative prescription 大有取而代之之势。对此,德国学者莱因哈特·齐默尔曼在《解脱时效(一):核心制度》[载徐涤宇、〔意〕桑德罗·斯奇巴尼主编:《罗马法与共同法》(第 2 辑),徐涤宇、连光阳译,法律出版社 2012 年版]一文中有深入研究。笔者曾将该术语译为"解脱时效",嗣后发现另有学者将其译为"免责时效"。从法律含义的角度看,该译法更为可信,故采之。

　　　　第一目　一般规范(第 2532—2538 条)
　　　　第二目　时效之中止(第 2539—2543 条)
　　　　第三目　时效之中断(第 2544—2549 条)
　　　　第四目　时效之宽限(第 2550 条)
　　　　第五目　和时效相关的程序性规定(第 2551—2553 条)
　　第二节　免责时效
　　　　第一目　计算之开始(2554—2559 条)
　　　　第二目　时效期间(第 2560—2564 条)
　　第三节　取得时效(第 2565 条)
　　第四节　权利因除斥期间而失效(第 2566—2572 条)

第二章　诸特权

　　第一节　一般规定(第 2573—2581 条)
　　第二节　特殊特权(第 2582—2586 条)

第三章　留置权(第 2587—2593 条)

第四章　国际私法之规定

　　第一节　一般规定(第 2594—2600 条)
　　第二节　国际管辖权(第 2601—2612 条)
　　第三节　分则(第 2613—2671 条)

巴西民法典编纂研究

《巴西新民法典》序言

[意]桑德罗·斯奇巴尼* 著

齐 云** 译

徐国栋*** 校

在巴西独立的第 181 年,以及共和国宣告成立的第 114 年,巴西现行民法典被以 2002 年 1 月 10 日的第 10.406 号法律通过;它在其颁布一年后,也就是在 2003 年 1 月 10 日生效。《巴西新民法典》①是巴西法学家委员会的作品。在这些法学家中,特别突出的是法哲学家米格尔·雷阿勒(Miguel Reale)以及罗马法、民法学者莫雷拉·阿尔维斯(Moreira Alves)。

一、巴西民法的家系

巴西民法属于作为罗马法系的一个子体系的拉丁美洲法系。

从波伦那(Bologna)大学(1088)的实验以及神圣罗马帝国对此等实验提供支持开始,被优士丁尼编成法典的罗马共同法,再次被欧洲各国作为培养法学家的首要工具。随着萨拉曼卡(Salamanca)大学(1218)、里斯本(Lisboa)大学以及科因布拉(Coimbra)大学(1288)的

---

* 桑德罗·斯奇巴尼(Sandro Schipani),意大利罗马第一大学荣誉教授。

** 齐云,厦门大学法学院讲师,法学博士。校对徐国栋,厦门大学法学院教授。

*** 徐国栋,厦门大学法学院教授。

① 作者原来用《巴西民法典》(Codice civile del Brasile)一词称呼巴西 2002 年通过的新民法典,为了与 1916 年通过的旧《巴西民法典》相区别,考虑到其葡萄牙名称即为《新民法典》(Novo Código Civil),译者在此将之改译为《巴西新民法典》,后引亦同。——译者注

设立,波伦那大学研究罗马法的方式随后在伊比利亚半岛传播开来。但伊比利亚半岛在神圣罗马帝国的关注下编订了《七章律》(Siete Partidas),它利用了优士丁尼诸法典的文本并简化之,同时还参考了教会法、希腊和拉丁经典作家、基督教作家以及所有被翻译成西班牙语的作品的文本。它也曾在葡萄牙发生效力,并与罗马法和教会法一起构成一个共同的基础。葡萄牙在 1446 年颁布了阿方索五世的《阿方索法令集》(Ordenações Afonsinas);在 1521 年颁布了曼努埃尔一世的《曼努埃尔法令集》(Ordenações Manuelinas);在 1603 年颁布了菲利普一世的《菲利普法令集》(Ordenações Filipinas)。在此基础之上,葡萄牙大大简化了法律渊源的适用顺序:第一顺位,国王的法令;第二顺位,教会法或罗马法;第三顺位,阿库修斯(Accursius)的评注以及波伦那学派的伟大法学家的观点[如巴托鲁斯(Bartolus)];最后,可向国王上诉。1769 年,葡萄牙颁布了《健全理性法》(Boa Razão),这是受到了那个时代自然法学思想刺激的产物。根据这个法律,当地的习惯应从前述法律渊源的整体中得出的法整合在一起予以考虑,而此等法应根据从古代原则、万民法以及权威法学家的著作中阐明的理性来进行选择。这种法律曾得到科因布拉大学新的规章的支持(1772),此等规章规定了法的研究的系统方式,并将罗马法作为补充的共同法来使用,它特别关注了被称为"在文明国家之间的罗马法的现代应用"的现象。

"托德西利亚斯(Tordesillas)条约"(1494)规定了葡萄牙和西班牙在旅行、商业和领土扩张之间的关系。根据此条约,葡萄牙扩张到了巴西,并同时将在其本土上适用的罗马法、教会法、它们共同的伊比利亚传统以及葡萄牙的特别传统带到了那里,还针对巴西制定了特别的规范性文件。不同于西班牙,葡萄牙在美洲没有建立大学,并且,在巴西活动的法学家全都是科因布拉大学培养出来的。

在拿破仑入侵伊比利亚半岛期间,葡萄牙国王若奥(João)六世迁移到了巴西的里约热内卢(Rio de Janeiro,1808)。但当他返回欧洲后(1821),其子佩德罗(Pedro)留在了巴西,宣布了巴西的独立(1822 年 9 月 7 日),并随着巴西帝国(1822 年 10 月 12 日)的宣告成立而变成了皇帝。因循着 1823 年 10 月 20 日的法律的已有规定,《巴西帝国宪法》(1824,第 179 条第 18 点)规定了编纂民法典和刑法典的意向(类似的考虑亦包括在那个时代的拉丁美洲的其他宪法之中)。相应地,大学成立了,它们把组织法律研究放在意识形态的中心[1825 年卡舒埃拉(Cachoeira)子爵的章程]：叟萨(Sousa)和玛吉士(Marques)出版了优士丁尼的《法学阶梯》，并将其当作巴西法律的起源。

当刑法典、刑事诉讼法典和商法典颁布时(1830,1832,1859)，民法典的制定却显得更为费力和缓慢，以至于出现了采用葡萄牙人若译·奥梅姆·科雷亚·特莱斯(José Homem Corrêa Telles)的作品的提议，即作为新民法典补充的与葡萄牙的法律和习俗相协调的民事的权利和义务的《葡萄牙学说汇纂》(3卷，科因布拉，1835年)①，它汇编了有效的法律规范和法学理论。而就在这几十年，其他的拉丁美洲国家相继通过了自己的民法典：在这里，只要记住《玻利维亚民法典》(1831)、《秘鲁民法典》(1852)和《智利民法典》(1857)，就足够了。

在此种背景下，巴西政府于1855年采取了一个具体的行动，它委托伟大的法学家、罗马法学者奥古斯都·特谢拉·德·弗雷塔斯②(Augusto Teixeira de Freitas)编订一部《民事法律汇编》(Consolidação das Leis civis)，然后(1859)又编订一部《民法典草案》(Código civil - Esboço,1859—1867)。③

二、弗雷塔斯为巴西民法典制定所做的工作

弗雷塔斯于1816年8月19日生于巴西的巴伊亚(Bahia)地区的卡舒埃拉。他在欧林达(Olinda)大学[位于累西腓(Recife)]学习法律，之后转到圣保罗大学，随后又返回到欧林达大学结束学习(1837)。他曾被任命为巴伊亚州的法官(1838)。之后，成为他自己创立的巴西律师协会管理委员会的成员(1843)，还在一段时期成为其主席

---

① 笔者所见到的是1860年的第5版，它带有一个关于民事程序的附录，参见 *Digesto Portuguez ou tractado dos direitos e obrigações civis accommodado ás leis e costumes da Nação portugueza para servir de subsidio ao novo Codigo civil*。

② Cfr. S. Meira, *Teixeira de Freitas. O Jurisconsulto do Império. Vida e obra*, 2 ed., Brasília, 1983. 另外，参见载于 *Diritto romano, codificazioni e unità del sistema giuridico latinoamericano*, a cura di S. Schipani (= Studi Sassaresi, 5, 1977–1978), Milano, 1981, 以及 *Augusto Teixeira de Freitas e il diritto latinoamericano*, a cura di S. Schipani, Padova, 1988 之上的论文。

③ 关于拉丁美洲法典编纂的基础性著作，参见 Guzmán Brito, *La Codificación Civil en Iberoamérica. Siglos XIX y XX*, Santiago, 2000；关于巴西在1917《巴西民法典》之前的法典编纂情况，参见该书第494页及以下。

(1857)。他曾被任命为国务院的律师,并担任这一职务近40年(1844—1880)。他出版了一些法律著作:《民事法律手册》①和《法的规则》②,并根据巴西法改编了一些葡萄牙法学者的作品。③ 他于1883年在尼特罗伊(Niteroi)去世。弗雷塔斯是一位强烈地和紧密地与其特定的职业活动联系在一起的法学家;他曾经说过:"没有比你们把我当作罗马法学家更荣耀的事情。"

1854年,弗雷塔斯被请求为民法的法典化制定一个工作计划。他预先将之分为三个步骤:分类、汇编、法典化。他认为,首先有必要通过收集不同的规范并按照一个系统化的顺序将之分类的方式,很好地理解现存的法律;接着,有必要将已汇集的规范以简短的条款来重构,从而使之简化;因此,有必要矫正不公正和有缺陷的规范,并补充其缺漏。在完成《民事法律汇编》之后(1857),弗雷塔斯在为它写的内容广泛的"导言"里缓和了在第二步骤和第三步骤之间的区分,同时强调了对整个体系的已完成的反思,对最正确的解决方式的比较和研究,并将此部作品作为对既存法进行的重新确认和对其进行改革之间的一个缓冲。实际上,他完成了如下的基本工作:从原初的上下文提取出规则;将此等规则从解释中剥离出来,因为他不接受它们,并认为它们是应去除掉的外壳;经常简写一个既有的规则,把它一般性地调适为一个法典条文的形式,把它们纳入一个按顺序的阐述之中,此等阐述建立在为数不多的几个体系性一般范畴之上,这些范畴根据"分门别类地建构法律"④(ius generatim constituere)和"科学地编订法律"⑤(ius in artem redigere)⑤的方法决定了上述规则的意义;在后一方面,他对法学阶梯式的作品所广泛传播的阐述顺序进行了革新,上述阐述顺序起源于盖尤斯和优士丁尼,被1804年《拿破仑民法典》以及1857年《智利民法典》采纳,并得到了他的关注;他划分了一个总则,在其下又分为:人、物,以及一个分则,在其中突出了罗马法的一个基本区分:

---

① Ver Auglisto Teixeira de Freitas, *Promptuário das Leis civis*, *Rio de Janeiro*, 1876.
② Ver Auglisto Teixeira de Freitas, *Regras de Direito*, *Rio de Janeiro*, 1882.
③ Ver J. J. Pereira de Sousa, *Processo Civil*, 2 vol., Rio de Janeiro, 1879; J. H. Corrêa Telles, *Doutrina das acções*, Rio de Janeiro, 1879.
④ 参见 D. 1,2,2,41。
⑤ 〔古罗马〕西塞罗:《论演说家》,第1、42和187页以及以下数段。

为了保护物权的对物之诉以及为了债的履行的对人之诉①,并且此等分则又被分为两编,第一编关于对人权,它下分为两节:家庭关系中的对人权和民事关系中的对人权;第二编关于对物权(它包括通过对物诉讼处理的遗产继承,此议题亦在 D. 5-8 中出现)。② 此文本共有 1 333 条(75 + 1 258),并且每条都带有"注释",这些注释扼要地指出了条文的渊源。教义学的详细阐述,如罗马法的体系一样,总是围绕着人以及对他们的保护这一中心,不管他们是市民还是外国人,并且对外国人确认了他们与市民一样的民事权利,同时也不管市民是已出生的还是正在孕育中的;在这一问题上,基于对罗马法的最忠实的解释,提出与那个时代的一些法典或欧洲作者不同的看法,也并非不需要勇气③(应该指出,虽然奴隶制在当时的巴西仍有效力,但弗雷塔斯将关于奴隶制的规范排除在《民事法律汇编》之外。因为他认为,应废除它,并且它与其作品的逻辑相斥)。

《民事法律汇编》得到了负责评价它的委员会的赞赏。此委员会通过了它,并特别强调其"教学性的方法"(1858)。另外,此委员会认为,它没有必要由立法者批准。它有几个不同版本,也有一些增补,这些"注释"显示了它在重构体系中的指导作用。即使对于没有被它收录的法律,也是如此(1865 年,第 2 版;1876 年,第 3 版;1915 年,第5 版)。

作为法学理论的产物,这一作品在巴西被作为民法典使用,直到 1916 年通过的《巴西民法典》生效为止,并且可以说它代表了这样一个最明显的范例:即使在现代法典编纂过程中,法学理论也占据着主导地位,正如法学家在优士丁尼法典化过程中被看作是"此种作品的创立者"一样(C. 1,17,2,17)。

由于《民事法律汇编》取得了积极的结果,弗雷塔斯在 1859 年又

---

① Gai, 4,1; J. 4,6,1 以及与之对应的 J. 2,1,11-2,5 和 J. 3,13-4,5。

② Cfr. S. Schipani, Il "Méthodo didáctico" di Augusto Teixeira de Freitas (Prime osservazioni), in Augusto Teixeira de Freitas e il diritto latinoamericano, a cura di S. Schipani, Padova, 1988, 533 ss. (= in S. Schipani, La codificazione del diritto romano comune, 2 ed., Torino, 1999, 319 ss.).

③ Cfr. P. Catalano, Osservazioni sulla "persona" dei nascituri alla luce del diritto romano (da Giuliano a Teixeira de Freitas), in P. Catalano, Diritto e persone, Torino, 1990, 195 ss.

被授予编纂一部民法典草案的任务。他立即投入此项工作,并在1860年出版了总则,它下分为三个部:人的通则、物的通则和行为通则;在1861年出版了关于对人权的第二编的前两部;在1865年出版了第三部,即对人权通则、家庭关系中的对人权和民事关系中的对人权;以及第三编的前三部,即对物权(对物权通则、对自有物的对物权和对他人物的对物权)。[①] 然而,一方面,当时出现了对该草案的大量批评,另一方面,弗雷塔斯自己在1867年也改变了其体系构造:他认为,在私法体系的中心需要一个总法典,且民法和商法应被整合到统一的一部民法典中。因此,他放弃了他正在从事的任务,并请求另一个不同的任务。尽管他处于有利的地位,但他仍然未被授予此种新的任务。因此《民法典草案》并未完成。

在《民法典草案》中,我们可发现一些已在《民事法律汇编》中规定的制度得到了发展,以及在这里不可能一一列举的众多革新。例如,在人的领域,我们发现它设立了名为"观念存在之人"[②]的一题(第272条及以下数条),它是对在《民事法律汇编》以一个小的注释所作规定(第40条注释52,其中援引了萨维尼的著作)的发展,而对法人规定的整合在1865年颁布的《智利民法典》中仍然构成第一编的最后一题,几乎是个附录;或再如,在总则中,正如前面指出的那样,增加了关于"行为"的部分(第431条及以下数条),这样就以最广泛的方式点明了法律关系的各个要素,对客观性要素的关注先于对主观性要素的关注,这两方面依次得到分析:同时采用了外部事实与人类行为的区分,在人类行为中又区分了自愿行为和非自愿行为,然后区分了法律行为和非法行为。

《民法典草案》已完成的部分有4 908条(866 + 4 042),其中1/4带有注释,并且经常是相当广泛的论述,它们体现了科学创造的真正智慧,在其中反映出弗雷塔斯的极丰富的信息:他是葡萄牙法、编纂《民法典草案》时为止的法典以及最重要的法学作品(尤其是罗马法作品)的行家;他对于自己的理论有很强的认知以及自我判断力。

---

① 在1860年到1865年被按分册出版的文本,之后被重新编辑,由卡尔内罗(Carneiro)增加了一个重要的"介绍性研究",并以4卷本的形式于1952年在里约热内卢出版,随后又于1983年在巴西利亚以2卷本的形式出版。

② 此种称谓其实是指"法人",后面指出的《智利民法典》的第一编最后一题即是关于法人的规定。——译者注

此作品传播广泛,并且曾被达尔马西奥·维勒斯·萨尔斯菲尔德(Dalmacio Vélez Sarsfield)以特别的方式利用。尽管他没有追随弗雷塔斯设立总则的思想,但《阿根廷民法典》(1869)中的无数条文和制度受到了《民法典草案》的影响,以至于它在阿根廷也被翻译并出版了两次(1900 和 1909)。通过《阿根廷民法典》,它出现在巴拉圭法中,因为《阿根廷民法典》曾在巴拉圭有效(1876)。它与《阿根廷民法典》草案的前面部分也曾被法学家特里斯坦·纳瓦哈(Tristán Narvaja)考虑过。此人是阿根廷人,但长年在乌拉圭定居,乌拉圭政府曾将编纂一部民法典的任务交给他[1868 年;乌拉圭人爱德华多·阿塞韦多(Eduardo Acevedo)当时已编纂一个学者建议稿,此草案在 1852 年就已完成①]。随后,在巴西,可以肯定的是,从它以及《民事法律汇编》产生了 1916 年通过的《巴西民法典》以及之后现行民法典的设计,这些设计很自然地注意了整个民法体系内部的彼此关联,因而尤其采用了德国的潘得克顿体系(参见下文)。

三、弗雷塔斯之后的诸草案

从 1869 年到 1870 年,律师坎迪多·门德斯·德·阿尔梅达(Cândido Mendes de Almcida)负责编辑《菲利普法令集》②(1603)的巴西版以及《司法助手》(Auxiliar Juridico),它是一部查阅《菲利普法令集》的指南,它还因增补了一些法的格言和公理规则而变得丰富。弗雷塔斯也出版了一部法的规则集(参见前文)。相反,A.J. 里巴斯(A.J. Ribas)出版了一部体系性作品,即《巴西民法教程》。③ 罗马-葡萄牙传统、规则阐述和系统化构造的影响构成了这个时期的科学工作的特征。相应地,实证主义被传播开来,并且出现了所谓的"累西腓学派"。

---

① Cfr. Eduardo Acevedo, *Proyecto de Código civil para la República Oriental del Uruguay publicado en Montevideo en* 1852, con uno "Studio preliminare" di E. Peirano Facio, Montevideo, 1963.

② "Código Philippino"就是前文提到的菲利普一世的《菲利普法令集》(Ordenações Filipinas),它还被称为《葡萄牙王国法令集》(Ordenações do Reino de Portugal)。——译者注

③ Cfr. A. J. Ribas, *Curso de Direito Civil Brasileiro*, 2 vol., Rio de Janeiro, 1864-1865. 在其 1880 年的第 2 版中参考了《民法典草案》的体系。

在这种背景下,在 1872 年,当时的司法部长、法学家若泽·托马斯·纳布科·德·阿劳若(José Tomás Nabuco de Araújo)被授予了编纂一个草案的任务。其草案带有一个 118 条的序题以及一个 182 条的总则。他于 1878 年逝世。

在 1881 年,法学家若阿金·费利西奥·多斯·桑托斯(Joaquim Felício dos Santos)编纂了一部私人的草案,并将之提供给政府,政府任命了一个委员会审查之。此草案包括一个总则,下分三编,即人、物、普通行为;一个分则,下分三编,即人、物、特殊法律行为。上述委员会援引当时广泛流行的德国潘得克顿体系批评了此种体系。

1889 年,立法机关设立了一个委员会,其会议曾由皇帝亲自主持。此委员会基于潘得克顿体系进行工作,但在同年由于巴西共和国宣告成立而中断了工作。

1890 年,巴西共和国政府授权累西腓大学教授、参议员、法学家安东尼奥·科埃略·罗德里格斯(Antonio Coelho Rodrigues, 1846—1912)起草一部草案。为了从政务中脱身,他前往瑞士专注于此等工作,在 1893 年提出一部草案,并也获得出版(里约热内卢,1893 年;巴西利亚再版①,1980)。但是,此草案未被接受。该作者具有深厚的罗马法知识储备,他曾倾向于发展一种民商合一的思想;另外,《瑞士债法典》(1884)是学术对话和体系性立法的框架内的参照系;他还想把诉权理论的一些基本规定包罗进来,但那时的《巴西联邦宪法》把诉讼方面的立法权留给了各州。此草案有 2 734 条,根据已占主导地位的潘得克顿学者的教材来组织材料,总则分为三编:人、财产、法律事实和行为;分则分为四编:债、占有、所有权和他物权,家庭,继承法。

1899 年,巴西政府授权克洛维斯·贝维拉瓜(Clóvis Beviláqua)编纂一部民法典草案。

四、贝维拉瓜的草案成为法典

贝维拉瓜②于 1859 年生于巴西北部的维索萨(Viçosa),父系一方有意大利血统。他在累西腓大学完成法律学习(1882)。他曾短暂地

---

① 其第 2 版参见 Antonio Coelho Rodrigues, *Projeto do Código Civil Brasileiro*, 2 ed., Brasília, 1980。此版本附有由 W. 布兰当写的关于他的生平的介绍。

② Cfr. S. Meira, *Clóvis Beviláqua. Sua vida. Sua obra*, Fortaleza, 1990.

担任过检察官,随后回到累西腓大学担任法学系的图书馆管理员,并抓住这个机会致力于研究。1889 年,他成为教授,并经历了学术生涯的不同阶段,其间还担任过其他职务,也当过政治家。他于 1944 年去世。虽然在其出版的 669 篇论文中,几乎没有法的任何一个领域是他没有涉及的,但是,比较法、民法和罗马法是其主要感兴趣的领域。《关于私法的比较立法的课程概览》①一书肯定是 19 世纪末诞生的、比较法学上最有意义的著作之一。在此书中,罗马法系范围内的拉丁美洲法系的特性第一次得到了证明。②《民法总论》③以及附加在 1916 年通过的《巴西民法典》的每个条文上的"评注"是他作为罗马法学者、比较法学者和民法学者的法学知识的基本见证。④

贝维拉瓜在他接受任务的数月后就完成了草案,这应感谢从《民事法律汇编》开始到他之前已完成的众多民法典草案。与弗雷塔斯相比,他所起草的宣言性规范十分简单易懂,并且大幅度地减少了条文。他就这样提交了一个 1 973 条的《民法典草案》(Projeto de Código Civil Brasileiro)以及一个 43 条的《民法典引导法》(Lei de Introdução ao Código Civil)的草案(对他来说,罗德里格斯的工作肯定也是有用的)。

贝维拉瓜完成的草案于 1900 年在里约热内卢出版,并于同年接受了一个校订委员会的审查,该委员会作了不少的修改(例如,第 6 条第 2 款重新规定已婚妇女部分无行为能力;第 363 条缩减了允许调查父子关系的情形,此条在原草案中是第 427 条)。还是在 1900 年,此草案被提交给众议院,该院提出了进一步的修改意见,并再将之提交

---

① Ver Clóvis Beviláqua, *Resumo das Licções de legislação comparada sobre o direito privado*, Recife, 1 ed., 1893; Bahia, 2 ed., 1897.

② Cfr. P. Catalano, *Diritto romano attuale, sistemi giuridici e diritto latinoamericano*, in P. Catalano, *Diritto e persone*, cit., 108 s.; D. F. Esborraz, *La individualización del Sistema jurídico latinoamericano como desarrollo interno propio del Sistema jurídico romanista*: (I) *La labor de la Ciencia jurídica brasileña entre fines del siglo XIX y principios del siglo XX*, in Roma e America. Diritto romano comune, 21, 2006, 5 ss.

③ Ver Clóvis Beviláqua, *Teoria Geral do Direito Civil*, Rio, 1908.

④ Cfr. *Código civil dos Estados Unidos do Brasil, comentado por Clóvis Beviláqua*, 6 vol., Rio de Janeiro,1916-1919. 在 1916 年的版本中,该法典带有一个介绍性的"序言",它给读者讲述了其法典化和草案修改历史,以及材料分段的理由,其多次重印,有一个历史版本(2 卷),在里约热内卢于 1975 年出版。

给参议院(1902 年,其不同的工作成果在 1902 年被以 8 卷本形式在里约热内卢出版),在那里被拖了 10 年。在 1912 年,该草案返回到众议院,并在 1914 年再次交到参议院。最后,在 1916 年 1 月 1 日获得通过,并在一年后,也就是在 1917 年生效(起草材料以 2 卷本的形式于 1917—1918 年在里约热内卢出版)。

如前所述,1916 通过的《巴西民法典》跻身到了由商法典、诉讼法典和刑法典构成的诸法典的体系中。它前面有一个 21 条的引导法,这是一个关于法典的适用的附属法,并还包括一些公法和国际私法的规范。此法典由 1 807 条组成,它有一个 179 条的总则,其下分为三编:人、财产和法律事实;以及一个 1 628 条的分则,其下分为四编:家庭权、物权、债权和继承权。此种次序让我们看到了弗雷塔斯的结构设计与德国潘得克顿体系之间的共振。这点首先可从,例如,规定了"行为",以及将家庭权作为分则的第一编(参见前文)得到证明。如此安排是为了将"从社会关系角度考虑的人置于优先于从个人角度考虑的人的地位"(贝维拉瓜如是说;显然可见,此种安排与优士丁尼和盖尤斯的《法学阶梯》的安排最接近,在优士丁尼《法学阶梯》里,关于家庭的规定放在其 1,8-26 处,紧接着的是其 2,1-5 关于物的规定)。在此种框架下,法典按照共同的路线根据法的一般原则(引导法,第 7 条)在法系内进行外源补全。此等原则正是从表现为优士丁尼诸法典的基础抽取出来的,并从此等基础按历史连续性和不同时代、不同环境下人类的选择的累积发展中抽取出来。1916 年通过的《巴西民法典》重申了人在民法体系中的中心地位,对外国人的考虑植根于弗雷塔斯的作品中(参见前文),以及从怀孕开始对人类的保护(第 3 条和第 4 条,并参考贝维拉瓜的评注),这是对一条整个拉丁美洲国家共有的路线的依循。所有权是"排他的和无限制的",但不是"绝对的"(第 527 条,以及"观察");包括了知识产权(proprietà intellettuale)(第 524 条①,此法典规定了对它的调整(第 649 条及以下数条)。此法典还规定了永佃权、地役权、用益权、使用权、居住权、质押权、抵押权和典质。在总则中规定了事实与行为。在债编将合同当事人的意思表

---

① 1916 年通过的《巴西民法典》第 524 条规定:"法律保护所有权人使用、享用和处置其财产以及从不当占有此等财产的人手中恢复其占有的权利。(单立款)文学的、科学的和艺术的所有权根据本题第六章的规定来予以调整"。——译者注

示置于中心地位(第1079条);根据流行于拉丁美洲的传统,合同的效力是债的约束力。没有规定合同必须有原因,也不要求客观诚信,此等诚信是学说后来补进来的。

此法典是最后一部"独立的并把罗马法输入拉丁美洲的法典";它为以海地、墨西哥[瓦哈卡州(Oaxaca)]和玻利维亚的法典编纂为开始的进程画上了句号。在此进程中,安德雷斯·贝略(Andrés Bello)的法典(在智利、厄瓜多尔和哥伦比亚适用)、达尔马西奥·维勒斯·萨尔斯菲尔德的法典、弗雷塔斯的作品以及这部法典都具有非常显著的意义(当然,1988年《古巴民法典》也应列入这一线索之中,但此处不再对它详加说明)。

在所有这些法典中,被优士丁尼编成法典的罗马共同法(ius Romanum commune),在这种法的伊比利亚传统中,在首先发生在波伦那,之后一般地发生在欧洲,特别地发生在拉丁美洲的对它的反思中,丰富了自己,通过与新的民族以及制度的遭遇,继续建构了塑造这些法典的体系,这种共同法是这些法典的依托。罗马法不是简单地被用作社会设计的素材,此等社会设计体现为众多的、与罗马法有所区别的、民族国家的法律,这些法律又互相隔绝,罗马法是因拉美国家获得独立从而谋求建立自己的法律而得到确认、"纯化"、变得丰富的体系。① 它保留了其关于自然法、万民法和民法的区分,并且包括了每个国家(civitas)的独特的市民法的因子。这些市民法在它的框架内相互交流,并受着确保其持久和谐的共同原则的指导。此外,法典不应被看作与法学家们无关的立法者作品,也不应被看作交给他们的事先拟定好的待适用的对象,而应看作法学家们自有的一个学术作品。它负有日常地改善法的使命,其作者对它负责。在对法的研究中,正如弗雷塔斯所言,他们除了型构条文本身外,还得坚持不懈地追求体系及此等体系的原则。

---

① 关于在《阿根廷民法典》上发生的情况的一些确切信息(当然,在一般意义上,此等信息依然有效)。Cfr. A. Díaz Biallet, *La transfusión del derecho romano en la Argentina (s. XVI-XIX) y Dalmacio Vélez Sarsfield autor del Código civil Argentino* (1864-1869), in *Diritto romano, codificazioni e unità del sistema giuridico latinoamericano*, Milano, 1981, 251 ss.

五、贝维拉瓜民法典颁布后社会思潮的变化

1916 年通过的《巴西民法典》激发了相当丰富的文献。在这些著作中,特别引人注目的是弗兰塞斯科·C. 庞特斯·德·米兰达(Francesco C. Pontes de Miranda,1892—1979)从 1954 年到 1969 年间在里约热内卢出版的 60 卷的作品《私法论》①,其中收集、重整、增补、重写了一些作品,它们以于 1917 年在里约热内卢出版的《家庭法》为先。它是对罗马法系的法学理论的整体的、批判性的、纪念碑式的回顾和重构(援引了 11 728 部法学著作),它批判性地解读了罗马法系的法学理论,并把此等理论与《巴西民法典》联系起来。② 另一值得关注的作品是众学者一起编写的共 35 卷的《巴西民法典诠释》。③ 随着法律文化和社会诸多方面的改变(此等改变以时常修改、整合和确定与人或关系相关的特别法规的广泛立法化进程为依据),立法也得到发展,它逐步得到许多法律的支持(例如,在人法的方面,有 1941 年《关于家庭的组织与保护》的第 3200 号法令;1949 年《关于婚外所生子女的认领》的第 883 号法律;1950 年《关于宗教婚姻的民事效力》的第 1110 号法律,此法之后又被 1973 年的第 6015 号法律修改;1952 年《关于已婚妇女地位》的第 4121 号法律;1973 年《关于"印第安人"规约》的第 6001 号法律等)。

在 1916 年通过的《巴西民法典》之后,在拉丁美洲,由于墨西哥革命和该国 1917 年新宪法,1928 年通过的《墨西哥联邦民法典》相对于 19 世纪诸法典的个人主义表现出了一个转变。在此法典中,"社会"精神得到了强调,这表现在如下方面:男女平等(第 2 条);在所有权的概念本身中,明确提到了法律科加的"限制"(第 830 条),并对农地所有权附加了耕作的义务(第 2751 条);采用了权利滥用的概念(第 1912 条和第 840 条);包含众多有利于债务人(favor debitoris)规定等。

---

① Ver Francesco C. Pontes de Miranda, *Tratado de direito privado*, 60 vol., Rio de Janeiro, 1954-1969.

② Cfr. G. Carcaterra, M. Lelli, S. Schipani (curatori), *Scienza giuridica e scienze sociali in Brasile: Pontes de Mirando*, Padova, 1989.

③ J.M. de Carvalho Santos, E. Espinola, C. M. da Silva Pereira, S. Rodrigues, O. Gomes, *Código civil brasileiro interpretado*, Rio de Janeiro-São Paulo. 其包含 25 卷,以及 10 卷增补,从 1933 年开始出版。

1936年《秘鲁民法典》也诞生在潘得克顿法律文化扩张的过程中,但它似乎更多地关注了瑞士的经验而不是德国的经验,并且未规定总则。它开始关注源于哥伦布时代之前的土著人的制度,并在现代国家的框架内开始恢复由卡洛斯五世皇帝在1530年和1555年所确定的路线[《西印度群岛王国法律重编》(Recopilación de Indias)①2,1,4 和 5,2,22)]。基于1920年《秘鲁宪法》和1933年《秘鲁宪法》(后者花了整整一章,即第11章来规定这一问题),《秘鲁民法典》开始为这一目的寻找合适的工具,向其他国家的民法典揭示了如何在罗马法体系中安排这一主题的问题,即对源于哥伦布时代之前的土著人的制度进行继承的问题。这个问题在19世纪被忽略了:第一编第三部第四题被用来规定"土著人社区"(第70条到第74条)(我们在1975年通过的《玻利维亚民法典》的第72条中找到了类似的体系安排)。在接下来的1984年《秘鲁民法典》中,我们看到了民事债与商事债的统一,另外当时此种统一在《巴西新民法典草案》中已实现。在玻利维亚(1972)和在哥斯达黎加(1974),制定了《家庭法典》,从而把这一法的分支从民法典中分离出来。乍看之下,拉美与欧洲的罗马法系的交流依旧十分活跃,欧洲的经验与拉美人所作出的改造或创新结合起来,此等创新可通过一个个制度的审查得到证实。而在学界,则确立了对罗马法系框架内的拉丁美洲子法系的特性的承认②,并且出现了统一/协调一些特定的部门法的趋势(出现了数个模范法典的草案:它们分别关于刑法、刑事诉讼法、民事诉讼法、集体利益的保护、消费者保护、债法)。

六、谋求改革贝维拉瓜民法典的诸草案

1941年,巴西出版了一个私人的债法典的学者建议稿,其目的是统一民事债和商事债,这一目的未被遵循。1961年,政府任命法

---

① "Recopilación de Indias"为"Recopilación de Leyes de los Reinos de las Indias"的简称,故而译者按后者翻译。——译者注

② 这一思潮的代表人物是:Clóvis Beviláqua, C. L. M. de Oliveira, A. Saraiva da Cunha Lobo, E. Martínez Paz, A. Valladão, M. A. Laquis, C. Fernández Sessarego, F. Hinestrosa, A. Guzmán Brito, 并且在欧洲是:F. de Solá Cañizares, J. Castán Tobeñas, P. Catalano, J. M. Castán Vázquez, J. L. de los Mozos, H. Eichler, 笔者(指作者桑德罗·斯奇巴尼教授——译者注),等等。

学家奥尔兰多·国梅斯准备一部民法典学者建议稿,不过在其中排除了债法,因为政府将此任务交给了法学家 C. M. 德·席尔瓦·佩雷拉(C. M. da Silva Pereira)。这两个学者建议稿明确表示反对设立总则,并倾向于按《瑞士民法典》的方式来组织自己的材料。这两个学者建议稿转化为政府草案,并受到修订,但后来发生的军人政变事件使它流产。

1969 年,巴西设立了一个修订现有民法典(即 1916 年通过的《巴西民法典》)的委员会,但简单修订此等文本的意图被放弃了,因为委员会认为,应提出以前未提出的新原则,因此巴西有必要进行一个系统的、统一的、革新性的协调。另外的原因则是,委员会希望能更自由地吸收体现在前述两个草案中的成熟成果。

1975 年,众议院批准了关于民法典草案的第 634-B 号法律提出的计划。此草案由雷阿勒负责的委员会提出,该委员会由阿尔维斯、阿戈么蒂纽·阿尔温、西尔维奥·马孔德斯、克洛维斯·多·科托-席尔瓦等组成。雷阿勒已设想将民法典分为一个总则和一个包含五个编的分则,并已委托委员会的其他成员起草之。委员会相继编出四稿:前三稿分别于 1972 年、1973 年和 1974 年得到出版,并吸收了很多针对它们的观察和批评;1975 年第四稿完成,它依上述法律被公布。

此草案被搁置了很多年。其间巴西通过了 1988 年的新《巴西宪法》,此宪法十分庞大(250 个条文,其中有些条文有 10 多段),其中关于经济和金融秩序的规定(从第 170 条到第 192 条)以及关于社会秩序的规定(从第 193 条到 232 条)深深地渗透到了私法领域。上述草案后来被重新捡起,经阿尔维斯修订及增补后,正如前面已提到的,最后在 2002 年得以通过。①

七、《巴西新民法典》的作者及其主要内容

雷阿勒于 1910 年生于圣保罗州,其父为意大利裔;他学习法律,

---

① M. Reale, *História do novo Código civil*, São Paulo, 2005. 关于 2002 年通过的《巴西新民法典》,参见 *Il nuovo codice civile brasiliano e il sistema giuridico latinoamericano. Atti del Congresso internazionale Roma 23-25 gennaio 2003*, in *Roma e America. Diritto romano comune*, 16/2003, 1-298; 17/2004, 59-149。

于 1934 年完成其学业;1940 年,在出版《法的基础》(*Fundamentos do Direito*)一书之后,他成为了圣保罗大学的法哲学正教授,在那里还数次担任校长、圣保罗州司法部负责人。他被承认为是 20 世纪拉丁美洲最重要的法哲学家,在此学科领域有一些重要的作品。其中,《法哲学》(*Filosofia do Direito*,圣保罗,1953)最为知名,其《法的三维理论》(*Teoria Tridimensional do Direito*,圣保罗,1968)尤其值得注意。他还多次参加国内和国外的学术活动;其著作除了扩展到一般哲学领域之外,主要研究民法和经济法。在这些领域,他甚至作为律师和法律顾问出现[另外,他还于 1997 年在圣保罗出版了《私法问题集》(*Questões de Direito Privado*)]。他于 2006 年在圣保罗逝世。雷阿勒是一个同时致力于法学、经济制度和政治的法学人物。

阿尔维斯生于 1933 年;他在里约热内卢学习法律,于 1955 年结束学业,并在那里开始了他研究民法和罗马法的大学生涯;1968 年,在出版了《买回》(*A Retroventa*,里约热内卢,1967)后,他成为圣保罗大学的民法正教授和律师。从 1972 年开始,他做过共和国总检察长。从 1975 年到 2003 年,他担任联邦最高法院法官(其间的 1983 年到 1984 年,他担任这一最高法院的院长),是该院任职时间最长的法官;在此期间,由于选出的总统逝世及其最高法院院长职务,他还转而担任过共和国总统,以及为其就职召开的立宪会议的主席。他从未中断过学术活动,参加了众多的国内和国际的学术会议,另外,他还出版了教材《罗马法》(*Direito romano*,里约热内卢,1965,此教材多次出了增订版);专著《让与担保目》(*Da alienação Fiduciaria em Garantia*,里约热内卢,1973),它以巴西立法中的原创性制度代替了罗马法中的"债权人信托"(fiducia cum creditore);大部头著作《占有》(3 卷本,里约,1985);《巴西民法典草案的总则》(*A parte Geral do projeto de Código civil Brasileiro*,圣保罗,1986;第 2 版,2003)。其中,他阐明了民法典的总则部分,他曾修订过民法典草案的此部分,并对有利于债务人原则做了种种发展。他是巴西当今最杰出的罗马法学家,十足的民法学家,注意体系的技术要素和统一以及存在于此等体系中的善良与公正(bonum et aequum)本身的法学人物。

《巴西新民法典》以特别透彻的方式接受了上述两位法学家以及委员会其他成员的贡献,即使与立法当局的对话是广泛且富有成果的,但对此部民法典来说,法学家的作用显而易见。

2002年通过的《巴西新民法典》吸收了1850年《巴西商法典》。这样一来,民法典置身其中的六法体系因此发生了改变,但现在,除了这一"兼并"之外,可以看到,刑法典以及两部诉讼法典都保留了下来,在它们旁边还有十分广泛的法律,有时它们也被赋予法典的属性:《消费者保护法典》(Código de defesa do consumidor,1990年第8078号法律)或无论怎样归类的一些法律,例如,已提及的《印第安人规约》(Estatuto do Índio)或《劳动法汇编》(Consolidação das leis do trabalho,1943年第5452号法令),最后是调整同一事项的法律,例如宪法。这里的宪法比近一个世纪前的宪法的调整范围要广得多,也比像意大利宪法一样专注于市民的权利和义务的宪法的调整范围广得多。

2002年通过的《巴西新民法典》①有2 046条,相比于被废除的旧民法典,经过反复推敲,其条文形式更加精简、清晰和专业。有些地方规定了一般条款,开启了将其适用置于科学性很强的学说的引导和控制之下,以避免法官武断的问题,但通常赋予专业法官(giudice togato)的职权也得到了发展。《巴西新民法典》包括一个232条的总则,下分三编:人、财产和法律事实;以及一个1 814条的分则,下分五编:债权、企业法、物权、家庭权和继承权。

在总则部分可以指出一些改变:区分了人格和权利能力(第1条和第2条);调整了人格权(从第11条到第22条,旧《巴西民法典》中无对应条文);调整了社团(从第53条到61条,旧《巴西民法典》对"民事社团"只有唯一一条规定,即关于其消灭的第22条);在法律事实领域(《巴西民法典》第74条到160条)区分了法律行为(negozio giuridico,从第104条到184条)与合法的法律上的行为(atti giuridici leciti,第185条)②,规定了代理(第115条到120条,旧《巴西民法典》中无对应条文,但在其第1305条在委托的领域也处理过此问题);引入了危险状况和显失公平制度作为法律行为的瑕疵,允许无效的法律行为转化为有效的法律行为(第156条、第157条以及第170条,旧

---

① Cfr. *Novo Código civil brasileiro. Estudo comparativo com o Código civil de 1916, Constituição Federal, Legislação codificada e extravante*, São Paulo, 2002.

② 对于"法律行为"与"法律上的行为"之间的区别,参见译者对《巴西新民法典》正文第185条所加的注释。——译者注

《巴西民法典》中无对应条文);对诉讼时效和除斥期间作了新规定(第189条及以下数条、第207条及以下数条)。

在分则部分,马上可注意到家庭权编的位移,它被放在继承权编的前面。这是由于这两个民事关系领域继续存在着联系。但更应注意债权编的位移,以及对被排在债权编之后的企业法的纳入,该法实现了民商合一。在这里也可指出一些改变:在债权编中,规定了对他人债务的承担(第299条及以下数条,旧《巴西民法典》中无对应条文);但合同之债的效力毫无改变,尽管规定了尤其强调了其"社会功能"的合同概念,合同当事人在其缔结和履行过程中都应遵守的"正派和诚信"原则(第421条和第422条,旧《巴西民法典》中无对应条文);另外,在这一领域,我们不仅要注意到《巴西新民法典》对缔结非典型合同的自由的确认(第425条),而且还应指出它规定了众多的新合同类型,例如,预约合同(第462条及以下数条,旧《巴西民法典》中无对应条文)、待指定当事人的合同(第467条及以下数条,旧《巴西民法典》中无对应条文)、寄售(第534条及以下数条,旧《巴西民法典》中同样无对应条文)、行纪(第693条及以下数条,旧《巴西民法典》中无对应条文,但可参见《巴西商法典》第165条及以下数条)、代理和分销(第710条及以下数条,旧《巴西民法典》和《巴西商法典》中都无对应条文,但可参见1965年第4886号法律中关于独立的商业代理人的规定)、居间(第722条及以下数条,旧《巴西民法典》中无对应条文)、旅客运输(第730条及以下数条,旧《巴西民法典》中无对应条文)以及货物运输(第743条及以下数条,但可参见《巴西商法典》第100条及以下数条)、债权证书(第887条及以下数条,旧《巴西民法典》中无对应条文,但可部分参见1985年第7357号法律中关于支票的部分)。旧《巴西民法典》中已有规定的合同类型经受了许多修改:在买卖合同中(第481条及以下数条,对应于旧《巴西民法典》中的第1122条及以下数条),应看到保留所有权买卖(第521条及以下数条)以及证书交付买卖(第529条及以下数条)、保险合同(第757条及以下数条,对应于旧《巴西民法典》中的第1432条及以下数条)。企业法是民法典中全新的内容。关于其命名,"值得指出的是,由于采用举重明轻的方法,这里以'企业'(impresa)一词表现的是整体的一部分,即合伙(公司)(società)法。① 但事实上,企业占主导地位的形式是公司(合伙),对于普通合伙,仅要求确定一些一般要求"(雷阿勒语②)。实际上,它只规定了以下问题:企业主、公司(合伙,但并不是所有的都被包括在内)、合伙(公司)的登记、名称、负责人以及账目(第981条及以下数条),并且普通合伙的领域也被其他法律调整。在物权法领域,在所有权的概念上,不再提"无限的",而代之以"完全的"(第1231条),并且规定了其行使应遵守的原则,即"应符合其经济和社会的目的……(尊重)生态平衡以及历史和艺术遗产",以及为"公共需要或社会利益"允许法官实施征收的原则(第1228条,雷阿勒说:"任何其他的法律都未承认此等征收的权力。"),也没有规定知识产权(旧《巴西民法典》第524条单立款对此有规定,参见前文)。增加了以下制度:信托所有权(第1361条及以下数条,参见1969年4728号法律)、建筑物共有(第1331条及以下数条,参见1964年第4591号法律)、地上权(第1369条及以下数条,旧《巴西民法典》中无对应条文),扩充了关于质押的规定(第1419及以下数条:农业质押;第1438条及以下数条;商业质押,第1447条及以下数条)。在家庭法领域,首先规定了人身权和财产权的区分,并在两题里分别规定;在夫妻绝对平等的框架下,家父权(poder paterno)被改造成"家庭权"(poder familiar)③(第1630条及以下数条,对应于旧《巴西民法典》的第379条及以下数条);用"人类"(essere umano)的表达代替了"男人"(uomo)的表达,并修改了众多的规则,包括遗产继承领域的规则,其目的是实现立法者对平等的追求;规定了持久结合(união estável)制度,它只能在男女之间发生(1988年《巴西宪法》第226条第3款),对之进行调整的目的是促进

---

① 在中文中,"企业"的外延肯定比"公司"大,但在拉丁语系,"società"(公司、合伙、社会等)一词的外延十分大,它泛指一切人的集合体,所以本段才会说,用部分(impresa)代指整体(società)。很难在中文找到与"società"一词对应的词,在它表示企业形式时,它包括公司与合伙。对此,请参见译者对法典正文分则第二编第二题标题所加的注释。——译者注

② Ver M. Reale, *Visão geral do novo Código civil*, in *Novo Código civil brasileiro*, cit., ix ss.

③ 译者在《巴西新民法典》的正文中,没有采取直译法,而是根据我们的习惯,将之意译为"亲权"。因为此"亲"兼指父亲和母亲,同样符合《巴西新民法典》中夫妻平等的思想。——译者注

这种结合转化为婚姻(第1723条及以下数条,旧《巴西民法典》中无对应条文,但可参见上述宪法以及1996年第9278号法律);它被与姘居区别开来(第1727条,旧《巴西民法典》中无对应条文)。

《巴西新民法典》催生了一些值得一提的学术著作:一方面是评注作品,其中应指出:A. Junqueira de Azevedo (coordintore), *Commentários ao Código civil*, 22 voll., São Paulo, 2003-2004, Saraiva; S. de Figueiredo Teixeira (coordintore), *Comentário ao novo Código civil*, 22 voll., Rio de Janeiro, 2003-2005; A. Villaça Azevedo, *Código Civil comentado*, 21 voll., São Paulo; A. Alvim-T. Alvim, *Comentários ao Código civil brasileiro*, 17 voll., Rio de Janeiro。《巴西新民法典》与宪法的特别关系也成为著作的主题:G. 特佩第诺(G. Tepedino)主编的《论新民法典总则——从宪法—民法的视角进行的研究》①就是如此。法律行为制度是德国法律文化的标志,就前文提到的对它的采用而言,可提及意大利学者 E. 贝蒂(E. Betti)被翻译成葡萄牙语的作品《法律行为总论·根据新民法典加以注解》。②

2002年通过的《巴西新民法典》当然是私法统一方面的一个转折点。可注意到,它对19世纪的个人主义进行抑制(例如,规定"诚信"或"合同的社会功能"),由此,它被认为超越了1916年通过的《巴西民法典》。这部法典中贯穿着对注重善良与公正、诚信、保护弱势的一方、所有法都是为他们而设(omne ius constitutum est)的人类的多样性、一切人共有的物(用雷阿勒的表达来说,就是"道德性和社会性")的罗马法因素的扬弃。

循着这一线索,另外应理解《巴西新民法典》与前文提到的《印第安人规约》的关系,该规约规定应尊重"土著人社区的习惯、习俗和传统,以及就土著人本身之间的家庭关系、继承次序、夫妻财产制、实施的法律上的行为或法律行为作出的规定的效力,但他们选择共同法的除外"(第6条),该规约基于所有人的基本共同条件。这正是民法典的主题。这样一来,该规约就以最直接的方式与民法

---

① Ver G. Tepedino (a cura di), *A Parte Geral do Novo Código Civil. Estudos na perspectiva civil-constitucional*, Rio de Janeiro-São Paulo, 2002.

② Ver E. Betti, *Teoria Geral do Negócio Jurídico. Anotações de acordo com o Novo Código civil*, a cura di R. Rodrigues Gama, Campinas, 2003.

典本身发生了连结。但该规约肯定是外在于民法典的,但它并不像在《民事法律汇编》时代关于注定要废除的奴隶制的规定一样(参见前文),而是在一个不同于一个世纪前的规定和原则的框架下,通过在一个渐进整合和和谐化的视角下来区别他们,并倾向于在所有人之间产生一种动态的平等(第1条;例如,关于整合的第8条和第9条)。这种做法在宪法层面得到了支持,但笔者也觉得宪法又与上述民法典纠结在一起了(例如《印第安人规约》第7条第1款以及前述的原则规定的对土著人的保护)。所以,在这一民法典之外的民法的法典编纂似乎注重一体化的目标,以图建立起一个所有人的共同体。它的实现有赖于对人与人之间的差异全面重新定位,这是一个要在未来完成的工作。

《巴西新民法典》和其罗马法基础

〔巴西〕弗兰西斯科·阿马拉尔* 著

齐 云** 译

零、介绍

鉴于2002年通过的《巴西新民法典》已翻译为中文①,笔者相信,为了理解其结构、功能和基础,作一个介绍性的文章是有意义的。

首先,应该说此法典见证了在当代私法中罗马法经验和体系理念的持久性。

罗马法总是存活于巴西的法律生活之中,要么是借助于葡萄牙殖民地法的方式(《非利普法令集》),要么是通过奥古斯都·特谢拉·德·弗雷塔斯(Augusto Teixeira de Freitas)的作品(《民事法律汇编》和《民法典草案》),要么是通过理论学说和立法者采用其基本的原则和概念。② 克洛维斯·贝维拉瓜(Clóvis Beviláqua)是1916年通过的旧《巴西民法典》的作者,他认为:"巴西民法是罗马私法,它在葡萄牙承受了首次修正,在其他环境和需要的影响下,它吸收了德国和教会的一些制度,并且在向其他的一些向导求助一些建议和灵感后,它重新

---

* 弗兰西斯科·阿马拉尔(Francisco Amaral),巴西里约热内卢联邦大学(Universidade Federal do Rio de Janeiro)罗马法和民法教授。

** 齐云,厦门大学法学院讲师,法学博士。

① 参见《巴西新民法典》,齐云译,徐国栋审校,中国法制出版社2009年版。此法典由桑德罗·斯奇巴尼教授和徐国栋教授作序。

② Ver Rubens Limongi França, *Direito romano (como forma de expressão do direito brasileiro) in Enciclopédia Saraiva de Direito*, vol. 28, São Paulo, Saraiva Livreiros Editores, 1977, p. 90 e 91.

被移植到巴西。"① 因此,不要对以下事实感到吃惊:贝维拉瓜的法典总共有 1 807 条,其中 4/5 的条文,也就是 1 445 条,是"罗马文化的产物",或者说是直接从《市民法大全》中提取出来的,或者不直接地源自与它有着同样渊源的立法,特别是葡萄牙、德国、法国和意大利的立法。②《巴西新民法典》共有 2 046 条,此数字亦包括分则中的一个新的编"企业法"的 230 条,此编则不是渊源于罗马法。总的来看,1916 年通过的旧《巴西民法典》的罗马法基础保留在了新的法典中。

法典一般被认为是对欧洲大陆 18、19 世纪的民法体系化和理性化的产物。因此,它是调整私人性质的法律关系的原则、概念和规范的统一和协调的联合体。法典不包括所有的民事法律,但前者是后者的基本法规,其规定是立法者对于民事社会中出现的问题的回应。

作为一个体系,法典有其优点:它综合了法律知识,也就是我们时代的法学理论,它使确认其制度变得容易,由于它允许在法律的限度内设立关系和依据法律而作出判决,它使基于其规则而完成的决定具有合法性。所有这些都有助于法律活动的效力的一定的安全性以及随之而来的可预见性。由于其重要性和意义,它被看作人类共同的宪章。③

我们能从不同方面来评价法典,也就是从规范、社会和价值的方面来考察,它们分别对应着不同的规定,研究着法的事实。④ 首先,法的知识,它研究规范的结构、其原则和规范本身。其次,法社会学,它研究法与社会的关系,以及法律规则的效力,并且当今一些基本的制度也显示出其社会功能,例如,合同(第 421 条⑤)和所有权(第 1228 条)。再次,法典对于法哲学也有兴趣,比如它所承认的一些价值,正

---

① Ver Clóvis Beviláqua, *Linhas e Perfis Jurídicos*, Rio de Janeiro, Editora Freitas Bastos, 1930, p.5.

② Ver Abelardo Lobo, *Curso de Direito Romano*, I, Rio de Janeiro, Tip. Álvaro Pinto, 1931, p.LI.

③ Ver Miguel Reale, *O Projeto do novo Código Civil*, São Paulo, Editora Saraiva, 1999, p.5.

④ Ver Miguel Reale, *Filosofia do Direito*, 19ª edição, São Paulo, Editora Saraiva, 1990, n°220.

⑤ 在没有特指的情况下,均指《巴西新民法典》的条文。——译者注

义、安全、共同财产①(bem comum)、自由、平等和社会和平,对法史学亦是如此,因为法典是从罗马创立的基础出发的,在历史沿革中形成了一些引导个人和社会的行为的基本和共同的价值和理念。

一、民法典的结构

《巴西新民法典》分为两部分,总则和分则。总则是对于法典体系的介绍部分,它包括232条,被分成三编,即人(第一编)、财产(第二编)和法律事实(第三编),它们是对所有法的分支部门的共同规定。分则共有1 814条,被分成五编,即债法(第一编)、企业法(第二编)、物法(第三编)、家庭法(第四编)和继承法(第五编)。

总则中包括了一些原则、概念和按主题(em tese)适用于分则的法律关系(债、合同、企业、所有权和派生权利、婚姻、亲属关系和继承)的规范。我们之所以说按主题,是因为这些规范并不是全部(in totum)调整分则的特定部门。比如,关于民事能力的规则,并不适用于一些物权(占有的取得、取得时效);再如,法律行为(negócio jurídico)的规范,是私人自治的表现,其适用的主要范围是在财产法领域,它也不适用于家庭的法律上的行为(atos jurídicos)的一般领域,在此领域有一些特殊的规则。

一些法典的规则是共同的(comuns),因此它们适用于有同样性质的关系,适用于私法关系。当一些规则调整公共秩序或善良风俗的领域,并因此应绝对地适用之而不能通过个人意愿废除之时,我们称它们具有强制性(cogentes)。所谓事关公共秩序的规范,是指涉及以下事项的规范:人类自由和平等、结社权(direito de associação)、劳动自由、民事责任、个人身份和能力、结婚、亲权(poder familiar)、无能力者的保护、婚姻状况(estado civil)、复利之禁止、诉讼时效、除斥期间、所有权和遗产继承。当一些规范允许在个人利益的领域自由地运用其个人意志时,我们称它们是非强制的,或许可的。在此种情形下,它们可以是赋权的(dispositivas),如果它们允许人们按照他们的喜好而处

---

① 此处的共同财产是指一种价值追求,有点类似于公共福利、公共利益的概念,按教皇约翰·保罗二世的话来说,"共同财产就是所有有利于人类个性整体发展的社会生活状况的集合体"。Cfr. Bem comum, em http://pt.wikipedia.org/wiki/Bem_comum, 2009-09-14.——译者注

理,也可以是补充的,如果因缺少私人规定而适用它们,也就是说它们承担一个整合功能。强制规范在家庭法、继承法和物权法领域占有主导地位。赋权规范和补充规范在债和合同领域具有优先性。只要涉及公共秩序或善良风俗的领域,强制规范适用于任何情形。而非强制规范,原则上,只在缺少私人规定时,适用于当事人通过法律行为进行自我调整的情形。

二、民法典的基础

民法典的基础,正如一般意义上法的基础一样,是其规范所确认的价值,是"那些能作为理想品性表现出来并同时决定个人和社会的行为方式的基本理念"[①]。当今,法的基本价值在于人,这就是在法的人格化(personalização do direito)中谈论到的。其他一些基本的价值有正义、安全和共同财产。后续的一些价值有自由、平等和社会和平,以及一些也由宪法保障的价值。

正义是给予每个人属于他的永恒不变的意志(D.1,1,10)。它追求实现一种相互给付的等价,根据此原则每个人应收到他所移交给他人的东西的等价物:在无偿行为中,应以一方实施的是施舍行为作为他自身超额给付的抗辩,而在双边行为中,原则上应保护通常相对较弱的一方。

安全不仅仅意味着和平、秩序和稳定,也指法的实现的确定性,也就是说,知晓已设定的权利和义务,确信其行使和履行,以及可预计个人行为的效力。此种价值体现在法典的数项规定中,例如,法律行为的实质形式(第104条第3项),设立行使权利的期限,对不行使者以诉讼时效或除斥期间惩罚之,关于人的能力的规定(第1—8条),脱离亲权和成年(第5条),公共登记,以明确地保证法律行为的真实、安全和有效(第9条和第45条,以及1973年第6015号法律),法不具有回溯性原则和尊重已完成的法律行为(《巴西民法典》引导法第6条)。在这里,我们使用了安全的形式主义的概念,它指法律规则效力的稳

---

① Miguel Reale, *Filosofia do Direito*, 14ª edição, São Paulo, Editora Saraiva, 1991, p.195.

定性和可预测性。以此为基础,合法性导向安全这种观点得到确认。①然而,也存在其他的安全的概念,即实质安全,它类似于正义,根据此种概念,安全是指通过法律手段实现特定的福利以及社会目标的一种受我们保护的价值,比如,解决社会和经济的不平衡。② 在此点上,其价值功能近似于法的功能性特征,这明确地表现在请求损失和损害赔偿数额时考虑通货膨胀差额(atualização monetária)的因素(第404条)③,并且在无因得利的情形下(第884条)④亦是如此。

其他的基本价值是共同财产理论,它与共同体成员的个人财产的必要状况相连。它实现了公共秩序的规则,即限制了意思自治和阻止了权利滥用(第187条),在合同限制下有利于承租人,在数目上限制了物权种类(numerus clausus),保护了家庭本身以及其成员,并在继承领域,规定了法定继承和遗嘱继承。

法律自由是指一个人通过运用其意志确立、产生、修改或消灭其法律关系的权力。在主观方面,它被称作意思自治,在客观方面,作为规范的法律权力,被称作私人自治,它通过法律行为的手段来实现(第104—114条)。

平等被看作是不存在特权和差别,如果所有的人在法律面前一律平等,这种平等被称为形式平等;如果平等被法律本身当作保护相对弱势的人的利益的需要,此种平等被称为实质平等,例如,在对承租人、劳动者和消费者保护的特别法中表现出来的平等。在《巴西新民法典》总则中,法律自由和法律平等表现为:所有的人都平等地被确认为具有权利能力(capacidade jurídica),因此每个人都可合法行使其主观权利,都具有实施法律行为的能力,此种能力平等地属于每个权利

---

① Ver Elis Diaz, *Sociologia y Filosofía del Derecho*, Madrid, Taurus Ediciones, 1984, p.1/7.

② Ver Virgilio Zapatero, Prólogo a Frederico Arcos Ramírez, *La Segurid Jurídica*: *Una Teoria Formal*, Madrid, Dykinson, 2000, p. XV.

③ 《巴西新民法典》第404条规定:"支付金钱之债中的损失和损害应包括根据定期发布的官方指数计算的通货膨胀的差额,以及利息、律师的费用和报酬,有约定违约金的,亦应支付之。"

④ 《巴西新民法典》第884条规定:"无正当原因基于他人的花费获利之人,有义务返还不当的获利,并支付通货膨胀差额。"

主体,并且为其个人自决实践服务。①

三、民法典的原则②

2002年通过的《巴西新民法典》表现出来了一些意义重大的革新,它们存在于原则、一般条款和不确定概念之中,在其结构上,它体现了一种与旧法典的形式主义相对的开放和弹性的体系,从而在司法解释中允许更多创新。

法律原则是建立和统一体系的一些基本的指引,它们服务于使众判决具有统一性和确定性的目的。③ 民法典也是根据原则整合的统一体。一般条款是一些宽泛的或不完全的法律规则,以及开放的规范性规定,由于其广泛性、一般性和抽象性,它们能包括很广泛的情形,从而给法官、司法创造更大的自由。作为立法技术的产物,它们使一个更大范围的情形都适用同一个法律后果成为可能。④ 在《巴西新民法典》中,与以下内容相关的条款使用了一般条款的立法技术:诚信(第113条、第187条和第422条),善良风俗(第1638条第3项),不法行为(第186条),危险状况(第156条),显失公平(第157条),公共秩序(第404条),权利滥用(第187条),商业习惯(第695条单立款,第699条),公平(第413条、第479条、第928条、第944条、第953条和第954条)。不确定概念是指其内容和范围表现出很大程度的不确定的概念⑤,例如,法律行为、明显不成比例之给付。

制度性原则是那些确立了私法制度的原则,例如,总则第1条所暗含的平等原则,基于人格权的人类尊严的原则(第11—21条),在法律行为的规定中暗含的自由原则和私人自治基础。在债的领域,

---

① Ver Claus-Wilhelm Canaris, *Funções da Parte Geral de um Código Civil e Limites de sua Prestabilidade*, in "Comemorações dos 35 anos do Código Civil e dos 25 anos da reforma de 1977", Coimbra, Coimbra Editora, 2006, p.39.

② 在这里笔者引用了自己的一篇名为《巴西债法的法律原则》的文章中的一些段落,此文章发表于 *Roma e America. Diritto romano comune*, Roma, 2007。

③ Cfr. Sandro Schipani, *La codificazione del diritto romano comune*, Torino, G. Giappichelli Editore, 1999, 83 ss.

④ Ver Karl Engisch, *Introdução ao Pensamento Jurídico*, 7ª edição, trad. J. Baptista Machado, Lisboa, 1996, p.233.

⑤ Ver Karl Engisch, ibid, p.208.

其则表现为:诚信和财产责任、结社自由、合同的社会功能、合同的强制效力、合意主义(consensualismo)、效力的相对性。在家庭法中,其表现为:夫妻以及子女的平等。在物法领域,其表现为所有权的社会功能。

在构思法典的体系过程中,2002年通过的《巴西新民法典》也以一些特定的道德前提、真正的超越性的总的原则为基础。这些原则是社会性原则、道德性原则和可适用性原则,它们指引着民法规范的创造性解释。

社会性原则捍卫社会的优先地位,这与1916年通过的旧《巴西民法典》的个人主义相对。① 借助这一原则,《巴西新民法典》创设了第478条(因过重负担解除合同),第421条(合同的社会功能)和第1228条(所有权的社会功能)。借助这一原则,《巴西新民法典》还创设了新的占有概念,劳动占有或通过劳动占有,它是指通过时效取得一个不动产的期间可从15年被缩减为10年,条件是占有人在此不动产上面设立了通常的居所或实现了具有社会和经济利益的投资(第1238条)。社会性原则是在经济活动中评价法律状况的准则,例如,在合同中和在所有权中,它是对其相关法律规范进行法律解释的准则。总的说来,社会性原则是一个一般性规则,一个真正的法律标准,一个具备或多或少弹性的指令,一个不与主观权利冲突或使之无效,而是根据共同财产理论和社会正义的标准对相关活动进行引导的纲领性的指引。

道德性原则捍卫在法律巩固过程中的法律—道德准则的优先地位,它给法官确认了更大的权力,以使之获得正义的或公正的解决方法。② 道德性原则也认为应将合同的经济平衡作为整个债法的道德基础,这与客观诚信相似。以此原则作为基础,《巴西新民法典》在第157条引入了法律行为的效力"显示公平"的概念,在第156条引入了"危险状况"的概念,在第478条引入了"合同因负担过重而解除"的制度。

可适用性原则在司法实现的领域起作用。法产生就是为了实现

---

① Ver Miguel Reale, *O Projeto do novo Código Civil*, São Paulo, Editora Saraiva, 1999, p.7.

② Ver Miguel Reale, ibid, p.8.

具体化,也就是说,法律规范的产生就是为了具体的案件。

原则和一般条款使民法典成了一个开放的体系,从而允许创造性司法解释,因而不再是一个封闭的和抽象的体系,而在巴西法的第一次法典化时,它将解释看作是对于法律文本的简单的文本分析。

四、民法典的主题

民法典的主题是其所有基本的制度的集合,它包括:人格、家庭、所有权、合同、企业、民事责任以及遗产继承,在这些制度中,企业是个例外,它在罗马法律经验之外。

五、人格

法律人格(personalidade jurídica)是民法的基本制度,而人是其基本核心。法律人格可被定义为在其所有方面保护人的原则和规则的整体。

以确立了人类尊严的原则的《巴西联邦宪法》第1条为基础,这一制度集中了关于自然人和法人的权利的存在、限制(qualificação)和行使的原则和目的的规范,统一了所有用来保护所谓的人格权(direitos da personalidade)的宪法的、民事的、刑事的和行政的规定,这些规定以人在其物理的、道德的和精神的方面的实质价值为目的。

人格是作为人的内在的法律价值,并且此处的人,包括依法设立的团体。人格表现为享有权利和承担义务的资格,它在权利能力(capacidade de direito)中实现,并且不应混淆人格与权利能力。人格是一种价值,一项原则,而能力是在其法律手段上的投射,是一种在实践相关的权利和义务时参与法律关系的一种实在的资格(aptidão)。

鉴于人在法的世界的重要性,法律设立了其存在的界限以及其运行(atuação)的条件(行为能力)(capacidade de fato)。[①]

根据《巴西新民法典》第2条的规定,民事人格始于活着出生,但法律从受孕时保护胎儿的权利。在此领域,更确切的是弗雷塔斯的

---

① 在术语的使用上,巴西用"capacidade de direito(或 capacidade de gozo)"来指称"权利能力",用"capacidade de fato(或 capacidade de exercício)"来指称"行为能力",但"capacidade jurídica"有时也在广义上使用,意指法律能力(包括权利能力和行为能力),有时又在狭义上使用,仅指权利能力。——译者注

《民事法律汇编》的第 1 条:"从在母亲的肚子里形成起,人视为出生(nascidas);法律为他们保留其在将来出生时的继承权。"虽然有历史施加的相对性,这两条规定都复制了不同的罗马原始文献。①②

《巴西新民法典》也确认了人的权利资格始于怀孕③,终于死亡④。在相互继承的情形中,它还确认:如果不能确定谁先死亡,推定他们同时死亡,不发生遗产继承。这是一个关于同时死亡的制度。⑤

罗马法保护已孕育但未出生的胎儿(nasciturus qui in utero est)⑥,为他们保留其权利,特别是继承方面的,只要到时他们活着出生。也就是说,只要是为了其利益,胎儿被拟制成已出生(nasciturus pro iam nato habetur quotiens de eius commodis agitur),并对他们实施特别的法律保护(胎儿保佐人,curator ventris)。⑦ 同样的规定也可以在《巴西新民法典》中发现。⑧

涉及行为能力,即行使权利的能力,在实施法律行为时,根据其年龄、性别、疾病、浪费等不同情形,被进行了不同的修改。《巴西新民法典》将年龄小于 16 周岁和精神病患者作为绝对无行为能力(incapacidade absoluta)⑨的考量因素,而将大于 16 周岁小于 18 周岁的未成年人、经常性醉酒者、吸毒上瘾者、精神衰弱人和浪费人作为相对无行为能力(incapacidade relativa)⑩的考量因素。虽然它将满 18 周岁作为未成年人身份终止的标准,但在一些列举的情形下⑪,也可以提前宣布

---

① D. 1,5,26:对于那些在母体中的孩子,几乎市民法的所有规定都认为他们是自然中已存在的部分。
② D.1,5,7:应把在母体中的胎儿当作人一样来保护;尽管在出生之前他不能给他人带来任何利益。Cfr. Pierangelo Catalano, *Osservazione sulla persona dei nascituri allá luce del diritto romano* (*Da Justiniano a Teixeira de Freitas*) in Rassegna di diritto civile, n° 1/88, Roma, 1988, p.47.
③ 参见《巴西新民法典》第 2 条;D. 1,5,7;D. 50,16,129。
④ 参见《巴西新民法典》第 6 条;D. 50, 17, 59。
⑤ 参见《巴西新民法典》第 8 条;D. 34, 5, 18。
⑥ 参见 D. 1, 5, 7。
⑦ 参见 D. 37,9,1, 17。
⑧ 参见《巴西新民法典》第 2 条和第 1779 条。
⑨ 参见《巴西新民法典》第 3 条;I. 1, 22 pr.;Gai. 3, 106;D. 50, 17, 140。
⑩ 参见《巴西新民法典》第 4 条;I. 3, 19, 10;Gai. 1, 53。
⑪ 参见《巴西新民法典》第 5 条;I. 1, 22 pr.;Gai. 1, 132。

其脱离亲权(emancipação)。

这样的限制在罗马法中就早已存在,根据主体的不同年龄而变化(未成年人[impúberes],对于男性,是小于14周岁,对于女性,是小于12周岁)①,并且在达到25周岁时具备完全的行为能力,从而可以实施有关的财产法律行为。涉及性别,女性在罗马法中具有有限的行为能力②,在巴西法中现今已不存在任何限制。涉及健康,精神病剥夺病人所有的行为能力③,并且根据其患病状况分成不同形式,全疯和半疯(furiosi e mentecapti)。涉及浪费人,是指糟蹋其财产之人,他们的行为能力也有限制。对他们都应指定一个保佐人。④ 年龄、疾病和浪费,这些因素对于巴西法和罗马法是共同的,它们都是行为能力的限制性因素。

六、财产、物权、所有权

《巴西新民法典》将财产(res)区分为以下类别:动产和不动产⑤、可替代财产和不可替代财产⑥、消费财产和非消费财产⑦、可分财产和不可分财产⑧、单一财产和集合财产⑨、主产和从产⑩、公共财产和私人财产⑪,其处理方式与罗马法原始文献类似。

罗马法将替代物(res quae pondere numero consistunt)⑫同非替代物区分出来。消费借贷对应的是替代物。使用借贷、寄托、质押、用益、使用,以非消费物为对象。罗马法还将消费物(res quae usu consumuntur)同非消费物(用益和使用借贷)区分开来,将可分物(res

---

① 参见 Gai. 1, 196; D. 23, 1, 14。
② 参见 D. 1, 5, 9。
③ 参见 D. 50, 17, 40。
④ 参见 D. 27, 10, 1 pr.。
⑤ 参见《巴西新民法典》第79—84条; Gai. 2, 73; D. 19, 1, 40; D. 6, 1, 44; D. 8, 2, 1; D. 41, 1, 7, 10; D. 19, 1, 17。
⑥ 参见《巴西新民法典》第85条; D. 12, 1, 2, 1; D. 23, 3, 42。
⑦ 参见《巴西新民法典》第86条; I. 2, 4, 2。
⑧ 参见《巴西新民法典》第87条; D. 30, 26, 2. D. 6, 1, 35, 3。
⑨ 参见《巴西新民法典》第89条和第90条; D. 41, 3, 30 pr.; I. 2, 20, 18。
⑩ 参见《巴西新民法典》第92条; D. 33, 8, 2。
⑪ 参见《巴西新民法典》第98条; Gai. 2, 11。
⑫ 参见 Gai. 3, 90; Gai. 2, 196。

quae divisionem recepiunt)同不可分物（res quae sine interitu dividi non possunt）①（役权、质押、债）区分开来,将单一物同组合物和集合物区分开来②,还区分了从物,例如家畜、奴隶、农具（instrumenta fundi）,孳息（fructus）,改良（impensae）。

财产是物权（ius in re）的客体,是一种对一个物行使直接的和间接的权力的法律情势（situação jurídica）。此种权力可能是充足的,也就是说,包括所有可能的对一个物的权能（faculdades）,例如,所有权;但也可能是有限的,当仅仅对一个物享有数个权能时。

在罗马被确认的物权的种类,或者更恰当地说,受对物之诉（actio in rem）保护的权利包括:对自己的物的权利（ius in re propria）,即所有权,以及对他人的物的权利（ius in re aliena）,即他物权,包括用益物权（地役权、用益权、使用权、居住权、永佃权和地上权）和担保物权（信托、质押和抵押）。

在当今巴西法中,涉及物权的种类,《巴西新民法典》确认了以下种类:所有权（第1项）、地上权（第2项）、地役权（第3项）、用益权（第4项）、使用权（第5项）、居住权（第6项）、允诺购买不动产人的权利（第7项）、质押权（第8项）、抵押权（第9项）、典质权（第10项）、为了建立住宅授予的特别使用权（第11项）、授予的特物使用权（第12项）（第1225条）。除了第7项,其他种类在罗马法上都存在具有同样的功能的类型。

所有权是最优先的物权,它置于其他物权之前。与所有权相关的是占有,后者是一种所有权的表象（第1196条）。③

《巴西新民法典》对所有权采用了一个分析性的定义,根据其第1128条的规定,所有权是某个人使用、享用和处分其财产并从不正当占有此等财产人手中收回之的法律权力。这也指明了所有权所包含的法律权能,即使用权（ius utendi）、享用权（ius fruendi）（拥有、享有并收取其孳息的权利）和处分权（ius abutendi）。但所有权人也有义务,因为所有权还表现为一种权利和义务的综合的法律情势,并且以具备

---

① 参见 D. 6,1,35,3。
② 参见 D. 41,3,30 pr.。
③ 《巴西新民法典》第1196条规定:"所有事实上完全或部分地行使着所有权的某项权能的人,视为占有人。"

社会功能为特征。

随着社会的变迁,社会理念开始优先于个人理念。在经济领域,国家也日益更多地进行干预,这导致了两个新的主题的产生,即社会功能和权力滥用。① 社会功能意味着:一个法律制度在社会的运行首先涉及它产生的效力,同时也相对地涉及第三人。

社会功能的理论将行使所有权与共同财产的理论联系起来。这意味着,一个所有权人不仅仅享有权力,而且在行使其权利时还承担一定义务。在此种意义上,《巴西新民法典》第1228条第1款规定:"所有权的行使应符合其经济和社会目的,并且还应根据特别法的规定以保存动植物群、自然美景、生态平衡以及历史和艺术遗产的方式行使,同时应避免污染空气和水。"在农业财产(propriedade rural)的情形下,社会功能理论要求在利用财产时符合以下要求:合理适当的利用,合理使用可获得的自然资源并保护环境,遵守相关的劳动法律规定,其开发应符合所有权人和劳动者的福利(《巴西联邦宪法》第186条)。

权利滥用理论是指不能以损害他人的方式来行使主观权利的理论。权利滥用理论的产生直接与所有权相关,但此种理论既可运用于财产权,也可运用于非财产权。其问题在于为主观权利的行使设立限制,即权利的行使不得超过由诚信、善良风俗或社会目的或法的经济所施加的限制(《葡萄牙民法典》第334条)。② 现在权利滥用在巴西民法中被视为一种不法行为(第187条)。③ 在所有权的特定情形中,法律禁止"不能给所有权人带来任何舒适或便利而是由伤害他人的意图驱使的行为"(第1228条第2款)。

七、法律事实

《巴西新民法典》在总则第三编中规定了法律事实(fatos jurídicos),它包括与以下内容相关的规范:法律行为(negócio

---

① Ver Francesco Lucarelli, *Diritti civili e istituti privatistici*, p. 208 e 210.
② 原作者错误地标注为第344条,而实际上第334条才是关于"权利滥用"的条文。——译者注
③ 《巴西新民法典》第187条规定:"权利持有者行使权利明显超出根据其经济或社会的目的、诚信或善良风俗科加的限度的,也实施了不法行为。"

jurídico)①,其内容包括:实质要素,代理,偶然要素(条件、期限和负担),瑕疵(错误、诈欺、胁迫、危险状况、显失公平、对债权人的诈害)以及无效。它还规定了合法的和非法的法律上的行为(lícitos e ilícitos atos jurídicos)、诉讼时效、除斥期间以及法律事实的证明手段。

相对于旧《巴西民法典》,《巴西新民法典》的革新体现在以下方面:引入了法律行为(negócio jurídico)这一类型(此类型在1916年通过的旧《巴西民法典》中被放弃,而是作为法律上的行为的一般类型);采用诚信原则作为解释和整合的原则(第113条),并且在法律行为的领域,采用了两个新的概念,即危险状况(第156条)和显失公平(lesão,第157条)。②

八、债与合同

民法典的分则以债法作为开始,紧接是企业法、物法、家庭法和继承法。

可以以这种逻辑方式来解释为何将债法放在分则的最前面:债法是与总则联系最紧密的主题。③ 总则是通过归纳的方法以不同的分则为基础而获得的一种一般化产物,可以确定的是,这种一般化主要是关于债与合同的,因为这一领域是最一般的范畴。④

债的体系是罗马法中最有趣的部分⑤,在这一领域,法律技术是不断完善的,其在巴西民法中也是不断发展的,并且罗马的遗产更多地保留到现在。

《巴西新民法典》没有给债下一个定义,也不应该这样做。然而,在理论上,我们可以追溯到传统的罗马法上的定义。首要的,也是经典的定义,来自优士丁尼的《法学阶梯》:"债为法锁,它约束我们必须根据我们城邦的法偿付某物。"(I.3,13 pr. *Obligatio est iuris vinculum*

---

① 关于"法律行为"(negócio jurídico)与"法律上的行为"(ato jurídico)的区别,请参见笔者给《巴西新民法典》第185条所加的注释。——译者注

② 对于"lesão",国内多译为"非常损失",但由于它与我国"显失公平"的制度类似,故而在《巴西新民法典》译本中采用了后一种译法。——译者注

③ Ver Orlando Gomes, *Obrigações*, 10ª ed., revista e atualizada por Humberto Theodoro Júnior, Rio de Janeiro, Ed. Forense, 1995, p.4.

④ Ver Antonio Hernandez Gil, *Derecho de Obligaciones*, Madrid, 1960, p.11.

⑤ Ver Gaetano Sciascia, op. cit. p.205.

quo necessitate adstringimur alicuius solvendae rei secundum nostrae civitatis iura.)第二个定义来自保罗,也是最具分析性的:"债的本质不在于我们取得某物的所有权或者获得役权,而在于其他人必须对我们给予、作为或担保。"(D.44,7,3pr. *Obligationum substantia non in eo consistit, ut aliquod corpus nostrum aut servitutem nostram faciat, sed ut alium nobis obstringat ad dandum aliquid vel faciendum vel prestandum.*)罗马法上关于债的定义也体现在《巴西新民法典》中,体现在当今将债分为给予、作为或担保(dar,fazer ou prestar)三种类型之上。①

债法是整个民法典中最庞大的一编,共有732个条文,它被分为10题:债的类型(第1题)、债的移转(第2题)、债的清偿和消灭(第3题)、债的不履行(第4题)、合同总论(第5题)、各种类型的合同(第6题)、单方行为(第7题)、债权证书(第8题)、民事责任(第9题)、债权人的优先权和特权(第10题)。

关于债的类型的第1题包括给予(特定物或不特定物)之债(第233—246条),其关于风险的理论,也就是在交付之前物丧失或减损的情形责任分担的规范,源自于罗马法。② 它还包括行为之债(第247—249条)③、不作为之债(第250条和第251条)、选择之债(第252—256条)④、可分与不可分之债(第257—263条)⑤以及连带之债(第264—285条)⑥,这些类型的债也都源自罗马法。

对于债的渊源,巴西民法中确立了以下类型:合同,单方行为(悬赏广告、无因管理、非债清偿和无因得利),债权证书和不法行为(民事责任)。这与优士丁尼规定的罗马法上的债的渊源的四分法(合同、准

---

① 关于这两个债的经典片段的详细分析,参见〔意〕朱塞佩·法尔科内:《义务与法锁:追溯债的经典定义之起源》,齐云译,载徐国栋主编:《罗马法与现代民法(第6卷)》,厦门大学出版社2008年版,第93—118页;第二个片段中对债三分为dare,facere,praestare,关于这三个拉丁术语的含义,参见齐云:《解开"债的标的"之历史纠缠》,载《甘肃政法学院学报》2009年第2期,第151—158页。——译者注
② 参见I.3,19,2;I.3,23,3;D.45,1,23;D.45,1,37;C.4,24,1.5;*initio*。
③ 参见D.46,3,31。
④ 参见D.18.1,25pr.;D.18.1,34,6。
⑤ 参见D.35,2,80,1。
⑥ 参见D.45,2,7;D.46,1,22。

合同、私犯、准私犯)相对应。①

合同包括:买卖、租赁、合伙、委托(罗马法上的双务合同)②,消费借贷、使用借贷、寄托(罗马法上的要物合同)③,互易或交换、寄售合同、赠与、提供服务、承揽、行纪、代理和分销、居间、运输、保险、设立定期金、博戏和赌博、保证、和解以及仲裁。

单方行为包括悬赏广告、无因管理④、非债清偿⑤以及无因得利。

因自愿的作为或不作为、过失或轻率造成他人损害的,即使完全是精神损害,也构成不法行为。在罗马法中,此种债被称为因私犯产生的债(ex-delito),它因盗窃(furtum)、抢劫(bona vi rapta)以及非法损害(damnum iniuria)而产生。⑥

九、企业

企业在《巴西新民法典》中是一个新的制度。它被整合进民法典实现了前期草案的诸基本方针之一,根据前期草案,民法典被看作是私法的基本法,应促进债的统一,并应将作为"债法自然分支"的交易或商事活动的制度整合到民汎典的体系中去。《巴西新民法典》对企业(empresa)没有下一个定义,不过定义了其有权的行为人,即企业主,根据第966条的规定,企业主是指职业性地从事有组织的以财产或服务的生产或流通为对象的经济活动的人。从事科学、文学或艺术性质的脑力劳动的人,除非其职业活动符合企业条件,否则不是企业主。

从经济的视角来看,企业是一个资本和劳力的组织。从此概念出发,我们可以为之下一个法律定义,即企业是一个为了财产或服务而生产和流通的有组织的经济活动(atividade econômica),一个为了市场进行生产的具备资本和劳力要件的有组织的集合体。

此种活动由作为企业主的自然人或法人来职业性地运行(第966

---

① 参见 I. 3,13,2。
② 参见 Gai. 3,139。
③ 参见 Gai. 3,9;I. 3,13 pr.。
④ 参见 I. 3,27,1。
⑤ 参见 Gai. 3,91。
⑥ 参见 Gai. 3,182。

条),而一系列的设施构成了企业机构(estabelecimento)。因此,企业是职业性地运行的有组织的经济活动体,它包括三个具体的要素,即企业主,经济活动和企业机构。①

此主题是《巴西新民法典》分则第二编(第966—1195条)的调整对象,它包括企业主(自然人)的规定以及合伙(公司)(法人)、企业机构以及配套制度(登记、企业名称、代办人、账目记录)的规定。

《巴西新民法典》开始区分商业公司(sociedade empresária)与普通合伙(sociedade simples)②,前者是指根据第966条的规定,以行使企业主自身的活动为目的的公司,后者是指不以商业性为特征的合伙。这一区别是重要的,因为这意味着不同的登记方式。商业公司可呈现出不同的形式,它包括:隐名合伙(第991条)、无限公司(第1039条)、普通两合公司(第1045条)、有限责任公司(第1052条)、股份公司(第1088条)、两合股份公司(第1090条)、合作社(第1093条)。

十、民事责任

在严格意义上,民事责任的表达意指损害赔偿之债。

民事责任现在成了法律科学中最具有创造性的领域之一。工业技术的巨大进步、新形式的能源以及职业性活动,给社会带来了新的挑战,产生了一些新的形式的损害,并要求新的法律方面的回应。责任的一般理论得到了发展,并且也形成了一些特别责任,例如,职业责任(律师、医生、生产者、运输者、建筑者、银行家、企业管理人等),环境责任以及国家责任等。在经典和传统的理论中,责任的基础是过错(culpa)。在现代,随着生活状况的改变,过错原则显然已不再充足了,进而发展出了即使行为人没有过错亦应对损害进行赔偿的情形,只要其风险来自于营利性的经济活动。这样,我们有两种类型的责任:主观责任,它基于行为人的过错,基于行为人实施了不法行为(第186条);客观责任,由法律特别规定(第931条)。

其他的区分也在法典和理论中确立了,这就是合同责任与合同外

---

① Ver Waldírio Bulgarelli, A Teoria Jurídica da Empresa, São Paulo, Revista dos Tribunais, 1985, p. 213。

② 关于"sociedade"一词为何要分译为公司和合伙,请参见笔者给《巴西新民法典》中译本分则第二编第二题标题所加的注释。——译者注

责任,它们根据被侵害的权利的性质来决定。当行为人的侵害行为损害的是相对的主观权利(此种权利是由债的法律关系确立的,通常因合同而产生),为合同责任;如果被侵害的权利是绝对的,不依赖于已经存在的法律关系,为合同外责任,它因不法行为而产生(第 186 条)。

十一、家庭

家庭法是调整和组织同一个家庭成员之间,也就是夫妻之间和亲属之间的关系的原则和规范的集合体。它包括关于结婚以及其人身和财产效力、夫妻合伙的解除、亲属关系以及无行为能力人的保护制度(包括监护和保佐)。

家庭法的法律规范属于私法性质。被保护的利益优先于个人利益,即使不是集体利益。这些规范意图实现道德价值,道德和宗教对之有很大的影响。它们是强制性和命令性的,限制了私人自治;其解释也是严格的,这不同于法的其他部门,例如,对它们不适用债法的解释规则,也不援引法典的总则;它们确立了家庭法行为的特殊性。这些行为的存在、生效和效力都应遵守法律所确立的实质的和形式的要求的法律规定,当事人不能通过意思自治采用不同于为此等典型行为(例如,结婚、收养、离婚、对婚外所生子女的认领)所确立的要求的形式。

家庭法的渊源包括:《巴西联邦宪法》(第 226—230 条),《巴西新民法典》(第 1151—1783 条)以及其他的一些涉及婚姻、持久结合(união estável)(它确认了事实家庭)和亲属关系的特别法。《巴西联邦宪法》中确立了以下基本原则:民事婚姻原则(第 226 条第 1 款)、允许离婚原则(第 226 条第 6 款)、夫妻平等原则(第 226 条第 5 款)、子女平等原则(第 227 条第 6 款)、保护家庭原则(第 6 条和第 226 条第 8 款)、保护儿童和青少年原则(第 227 条首段和其第 1 款)。

在《巴西新民法典》中,家庭法被置于分则的倒数第二编,顺数第四编,位于最后一编继承法的前面,这是因为它与召集继承的顺序的决定有着紧密的联系。第四编被分为四题,分别涉及:人身法(涉及婚姻和亲属关系的规范)、财产法(涉及夫妻财产制)、持久结合以及监护和保佐。

婚姻或结婚(男女之间作为一生伴侣的结合)①,它要求一些受罗马法、基督教和教会法影响的特定要件,包括:婚姻能力(第1517条)、同意(第1535条)、不存在婚姻障碍(第1521条)。它产生一些特定的效力,基本上是关于婚姻关系和亲属关系的。

除了婚姻外,其他的一些制度,例如,收养、监护和保佐,都是一些罗马法上的制度,它们在《巴西新民法典》中保留下来,并具有一些当代的自身特色。

十二、遗产继承

遗产继承是最后的制度,通过它按照继承顺序将财产保留在同一个家庭里。继承现象是由于一个人死亡而发生的被称为遗产的其财产的替代,去世的人通过遗嘱行为进行指示的,称为遗嘱继承,在缺少此种处理时,依法进行继承的,称为法定继承。

在继承现象中,表现出三个利益方:去世的个人,他通过遗嘱分配其财产;家庭,通过法定特留份来进行保护,所谓特留份是指法律设立的有利于必要继承人的遗产份额(第1845条和第1850条),并且在没有遗嘱时通过法律规定来适用之;社会,它通过征收应纳税款、财产的移转、与它相关的行政的和法律的程序以及在遗产落空没有死者的继承人出现时将之转归国家表现出来。继承可以是法定的和遗嘱的,从而根据法律规定或表示死者最后意愿的遗嘱的规定来进行调整。

在罗马法中,继承②是因死亡的原因(mortis causa)将死者的法律关系移转给其继承人。继承可以是个别的,即获得某个特定的财产,也可以是概括的,即获得死者所有的总括财产(patrimônio),此种区别在当代法中依然保留。

遗产是一种无体物(res incorporea),包括属于死者的所有财产(de cujus),在1916年通过的旧《巴西民法典》第57条中,它被确认为一种集合物(universalidade),而《巴西新民法典》中则不再如此,这被认为是多余的。

遗嘱继承是通过遗嘱来实施的,它包括多种形式③,它们在《巴西

---

① 此语出自莫德斯丁,参见 D. 23, 2, 1。
② 参见 Gai. 2, 97。
③ 参见 Gai. 2, 100。

新民法典》中也保留下来(第1862—1896条)。

遗产的请求、遗嘱的替补、接受、剥夺、撤销、有效和无效、遗赠以及法定继承的其他方面①,罗马法中都有相关规定,《巴西新民法典》除了一些小的修改外亦遵守同样的法律规则。

十三、结论

从前面所叙述的,我们可以这样下结论:《巴西新民法典》不仅仅在法教义学上保持了罗马法的传统,而且在法的实现的精神和方法论上也重返罗马法。

通过原则、一般条款和不确定概念,立法者丰富了法典的体系,其结构是开放的,因而在法的方法论上允许变化。

鉴于体系的开放性和灵活性,在不完全的、变化的和革新的意义上,这些法律原则不仅反映了对将法看作是一个自足的、连贯的和抽象的封闭的规范系统的实证主义思想的超越,而且对法的实现的新的方法论也有帮助,在重新确立实践理性以及经验主义的谨慎模式的意义上,应记住在法律具体化上,古典罗马法是一个范例。上述改变是,或确切地能够是,在回归法作为实践科学的性质,这亦是罗马法的特点之一。

---

① 参见 Gai. 3, 1。

在传承与革新之间的巴西新民法典

〔意〕阿尔多·贝特鲁奇* 著

薛 军** 译

一、引言

经过30多年的酝酿,《巴西新民法典》于2003年1月10日开始生效。这也是巴西的政治和社会生活发生变革的一个重要时刻,特别是卢拉·达·席尔瓦(Lula da Silva)当选为共和国总统,他在同一年的1月1日执掌权力,这与民法典的生效几乎同时发生。

笔者在这里试图论述的,只是对《巴西新民法典》这一规范文本的一个简要和概括的介绍,不追求完整和全面——这有待另外的专题研究。① 在本文中,笔者试图说明这一民法典与巴西先前的法学传统之间存在的连续性的因素,同时也指出那些与社会、文化、意识形态的变化密切联系,在法学中引入的许多革新。这种类型的研究,总表现出一定的局限性,也就是泛泛而谈,因为它不可避免地总是要对非常复杂的现象进行简要的概述,要对一些规则和制度进行表面上的考察。对于这些规则和制度,只有在巴西的具体法学现实中进行研究的人才能够有精深的把握,如果笔者对此有所欠缺,在此请求读者的谅解。

---

* 阿尔多·贝特鲁奇(Aldo Petrucci),意大利比萨大学法律系教授。
** 薛军,北京大学法学院教授。
① 朝向深入研究的方向所迈出的重要的一步,表现为由意大利罗马第二大学拉丁美洲跨学科研究中心所组织的"巴西新民法典与拉丁美洲法系"的国际研讨会,这一研讨会于2003年1月23日到25日在罗马召开,会议文集在笔者写作这篇文章的时候,正在出版过程中。

就方法论而言,为了帮助读者理解《巴西新民法典》中所有的独特之处,笔者首先对到 1916 年通过的《巴西民法典》为止的,巴西民法典编纂历程的各个阶段进行一个历史性的介绍;其次分析《巴西新民法典》的体系以及它表现出来的指导原则,对指导原则的分析主要依据巴西民法典修订委员会所进行的考察;再次从对既存原则与规范的维持与改革的角度指出民法典的要点;最后围绕这一刚刚开始生效的民法典的一些最重要的特征,根据笔者有限的观察,得出一些总结性的结论。

二、巴西民法典编纂进程中的新民法典

1822 年 9 月 7 日,巴西帝国宣布独立于葡萄牙王国。在民法领域,1823 年 10 月 20 日的法律规定,在制定一部民法典之前,在 1821 年 4 月 25 之前由葡萄牙国王颁布的饬令、法律、规定以及其他规范,如果没有被作出特殊的修改,继续有效。1824 年制定的《巴西帝国宪法》第 179 条第 8 段重申,除刑法典之外,还要尽快制定一部民法典,以保障公民的民事和政治权利不受侵犯,而这一点体现在自由、个体安全以及所有权中。①

在落实宪法这一规定的过程中,1830 年颁布了一部刑法典,但是民法领域却仍然维持着混乱和支离破碎的状况,因为为了得到可以适用的规范,甚至还需要到 1603 年的《菲利普法令集》以及它的零乱的补充性规定中去寻找。另外,不能忘记的是,由于明确知道自身的欠缺,根据法令集第三编的第六十四章的规定,在遇到没有具体法律规定的案件的时候,可以根据一定的顺位,援引一系列辅助性的法源。被提到的法源有:葡萄牙王国的法律、法庭的判决、习惯、教会法规则、优士丁尼皇帝的法律,这一规定(3,64,1)的最后还提到阿库索(Accursio)的评注,只要他的观点没有被法律博士以及来自萨索费拉托的巴托鲁斯(Bartolo)的批评。"因为,即使与其他法律博士的观点相反,他的观点也通常与理性最相吻合,除非在他

---

① 参见〔巴西〕莫雷耶拉·阿尔维斯:《德·弗雷塔斯的罗马法教育背景以及他的改革精神》,载〔意〕桑德罗·斯其巴尼主编:《德·弗雷塔斯与拉丁美洲法》,帕多瓦,1988 年版,第 19 页。

之后写作的博士的通说与他的观点相反。"①使法律规范渊源本来已经非常混乱的状况雪上加霜的是,1769 年,葡萄牙国王约瑟夫一世(Giuseppe I)的首相马尔凯斯·迪·彭巴尔(Marchese di Pombal)主持制定了所谓的《来自健全理性的法律》(Lei da Boa Razao)。这位启蒙主义者想通过这一法律排除对阿库索、巴托鲁斯以及其他法律博士进行援引的可能性,同样的,对罗马法的补充性的适用也只限于那些与"健全理性"相吻合的罗马法规定。② 这一法律,撇开它在巴西是否实际得到适用不谈③,它并不是简化了法律,而是增加了在认定有效法律规则问题上的不确定性。

因此,巴西在 1850 年先制定并且颁布了商法典之后,在 1855 年才迈出了朝向民法典编纂的实际的第一步,这也就不令人奇怪了。这一步表现为帝国政府与巴西伟大的法学家奥古斯都·特谢拉·德·弗雷塔斯(Augusto Teixeira de Freitas)④签订了一项合同。后者受任从事:①将现存的所有的葡萄牙的和巴西的立法,无论是有效的还是已经被废除的,根据公法与私法的划分,以年代为顺序进行分类整理;②将巴西的民事立法进行汇编,然后编订出一个民法典草案。1857 年,履行了其义务之后,弗雷塔斯出版了《民事法律汇编》(以下简称《汇编》)一书,这一著作,在一方面是作为将来起草民法典草案的准备工作,在另一方面将包含在上面提到的法令集及其补充性立法中的民事规则进行了有秩序的整理。

所有的人都认为,《汇编》奠定了巴西民法规范的基础,并且在

---

① 这一引述的葡萄牙文本是来自坎迪多·门德斯·德·阿尔梅达(Candido Mendes de Almeida)编辑的法令集的版本(里约热内卢,1870 年版)。

② 关于这一法律的论述,参见〔葡萄牙〕戈麦斯·达·席尔瓦:《葡萄牙法律史:法的渊源》,里斯本,1991 年版,第 360 页以下;〔葡萄牙〕A. M. 艾斯巴纳:《欧洲法律史导论》(意大利文译本),博洛尼亚,1999 年版,第 195 页。

③ 贝科雷拉(Pecorella)就持这样的观点,参见〔巴西〕贝科雷拉:《巴西的法律汇编与法典编纂的历程》,载〔意〕桑德罗·斯奇巴尼主编:《德·弗雷塔斯与拉丁美洲法》,帕多瓦,1988 年版,第 225 页。

④ 关于这一法学家的生平和著作的研究,基础性的著作参见〔巴西〕梅拉:《弗雷塔斯:帝国的法学家》,里约热内卢,1978 年版。

1916年官方民法典颁布之前,构成了事实上的民法典。① 因此,在这里有必要简要地论述该著作的理论文化背景和它所遵循的体系。

关于前一点,需要强调的是罗马法在其中所具有的中心地位。② 这是因为,上面已经提到罗马法作为民法辅助性的法源而起作用,因此,所有的巴西民法学家都也必然是罗马法学家,他们接受的是以优士丁尼的《市民法大全》以及共同法(ius commune)的法学传统为基础的教育。另外,巴西独立之后最初的时期,罗马法的教学被排除出法律系的课程之外,但是,1854年,在圣保罗的法律学院和奥林达-莱切弗(Olinda-Recife)的法律学校都重新恢复了罗马法的教学,这是当时这个国家仅有的两个法律系。弗雷塔斯的法学知识不只限于罗马法的渊源以及这一传统在后来的,直到多马(Domat)和普捷(Pothier)的发展,他也了解同时代的德国法学思想,并且是一个德国法学的崇拜者。他通过萨维尼著作的法文译本而了解萨维尼的思想以及萨维尼在那个时代对优士丁尼的法典编纂所进行的科学研究。③

在体系上,汇编追随了莱布尼茨、康德和萨维尼的概念,将法律关系作为理论和实践上的分类和论述的中心。这样,我们就看到他作出

---

① 参见〔巴西〕梅拉:《巴西法学家弗雷塔斯与全球法》,载〔意〕桑德罗·斯奇巴尼主编:《德·弗雷塔斯与拉丁美洲法》,帕多瓦,1988年版,第74页;〔巴西〕贝科雷拉:《巴西的法律汇编与法典编纂的历程》,载〔意〕桑德罗·斯奇巴尼主编:《德·弗雷塔斯与拉丁美洲法》,帕多瓦,1988年版,第231页以下。

② 参见〔巴西〕莫雷拉·阿尔维斯:《罗马法与法学思想》,里约热内卢,1962年版,第15页;〔巴西〕莫雷拉·阿尔维斯:《德·弗雷塔斯的罗马法教育背景以及他的改革精神》,载〔意〕桑德罗·斯奇巴尼主编:《德·弗雷塔斯与拉丁美洲法》,帕多瓦,1988年版,第19页;〔巴西〕贝尔艾拉:《巴西在19世纪对罗马法的使用》,载〔意〕桑德罗·斯奇巴尼主编:《德·弗雷塔斯与拉丁美洲法》,帕多瓦,1988年版,第83页以下。

③ 关于这一点,参见〔巴西〕米格尔·雷阿勒:《弗雷塔斯的人文主义与现实主义》,载〔意〕桑德罗·斯奇巴尼主编:《德·弗雷塔斯与拉丁美洲法》,帕多瓦,1988年版,第41页以下;〔巴西〕内托:《弗雷塔斯的思想中的法律技术:对巴西民法规范的批评》,载〔意〕桑德罗·斯奇巴尼主编:《德·弗雷塔斯与拉丁美洲法》,帕多瓦,1988年版,第160页以下。

的如下划分:一个总则,总则由两编组成,分别是"人"(第 1—41 条)与"物"(第 42—75 条);一个分则,分则也由两编组成,分别是"对人权"(dei diritti personali,第 76—883 条),包括了家庭法、合同、损害赔偿和有关权利的消灭;"物权"(第 884—1333 条),包括了所有权、他物权以及继承问题。①

1859 年 1 月 10 日,弗雷塔斯与巴西帝国政府签订了一个新的合同,受任编纂一个民法典草案。根据这一协议,这位杰出的法学家在 1860 到 1865 年之间编辑并且出版了一个有 4 908 个条款的草案(Esboço)。这一草案的结构采用了汇编的结构,并且进行了发展。它的最后定稿的面貌是这样的:关于法在时间和空间上的适用的预备规定的一章(第 1—15 条);作为总则的一编(第 16—866 条),它又分为三个部分,分别是人、物和法律事实;分为三编的分则(第 867—4908 条),按照顺序分别是关于对人权(第二编:债、家庭法、合同、合同外的合法行为、不法行为),物权(第三编:所有权、共有、他物权),对人权与物权共同的规则(第四编:继承、共同之债与时效)。②

对草案的具体内容的分析表明,它受到罗马法渊源很大的影响。在各个条文的注释中,作者引用了盖尤斯和优士丁尼的《法学阶梯》以及后者的《学说汇纂》。特别是在债的领域,草案与罗马古典时期的法学家,比如彭波尼(Pomponio)、盖尤斯(Gaio)、帕比尼安(Papiniano)、保罗(Paolo)、乌尔比安(Ulpiano)和莫德斯丁(Modestino)的著作有密切的联系。在一个不久前制作的优士丁尼《法学阶梯》中关于契约与准契约的部分(第三编第 13—29 题)与拉丁美洲诸民法典相关规定的

---

① 关于《汇编》的其他方面,参见〔巴西〕莫雷拉·阿尔维斯:《罗马法与法学思想》,里约热内卢,1962 年版,第 29 页以下;〔巴西〕内托:《弗雷塔斯的思想中的法律技术:对巴西民法规范的批评》,载〔意〕桑德罗·斯奇巴尼主编:《德·弗雷塔斯与拉丁美洲法》,帕多瓦,1988 年版,第 160 页以下。

② 关于这一方案的各方面的情况,参见〔巴西〕莫雷拉·阿尔维斯:《罗马法与法学思想》,里约热内卢,1962 年版,第 25 页以下;〔巴西〕卡兰姆:《巴西民法的法典编纂的进程(从弗雷塔斯的汇编到贝维拉瓜的草案)与草案的体系》,载〔意〕桑德罗·斯奇巴尼主编:《德·弗雷塔斯与拉丁美洲法》,帕多瓦,1988 年版,第 321 页以下。

对照表中①,可以看到,罗马法文本与弗雷塔斯的草案中的条文,在123个问题上,可以确认有97个问题的处理是相同的。同时,也很明显的是,这位法学家在起草草案的过程中也关注到了普鲁士、法国、奥地利以及路易斯安那的民法典中的规则,以及《菲利普法令集》和萨巴拉(Seabra)的1867年《葡萄牙民法典草案》中的规定。

但是,在编纂了草案的第四编的大约200个条文之后,弗雷塔斯在1867年9月20日的一封信中向司法部长提出修改最初的计划,不是制定一部民法典而是制定两部法典:一部一般性的法典,关于法律上的原因、人、物、法律事实与法律效果;另外一部是关于对人权与物权的民法典,同时也包括所有商法的内容,因为他认为,商法与民法之间的划分完全没有必要。② 弗雷塔斯的这一提议被拒绝,政府在1872年终止了与他的合同。

这样,在民法典编纂的进程中又一次进入了不确定的阶段,并且一直持续到1899年。在此期间,巴西政府(先是帝国政府,1889年帝国崩溃之后是共和国政府)也曾经委托法学家进行了几次编纂的尝试。其中有安东尼奥·科埃略·罗德里格斯(Antonio Coelho Rodrigues)的草案,该草案完成于1893年,它以瑞士《苏黎世州私法典》的模式为基础,几乎在瑞士得到了完全的实现。根据巴西参议院的指示,它本来应该作为未来的巴西民法典的模式。

最终在1899年,根据参议院的授权,巴西总统坎波斯·萨列斯(Campos Salles)和司法部长艾皮塔其奥·佩索阿(Epitacio Pessoa)与法学家克洛维斯·贝维拉瓜(Clóvis Beviláqua)——莱切弗大学法律系的教授,签订了合同,委任他根据以前的经历,编纂一部民法典的草

---

① 参见〔意〕里卡尔多·卡尔蒂里编:《优士丁尼法学阶梯第3编第13题到第3编第29题(契约之债与准契约之债)与拉丁美洲诸法典相关规定的对照表》,载〔意〕桑德罗·斯奇巴尼主编:《罗马与美洲:罗马共同法杂志(第7卷)》,1999年版,第301页以下。

② 关于这位法学家比后来由欧洲的民法学者与商法学者更早提出来的民法与商法的统一,参见〔巴西〕莫雷拉·阿尔维斯:《巴西的私法的统一》,载〔意〕罗通蒂主编:《比较法调查报告(第3卷)》,帕多瓦,1973年版,第353页;〔巴西〕德·卡尔瓦洛:《弗雷塔斯与私法的统一》,载〔意〕桑德罗·斯奇巴尼主编:《罗马与美洲:罗马共同法杂志(第7卷)》,1999年版,第12页以下。该文所引用的文献非常丰富。

案。这项工作仅用了 7 个月的时间就结束了,尽管它距离成为 1916 年通过,并且在 1917 年 1 月 1 日生效的民法典还要等上 15 年的时间。① 在编纂民法典的过程中,一般来说,贝维拉瓜非常忠实于先前的法学传统,他将工作广泛地建立在弗雷塔斯草案和罗德里格斯草案的基础上,只有在他认为有必要的时候才作出更新。这在很大程度上得益于他非凡地进行平衡的才能,这也是他的人格上的特征。②

关于 1916 年通过的《巴西民法典》的体系与内容的分析,笔者在下文将它与 2002 年通过的《巴西新民法典》对比时再进行详细的分析,以说明新民法典作出了哪些新的选择,现在我们只给出一个简单的概述。

贝维拉瓜的民法典分为一个总则与一个分则,一共有 1 807 条。总则分为 3 编,分别涉及人(第 2—42 条)、物(第 43—73 条)以及法律事实(第 74—179 条)。分则分为 4 编,第一编关于家庭法(第 180—484 条),第二编关于物(第 485—862 条),第三编关于债法(第 863—1571 条),最后的第四编关于继承法(第 1572—1805 条)。在总则之前有一条预备规定,在分则之后有两条最终规定,也就是第 1806 条和第 1807 条。

从这样的简单论述可以看出,与弗雷塔斯的思想相比,从体系的角度看,贝维拉瓜将民法典分为总则与分则,并且在总则中包括人、物、法律事实这三大块的做法被接受了,但是,将商法(事实上,1850 年的商法典仍然有效)与民法统一起来的想法则被拒绝了。贝维拉瓜没有用法律关系的类型(对人权或者物权)来区分民法关系,而代之以法律关系的客体作为划分法律关系的标准。这样导致的结果就是,没有因为家庭法与债法二者都是基于对人权性质的关系将它们划分在分则的同一编中,而是将分则分为四个独立的部分——家庭法、物权、

---

① 关于从 1872 年到贝维拉瓜编纂民法典草案之间的痛苦的时期,参见〔巴西〕莫雷拉·阿尔维斯:《贝维拉瓜民法典草案百年纪念》,载〔意〕桑德罗·斯奇巴尼主编:《罗马与美洲:罗马共同法(第 8 卷)》,1999 年,第 4 页以下。
② 这是在他之后不久的另外一个伟大的巴西法学家弗兰塞斯科·C. 庞特斯德·米兰达(Francesco C. Pontes De Miranda)对贝维拉瓜作出的一个综合的评价。参见〔巴西〕弗兰塞斯科·C. 庞特斯·米兰达:《巴西民法的渊源与发展》,里约热内卢,1928 年版,第 112 页注释 47。

债以及继承,每一个部分都在专门的一编中加以规范。①

三、《巴西新民法典》的结构与指导原则

为了方便地论述 2002 年通过的《巴西新民法典》,在分析它的结构和体系上的选择之前,还需要通过巴西民法典修订委员会的负责人米格尔·雷阿勒(Miguel Reale)的话指出它的特殊之处。这是他于 2001 年 11 月 29 日在保利斯塔·德·莱特拉斯科学院(Academia Paulista de Letras),也就是 APL——他本人就是其成员——会议上所发表的讲话。这一讲话被认为是代表了对这个新的规范文本的一个简要的考察。②

讲话先是回顾了为了民法典的修订和新民法典的批准所作出的 30 多年的努力(巴西对民法典的修订是从 1969 年开始的),以及组成修订委员会的其他六位被邀请分别负责一部分修订任务的法学家。③然后,作者说明了委员会工作的指导方针,并且作出了以下概括:

(1)尽可能地保留 1916 年通过的《巴西民法典》,这不只是为了保留这部法典所固有的优点,也是为了保留基于这一法典而发展起来的大量的学说和判例。

(2)修订工作不只限于对民法典与当代社会以及法学的巨大发展不协调之处的修订。

(3)根据某些重要的价值,比如伦理性、社会性和可操作性等,来

---

① 完整的考察,参见〔巴西〕卡兰姆:《巴西民法典编纂的进程》,载弗兰塞斯科·C. 庞特斯·米兰达:《巴西民法的渊源与发展》,里约热内卢,1928 年版,第 334 页以下。

② 这一讲话的文本现在通常被放在《巴西新民法典》的版本的前面。参见《巴西新民法典》(2002 年 1 月 10 日第 10406 号法律),圣保罗,司法杂志出版社 2002 年版,第 9 页以下。这一文本还可参见〔意〕桑德罗·斯奇巴尼主编:《罗马与美洲:罗马共同法(第 13 卷)》,2002 年,第 319 页以下。作者为讲话所定的题目是《对新民法典的一般考察》。

③ 有关的分工是这样的:莫雷拉·阿尔维斯负责总则;A. 阿尔维姆(A. Alvim)负责债法;S. 马尔孔德斯(S. Marcondes)负责企业法;卡默恩(E. Chamoun)负责物法;C. 多·库拖·席尔瓦(C. do Couto e Silva)负责家庭法;T. 卡斯特罗(T. Castro)负责继承法。参见〔巴西〕米格尔·雷阿勒:《弗雷塔斯的人文主义与现实主义》,载〔意〕桑德罗·斯奇巴尼主编:《德·弗雷塔斯与拉丁美洲法》,帕多瓦,1988 年版,第 319 页以下。

对 1916 年通过的《巴西民法典》进行全面修订。

（4）参考先前两个没有得到实施的草案，一个是债法典的草案，另外一个是民法典与债法分立的草案。

（5）在新民法典中只包括民法的那些已经非常稳定并且受到严格的理论检验的部分，由单行法来调整仍然处于发展过程中待研究的问题或者解决方案超出于民法典之外的复杂问题。

（6）在新法典中仍然维持总则与分则的划分，但是根据新近的法典编纂将有关的材料进行重新安排。

（7）由于 1850 年的商法典已经过时，因此将民事债与商事债进行统一，同时在民法典分则中加上关于企业法的一编。①

上述第（3）点提到，有三个基本原则也就是伦理性、社会性和可操作性，它们关系到《巴西新民法典》的整体。雷阿勒对它们的基本内涵进行了如下阐述②：

关于伦理性，可以理解为是对渗透到 1916 年通过的《巴西民法典》中的法律形式主义（formalismo giuridico）的超越。这种法律形式主义受到葡萄牙法律传统的影响，其来自中世纪注释法学的经验性的工作方法以及 19 世纪德国潘德克顿法学。所有这些学说都受到以罗马法令人钦佩的经验为基础的、对法律制度采取技术主义态度的思想的支配。虽然，法律技术的确有重大发展，但是不能否认，在法律体制中也必须有伦理价值的参与。这些伦理价值通过普遍性的规范和一般条款被加入到《巴西新民法典》中，这样就不用担心过分严格的概念主义，并且可能通过律师和法官，为落实法的箴言，而创造出解释学的法学模式。另外，与先前的民法典相反，《巴西新民法典》的条文中经常诉诸正派（probità）、诚信（bona fede）和端方（correttezza）之类的概念。

可以举出以下的条文作为例子：根据总则第 113 条的规定，法律行为的解释必须依据诚信以及进行法律行为的所在地的习惯；根据第 187 条的规定，权利人行使权利的行为，如果明显超过了该权利的经济

---

① 参见〔巴西〕米格尔·雷阿勒:《弗雷塔斯的人文主义与现实主义》，载〔意〕桑德罗·斯奇巴尼主编:《德·弗雷塔斯与拉丁美洲法》，帕多瓦，1988 年版，第 320 页。

② 参见〔巴西〕米格尔·雷阿勒:《弗雷塔斯的人文主义与现实主义》，载〔意〕桑德罗·斯奇巴尼主编:《德·弗雷塔斯与拉丁美洲法》，帕多瓦，1988 年版，第 321 页及以下。

和社会目的以及诚信和善良风俗所设定的范围,那么该行为就属于不法行为;根据第 422 条的规定,合同当事人无论在缔结合同的阶段还是在履行合同的阶段都要遵守正派和诚信的原则。

关于社会性,它表现为《巴西新民法典》超越了现行民法所表现出的明显的个人主义特征这个一以贯之的目标。现行民法的个人主义特征主要来自于 1916 年通过的《巴西民法典》颁布时以农业为主的经济形态。当时巴西 80% 的人口在农村居住和劳动。与这一情况相反,在当代的巴西,80% 的人口居住在城市,交通通讯手段的巨大发展在其中起到了重大的作用。由于人与人之间的接触和联系越来越频繁,相互依赖性也越来越强,社会成为一个非常复杂,但同时也非常脆弱的体系。在这样的情况下,有必要确认社会安全和协作相对于个人自由所具有的优越地位。

作为贯彻这一原则的一个例子,《巴西新民法典》第 421 条规定了合同自由必须依据并且在合同所具有的社会功能的限度之内行使;第 422 条规定了在对附合合同中的含义模糊或者相互矛盾的条款进行解释时,必须做对附合一方有利的解释;第 1228 条第 4 款规定了这样的一种可能性,也就是说,一个广阔的地域如果被相当多数量的人诚信地、不间断地占有超过 5 年以上的时间,并且在土地上进行了被法官认为具有显著的社会和经济价值的建设和劳动,那么该土地的所有权人将被剥夺所有权。

关于可操作性,它是为减少解释和适用法律规则上的困难,而直接对某些问题作出法律上的规定。这表现在三个方面:①去除先前民法典中出现的一系列的疑问和冲突(例如第 189—206 条,根据不同的失效的情况而作出时效的划分,现在已经在《巴西新民法典》第 207—211 条作了明确的规定);②取消了可能导致疑问的一些同义词[例如,sociedade(社团)这个术语曾经被用来指所有的私法人,现在第 44 条用 associaçao(社团)这个术语来指那些不以营利为目的的社团,取代了原来的 sociedade 的用法];③使用一般条款(诸如端方、诚信之类)使法律尽可能适应个别案件的具体情况。

现在我们来看《巴西新民法典》的结构和涉及的具体内容。它一共有 2 046 个条文,分为总则与分则。

总则分为 3 编。第一编"人",分为 3 章,分别规定了自然人(第 1—39 条)、法人(第 40—69 条)与住所(第 70—78 条);第二编"物",

只有 1 章的内容(第 79—103 条);第三编"法律事实",包括了 5 章的内容,分别是第一章法律行为(第 104—184 条)、第二章合法行为(第 185 条)、第三章不法行为(第 186—188 条)、第四章时效和失效(第 189—211 条)、第五章证明(第 212—232 条)。

分则分为 5 编。

第一编"债法",分为 10 章。第一章债的类型(第 233—285 条)、第二章债的转移(第 286—303 条)、第三章债的履行和消灭(第 304—388 条)、第四章债的不履行(第 389—420 条)、第五章合同的一般规定(第 421—480 条)、第六章各种有名合同(第 481—853 条)、第七章单方行为(第 854—886 条)、第八章债券(第 887—926 条)、第九章民事责任(第 927—954 条)、第十章债权人的优先权和特权(第 955—965 条)。

第二编"企业法",分为 4 章。第一章企业主(第 966—980 条)、第二章公司与合伙(第 981—1141 条,此章之下又分为两节,分别规定了非法人性质的合伙与法人性质的公司)、第三章企业(第 1142—1149 条)、第四章补充制度的规定(第 1150—1195 条)。

第三编"物法",分为 10 章。第一章占有(第 1196—1224 条),第二章物权(第 1225—1227 条),第三章所有权(第 1228—1368 条),第四章地上权(第 1369—1377 条),第五章地役权(第 1378—1389 条),第六章用益权(第 1390—1411 条),第七章使用权(第 1412—1413 条),第八章居住权(第 1414—1416 条),第九章优先购买权(direito do promitente comprador,第 1417—1418 条),第十章质押、抵押和不动产典质(anticrese,第 1419—1510 条)。

第四编"家庭法",分为 4 章。第一章是关于人身关系的规定,此章又分为 2 节,分别是婚姻(第 1511—1590 条)与亲属关系(第 1591—1638 条)。第二章是关于财产关系的规定,分为 4 节,分别是夫妻财产制度(第 1639—1688 条)、对未成年子女财产的用益和管理(第 1689—1693 条)、扶养费(alimentos,第 1694—1710 条)、家庭财产(第 1711—1722 条)。第三章是关于不同性别的人之间稳定同居的规定(第 1723—1727 条)。第四章是关于监护与保佐的规定(第 1728—1783 条)。

第五编"继承法",分为 4 章。第一章继承的一般规定(第 1784—1828 条)、第二章法定继承(第 1829—1856 条)、第三章遗嘱继承(第

1857—1990 条)、第四章财产清单与遗产的分割(第 1991—2027 条)。

《巴西新民法典》在结束之处还有一个补充性的一编,其中包括终止性的以及过渡性的规定(第 2028—2046 条)。

四、新民法典中的传承方面

进行一个简单的对照就可以发现,2002 年通过的《巴西新民法典》的编纂者非常忠实地遵循了编纂中的指导原则,尽可能地保留了 1916 年通过的《巴西民法典》的体系和内容。事实上,我们看到:

(1)维持了在分则之前安排一个总则的做法,这遵循了由弗雷塔斯所代表的巴西法学传统。这一传统的源头在 19 世纪德国法学中。[①]

(2)总则部分涉及同样的内容:人、物、法律事实,它们仍然被规定在三个不同的编之中。

(3)分则部分仍然是以民事法律关系的客体为依据进行分类,维持了债法、物法、家庭法和继承法的划分模式,每一部分内容都由一编来规范。相比于先前的民法典的不同之处在于,其将家庭法从第一编的位置(1916 年通过的《巴西民法典》的处理方法)改放在第四编,放在物法之后、继承法之前。

现在将这样的关于继承性因素的考察深入到总则和分则的每一编的具体内容中,可以得出以下的结论:

关于总则部分的第 1 编,对于有关内容的处理仍然遵循了先前民法典的顺序,先是论述自然人,然后是法人与住所。在关于自然人权利能力的规则上,最有意味的规则是第 2 条规定,对胎儿的权利的保护从怀孕开始。这也是先前的 1916 年通过的《巴西民法典》第 4 条,以及更早的弗雷塔斯的民法汇编与草案的处理方式。这一规定的源头在罗马古典法之中,比如优士丁尼《学说汇纂》第一卷第五章第 26 条属于尤里安的片段就有这样的论述。[②] 还有第 5 条第 2

---

① 参见〔巴西〕莫雷拉·阿尔维斯:《贝维拉瓜民法典草案百年纪念》,载〔意〕桑德罗·斯奇巴尼:《德·弗雷塔斯与拉丁美洲法》,帕多瓦,1988 年版,第 12 页。

② 关于这一观点,参见〔意〕卡塔兰诺:《法与人(第 1 卷)》,都灵,1990 年版,第 195 页以下;参见〔巴西〕莫雷拉·阿尔维斯:《贝维拉瓜民法典草案百年纪念》,载〔意〕桑德罗·斯奇巴尼主编:《德·弗雷塔斯与拉丁美洲法》,帕多瓦,1988 年版,第 13 页。

项,根据它的规定,18 周岁以下的未成年人可以通过结婚而依法获得行为能力。这一规定也重复了 1916 年通过的《巴西民法典》第 9 条第 1 款,以及更早的《菲利普法令集》的规定。① 然后在关于失踪(第 22—25 条)以及与之有关的临时继承(第 26—36 条)以及最终确定继承(第 37—39 条)的问题上,除了很少的变化之外,几乎保留了原来的规定,虽然它们在《巴西新民法典》中的位置相对于 1916 年通过的《巴西民法典》被提前了。在 1916 年通过的《巴西民法典》中,它们被规定在分则部分的家庭法之中。关于住所的问题也保留了原来的规定。

总则的第二编继续沿用了原先的物的分类,比如动产与不动产、可替代物与不可替代物、消耗物与非消耗物、可分物与不可分物、个别物与总体物(第 79—91 条),只作出了不多的变化。比如与先前的民法典第 48 条不同,根据《巴西新民法典》第 83 条第 1 款的规定,在视为动产的物之中加上了具有经济价值的能源;其第 3 款没有分别地列举债权与著作权,而是将它们放在同一个范畴中,也即具有财产特征,具有各自的诉讼的对人权(os direitos pessoais de carater patrimonial e respectivas açoes)。作为补充,最后在关于物的规范中,在作了一些调整之后,确立了一系列关于公共财产的规则。这里的规定,沿用了 1916 年通过的《巴西民法典》中所确定的内容,而它们更早在罗德里格斯的草案中就已经存在了。②

总则的第三编虽然引入了法律行为的概念——对此我们将在下面讨论——并且因此导致一些变化,但是《巴西新民法典》在大致的结构上仍然延续了先前民法典的相关内容,只对它们进行了完善和补充,比如法律行为的条件、期限、负担或方式(第 121—137 条);意思表示的缺陷、错误、欺诈、精神强制等(第 138—155 条);欺诈债权人的行

---

① 参见〔巴西〕莫雷拉·阿尔维斯:《贝维拉瓜民法典草案百年纪念》,载〔意〕桑德罗·斯奇巴尼主编:《德·弗雷塔斯与拉丁美洲法》,帕多瓦,1988 年版,第 14 页。

② 关于旧民法典的这一体系,参见〔巴西〕莫雷拉·阿尔维斯:《贝维拉瓜民法典草案百年纪念》,载〔意〕桑德罗·斯奇巴尼主编:《德·弗雷塔斯与拉丁美洲法》,帕多瓦,1988 年版,第 14 页。

为(第158—165条);法律行为的无效(第166—184条)。① 同样的,《巴西新民法典》也重申了先前的关于不法行为的基本原则,不过在其中加上了纯粹的精神损害以及权利滥用。对此将在下文涉及。

关于分则部分。

第一编债法在许多方面延续了1916年通过的《巴西民法典》中的规定,这不仅表明先前的这些原则和制度已经与巴西新的社会需要相吻合,而且也确认了巴西法学家自己的选择,也就是在这一编中来规定合同的一般规则而不是如德国模式和罗德里格斯的草案那样将它放在总则部分的第三编中。② 就这样,《巴西新民法典》仍然保留了给予之债、作为之债与不作为之债的划分(第233—251条),选择之债的范畴(第252—256条),可分之债与不可分之债(第257—263条),连带之债(第264—285条)。同样也几乎完整地保留了以下的规范:关于债的转移(第286—298条)、清偿(第304—359条)以及债的消灭的其他原因,比如更新(第360—367条)、抵销(第368—380条)、混同(第381—384条)、免除(第385—388条)。

《巴西新民法典》与旧《巴西民法典》的规定之间的连续性还表现在以下的方面:

(1)关于由债的不履行所导致的责任问题,在作出了一些修改之后,原规定的基本内容得到沿用,但是对先前的规范的体系作了更好的安排,依次是关于不履行的一般规定(第389—393条)、债务人迟延(第394—401条)、损失和损害(第402—405条)、法定利息(第406—407条),最后是违约金条款(第408—416条)。

(2)许多关于合同的一般规定的规范,比如关于合同订立的规范(第427—435条)规定了要约人受其发出的附有期限的要约的拘束的原则(第427—428条);为第三人作出的约定(第436—438条);第三

---

① 关于2002年通过的《巴西新民法典》在这一领域对1916年通过的《巴西民法典》的延续和完善,参见〔巴西〕莫雷拉·阿尔维斯在"巴西新民法典与拉丁美洲法系"国际研讨会上非常清晰的发言——《巴西新民法典:在法律行为制度上的主要革新及其罗马法基础》。关于这一国际研讨会的情况,参见本书第218页注释①。

② 关于1916年通过的《巴西民法典》的这一选择,参见〔巴西〕莫雷拉·阿尔维斯:《贝维拉瓜民法典草案百年纪念》,载〔意〕桑德罗·斯奇巴尼主编:《德·弗雷塔斯与拉丁美洲法》,帕多瓦,1988年版,第15页。

人行为的允诺（第 439—440 条）；导致合同可解除的瑕疵（第 441—446 条）；追夺（第 447—457 条），是作为可以适用于所有类型合同的制度而进行规范的，无论是有偿合同还是无偿合同，而一般在其他的民法典中，只是在买卖合同中有规定（例如现行《意大利民法典》第 1483 条以下）；射幸合同（第 458—461 条）。

（3）许多典型合同，比如买卖合同（第 481 条以下）、互易合同（第 533 条）、赠与合同（第 538 条以下）、物的租赁合同（第 565 条以下）、借用合同（第 579 条以下）、借款合同（第 586 条以下）、劳动力的租赁（第 593 条以下）、承揽合同（第 610 条以下）、寄托合同（第 627 条以下）、委托合同（第 653 条以下）、游戏和博彩合同（第 814 条以下）、信托合同（第 818 条以下）及和解合同（第 840 条以下）。

（4）关于合法的单方行为的问题，有悬赏广告（promessa di ricompensa，第 854 条以下），确认了由单方面的意思宣告而作出的允诺也产生债的约束关系的原则；无因管理（第 861 条以下）；错债清偿（第 876 条）。

（5）债权人的优先权和特权（第 955 条以下）。

上面指出的如此之多的连续性并不意味着在债法的这些重要领域，在 1916 年通过的《巴西民法典》和 2002 年通过的《巴西新民法典》之间没有实现什么变革。变革是有的，而且在某些方面还非常显著，但是与其说它们代表着与先前传统的断裂，不如说是对传统的发展和改进。这种发展和改进的基础是理论和判例的长期实践和当代社会的需要。对此可举出以下的例证。比如在代物清偿的问题上，根据旧《巴西民法典》第 995 条的规定，债权人可以同意接受一个不是金钱的物，以替代应该向他作出的履行。这一规定在《巴西新民法典》得到扩展，而且更具有一般性，它是这样来表述的："债权人可以同意接受不同于应该向其作出的履行。"在利息（juros legais）的问题上，迟延利息没有约定时、关于利息的约定没有提到时，或者说根据法律来确定利息时，根据《巴西民法典》第 1062 和 1063 条的规定，都是 6%，这一做法被现行的更灵活的参考滞纳税款时的处理方法所取代。又如，第 447 条将追夺担保扩展到通过公开拍卖获得的财产，这一规定在旧《巴西民法典》中是不存在的。再如，第 484 条将关于样品买卖的规定扩展到模型品买卖。它们之间的差别就是在后一种情况中，交付的物品是与合同中所描述的物品不同或者是有差距。最后，第 628 条除了与《巴西民法典》第 1265 条同样允许当事人双方在无偿的寄托中约定给予受托人一定的报酬之外,还规定,如果寄托是营业活动①(atividade negocial)或者受托人以此为业,那么推定寄托是有偿的。

第三编。我们前面关于债法的继承性的说明,也许在很大程度上更适合于物法。新旧法典在这一部分的论述顺序是相同的,对占有的规定(第1196条以下)在所有权(第1228条以下)、限制性的对物的利用权(第1369条以下)和担保(第1419条以下)之前。这样,2002年通过的《巴西新民法典》的编纂者重新确认了贝维拉瓜为了1916年通过的《巴西民法典》,从德国法学家耶林②那里借用过来的体系和理论,接受了直接占有与间接占有的区分(第1197条)、关于占有的获得(第1204条以下)、效力(第1210条以下)和失去(第1223条)的基本原则,只是删除了关于权利占有的规定(第1199、1201、1204和1223条)。新旧法典在以下方面也基本上是相同的:通过添附获得不动产所有权(第1248条以下),关于获得动产所有权的方法(取得时效,先占,发现,让渡,加工,混同,混合以及附合);关于相邻关系中对长在边界上的树木的权利;关于土地的边界以及关闭这些边界的权利(第1297条以下);关于共有的一般规定(第1314条以下);关于地役权(第1378条以下);关于用益权(第1390条以下);关于使用权和居住权(第1412条以下);关于质押、抵押和不动产典质的一般规定(第1419条以下)。但是,在这里也不排除《巴西新民法典》作了一些变动和调整。比如,在通过添附而获得不动产所有权的情况中,由于河流的泥沙淤积而导致的土地添附的规则(第1249条和第1250条)就不再考虑有关的河流是否可以航行的问题,但是旧《巴西民法典》第537、538和540条就考虑到这一因素。还比如,《巴西新民法典》第

---

① 关于葡萄牙文 atividade negocial 术语与意大利文 attività imprenditoriale 术语的含义(葡萄牙文的 atividade negocial 如果按照字面翻译为意大利文应该是 attività negoziale,但是意大利文中一般不采用这一说法,而是翻译为 attività imprenditoriale——译者注),正如德·巴罗斯·雷阿斯(De Barros Leas)在他的发言中所说,是相同的。参见〔巴西〕德·巴罗斯·雷阿斯在"巴西新民法典与拉丁美洲法系"国际研讨会上的发言——《巴西新民法典中的企业法制度》。包括了这一文章的文集正在出版过程中。

② 参见〔巴西〕莫雷拉·阿尔维斯:《贝维拉瓜民法典草案百年纪念》,载〔意〕桑德罗·斯奇巴尼主编:《德·弗雷塔斯与拉丁美洲法》,帕多瓦,1988年版,第14页。

1399 条禁止用益权人在没有所有权人授权的情况下改变用益土地的经济用途,而旧《巴西民法典》第 724 条只禁止用益权人未经所有权人的同意改变作物的种类。最后,《巴西新民法典》第 1412 条与旧《巴西民法典》第 765 条一样,重申了流质约款无效,但是又在后面补充规定债务人在债务到期之后可以用被质押、抵押或典质的物代物清偿。

第四编。我们将在下文看到,家庭法是旧《巴西民法典》在社会变化的推动下发生了最显著的变化的法律领域之一。2002 年通过的《巴西新民法典》在这一部分所引入的最主要的革新是为了适应配偶平等、父母在子女面前平等以及各种类型的子女平等的原则。但是,我们还是可以在新旧法典之间发现在一些问题的规定上存在连续性,比如婚姻的仪式(第 1533 条以下)、婚姻存在的证明(第 1543 条以下);关于亲属关系的一般规定(第 1591 条以下),只是将法定亲属关系的存在缩小到四亲等而不是六亲等(第 1592 条);关于配偶间的不同的财产制度,部分共同制(第 1658 条以下),普遍共同制(第 1667 条)以及分别财产制(第 1687 条以下);关于未成年人的监护(但是 2002 年通过的《巴西新民法典》使父母双方监护、母系家庭监护与父系家庭监护以及非直系亲属监护相等同了);关于禁治产人和胎儿的保佐,在这一问题上,《巴西新民法典》的规定中还增加了病人和残疾人(第 1779 条以下)。

第五编。由于继承法与家庭法存在密切的联系,《巴西新民法典》中对家庭法的重大修改也相应地导致继承法的重大变化。但是法典整体的论述顺序没有变,还是采取了以下的顺序:关于继承的一般规定(第 1784 条以下)、法定继承(第 1829 条以下)、遗嘱继承(第 1857 条以下)以及财产清单和遗产分割(第 1991 条以下)。在这些大的部分下面的具体材料的处理也没有发生很大的变化,在继承的一般规定中,继续包括了遗产的定义(第 1791 条以下)、接受或放弃继承(第 1804 条)、无继承资格(第 1814 条以下)、待继承的遗产(第 1819 条以下);在法定继承中,仍然有必要继承人的规定(第 1845 条以下)和代位继承权的规定;在遗嘱继承中,很自然地包括了关于遗嘱的所有规定(第 1857 条以下),遗嘱的撤销(第 1969 条以下)和终止(第 1973 条以下),还包括遗赠(第 1912 条以下)、代位继承(第 1947 条以下)、剥夺继承(第 1961 条以下)、遗嘱处分的削减(第 1966 条以下)以及遗嘱执行人(第 1976 条以下)。关于它们的具体规定,我们可以看到这一部分在大的框架上仍然是确认了 1916 年通过的《巴西民法典》所确定的内容。一些重要的改革都与家庭法中的改革联系在一起。关于后一问题，我们将在下文进行探讨，对前者，我们可以举出一个例子，比如第 1819 条关于待继承的遗产的规定，与旧《巴西民法典》第 1591 条非常细致的规定相比，显然是进行了简化和一般化，它说的是某人死亡，没有留下遗嘱也没有法定认可的继承人，而不是以前那样规定的，没有配偶、后裔、前辈，没有法定认可的旁系亲属的继承人或者是后裔、前辈放弃继承，而同时又没有配偶或法定认可的旁系亲属的继承人。更为明显的是，《巴西新民法典》对旧《巴西民法典》的一些条文的几乎是原封不动地照抄，比如代位继承权（第 1851 条以下）、遗嘱附书（第 1881 条以下）、军人遗嘱（第 1893 条以下）、遗嘱处分的削减（1966 条以下）、遗嘱的撤销（第 1969 条以下）以及遗嘱执行人（第 1976 条以下）。在这些部分中只有很少的一些还是形式上的变动（比如，《巴西新民法典》第 1851 条，相对于旧《巴西民法典》第 1620 条，唯一的变化就是最后一句话中的表达从以前的 se vivesse 改为现在的 se vivo fosse①）。最后，关于遗赠（第 1912 条以下）的重要规定，2002 年通过的《巴西新民法典》也只受到很少的变动。

五、新民法典中的革新的方面

虽然《巴西新民法典》在许多方面延续了旧《巴西民法典》，但是它同样在许多方面，为了与三个基本原则（伦理性、社会性和可操作性）相吻合，引入了许多非常深刻的革新。正如上面提到的民法典修订委员会的成员的讲话中所表明的，这三个原则已经渗透到民法典中。对于这些革新的方面，我们也先从宏观的方面谈起，然后深入到具体的问题中。

在宏观方面，最显著的变化当然是将许多商法的内容并入到民法典中，其结果是，根据《巴西新民法典》第 2045 条的规定，废止了 1850 年商法典的第一部分。于是，这一商法典中只有关于海商法的第二部

---

① 这两个表达在含义上没有什么差别。Se vivesse 用的是动词第三人称单数过去时的虚拟语气，意思是"如果他当时活着"；se vivo fosse 用的则是助动词第三人称过去时系表结构，意思是"如果他当时是活着的"。如果说有什么差别，前者是把"活着"作为一种动作，后者是作为一种状态。——译者注

分仍然继续有效。正如在上文中已经看到的,这样的做法虽然与贝维拉瓜的思想和作为他的思想的具体体现的 1916 年通过的《巴西民法典》的做法截然不同,但是它还是与由弗雷塔斯所建立起来的巴西法学传统思潮相联系,这一思潮在 20 世纪 40 年代重新得到强烈的认同。①

在具体方面,将商法的内容合并进来是这样来实现的:

(1)分则第一编"债法"的内容中包括了所有类型的典型合同,这些合同曾经分别在民法典(买卖、互易、赠与、物的租赁、借用、借款、提供劳务、承揽、寄托、委任、保险、设立定期金、游戏与博彩、信托及和解)与商法典(行纪、代理和分销、中介和运输)中规定。这一做法模仿了 1911 年《瑞士债法典》第 2 部分,以及现行有效的 1942 年《意大利民法典》第四编所采用的模式。

(2)分则部分加入了一编,用来规定企业法(第 966—1195 条)。这一编包括了关于企业主的规定(第 966 条以下)、法人性质与非法人性质的公司与合伙(第 981 条以下)以及一些补充性的制度,比如商业企业登记、企业名称、主管以及其他的企业主的辅助人员、账簿等(第 1150 条以下)。相对于《瑞士民法典》第 3、4 部分而言,在这一方面,巴西的做法更为明显地模仿了《意大利民法典》第五编。

(3)分则第三编第 1431 条及后续关于抵押的一般规定中,也吸收了关于商业抵押的规定(第 1447 条以下),这以前被规定在商法典中。

正如我们已经看到的,而且这一点也得到正确的强调②,《巴西新民法典》并没有追求私法的完全的统一,除了留下仍然生效的商法典第 2 部分之外,还保留了没有被废除的所有关于商人、商业公司和商行为的法律(第 2037 条),维持了商法的一些重要的部分,比如说破产、票据,由补充性质的法律来规范它们。

在宏观层次上的革新还可以指出以下的方面:

(1)总则第三编关于法律事实的部分引入了法律行为(negocio ju-

---

① 参见〔巴西〕德·巴罗斯·雷阿斯在"巴西新民法典与拉丁美洲法系"国际研讨会上的发言——《巴西新民法典中的企业法制度》。
② 参见〔巴西〕德·巴罗斯·雷阿斯在"巴西新民法典与拉丁美洲法系"国际研讨会上的发言——《巴西新民法典中的企业法制度》。

ridico)的概念,取代了原来的 ato juridico 的概念。① 这遵循了《德国民法典》的模式和 1967 年《葡萄牙民法典》的模式。这一模式在诸如意大利之类的国家,在理论和判例上被接受,但是这一概念没有被民法典的文本所接受。

(2) 正如前述已经指出的,《巴西新民法典》中增加了不少一般条款,其体现了社会性原则。对此我们在前述已经指出,比如第 113 条根据诚信原则解释法律行为;第 187 条权利滥用;第 421 和 422 条分别是合同自由的社会功能和合同缔结和履行阶段的正派及诚信原则。还可以加上第 479 条在合同的条件过于苛刻的情况可以提出进行衡平性质的修改;第 1741 条监护的履行,监护人有义务为了被监护人的利益而管理,并且积极和诚信地履行其义务。

(3) 修订委员会修改了关于所有权、婚姻、亲子关系、收养等问题上的许多规范,使之与 1988 年《巴西联邦宪法》的规定相符合。该宪法中的内容有不少被直接搬到民法典的文本中,例如,第 102、1239、1511、1566 条。关于这些条文的具体内容,我们将在下文详细论述。对于已经被其他法典、法规或者是特别法所确立的原则和制度,《巴西新民法典》也作出同样的处理,比如关于消费者保护、关于儿童和青少年保护或者是离婚,这样一来,它们就可以在法典中得到相应的定位。

在具体制度的层面上,总则部分的三编表现出以下重要的革新:

第一编。最富有意味的是:①在关于自然人的第一章之后加上了第二章关于人格权的规定。宣布除非法律有例外的规定(第 11 条),否则人格权不得转让也不得放弃,人格权受到威胁和侵害的,可以要求损害赔偿,而且不只是权利人本人可以行使这一权利,如果权利人死亡,那么其配偶、四亲等之内的任何直系和旁系亲属都可以行使(第

---

① 此处的 ato juridico,按照字面翻译为汉语也是法律行为的意思,因此从字面上看不出这二两个术语之间的差别。但是这样的转变表明了《巴西新民法典》的编纂者在这一问题上,在罗马法系中的拉丁法族与德国法族之间作出的选择。Ato juridico 这一术语的内涵特征来自于法国法,法文的法律术语(与之相类似的是旧的意大利文)以"acte"(行为,用意大利文来说就是 atto)来表达两个不同的概念,而德文则用 Rechtsgeschäft 与 Rechtshandlung,在意大利接受德国潘得克顿学说影响之后,意大利文用 negozio giuridico 与 atto giuridico 来表达。《巴西新民法典》在法典文本中采用 negocio juridico 这个表达方法就表明,其在立法层面接受德国法上的法律行为概念所具有的特殊内涵。——译者注

12条)。在这一章中,鉴于生前或死后的器官移植的特别法规则,禁止对那些出于医疗需要之外的,对体格的完整性造成永久损害的处分自己身体的行为;禁止强制某人接受具有生命危险的治疗和手术(第15条);保护姓名和笔名的权利(第16—19条)、肖像权(第20条)、宣告私生活不受侵犯。②对私法人的类型进行了重新的整理,现在作出的类型划分(第44条)是:社团,它被界定为"人的组合,为了非营利的目的而组织"(第53条);公司,它主要由分则部分第二编第981条以及后续条文所规范;基金会,它只能够为了宗教、道德、文化或慈善的目的而设立。

第二编。除上文中已经提到的革新外,还有两点需要详细论述一下:引入了从物的概念,并且从物可以被包括在与主物有关的处分性质的法律行为中(第93与94条);根据《巴西联邦宪法》第191条第1款的规定,《巴西新民法典》规定公共财产不适用时效取得(第102条)。

第三编。上文已经说过,在这一部分需要强调的是以法律行为(negocio juridico)的概念,取代了原来的 ato juridico 的概念,并且完善了有关的一般规定。对此,我们可以做一个非常简要的概括。在关于法律行为的有效要件方面,第104条在原来的客体的可能、确定和可确定之外加上了合法性的要求;第110条规定了只要相对方不知情,真意保留(riserva mentale)不具有法律意义;第111条规定了沉默视为不同意的原则;第113条规定了对法律行为的解释必须根据诚实信用和作出该行为的地方性习惯的原则。另外,还有:①第二章中有一节专门规定代理(第115—120条);②第四章的第四节和第五节规定了法律行为的瑕疵,分别是危险和有害状态(第156条和第157条),在这样的情况下,如果当事人一方面对危险或受到损害的,可以请求撤销法律行为;③一些关于双方的通谋或者是单方伪装的法律行为无效的条款(第167条),以及关于无效条款重新取得效力的问题(第169条和第170条);④第二章关于合法的非意思表示的行为,对于它,在可能的范围内适用关于法律行为的规定(第185条)。最后,关于不法行为,第186条和第187条也在这一范畴中包括了由于故意的遗漏导致或者是由于疏忽或没有经验而侵犯别人的某种权利导致的损害,而且这种损害也完全可以是精神上的(第186条,前述已经提到了这一点);前面已经说过,其中也包括了权利滥用。关于时效和失效的期间的规则的调整,前述已经说过了。

现在来看分则部分。第一编关于债法的内容中,在关于债的转移的第二章的内部增加了关于债务承担的一节(第二节)以及一些关于以金钱履行债务的内容(第315—318条),这些规定是为了支持巴西的货币状况而进行的立法上的干预。此外,合同法领域作出了一些重大的修改。在合同的一般规定方面,除了已经提到的第421条和第422条之外,修订委员会还根据《消费者保护法典》第47条和第51条,增加了在附合合同的情况下,如果存在含义不清楚或者自相矛盾的条款,要作出对附合一方有利的解释(第423条);如果某一条款规定附合一方事先放弃根据合同的性质而产生的权利,该条款无效(第424条);在遵守一般规则的情况下订立的非典型合同合法有效的原则(第425条)。另外,新增加的内容还包括关于预约合同的一个部分(第462条以下),关于为待指定的人订立的合同(第467条以下),以及由于负担过重而解除合同(第478条以下)。典型合同的规定中包括两种类型的买卖,保留所有权的买卖与交付凭证的买卖(da venda sobre documentos)、佔价合同、代理和分销合同、居间合同、旅客运送合同及和解合同。显著的变化还表现在合法的单方行为中,《巴西新民法典》吸收了不当得利,以及许多关于债券的规则。民事责任(合同外责任)领域确认了在法律特别规定的情形中,造成损害一方对他们所从事的具有危险性的行为所承担的客观责任(比如第931条所规定的企业主和企业对于投入流通领域的产品的责任;第932条规定的父母、监护人与保佐人、劳动提供者、旅馆或类似地方的业主的责任);如果一个无能力的人导致损害,对其负责的人如果没有义务来承担损害赔偿或者没有足够的能力来赔偿的话,就根据公平的方法来分配损害(第928条)。

关于第二编,可以说关于企业主(第966条以下)和企业(第1142条以下)的规定都是新的,因为商法典在开始的部分关于商事行为能力与商人登记簿(第1、4、5条)的规定很少,是完全不够的。有意思的是,它们几乎与《意大利民法典》第2028条和第2555条的规定完全相同。第966条关于企业主的定义是:"职业性地从事有组织的经济活动,生产、交换物品或服务的人。"第1142条关于企业的定义是:"由企业主或联合起来的企业主为了企业的经营而组织起来的全部财产。"但是新规定从企业主的概念中排除了那些从事"具有科学、文学、艺术性质的脑力职业,即使有辅助或合作人员"的人。对乡村企业主和小企业主规定了优惠的待遇(第970条)。

关于合伙与公司的完整规定是新规定和商法典与1916年通过的《巴西民法典》以及补充性的立法——比如1976年第6404号关于隐名合伙的法律——融合的产物,有两个基本的划分标准:①关于企业性的公司和简单的合伙企业的划分,前者是指从事那些需要在商业企业的公共登记簿上登记的企业主所进行的活动的企业(第982条),后者只需要登记在法人的民事登记簿上(第998条);②没有法律人格的合伙(第986条以下)与具有法律人格的合伙(第997条以下)。前一种类型中包括了普通合伙,通常用来指事实合伙或非正式合伙①以及按份合伙(Da sociedade em conta de paticipasao),这最后一种类型先前已经在商法典中规定了。具有法律人格的合伙中则包括了一般合伙(第997条以下)、共同合伙(第1039条以下)、普通两合(da sociedade em comandita simples,第1045条以下)、有限责任合伙(第1052条)、隐名合伙(第1088条以下)、股份两合(第1090条以下)、合作型合伙(da sociedade cooperativa,第1093条以下)。这两类合伙都可以适用第981条的普遍性的定义。根据这一定义,合伙是一种合同,据之,多个人相互约定通过财产或劳务出资来从事某一经济活动——这种活动也可以只限于从事某一个或者某几个特定的活动——并且在他们之间分担活动的结果。关于经济组织形态的典型性的原则只适用于企业性的公司。

这一部分的最后还引入了关于登记、企业名称的规定,充实并且调整了关于企业主的辅助人员(第1169条以下)以及企业账簿(第1179条以下)的规定,它们以前规定在商法典中。

第三编。在关于物的一般规定中,第1228和1230条所规定的原则对所有权的一般规定具有革命性的影响。关于前者,我们在前面已经提到第1228条第4款的规定,也即相当多数量的人诚信地占有超过5年以上的时间导致对不动产的原所有权的剥夺,除此之外,还规定了这样的原则——"所有权的行使应该与其经济和社会目的相吻合并且行使的方式要有助于保护植物和动物群落、自然景观、生态平衡

---

① 参见〔巴西〕德·巴罗斯·雷阿斯在"巴西新民法典与拉丁美洲法系"国际研讨会上的发言——《巴西新民法典中的企业法制度》。

和历史艺术文化遗产,并且禁止污染空气和水"(第1228条),禁止争斗行为(第1228条第2款),为了公共的需要和利益的征用或者在巨大的公共危险的情况下的征收(第1228条第3款)。第1230条否认了地面的所有权可以延伸到地下的矿脉和其他矿产资源、水利资源、地下考古发现以及特别法所指出的其他财产。

还必须提到物法领域的另外四项改革,因为它们有巨大的社会和经济影响:①某人不是某一土地的所有人,但是在没有遭到反对的情况下,占有位于乡村的不超过50公顷面积的土地,并且利用自己的和家庭的劳动使该土地能够出产,同时他和他的家庭居住在该土地上,那么他就可以通过取得时效获得该土地的所有权(第1239条)。该规定来源于《巴西联邦宪法》第191条的规定。②规定了关于建筑物共有的特殊体制,采纳了1964年第4591号法律关于建筑物共有的特别法规范。③依据登记在官方的不动产登记簿上的公共或者私人文书而被允诺获得某一不动产的权利,被视为一种物权。④信托所有权被视为是一种可以被解除的,以担保为目的,由债务人向买受人转移的不可替代的可动物的所有权。

关于不动产的时效取得问题上还有一些虽然不是非常重大,但非常有意味的改革,这是为了与《巴西联邦宪法》第183条和第191条的规定相吻合。《巴西新民法典》中增加了一些规则,这些规则构成了建筑物被地基的所有权吸收之原则的例外,例如诚信地、部分地侵占了别人的地基(第1258条和第1259条);取消了永佃权,规定了地上权;并确认将知识产权排除出民法典之外,它们已经被1998年第9610号法律所规定,该法律废除了1916年通过的《巴西民法典》中的相应条款。

第四编。前面已经说过了,《巴西新民法典》分则中规定家庭法的第四编由于采纳了《巴西联邦宪法》所确立的一系列原则以及其他特别法所确立的规则,因此,其经历了广泛的改革。① 上面已经提到的改革之一就是将家庭法分为两个部分,第一部分关于人身性质的关系,

---

① 关于《巴西新民法典》的编纂者在改革家庭法的时候所遵循的一些基本标准,参见〔巴西〕米格尔·雷阿勒:《弗雷塔斯的人文主义与现实主义》,载〔意〕桑德罗·斯奇巴尼主编:《德·弗雷塔斯与拉丁美洲法》,帕多瓦,1988年版,第325页。

第二部分关于财产性质的关系。整个家庭法的体制遵循了四个基本原则:①根据《巴西联邦宪法》第226条第5款所确立的配偶平等原则,它表现为互负对等的义务(第1511条和第1566条),在子女面前平等(第1568条),在婚姻共同体的指导和合作上平等(第1567条,这种权力在旧民法典第233条中只赋予丈夫),在除配偶选择的法定的婚姻财产制度(第1642条以下)之外的财产的管理和处分行为上的平等,在部分共同财产制中(第1663条以下)对共同财产的管理上的平等,对处在家庭权力之下的子女的财产的用益和管理(第1689条以下)上的平等,在所有这些问题上都取消了丈夫的特权地位。②父母在子女面前平等,这一原则已经被1990年第8069号关于儿童和青少年的法律所确认,它表现为在允许不满18周岁但超过16周岁的子女结婚的时候,父母双方都必须同意(第1517条),在行使家庭权力的时候必须共同行使(第1631条以下,而家庭权力这一概念是旧《巴西民法典》中使用的家父权概念的替代物),其表现在对子女承担同样的抚养、监护和教育的义务(第1566条第4款),根据1977年第6515号关于离婚的法律的规定,这种义务在离婚之后仍然持续。③婚生子、私生子和收养子女的平等。这一原则由《巴西联邦宪法》第227条第6款以及关于儿童和青少年的法律第20条所确认,根据这一原则,所有的子女都享有同样的权利和资格,禁止在亲子关系上有任何形式的歧视(第1596条);对于所有类型的子女,关于承认的规则都同样适用(第1607条以下)。④无论是否是嫡亲,所有类型的兄弟姐妹的关系都是相同的。这一点表现在第521条关于婚姻的障碍和第1731条关于父母没有指定监护人时对监护人的选择的规定中。

另外两个非常重要的改革是:①第一次对通过人工生育技术而出生的子女的问题进行了法律上的调整。它推定通过以下的方式出生的孩子是合法的婚生子:a. 夫妻双方的精子和卵子通过人工受孕而出生的孩子,即使该活动是在丈夫死后进行的;b. 无论在什么时候,只要是通过夫妻双方储存的精子和卵子受孕形成的胚胎而出生的孩子;c. 在事先得到丈夫同意的情况下通过他人的精子进行人工受孕而出生的孩子(第1597条第3、4、5款)。②为了落实《巴西联邦宪法》第226条第3款规定的原则,承认不同性别的人之间的稳定的结合,并且对之进行法律上的规范。当这样的结合表现出公开、连续、持久、稳定的特征,并且具有建立一个家庭的目的的时候,被认为是"家庭性质的同居",其结果是同样适用配偶之间存在的对等的义务以及对子女的义务,也同样适用夫妻之间的法定的部分共同财产制,除非有相反的约定(第 1725 条)。此外,这样的结合等同于配偶还在亲属关系(第 1595 条)、收养(第 1618 条和第 1622 条)、享有和行使家庭权力(第 1631 条)、抚养费(第 1708 条)方面得到实现。最后,这样的稳定的同居还可以转化为婚姻(第 1726 条),并且应该将它与姘居区分开来,姘居是指存在婚姻障碍的男女之间的一种非偶然性关系(第 1727 条)。

在宪法原则的指导下,修订委员会还对关于婚姻的一般规范进行了整理,无论是民事婚姻还是宗教婚姻,而它们先前是零散地分布在民法典的补充性质的特别法中。这些内容涉及婚姻能力(第 1517 条以下)、婚姻的障碍(第 1521 条以下)、延缓婚姻的原因(第 1523—1524 条)、婚约(第 1525 条以下)、婚姻的效力(第 1565 条以下)、由司法判决的分居(也包括第 1574 条规定的合意分居)以及离婚导致的婚姻的解除;对于收养,它的原则是有利于被收养人;夫妻之间的财产制度(第 1639 条以下);抚养费(第 1694 条以下);家庭财产(第 1711 条以下),其界定为"城市或乡村的居住地,加上所有的从物或者附属物",价值不超过可流动资产价值的 1/3,它由夫妻或者稳定的同居的伙伴双方设立为居住的地点,并且它不得被扣押(第 1711 条)。

最后还要指出的是,《巴西新民法典》对于以下问题也作出了特别规定:①在司法判决分居、离婚以及婚姻无效的情况下,保护子女的人身(第 1583 条以下);②婚前的具有财产内容的约定(第 1653 条以下);③根据双方收入确定最终的家庭财产份额的新的财产制度(第 1672 条以下),夫妻可以选择这一制度作为法定的部分共同财产制的替代。

我们已经指出了在新的家庭法领域存在的配偶之间、不同类型的子女之间、兄弟姐妹之间的关系的平等原则以及承认稳定的同居的法律效力。这些也构成了继承法领域的改革的基础。

第五编。继承法领域加强了被继承人的配偶相对于被继承人的后裔以及前辈在继承上的地位,这主要体现在法定继承中的继承顺位(第 1829 条以下)、所谓的必要继承(第 1845 条以下)以及一些关于遗产合算(第 2002 条)之类的规定中。对于稳定的同居中的伙伴,《巴西新民法典》赋予了同居双方对同居期间以有偿的方式获得的财产的相互继承权,继承人与同居双方共同的子女和死者的单独的子女一起继承。同时,根据理性的要求,那些故意杀害或者试图杀害男伴或女伴的人被排除在对有关人的继承之外(第1814条),而那些与儿子或者孙子的女伴或者女儿或者与是孙女的男伴有非法关系的长辈也会被剥夺继承权(第1963条)。

还要提到的有关的革新是,新民法典增加了关于继承开始之后的继承权或者遗产份额的让与(第1793—1795条)的规定;在关于继承顺位的规定中认可了在继承开始时出生的人以及已经被怀孕的人的合法的继承权(第1798条),以及在遗嘱继承中被立遗嘱人指定为继承人的自己的子女,虽然在立遗嘱的时候还没有被怀孕,但只要在开始继承的时候活着,就享有继承的资格(第1799条第1款);第一章中加入了关于请求遗产的第七节(第1824条以下);只有为了在立遗嘱人死亡的时候还没有被怀孕的人的利益,才允许设立一个替代性的委托遗赠(第1952条)。

六、简要的总结

从上文的考察和分析可以得出一系列的关于《巴西新民法典》的法律层面以及经济社会层面的结论。这些结论,从行文的角度看,可以分别论述,但实际上,它们密切联系在一起。

我们首先从法律层面来进行考察。

(1)《巴西新民法典》的编纂完全实现了(至少是在理论上)编纂者提出的制定一部作为私法之基础的法律的目标[①],不过修订委员会没有试图将所有的私法都囊括在同一个法律文本中。正如我们已经指出的,它不仅没有试图囊括所有的商法部门,只限于统一了债法和企业法,而且还将一些重要的私法领域留给特别法来加以规范,比如消费者保护、知识产权、劳动法,它们都在单独的法典或者特别法中进行调整。可以看出,这些是与社会的发展和变化,特别是技术领域的发展和变化密切联系的领域,它们要求立法者随时进行调整并且适应新的社会需要。这种调整与其通过民法典的不断修改来适应,不如通过个别法律或者干脆就是一些在法律体系框架中处于较低效力等级的规范来进行调整。从这个意义来说,《巴西新民法典》还不是一部

---

① 这一表述来自于雷阿勒,参见〔巴西〕米格尔·雷阿勒:《民法典草案:当前的状况与其主要问题》,圣保罗,1986年版,第71页以下。

"法律原则的法典",后者是一部分意大利民法学家在法学层面提出来的法制发展的趋势,它在正在进行的统一欧洲合同法的计划中被提了出来。① 因为,《巴西新民法典》中被编纂的对象仍然是具体的法律规则,而不仅仅是法律原则,但是,在当今社会中,让法与现实及时地相适应正变得越来越困难,所以《巴西新民法典》也表现出编纂"法律原则的法典"的某些趋势。

(2)《巴西新民法典》的另外一个特征是保留了大量的直接来自于罗马法或者后来的罗马法传统所阐述的法律规则。举一些具体的例子来说,关于不同类型的物的划分②,关于物权与债的基础性的划分③,关于取得所有权的不同方法④,关于地役权、用益权、使用权和居住权⑤,关于债的种类和范畴,关于合同的一般规定以及许多典型合同和准合同⑥。这一情况与前述提到的巴西的民法传统完全吻合。而且,这不仅表现在旧《巴西民法典》以及在它之前的法学对罗马法的接受上——通过或大或小的改革,这些内容也表现在《巴西新民法典》中,而且还表现在许多"新"的继受中。关于这些新的继受,只要考虑

---

① 这也就是"欧洲合同法原则"的计划,它由 O. 兰道(O. Lando)主持的委员会着手进行。关于这一计划,参见〔意〕C. 卡斯特罗诺沃:《欧洲合同法原则》,米兰,2001 年版。

② 参见〔意〕A. 布尔代斯:《罗马私法教科书》,都灵,1998 年重新印刷,第 167 页以下。在文本中也指出了主要的原始文献。

③ 参见〔意〕A. 布尔代斯:《罗马私法教科书》,都灵,1998 年重新印刷,第 291 页以下,407 页以下。

④ 参见〔意〕A. 布尔代斯:《罗马私法教科书》,都灵,1998 年重新印刷,第 298 页以下,第 353 页以下,以及援引的主要原始文献。

⑤ 参见〔意〕A. 布尔代斯:《罗马私法教科书》,都灵,1998 年重新印刷。

⑥ 关于《巴西新民法典》中采纳的债的类型和范畴的罗马法上的基础,参见〔意〕A. 布尔代斯:《罗马私法教科书》,都灵,1998 年重新印刷,第 541 页以下。关于合同和准合同领域的规定与优士丁尼《法学阶梯》相对应的部分,参见〔意〕里卡尔多·卡尔蒂里编:《优士丁尼法学阶梯第 3 编第 13 题到第 3 编第 29 题(契约之债与准契约之债)与拉丁美洲诸法典相关规定的对照表》,载〔意〕桑德罗·斯奇巴尼主编:《罗马与美洲:罗马共同法杂志(第 7 卷)》,1999 年版,第 301 页以下。这一对照表虽然是以旧民法典为基础而编制的,但是对新民法典也同样有效,因为在这一领域,新民法典完全保留了原来的体制。

到关于法律行为(它完全建立在罗马法的基础上①)的规范,客观诚信原则(罗马法学的解释和处理对这一原则的发展起了重大的作用②),第1142条关于企业的定义,几乎完全是照搬了优士丁尼《学说汇纂》第五十卷第十六章第185条(D.50,16,185)由乌尔比安给出的定义③,以及某些关于企业的主管人员的规定④。根据这些考察,可以完全确认巴西私法属于具有拉丁美洲特征的罗马法系(也被称为"罗马—日耳曼法系"或者是"民法法系")。

(3)除了很明显的罗马法基础之外,为遵循修订委员会的指导原则,《巴西新民法典》也借鉴了其他相类似的民法典中的解决方案。例如莫雷拉·阿尔维斯就完全地列举了《巴西新民法典》中的法律行为制度与《德国民法典》和《葡萄牙民法典》以及意大利的判例和学说的关联之处。⑤ 对于一个意大利法学家来说,笔者印象深刻的是,《巴西新民法典》与现行的1942年《意大利民法典》的条文之间的对应甚至有时候完全相同。除了上文提到的关于企业主的定义(《巴西新民法典》第966条与《意大利民法典》第2082条),关于企业的定义(《巴西新民法典》第1142条与《意大利民法典》第2555条)以外,还可以列出以下的内容:根据诚信原则履行合同(《巴西新民法典》第422条与

---

① 参见〔巴西〕莫雷拉·阿尔维斯在"巴西新民法典与拉丁美洲法系"国际研讨会上的发言——《巴西新民法典:在法律行为制度上的主要革新及其罗马法基础》。

② 关于一些例证,参见〔意〕阿尔多·贝特鲁奇:《商业合同中的客观诚信的罗马法起源》(西班牙文本的论文),载《墨西哥法律史年刊》2003年第15卷,第601页以下。

③ 参见 D.50,16,185 Ulp.;28 ad ed."我们的确把企业看作是为了经营而组织起来的财产与人的总合"(Instructam autum tabernam sic accipiemus, quae et rebus et hominibus ad negotiationem paratis constat)。关于这一概念以及它与现代的企业的概念的关系,参见〔意〕P.切拉米、〔意〕阿尔多·贝特鲁奇:《罗马商业法教程》,都灵,2002年版,第51页以下。

④ 关于这一问题,参见〔比〕L. F. 科雷阿:《关于质量问题的诉讼的考察》,载《古代法国际杂志》(RIDA)2001年第48卷,布鲁塞尔,第31页以下。虽然这一论文是根据《巴西商法典》的条文而论述的,但是在有关条文被融合到《巴西新民法典》之中后,其结论对《巴西新民法典》也成立。

⑤ 参见〔巴西〕莫雷拉·阿尔维斯在"巴西新民法典与拉丁美洲法系"国际研讨会上的发言——《巴西新民法典:在法律行为制度上的主要革新及其罗马法基础》。

《意大利民法典》第 1375 条);在附合合同中出现含义不清或者矛盾的条款时,作对条款提出者不利的解释(《巴西新民法典》第 423 条与《意大利民法典》1370 条);在遵守合同一般规定的情况下可以缔结非典型的合同(《巴西新民法典》第 425 条与《意大利民法典》第 1322 条第 2 款);由于负担过重而解除合同(《巴西新民法典》第 478 条以下与《意大利民法典》第 1467 条以下);以自己的全部财产来履行债务的债务人的责任(《巴西新民法典》第 391 条与《意大利民法典》第 2740 条)。这一情况表明,《巴西新民法典》的编纂者密切关注欧洲大陆的私法以及私法思想的发展和演变,这是 19 世纪以来巴西民法学家一以贯之的做法。这样的思想和经验的交流对双方来说,无疑都是有益的,特别是现在许多人认为普通法系是唯一成功的法系,这就更加重要了。

(4)最后,从一个意大利法学家的角度看,笔者认为,把法律行为概念写入《巴西新民法典》的这种做法也存在一些疑问。这一概念,至少在意大利学界,人们将它作为一个法律规范的范畴还在讨论。笔者在这里不可能详细讨论这一问题,但是当代的意大利民法学对这一范畴提出了强烈的批评,赞同《意大利民法典》未将这一范畴编纂到法典文本中的做法,支持在理论上用意思自治的行为(atto di autonomia privata)来取代这一范畴。① 从同样的角度看,《巴西新民法典》编纂者作出的截然不同的选择对意大利法学界正在进行的讨论,毫无疑问也是非常有意味的。

从社会、经济的层面,我们也可以根据《巴西新民法典》的内容先后得出以下的考察结论。

(1)它非常关注印第安人的地位,在法律层面上规定对他们的行为能力的调整由特别法作出(第 4 条第 1 款),而不是将他们置于由特别法和规范设立的监护之下。以前是根据旧《巴西民法典》第 6 条第 1 款颁布了 1962 年第 4121 号法律,其规定这样的监护只有在印第安人与巴西的文明开化相适应的限度内才可以撤销。

(2)它处理了非常棘手的自然人生前对自己的身体处分的问题,

---

① 比如,意大利民法学中的比萨学派就表现出这一趋势,参见〔意〕U. 布雷其亚、〔意〕L. 布鲁斯库里亚等:《私法:第一部分》,都灵,2003 年版,第 188 页以下和第 202 页以下。关于引用的这一部分的内容,其作者是 E. 那瓦雷塔(E. Navaretta)。

禁止那些对体格的完整性造成永久损害的行为以及那些违反善良风俗的行为(第13条)。在自然人死后,其只允许为科学和利他的目的(第14条),根据特别法的规定进行器官移植(第13条第1款)。

(3)它在民法层面上提出了保护动物、植物、自然景观、生态平衡、历史艺术遗产,以及避免任何形式的污染空气和水的行为,为此对所有权的行使除了经济功能上的限制之外,还为这一方面的目的而加以限制(第1228条第1款)。

(4)它试图解决一些人,特别是大城市地区大量的贫穷人群缺乏土地的问题,允许数量较多的人在不间断地、诚信地占有某一土地超过5年的时间,并且在该土地上进行了具有显著的社会和经济价值的建设和工作的情况下,可以获得土地的所有权(第1228条第4款);民法典也允许对于城市的或乡村的不超过50公顷的土地,在没有遭到反对的情况下(因此甚至不是诚信地占有),占有超过5年的时间并且通过自己的或家庭的劳动使其能够出产,并且在该土地上居住,那么就可以通过时效取得(第1238条);还允许在相同的条件下,如果某人不拥有别的城市或乡村不动产的所有权,那么他可以占有不超过250平方米的城市的土地并且将之用作住所,也可以通过时效取得。

(5)它为女性在家庭中获得独立提供了法律上的支持,赋予妻子与丈夫同样的人身和财产上的权利,甚至规定如果丈夫愿意,也可以在其姓之中加上妻子的姓,而不是如同以前那样只能由妻子把丈夫的姓加在自己的姓之中,他们将来的子女的姓名也可以如此。

(6)非常敏感的关于控制生育的问题是这样来解决的,赋予家庭安排生育计划的完全自由。这一问题上的责任由配偶双方承担,法律对他们没有任何外部的强制,国家只限于通过教育和财政资源的分配来对家庭的这一权利的行使进行调控。

(7)另外的一个非常复杂的现实问题是人工生育。这一问题在《巴西新民法典》中第一次得到法律上的精细调整。虽然在这一问题上还缺乏一个完整和详尽的法律调整框架,但是对于夫妻双方之间的人工受孕没有施加任何限制,甚至可以在丈夫死后进行;而对于非夫妻之间的(也就是利用其他人的精子)进行人工受孕则要得到丈夫的同意(第1597条第3、4、5款)。

(8)对于单身男女进行收养的问题,确认了传统的做法,其规定只有配偶或者是稳定的同居者才可以进行收养(第1618条第1款)。

（9）最后，不同性别的男女之间类似于夫妻式的稳定的同居也被认为具有法律上的意义，不再被作为一种不利的处理，在上文论述的各个方面都被等同于夫妻关系，但是，《巴西新民法典》没有认可同性者之间的稳定的同居的法律意义。

从这些方面可以看出，至少从理论的角度看，《巴西新民法典》在社会和经济层面的发展也是非常显著的，对于这些发展，现在就等待实践将它们落实下来了。

秘鲁民法典编纂研究

1984年的《秘鲁民法典》

〔意〕桑德罗·斯奇巴尼[*] 著

黄美玲[**] 译

一、对于罗马法系而言,伟大的革命时代和现代法典时代肇端于伟大的地理发现。最重要的便是克里斯托弗·哥伦布(Cristoforo Colombo)发现的被称之为"印第安"的地方,以及亚美利哥·韦斯普奇(Amerigo Vespucci)发现的"新大陆",后来这块地方以他的名字命名为"阿美利加"(America)。紧接着是环球航行。这样在欧洲,中世纪"封闭的普世主义"成为过去式,形成了皇帝查理五世口中的"日不落"的帝国时代,同时憧憬着未来统治全球的可能性。

在欧洲,这些事件导致了封建社会的衰亡。罗马法,作为书面理性(ratio scripta),作为创设的公正(aequitas constituta),以其独特的结构性普世主义为社会的变化提供了新的给养。这一时代,通过全球一系列的政治社会革命——法国大革命、拉美独立革命、墨西哥革命、俄国十月革命、中华人民共和国的成立——以及法典编纂和宪政化运动达到了顶峰。在这场运动中,法律体系的两大渊源又重新融合在一起:即法律科学和法律。这一漫长的更迭仍在持续:曾经使用1889年《西班牙民法典》的古巴,在1987年制定了一部自己的法典;俄罗斯联邦于1994—1995年、巴西于2002年、阿根廷于2014年通过了新的民法典;中国正在制定自己的民法典;编纂法典的计划正在进行,它们将回应法的超国家统一的需求。

曾经居住在被称之为拉丁美洲的人们,其实对这块大陆并没有统

---

[*] 桑德罗·斯奇巴尼(Sandro Schipani),意大利罗马第一大学荣誉教授。
[**] 黄美玲,中南财经政法大学法学院副教授,意大利罗马第二大学法学博士。

一的认知,后者是始于1942年的土著居民与欧洲人融合的一种成果,而罗马法则是构建统一的自我认同的基本要件。

这场变化之初,在发起对一些所谓的正当理由——根据这些理由可以占领所发现的海外领地——的反思的同时,西班牙经院哲学派通过解读优士丁尼法中对"理性"(ratio)有最直接表述的部分——也就是万民法和自然法,来应对印第安的新情势。这种发展通过1537年的苏比利米斯·德乌斯(Sublimis Deus)教皇敕令得到了教会法的支持,从此禁止使在新大陆生活的人们变为奴隶,并且承认他们是自己物品的所有者。

该禁止既没有成功地阻止对奴隶的严重滥用,也没有避免从旧世界特别是从非洲运输奴隶到新大陆。民族的聚合充满了不公正,并且带来了灾难性的流行病,导致了大批土著居民的死亡。但是同时也实现了一种外观和文化的融合,从而使这块陆地的特征更加丰富。

在此之后,查理五世制定了关于尊重土著居民"生活习惯和形式"的规定(1530 年及 1555 年)(Recompilación de Indias 2,1,4;5,2,22)。这些尊重通常也没有得到合适的解释或者根本上就并未得到适用,但是却强烈地表达了帝国的意愿:关注民族多元化,重视"使用自己的法律"(suis legibus uti)的原则,并且打算设计土著居民和西班牙人"两个共和国"的理论[1556 年在卡涅特(Canete)颁布的指令(Instrucción)]。葡萄牙耶稣会会士安东尼奥·维埃拉(1608—1697)所提出的"第五帝国",无论是法律还是预言,都进一步地为"美洲式罗马"开辟了新思路。该观点由巴西人若泽·达·席瓦尔·科斯博阿(José da Silva Lisboa)在巴西独立的时候提出,并且与在该国创设大学来培养法学家的想法联系在一起。

随后,通过移民(主要是西班牙和葡萄牙人)在 16—18 世纪完成了罗马法的"输血",已经法典化的罗马法体系得以发展:《七章律》的效力得以延伸;创办了多所大学(1551 年的利马圣马科斯大学和墨西哥大学);西班牙船只向印第安运送了整座整座的关于罗马共同法——即产生于优士丁尼及其法学家们所编纂的法典——的图书馆;在美洲还印刷了许多重要的作品。发展出了美洲巴洛克的"印第安"法学,虽然伴随着遥远的立法者的强烈干预,使得这些立法者的规定并不总是能被"执行"的,因此,法学家要学会衡量(上诉请求;法律被遵守,但未被执行),以及在制度顶端集中统一背景下的司法实践。

这一法律科学是众多法学家们的成果,如:埃维亚·博拉尼奥斯(Hevia Bolanos,1570—1623)、J. 德·索洛萨诺·佩雷雷(J. de Solorzano Pereira,1575—1655)直到 F. J. 德·甘博亚(F. J. de Gamboa,1717—1794)。在某种程度上,还有一些葡萄牙籍的论述者和决策者的贡献,他们的作品在巴西产生了影响。从 A. 贝拉斯科(A. Velasco,1526—1593)、弗朗西斯科·德·卡尔达斯·佩雷雷·德·卡斯特罗(Francisco de Caldas Pereira de Castro,1543—1597)、安东尼奥·达·伽马·佩雷雷(Antonio da Gama Pereira,1520—1595)开始。这一法律科学使用了罗马法学家们的方法和解决方案,来指导在这块广袤无边的土地上的人们在新境况下的共同生活。他们虽然是第一次来到这里生活,但是被罗马法统一到了一起。这种科学为法典的编纂奠定了基础,在独立运动之后,法典的编纂表述了在这块大陆之上"输入罗马法和确认独立"的目标。面对由于北美扩张而可能失去独立的风险,它还设计了多种统一的方案(多民族国家、联邦、联合),并且以"拉美"为这块陆地命名,从而确定了拉美法系在罗马法系中的身份、独立性和统一性。①

二、秘鲁是这一经历的核心地区:在西班牙人到来之前,它是文化最发达的区域之一。印加帝国被确认也只有几十年,其首都设在库斯科。西班牙人建立了副王区,并且在海边建立了城市利马,还迁都

---

① 第一次强调这种特征的是巴西的法学家克洛维斯·贝维拉瓜,参见 *Resumo das Liçoes de Legislaçao Comparada sobre o Direito Privado*, 2 ed., Bahia, 1897。并且陆续在巴西(例如 C. L. M. de Oliveira, A. Saraiva da Cunha Lobo; J. C. Moreira Alves)、阿根廷(例如 E. Martínez Paz, A. Díaz Biallet)、秘鲁(例如 J. Basadre, C. Fernández Sesarego)、哥伦比亚(例如 F. Hinestrosa)等国法学中得以发展。在欧洲,首先以并不是非常明确的方式在教义学中被接受,(例如 R. David, F. de Solá Canizares, J. Castán Tobeñas),随后明朗化(例如 P. Catalano, H. Eichler, J. de los Mozos, J. M. Castán Vázquez,以及笔者的作品: S. Schipani, *Il diritto romano nel Nuovo Mondo*, in *Il diritto dei nuovi mondi*, a cura di G. Visintini, Padova, 1994, 55 ss.)。参见 D. Esborraz, *La individualización del subsistema jurídico latinoamericano como desarrollointerno propio del sistema jurídico romanista*: I, *La labor de la Ciencia jurídica brasileña entre fines del siglo XIX y principios del siglo XX*; II, *La contribución de la Ciencia jurídica argentina en la primera midad del siglo XX*, in *Roma e America. Rivista di Diritto Romano Comune*, rispettivamente 21/2006, 5 ss.; 24/2007, 32 ss。

至此。利马源自一个高级法院的旧址,即皇家审问院(Audiencia),同时也是最古老的两所大学之一所在地,即圣马科斯市长大学(Universidad Colegio Mayor de San Marcos de Lima,1551)。当时在这所大学里还教授罗马共同法,并且创建了一座非常珍贵的法学图书馆,出版了许多法学作品。①

秘鲁于1821年7月28日宣告独立,当时整个美洲,即后来被称之为拉丁美洲的地方,都卷入了这场独立运动。阿根廷的一位将军何塞·德·圣马丁(José de San Martin)在利马作了一场非常重要的讲话,他被任命为"护国公"。1824年,独立运动以委内瑞拉人玻利瓦尔最终战胜西班牙人而完成。《秘鲁解放之护国公发布的临时章程》(Estatudo Provisorio dado por el Protector de la Libertad del Perú)第1条规定:"前面的法律继续有效,但仅限于在与本章程中所规定的新准则不产生冲突的范围之内。"这一规定在1822年的《临时条例》(Reglamento Provisional)和1822年的《秘鲁共和国的宪政基础》(Bases de la Constituciün de la República Peruana)中被重申。1823年《秘鲁宪法》第121条还规定,在民法、刑法、军事法和商法没有规定的情况下,这种效力将一直延续下去。后来的宪法(1826年《秘鲁宪法》第46条第1款,1828年《秘鲁宪法》第131条,1834年《秘鲁宪法》第11条中的过渡性规定)陆续重申了关于新法典的引用规定。

著名秘鲁法学家、最高法院院长 M. L. 德·比道尔(M. L. de Vidaure,1773—1841),根据玻利瓦尔的任命,于1825年主持编纂法典的委员会。该委员会并没有完成自己的工作使命,其独自继续进行,并且非官方地公布了一部刑法典草案(1828)和一部民法典法案(1834—1836)。该民法典草案除体现了对1804年《法国民法典》的关注之外,还表达了对中欧自然法学派的关注。这标志着玻利瓦尔对罗马法体系进行了一种自主解读,因此该民法典草案不仅仅是对《法国民法典》的简化和临摹。在那些年,秘鲁非常关注自然法学派,有两部出版物为证:《自然法与万民法要论》(*Elementos del Derecho Natural y*

---

① Cfr. G. Dolezalek, *Libros Jurídicos anteriores a 1800 en la Biblioteca de la Universidad Nacional Mayor de San Marcos de Lima. Bases para la formación jurídica de los abogados latinoamericanos del siglo XIX*, in Studi Sassaresi, 5, 1977–1978, Milano, 1981 (= *Diritto romano, codificazioni e unità del sistema giuridico latinoamericano*, a cura di S. Schipani, 491 ss.).

de Gente,拉丁语的西班牙语译本,库斯科,1826 年);以及德国罗马法学家海涅切(Heineccio,1681—1741)的《阿亚库乔》(*Ayacucho*,1832 年)。

紧接着,在秘鲁—玻利维亚(1836—1839)联邦的框架下,《玻利维亚民法典》在秘鲁短暂地生效。

三、1847 年,《秘鲁民法典草案》出台。1851 年,由安德雷斯·马丁内斯(Andrés Martínez)所主持的一个委员会全面修订了该草案。该草案于 1851 年 12 月 23 日得以通过,与《民事审判法典》(Codice de enjuiciamiento en materia civil)一起生效。1853 年 6 月 15 日,《秘鲁商法典》生效。1861 年 1 月 1 日,《秘鲁刑法典》也开始生效。从而完整地形成了一个真正的、特有的法典系统。①

1852 年《秘鲁民法典》总共 2 301 条,以简明准确的方式书写而成。这部民法典远不同于 1804 年《法国民法典》、之前的众多拉美民法典以及当代的其他法典,较之欧洲众民法典具有鲜明的特色。在重构法系时,若不强调其特殊性是一种错误。②

这部民法典也体现了其与传统社会、不同种类的人之间更加紧密的保守关系。例如:它保留了关于奴隶制的规定,这在当时的秘鲁还没有被废除(根据 1823 年《秘鲁宪法》第 95 条及其以后的规定,任何

---

① Cfr. J. Basadre, *Historia del Derecho Peruano*, 4 ed., Lima, 1988; C. Ramos Nuñez, *Historia del Derecho Peruano. Siglos XIX y XX*, vol 1-6, Lima, 2003-2006.

② Cfr. S. Schipani *Codici civili nel sistema latinoamericano*, in *Digesto delle Discipline privatistiche. V Aggiornamento*, Torino, 2010, 286 ss. 这里所指出的解读时的错误,有时是欧洲中心论计划持续的后果,它不承认罗马法系全面而深入的衔接作用和其在全面解释法律体系、协调法律以及重建共同法中所做出的贡献。参见 S. Schipani, *Il modello giuridico-scientifico e legislative-<italiano> in America Latina; il riconoscimento del sistema*, in *Il modello giuridico – scientifico e legislative-italiano fuori dell'Europa. Atti del II Congresso Nazionale della SIRD. Siena 2012*, a cura di S. Lanni-P. Sirena, Napoli, 2013, 339 ss.; 关于体系化的解释,参见 S. Schipani, *Sull' interpretazione e integrazione delle leggi, su diversi usi del diritto romano negli ordinamenti codificati, sui principi generali e l' interpretazione sistematica in senso pieno*, Corso svolto a Changsha nel 2011. 关于法系内部的联系,参见 Xu Guodong, *Il diritto romano come ponte tra diritto cinese e diritto latinoamericano*, in *Roma e America*, 19-20/2005, 431 ss. S. Schipani, *Il sistema del diritto romano: un ponte fra i diritti di Cina, Europa e Paesi dell'America Latina. Il ruolo del BRICS*;《2013 年澳门国际会议论文集》。

人都不得在秘鲁产下奴隶;但是对于那些已经是奴隶的人仍然保持此种身份,而且有些奴隶可以被引入;根据1855年1月5日所颁布的法令,奴隶制被废除)。该法典为神职人员拟定了特别条款(第83条及其以后);还规定了教堂和主职授予权(第1189条及其以后)。相反,为了形式上的平等,该法典取消了土著居民所享有的特殊法律地位(但是它并没有保留对于在土著居民中仍然生效的前哥伦布时代的制度和习惯进行保护的原则)。这部法典还吸纳了近期的法学成果。例如,强调与罗马法之间的持久联系,根据后者,第一次在拉丁美洲阐释和引入了"出现法律漏洞时参阅'法的一般原则'"的规定(序题第九条)。① 它更加紧密地依附于罗马法,否定了《法国民法典》的体系安排,把对物—物权和遗产的论述统一到第二编中,置于"物:取得方式以及人们就物享有的权利"之下(De las cosas: del modo de adquirirlas, y de los derechos que las personas tienen sobre ellas),一致地适用了所有权的取得方式与债因的分离。与此一致的是,在第三编中仅仅论述了债和合同。其中,论述了债法总则、债因以及债的消灭②,比1804年《法国民法典》的体系要更清晰些。有意思的点其实远不止这些。③

这部法典虽然几经修订,但是直至1936年都是有效的。

---

① 众所周知,这条规定第一次出现在1838年《皮尔蒙特民法典》中,该法典第15条将之与1794年《普鲁士一般邦法典》第49段、1804年《法国民法典》序题第四条以及1811年《奥地利民法典》第7段区分开来。cfr. S. Schipani, *El Código civil español como puente entre el sistema latinoamericano y los Códigos europeos*, in *Revista de Derecho Privado*, Madrid, 1997, 427 ss. (in italiano in S. Schipani, *La codificazione del diritto romano comune*, rist. 3 ed., Giappichelli, Torino, 119 ss.)

② 笔者认为有必要指出,在这些债的消灭方式中,包含了财产弃权,其中规定了能力限度照顾(beneficium competentiae)。其特点是,允许债务人在自己的能力限度内承担责任(第2238条); cfr. V. Abelenda, *Deneficio de Competencia: fuentes romanas, derecho intermedio y latinoamericano*, Buenos Aires, 2010。该规定还出现在下列民法典的相关法律条文中:CcCh. 1856 [art. 1625-1627]-Ecuador/1858-60-Colombia/1857-87;CcElSalvador/1859, art. 1495;CcUrug./1869 art. 1494;CcArg./1871, art. 799;CcGuatemala/1877, art. 2381;CcNicaragua/1904, art. 2092;CcHonduras/1906, art. 1451 e 1581)。

③ J. Basadre, *Historia del Derecho Peruano*, cit., 323 ss.; C. Ramos Nuñez, *Historia del Derecho Peruano*. cit., I, *El orbe jurídico ilustrado y Manuel Lorenzo Vidaure*, Lima, 2003; Id., *Op. cit.*, II, *La codificación del siglo XIX: Los códigos de la Confederación y el Código Civil de 1852*, Lima, 2005.

四、1920年《秘鲁宪法》承认了土著族群,以及他们在自己土地上的非强制性权利(紧接着,1933年《秘鲁宪法》用了整整一章来规定土著族群,并且计划制定专门的立法)。其他的社会变化也开始寻求一部新的民法典。1922年,秘鲁成立了一个由法学家组成的委员会,他们随即就制定新的法典草案①展开了工作。直到1936年,立宪委员会任命了另外一个更加完整的委员会,对该草案进行了快速的修订。该法典于1936年8月30日通过,并于1936年11月14日生效。

1936年《秘鲁民法典》分为五编,开篇就区分了人法和家庭法。1871年《阿根廷民法典》早就指出了一般人法和家庭关系法之间的区别。1907—1911年《瑞士民法典》随后又着重强调此种区别,并分别在第一编和第二编中进行了专门论述。后者被非常清楚地呈现在秘鲁民法典编纂委员会的法学家们眼前。

1936年《秘鲁民法典》第一编中,也包括关于土著族群的一章(第70条及其以后),声明所有的土著族群都要服从宪法,并且重申了专门立法的必要性。这样一来,秘鲁也就随之开启了实现公民平等相关手段的研究。这种平等不仅仅是一种声明,而且是通过不同的法律规范来进行建构。

前两编之后,1936年《秘鲁民法典》接着在第三编中论述了继承,在第四编中论述了物权,在第五编中论述了债。尽管1936年《秘鲁民法典》以《瑞士民法典》作为参照,但是债编中仍然有一点有所区别:《瑞士民法典》以"合同"(第1条及以后)作为开篇,而1936年《秘鲁民法典》通过专门论述"法律行为"(actos jurídicos,第1075条及其以后)的一章而展开,因此后者选择了一个更加抽象的科学分类,事实上安德雷斯·贝略在《智利民法典》②中已经进行了尝试(第1337条及其以后,1445条及其以后)。相比起来,1871年《阿根廷民法典》则选择了比这一分类还要抽象的分类,即"事实"(第896条及以后)。在

---

① 对1852年《秘鲁民法典》的重新研究,参见 *Código civil del Perú anotado con la modificaciones que contendrá el Proyecto de nuevo Código civil...* Lima,1926. 该研究提前透露了该法典即将作出的选择。

② 参见《智利共和国民法典》,徐涤宇译,北京大学出版社2014年。cfr. S. Schipani *Del Derecho romano a las codificaciones latinoamericanas: la obra de Andrés Bello (Pluralidad de fuentes del Tlt. I del lib. IV del Código Civil de Chile' y de sus proyectos)*, in *Rev. de Estudios Historico-Juridicos*, Valparaíso, 6, 1981, 165 ss.

前面这章之后,接着是两章债法总则(债及其形式,第1171条以后;债消灭的效力及方式,第1232条及以后)。另外,在不同的合同种类中,还包括了一章专门针对劳动合同的论述,但是只有两个条款(第1571、1572条)。这两个条款实质上对是专门立法的参引,而《瑞士民法典》则论述得更为宽泛一些(另外需要注意,1936年《秘鲁民法典》实际上与1902年《秘鲁商法典》一起发挥作用,后者取代了1853年《秘鲁商法典》)。

在1936年《秘鲁民法典》出台之后,1969年的农业改革法令也意义重大。其实早在五年前,这项改革就已经通过1964年的法令开始进行了,只是该法令后来被进行全面修订。新的立法干预对民法典中法律规范的影响非常大,它推动了对私有农用土地的征收,并且使得一切被认为是荒地的土地重新归属国家。(根据该法令),只承认耕种人对正在耕种的土地或者正在作为草地使用的土地的直接占有,这种占有仅限于对它们的有效使用。另外,该法令将时效取得的必要期限缩短为"五年";法人为了保留土地所有权,应该转化为人的合伙,并且有利于形成合作社或者是社团形式。同时,还制定了一类农业生产合同。

这一改革还带来了其他影响,例如,进行了企业改革和建立了企业法人制度。

城镇化发展——其本身可能也体现出农村生产的危机,引发了对立法干预的新需求。这种需求在1977年关于城市土地租赁的法令中得以实现。该法令对房屋住宅租赁进行了专门规定,并根据它们不同的价值进行区分:哪些仍接受民法典的调整,哪些则要遵循新的法律制度。新法律制度的特点在于,其规定了在合同解除等情况下,计算租金方式的各种法律手段(1984年《秘鲁民法典》并没有对这一主题进行规定,而是其之后的一些其他法令进行了补充:1991年的第21938号法令。)

1979年《秘鲁宪法》标志着另外一种转折:所有的政治力量都出现在立宪代表会议上,他们计划改变前政府的政治路线。这场变革获得了武装力量和秘鲁社会各个群体的支持,因为他们甚至深入到了不太富裕的阶层,在其需求的基础之上来制定新的政策方针。但是这次变革并没有成功,也没有获得必要的一致认可。

撇开我们前面谈到的阻力和其他笔者无法——列举的原因,1936

年《秘鲁民法典》在 1984 年效力终止,被 1984 年生效的《秘鲁民法典》所取代。

五、1984 年,秘鲁再次更换了民法典。1965 年,时任司法部长的民法学家、利马圣马科斯大学的 C. 费尔南德斯·塞萨雷戈(C. Fernández Sessarego)教授,决定了编纂委员会的构成:J. 莱温·巴兰迪亚兰(J. Leün Barandiarán)、I. 别利奇·弗洛雷斯(I. Biélich Flórez)、A. 埃古伦·布雷萨尼(A. Eguren Bresani)、J. E. 卡斯塔涅达(J. E. Castañeda)、H. 科尔内霍·查韦斯(H. Cornejo Chávez)、C. 费尔南德斯·塞萨雷戈、R. E. 拉纳塔·吉列尔姆(R. E. Lanata Guilhem)、F. 纳瓦罗·伊尔韦纳(F. Navarro Irvine)、M. 阿里亚斯·施赖贝尔(M. Arias Schreiber)和 J. 维加·加西亚(J. Vega García),均为圣马科斯大学或是秘鲁天主教教皇大学的教授,许多也是律师。该委员会在 1982 年完成了民法典草案,并于 1982 年提交修订委员会修订。与前者不同的是,修订委员会由参议院和众议院的政治家们组成。修订委员会紧张地展开了工作,于 1983 年年底完成了修订。在接下来的几个月里,时任司法部长的 M. 阿里亚斯·施赖贝尔(M. Arias Schreiber)在大学、法庭和其他专门机构就该草案进行了讨论,并于 1984 年年中最终敲定了标准文本。1984 年 7 月 24 日,新的民法典被颁布,该法典于 1984 年 11 月 14 日开始产生效力。①

1984 年《秘鲁民法典》共 10 编外加序题。我们能在这部法典中看到很多新的设计思路。前两编是人法和法律行为,看上去是一种不太明确和缩减后(没有对物进行论述)的总论,其中强调了人的作用及其行为②的中心地位。第三编和第四编保留了家庭法和继承法。第五

---

① 正如已经强调的,这部民法典与其他近十年(玻利维亚、巴拉圭、荷兰、俄罗斯以及巴西、阿根廷)的民法典一起否定了这样一种观点,即我们的体系正处于"解法典化"时期。它从反面证明,事实上在很多情况下都趋向于更新法典,因此,讨论"解法典化"的人应该以更加明确的方式来提及替换一些法典的必要性,而不是消除它们。

② 还有另外一种解释,参见 E. Zitelmann, *Der Wert eines "allgemeine" Teils des burgerlichen Rechts*, in *Zeitschrift für das privat-und öffentliche Recht der Gegenwart*, 33, 1906, 1 ss. 当德国在讨论生效不久的《德国民法典》总论部分的时候,学者认为,这一部分内容应该在法律行为中规定。我们可以认为,正在讨论的《秘鲁民法典》并不想抛弃以法和人作为开篇的传统,然后在第二编中规定了类似总则的部分,但是仅仅涉及一个法律种类。

编到第七编保留了物权和债权,在这三编中,债被改革性地划分为两编:债的发生依据被单独划分为一编,与之区别的另一编是债的样式、效力及其消灭。接下来的三编分别是时效和除斥期间、公共登记和国际私法,后者也被列入该民法典中。这种结构没有延续1936年《秘鲁民法典》的体系思路——即不作定义,而是相反将制度的概念也纳入体系之内,所有的规范结构清晰且简单。

这部法典中有许多规定值得强调,但不是在这里。

出版的法典立法理由书,并不是会议和讨论的记录,而是编纂工作委员会主要构成人员对自己作品所作的摘要集锦:D. 雷沃雷多·德·德瓦克(D. Reboredo de Debakey)主编的《民法典:(立法)理由陈述及评注》(6卷本,利马,1985年)。在法典十周年纪念的时候,司法部于1994年在利马出版了《民法典官方纪念版附F. 比达尔·拉米雷斯的导读》。2014年,司法与人权部根据第295号立法令主编了更新至该年8月1日的第14版官方版本,与C. 费尔南德斯·塞萨雷戈①所作的序言一起出版。现如今,已经有很多相关主题的作品(例如《民法典解读丛书》,秘鲁天主教教皇大学出版基金出版,利马,1997年);另外,还可以指出,特别是1984年《秘鲁民法典》刚刚通过时所举办的两次国际会议的论文集:《1985年利马国际会议"秘鲁民法典与拉美法律制度"会议论文集》(C. Fernández Sessarego – S. Schipani, ed. Cultural Cuzco, Lima, 1986②),以及10年后的《"秘鲁民法典:十周年,总结与展望"国际会议论文集》(2卷本,利马,1994年;利马大学版本,1995年)。③

六、现在请允许笔者简短地介绍一下1984年《秘鲁民法典》中的一些要点。笔者依据的是官方原始文本,即当年司法部的版本。随后进行了许多次修订,笔者仅根据之前提到的2014年的版本介绍其中

---

① Cfr. www.minjus.gob.pe/wp-content/uploads/2015/01/Codigo-Civil-MINJUS-BCP.pdf 可以免费下载。

② 在这本书中,特别有意思的是,该研究在比较意义上展开。C. Fernández Sessarego-C. Cáredenas Quirós, *Estudio preliminar comparativo de algunos aspectos del Código Civil Peruano de 1984 en relación con el Código civil italiano de 1942*, 99 ss.

③ 详尽的文献信息参见 R. Morales Hervias: *Publicaciones relativas al Código civil Peruano* (1984-2009), in *Roma e America*, 27/2009, 231 ss.

的一部分内容。很多修订已经在中译本中出现。①

A. 如果要简略地勾画一些要点,首先必须要指出的是:序题中一些规定维持并发展了已经在之前的民法典中出现过的对法的基本原则的援引,而且对其进行了改进。序言第八条指出:在"法律出现瑕疵和缺陷"的情况下,法官"应适用法的一般原则,尤其是启发秘鲁法的那些原则"。从而重申了法的基本原则的功能,它是法典和罗马共同法系之间在时间和空间上外延的"铰链"。关于这一宽泛的引用,需要强调的是,拉美法系受到《秘鲁民法典》的启发,并在其基础之上表现得更加具体和直接。②

B. 在"人法"编众多的条文中,恰恰在开篇,《秘鲁民法典》第1条通过现代化的概念引入了一则古老的罗马法原则:"胎儿就一切对其有益的事项都被视为已经出生。"例如,就自由身份而言,在优士丁尼的《法学阶梯》中,即将出生的婴儿如果其母亲是自由人,在受孕的那一刻就获得自由身份,即使在他出生之前,他母亲失去了自由身份而变为奴隶(J. 1,4pr.)。罗马法没有使用"权利主体"的概念,后者是17—18世纪所创制的,而是使用了具体的术语,例如"男人""人""胎儿""在子宫中的"。这部法典在第1条中对胎儿进行了这样的规定:"胎儿就一切对其有益事项为权利主体。"③

C. 《秘鲁民法典》随后用专门的一题论述了"人格权"(Derechos

---

① 许多次修订都是在1992年第768号法令《新民事诉讼法》实施后所进行的,一些仅仅是术语上的协调,其他的则是实质上的调整。

② 对此的解释,参见 S. Schipani, *El Código civil peruano de 1984 y el sistema jurídico latinoamericano (apuntes para una investigación)*, in *El Código civil peruano y el Sistema* cit., 41 ss. 在1984年《秘鲁民法典》十周年纪念的时候,秘鲁法学家 M. 鲁维奥·科雷亚(M. Rubio Correa)在其文章中表达了修订条文的提议:"法官不得因立法瑕疵或缺陷而拒绝司法。在此等情形,法官应适用法的一般原则,特别是拉美法的一般原则以及习惯。原则和习惯引导法官对立法的解释,当可以对其境内当事人适用《秘鲁宪法》第149条时,法官应适用此等当事人习惯,只要依此不侵犯基本权利,并能保证和拉美法的原则保持一致。"关于该提议,参见 S. Schipani, *Codificación de los principios generales del Derecho Latinoamericano*, in *Código Civil Peruano. Diez Años.* cit., 1, 13 ss (in it. in Id., *La codificazione* cit., 175 ss.)。

③ 最新的2016年《阿根廷民法典》没有援引这一概念,而是使用了"自然人"的概念;参见其第1条:"自然人的存在开始于受孕。"

de la persona),拓宽了人格权的具体种类,但是却没有像《德国民法典》模式一样创设人格的"基本权利"。人格权权利"范畴"的拓宽——除了其他的传统的个人权利之外,还包括了声音的权利(第15条)——最终形成了一种开放、灵活的特征,从而满足对不同价值的保护,包括生命权、隐私权以及在科技日新月异的情况下,所面临的花样百出的各种新形式的挑衅。

在起初对这些权利进行教义学的制定时,它们的范畴饱受争议,因为有观点认为无法构建这样一种权利,即人既是关系主体又是关系客体。这部法典通过对种类的列举,克服了这些疑难。

仍然是在教义学讨论的范畴内,"人格权"和"基本权利"的区分偶尔会显得比较困难。人格权在历史上就与人格权的损害关联在一起。后者产生于个人之间的关系中,因而人格权始终游离于以人身价值为中心的概念和个人财产的范畴之间。在这种摇摆中,首先产生了"人的尊严"的损害以及"损害补救"的需求,而不是"损害赔偿"①。而基本权利在历史中则是被放置在"宪法"的层面的,它们是对公民的保障和自由的诉求,是个人对国家的一种权利。当然,基本权利的范畴也拓宽了。一方面,它们在人与人的关系中也具有了重要性。另一方面,宪法常常通过相关规范影响到对人格权的保护。关于人格权,第 5 条强调了不得抛弃"生命权、身体完整权、自由权和名誉权以及其他自然人所固有的权利"。

随后过渡到一个特殊的主题,这个主题在 30 年前还比较新颖。可以强调的是,《秘鲁民法典》处理了器官移植的问题,关于生存或死亡之后对身体器官的处置问题,制定了处置人身体的行为的规范(第

---

① 通常对于罗马法制度而言,强调"不能对自由人进行金钱估值"(参见 D. 9,1,3),"金钱损害,以及伦理价值或者精神赔偿"是不合理的。关于重新思考"侵辱之诉"的必要性,正如"侵犯人尊严的不正当行为"并不是根据损害赔偿进行惩罚,而是根据罗马法中规定的"良善和公正"。许多年前笔者就开始思考这个问题。参见〔意〕桑德罗·斯奇巴尼:《"侵辱之诉"的遗孤——重读〈学说汇纂〉:透过罗马法学家的贡献来看对人的法律保护》,载费安玲主编:《罗马法与学说汇纂》(原名《学说汇纂》)(第 4 卷),台湾元照出版公司 2012 年版,第 204 页及其以下。

6—10条)。① 另外,其声明不得执行涉及生命或身体完整性的危险性合同(第12条),规定了个人和家庭生活的隐私权利(第14条),对于涉及个人或家庭生活隐私的书信、通讯、录音的使用设立了严格的限制。(第16条)

第18条援引和参阅了作者或发明人的权利的相关法律规范(参见1961年第13714号法律以及关于安迪拉市的讲话);这一援引表明该主题涉及人格权(它们与人之间的密切联系已经在对配偶间的共同财产进行排除时得以确认:第302条第5款)。

姓名既是权利的客体,也是义务的客体(第19条及以后)。

D. 在人格权的主题中,需要指出两处修订:配偶一方可以收养另一方配偶的子女(2015年第30084号法律)(第22条第2款),以及(2012年第29973号法律)删除了聋哑、盲聋、盲哑人完全无行为能力的条款,删除了他们无缔结婚姻能力(第241条第4款)和不能拟定遗嘱(第693—694条)的条款,并且规定了保护他们的其他特别形式(第697条)。

E. 第一编还讨论了法人(第76条及以后),在这些条款中妥适地加入了"委员会"(comité)需要进行专门的书面登记(第111条及以后);制定了关于"财团"的详细规范(第99条及以后)。根据这些规范我们可以发现,该编并没有承认未登记的财团属于事实财团,可以进行财产自治;也没有包含商贸协会,因此仅限定于非营利机构。

在这一框架下,依据1979年《秘鲁宪法》,其第161条及以后的条款承认了农村公社和原住民公社。而我们正在讨论的1984年《秘鲁民法典》也规定了农村公社和原住民公社,强调公共利益以及"一般和公平的利益"(第134条及以后)。后来1993年《秘鲁宪法》第149条还承认了这些公社在其领地上适用习惯法,除非有悖于基本权利;并且规定了这些公社是"法人"②。

---

① Cfr. P. Rescigno, *Comentarios al Libro de derecho de las personas del nuevo Código civil peruano de 1984*, in *El Código civil peruano y el Sistema* cit., 235 ss.; C. Fernández Sessarego, *Nuevos tendencias en el Derecho de las personas*, Lima, 1990; Id., *Derecho a la identidad personal*, ed. Astrea, Buenos Aires, 1992.

② Cfr. J. F. Gálvez, *Lo sviluppo dei diritti indigeni in Perù*; in *I diritti dei popoli indigeni in America Latina*, a cura di S. Lanni, Napoli, 2011, 245 ss.

F. "法律行为"①这一编对之前民法典中的观点进行了发展,并且作出了一个新的、颇具意味的选择。事实上,这种对行为的讨论不再与1936年的旧《秘鲁民法典》中一样局限于债的范畴,而是涉及更概括的各种行为,包括物权转移、继承以及产生的相关问题。例如,这一编创新地引入了对法律行为的解释规则,虽然条款不多(第168条及以后),但是以前是在合同编中进行规定的。

"法律行为"被定义为"意思表示"②,并规定了使之有效的要件,其中"原因"作为"合法目的"(第140条)。论述的代理(第145条及以后)不同于1936年《秘鲁民法典》,这里将其与委托区分开来;然后讨论了法律行为的伪装(第190条及以后)、诈害(第195条及以后)和被双边化③的"错误"(第201条及以后)等。

G. 关于家庭法④,在前面1979年《秘鲁宪法》规定的基础上,1984年《秘鲁民法典》规定了夫妻、婚生子与非婚生子之间的平等性(第

---

① 德国渊源的"民事法律行为"与法国渊源的"法律行为"之间的关系与术语或者教义学没有关系,关于拉美法典的不同规定,参见 *Código civil del Perú anotado con la modificaciones que contendrá el Proyecto de nuevo Código civil...* Lima, 1926。特别是在秘鲁,被认为是概念上的同义词(F. Vidal Ramírez)。

② 可以指出的是,关于意思表示,2000年第27291号法律通过第141条完成了对关于使用电子或类似工具的必要修订。

③ 参见 J. C. Moreira Alves, *Los actos jurídicos en el nuevo Código civil peruano*, in *El Código civil peruano y el Sistema* cit., 267 ss. che compara questo libro del CcPerù con i paralleli articoli del CcBrasile, che allora era in progetto e poi è entrato in vigore (2002; art. 104 ss.); J. Mélich Orsini, *La interpretación de los contratos y de los actos jurídicos en el nuevo Código civil peruano y en la legislación venezolana*, in *El Código civil peruano y el Sistema* cit., 281 ss。该文把《秘鲁民法典》的168条的法律行为和第1361条的合同约束力联系到一起,强调支持"明示"理论和合同客观解释方法的后果,并且把其放置到委内瑞拉的立法中进行比照,后者在1984年《秘鲁民法典》第10条进行了规定,其中规定了意思理论。关于1984年《秘鲁民法典》中的法律行为,参见 F. Vidal Ramírez, *La teoría del acto y del negocio jurídico en el derecho peruano y en el sistema jurídico* latinoamericano, in *Roma e America*, 7/1999, 143 ss.; Id., El *Acto Jurídico*, 6 ed., Lima, 2005。

④ 对于这一较为复杂的主题,许多法律对其进行了片段式的修订:Leggi 27048/1999; 27442/2001; 27495/2001; 27809/2002; 28439/2004; 29032/ 2007; 29227/2008;30162/2014;等等,这些数字标志该主题的不稳定性以及所面临的社会和文化的变化缺少逻辑性。《秘鲁民法典》的中文译本已经包含了部分修订。

234 条及 235 条）。对于财产制度，该法典既规定了共同财产制又规定了分别财产制（第 295 条），以及夫妻财产制替换的可能性（第 296 条）；废除了嫁资；规定了事实结合中财产共有的可能性（第 326 条）①，根据原住民哥伦比亚人的习惯法，这种事实结合不能与已举办婚礼的婚姻相混淆。1979 年《秘鲁宪法》第 161 条及以后和 1984 年《秘鲁民法典》第 134 条及以后已经提到这些原住民。还需要指出的是，例如，扶养的家庭连带性（比如第 472 条等），现在已经不再像旧法典一样，将其与"家庭成员的教育和辅助基金"放在一起，而是与"家庭财产"放在一起。家庭财产的客体可以是家庭住房，用于农业、手工业、工业或商业活动的不动产（第 488 条及以后）。②

H. 关于继承③，1984 年《秘鲁民法典》保留了这一原则——即继承人仅在遗产范围内偿还遗产债务，但是他对超过部分负举证责任（第 661 条）；然后明确地规定了遗嘱也可以仅仅针对部分遗产或者是进行非财产性处分（第 686 条）；规定了军人遗嘱（第 712 条及以后）和海上遗嘱（第 716 条及以后）；明确了特留份的概念（第 723 条），必要继承人（第 724 条）及他们的特留份（第 729 条），配偶特留份的条件（第 730 条）以及生存配偶的终生居住权（第 731—732 条），继承人和受遗赠人的权利（第 735 条），禁止剥夺无能力人的继承资格（第 748 条）；保留了对根据遗嘱人的意愿以及法律规定的不分配事由而排除继承的双重救济（第 667 条及以后与第 742 条及以后）。

I. 物权仅仅是那些立法者所严格规定的权利，但是并不仅限于民法典中所设立的权利，因为其他法律也对其进行了规定（第 881 条）。事实上，1984 年《秘鲁民法典》第 883 条废除了农地物权应适用的法律，第 884 条将无体财产交由特别法调整。

事实上，1852 年《秘鲁民法典》有机而全面地规定了物权，而随后 1936 年《秘鲁民法典》援引了这些规范。但是接下来颁布了笔者前面提

---

① 根据第 326 条最后一款，事实结合类似于婚姻。2013 年第 30007 号法律对其进行了增补，为的是适用关于法定继承、必要继承和配偶一方死亡继承的相关条款。

② 该编还涉及另外一个主题，但是在另外一部专门的法典，即《未成年人法典》中有规定，参见秘鲁 1962 年的《未成年人法典》。

③ 该编中的修订并不多，因此说明其相当稳定。这种稳定性或许也标志着在财产移转中法律关系的变化越来越不被关注。

到的农业改革法令,因此对于有些部分,例如农地进行了干预,后果就是我们前面提到的那个条文。恰恰是关于这个主题,为了推动农业投资,1991年第653号法令进行了一场非常重要的改革。它废除了第883条,将农地所有权置于民法典中,但是通过该法令的特别规范予以规定。

在第二篇财产之后,过渡到主物权中的占有(第896条及以后)。它被清楚地与占有辅助人区分开来(第897条),同时也与容假占有区分开来(第911条);在占有中,还有两人或多人的共同占有(第899条);以主物的占有推定从物的占有(第913条);占有人的善意是被推定的,除非有相反证据,而且在财产被以他人的名义进行了公共登记的情况下不适用此种推定(第914条,结合2012条)。第920条规定了对占有的司法外保护,被限定和明确在2014年第30230号法律所修订的条款中。第922条列举了占有消灭的事由。

所有权(第923条)是"符合社会利益并且在法律的限制范围之内"的,设立于财产之上的使用、收益、处分和请求返还的权力。此规范与现行的1979年《秘鲁宪法》第123条、第124条以及1193年《秘鲁宪法》的第70条是一致的。但是要注意的是:之前的定义(1852年《秘鲁民法典》第460—461条,1936年《秘鲁民法典》第850条)也没有像著名的1804年《法国民法典》第544条一样,指出一种"绝对的"所有权。明确"社会利益"当然是过去一个世纪的功劳,它采纳并发展了古老的罗马法原则,即"是公共事务的利益,任何人不得滥用"(Gai. 1,53;J. 1,8,2)。这一原则后来被个人主义所忽视,但是使其具有与平等一样的价值还相当困难。

动产所有权的转移需要交付以及转移的意愿(第947条);而对于不动产,规范似乎更接近于具有给付之债的物权效果的法国模式,但是并不是非常清楚(第949条)。而且关于转移效果似乎抄袭了1852年《秘鲁民法典》所作出的选择,需要进行债务登记(第2014条)。

提到所有权,可以指出在城市用地上所存在的多种所有权:地下、地面以及地上,允许单独转让地下或者是地上的空间(第954—955条),区别于在绝对所有权的情况下对单个住处水平方向所创建的不同的所有权(建筑物区分所有权),以及相对于共有部分的所有人和建立了很多套房的土地的必要的共有权(建筑物区分所有权随后被专门法所规定,第958条是曾经的1978年第22112号法令)。

比较系统的是对共有的论述(第969条及其以后)。

用益权[第 999 条及其以后,包括准用益权(第 1018—1020 条)]、使用权和居住权(第 1026 条及其以后)、地上权(第 1030 条及其以后)、役权(第 1035 条)是一系列对他人之物所享有的权利。

在此之后是对担保物权的论述:关于质权(第 1055 条及其以后),登记的动产没有实质移交也导致出质(第 1059 条);还论述了债权和有价证券的质押(第 1084 条及以后),但是这些条文都被 2006 年第 28677 号关于动产担保的法律所废除。不过该法律文本并没有被纳入民法典以代替已经废除的条文。1984 年《秘鲁民法典》简短地论述了不动产质权(第 1091 条及其以后)之后,抵押权安排得更加妥当了一些(第 1097 条及其以后)。接下来留置权(第 1123 条及其以后)要对抗第三人(第 1128 条)须进行登记。重复了对流质简约的无效:第 1066 条的质权(但是被废除了)、第 1111 条的抵押、第 1130 条的留置。①

J. 笔者并不提倡一种概括式的评论,但也不会是一章一章地进行。但是,笔者觉得有必要强调这样一个事实:该法典花了整整一编来论述债法总则。一整编专门地论述债法总则,我们仅仅在 1888 年《哥斯达黎加民法典》中看到过,但是所有民法典都有一部分是债法总则。民法典通过数个世纪的编纂,形成一个类似的总则编已经水到渠成。在罗马法系的形成阶段,对债的要件曾经产生过激烈的讨论:必要性、精确性、合法性、意愿性、暗含的金钱可估算性,正如公元前 4 世纪古老的《博埃德里亚法》所定义的,未履行的债务人仅仅在满足欺诈或是过错的要件时,以财产而不是以人身(对债权人)负责,除非是谈判已经开始或者符合其他标准的特殊情形。此外,还制定了不同法律后果的不同种类的债:选择之债、可分之债与不可分之债、种类之债、担保之债、连带之债等。在此基础上,优士丁尼的《法学阶梯》(J. 3, 13pr.)所给出的债的定义开始把法学家们之前所讨论的各种相关原则汇聚在一起。这种"汇集"持续发展了数个世纪,作为转折性的飞跃出现在 18 世纪伯蒂埃的作品中,即在法典中出现了总则部分。这一编作为现代法典中的法的一部分,见证了这样一种事实,即在这些法

---

① Cfr. L. Maisch von Humboldt, *Los derechos reales en el Código civil peruano*, in *El Código civil peruano y el Sistema* cit., 317 ss.

典中,原则和规范更加具有普遍性。①

K. 民事之债和商事之债的统一是一种发展,我们不得不指出其产生过程。

在意大利,1820 年《帕尔马民法典》包含了诸如交换信件、借条、商业合伙等种类的债,因而并没有辅以一部商法典。在摩德纳和雷焦公国也是一样,其 1851 年的民法典没有商法典的伴随,但是该民法典中包含了 1/4 编的"商事规定"。1884 年《瑞士债法》也一样,后来于 1911 年被修订,并且被纳入 1907—1911 年的《瑞士民法典》中。该民法典进行了民商事之债的统一,扩宽了对下列内容的论述:商业合伙和合作社团;商业登记、商业公司和商业账簿;有价证券;并且设计了劳动合同。1942 年《意大利民法典》则划分成两个体系,与债编并列在一起的有一编专门的"劳动"。债编也是极力关注法的超国家性统一的一种体现。这一行动缘起于夏洛亚②,并且已经在关于统一债与合同的法律的"意法计划"中得以实现。劳动编是一种时代的选择,诠释了 19 世纪末期欧洲社会中根深蒂固的需求。在两次世界大战中,这些需求在意大利与法西斯体制的目标交错在一起(最主要的就是劳

---

① Cfr. S. Schipani, Obligationes e sistematica. Cenni sul ruolo ordinante della categoria, in Linguaggio e sistematica nella prospettiva di un romanista. Studi in onore L. Lantella, Napoli, 2014, 123 ss. ; Id. , *Luoma fa tixi zhong zhai de diwei*, trad. di Luo Zhimin, in Digestum, 5, Pechino, 2014, per piacere, verificare l'esattezza e mettere la pagina ; Id. , Obligatio. *Spunti di riflessione sulla nozione e il ruolo sistematico* [per piacere, mettere il titolo cinese], trad. di Chen Han, in Northern Legal Science [per piacere, mettere il titolo non in inglese ma in cinese], 9-3, 2015, (Heilongjiang University-Harbin), 6 ss. 需要强调的是,在拉美有一个小组正在就债法总则部分的统一进行研究。这个小组叫做 GADAL,汇集了阿根廷、巴西、智利、哥伦比亚、墨西哥、秘鲁、委内瑞拉的教授们。

② 这部计划的文本(1927 年,罗马)后来被作为《意大利民法典草案》的相关编章重新出版:I: Cod. civile. Quarto Libro. Obbligazioni e contratti. Progetto e Relazione, Roma, 1936。其中许多要点被修改。

动章程);随后,它们通过其他的编排被写入《秘鲁宪法》第 1 条和第三章①,该法将劳动视为共和国的基础。

1984 年《秘鲁民法典》包含了有限的商法主题,但其意义深远:不仅将一些区别不大的合同规范规整到了一起:买卖、互易、消费借贷、寄托和保证合同(第 2112 条);还加入了一些合同,如供给合同、住宿合同,各种合同中的服务提供,如无劳动关系的服务租赁②、承揽合同、未附代理的委托、寄托和司法寄托,仲裁条款和仲裁协议(第 1906 条及以后的相关内容已被 1992 公布的第 25935 号法律《仲裁通则》所废除,该通则内容不在法典之内);另外还通过参引民法典或者专门法来提到某合同类型,例如,《秘鲁民法典》中的融资租赁(第 1677 条)。③ 笔者要指出这种趋势的发展,在合同总则部分设计了预约合同的相关条文(第 1414 条及以后)、互为给付之债(第 1426 条及以后)、给付负担过重(第 1440 条)以及非常损失(第 1447 条及以后)。在同样的趋势之下,笔者还想提一下以外币为计量单位的债务(第 1236—1237

---

① 最近的 2003 年《巴西新民法典》(参见齐云译,《巴西新民法典》)也作出了一个类似于 1942 年《意大利民法典》的选择。关于 2003 年《巴西新民法典》,参见 *Roma e America*, 17/2004, 59 ss.; cfr; D. Corapi, *L' unificazione del diritto di commercio e del codice civile in Brasile*, in A. Calderale (curatore), *Il nuovo codice civile brasiliano*, Milano, 2003, 3 ss。关于这编的位置,笔者认为,相较于《巴西新民法典》的选择,《意大利民法典》处理得更好一些,前者放在关于公司规范的"公司法"下面,后者放在"劳动"中。事实上,笔者觉得放在更加宽泛的"劳动"下面要更加合理一些,在这里面要确定原则、制度和规范,这些规范都关涉人在法律制度中的中心地位。

② 合同与劳动关系被规定在特别立法中。合同以及下位的劳动关系被劳作租赁分开,在 1891 年的德国立法中成为专门立法的对象,同样也发生在比利时、荷兰、法国 (cfr. H. Coing, *Europäisches Privatrecht*, II, 19. *Jahrhundert*, 1989, 185 ss.)。1900 年《德国民法典》将两者纳入其中 (*Dienstvertrag*: par. 611 ss.),《瑞士民法典》也是一样 (Libro V, art. 319 ss.)。正如我们说过的,1942 年《意大利民法典》扩大了其重要性。在其他的国家制定了劳动法典,据不完全统计有:智利(1931 年)、墨西哥(1931 年),委内瑞拉(1938 年),厄瓜多尔(1938 年),巴西(1943 年),危地马拉(1947 年),巴拿马(1947 年),西班牙(1950 年),都进行了修订;还有一些国家进行了编纂,但是没有制定一部法典。

③ Véase C. Torres y Torres y Lara, *La codificación comercial en el Perú de un código formal a un código real*, in A. A. V. V., *Centenario del Código de comercio*, México, 1991, 583 ss.

条,根据1996年第25598号法律进行了改革),附合合同的一般条款(第1390条及以后,部分有调整),合同地位的转让(第1435条及以后),指名合同(第1473条及以后)。需要指出的是,该部分还规定了不当得利诉权的不适用(第1953及第1954条)。

即使法国最近更新了其商法典①,并且商法典仍然在许多国家的法典体系中继续存续,但在笔者看来,废除商法典的做法是值得赏识的,而且在这个方向上迈出第一步是正确的。②

实际上,罗马法系所经历的更迭与成长导致了规范多元化的生成,这些规范根据不同的立法机关和保障秩序的执法机关③的指引而形成。这种规范的多样性同时反映在术语上,即使在罗马法中,法学家们也曾经用复数的"罗马法"[罗马人民的法(iura populi Romani)],只有在《优士丁尼法典》统一之后才使用单数的"罗马共同法"(ius Romanum commune)。这种"单数"的类型,并没有消除各种法之间复杂的关联,只是以明确的方式凸显了其目的,即追随统一体系的连贯、"鲜明的和谐"(皇帝谕令第2条)

万民法与市民法并行发展,它建立在先前因罗马与外邦人的商事关系而迅速发展所形成的共同法的基础之上,因日益增长的某一特定社会群体的需求而形成。在此之前,是由"外事裁判官"(praetor peregrinus)(D. 1,2,2,28)来处理与外邦人的纠纷的。争讼当事人以诚信之名将争讼交付给外事裁判官,法学家们的贡献则相当具有创造性。法学家们在涉及外邦人纠纷的范围内所创设的概念、原则、制度和编纂的法律规范,随后也被用于罗马市民之间,而在这些外邦人的司法规则中也适用了市民法中的编纂方法。"诚信"(fides bona)被适用于

---

① 1989年,法国政府成立了法典编纂高级委员会,受命制定关于一些部门法的"稳定的法"。工作被一度拖延,因为需要国会进行投票。因此,为了避免投票,他们根据1999年第1071号法律授权政府根据《法国宪法》第38条以一个简单的法令来进行工作。在他们所制定的法典中,就有2000年生效的《法国商法典》。

② 跟随1984年《秘鲁民法典》的脚步,2014阿根廷的立法者们制定了最新的民法典,命名为《阿根廷共和国民商法典》。这部法典也没有涉及劳动法和公司法,但是将合同制度整合在了一起,扩大了其范围,并且引入了消费者合同部分。

③ Cfr. G. Grosso, *Problemi generali del diritto attraverso il diritto romano*, 2 ed., Torino, 1967.

新的商事合同情形中,并且得到进一步扩展。拉贝奥(D. 50,16,19)和亚里士多德(D. 2,14,7,2)①的双务契约将债务约束建立在对待给付的基础之上,以使得彼此的财产获得一种平衡视角上的均衡,据此给付的任何一方将获得对价,后来通过"合意"进行整合并且进一步延伸(Gai. 3,135. 137);等等。

非常重要的是,"人对于所有的法而言处于中心地位"的原则[厄尔莫杰尼安所写的《所有的法》(omne ius),随后被有优士丁尼法学家编入 D. 1,5,2]被继受,使得具体的解决方案趋于一般化。虽然其面对很大的阻力和冲突,但是从未消失,并且指引着法统一化运动的持续进行,从而使得除了人类活动和干预推动其自身发展之外,免受了其他逻辑的影响,比如纯收益理论和实质上资本永垂不朽的观念。②

笔者上面说的这些并不影响这样一种事实,即从科学意义上来说,在罗马法中也能找到商法,但是由于其并不是独立地存在的,我们需要澄清它在整个有机体系内的位置。③ 现在,起源于中世纪的行会组织已经过时数个世纪,当然不能以相同的方式来处理不同的情况。但是,将人置于法中心地位仍然是我们整个法系的内核。现如今要制定一部统一的法典,并且以其为核心将周边的其他必需的特别法、持续的增补以全面连贯的方式统筹起来,这种想法强调和明确了这样一种定位,即"所有的法"和调整相似情形的"平等"在体系上都是和谐一体的。这种定位明确承认了有必要以不同的方式处理不同的情形,并且没有将人类中心主义的需求和企业应该是为这些需求服务的这一宗旨对立起来,而是将两者协调在一起。④

---

① 关于这一主题,还可参见 F. Gallo, *Contratto e atto secondo Labeone: una dottrina da riconsiderare*, in *Roma e America*, 7/1999, 17 ss。

② Cfr. ad es. R. Cardilli, *La nozione giuridica di* fructus, Napoli, 2000, 397 ss. Cfr. anche l'interessante spunto colto da P. Catalano, Populus Romanus Quirites, Torino, 1974, 76 s.

③ Cfr. P. Cerami - A. Di Porto - A. Petrucci, *Diritto commerciale romano*, 2 ed., Torino, 2004.

④ 1902 年《秘鲁民法典》被认为处于"分裂"的状态:为了仅仅引用最基本的法律,我们可以提到银行、金融和保险的法律,公司重组的法律(在破产之前的情况下),公司法、股票法、证券法。简单地说,秘鲁学理上的讨论与商法的概念相悖,因为商法违背了民法的名称,而且是一种专门法,与基本原则相一致,根据经济关系的需求而制定。

L. 第八篇把诉讼时效和权利的失效独立出来,这点在1984年《秘鲁民法典》的总体顺序中蕴含深意(第1989条)。同样的,第九篇对公共登记的论述不仅仅涉及土地。第十篇规定的是国际私法,但它们实际上不是国际法规范,而是具有国际因素的国内法。

七、许多主要的法典已经被翻译成中文:徐涤宇教授翻译了《智利民法典》和《阿根廷民法典》,前者在厄瓜多尔和哥伦比亚也是生效法典。它们是"输入罗马法和解放的法典",为了适应随后一个世纪社会的转型而不断革新。齐云副教授翻译了《巴西新民法典》,该法典展开了新千年的篇章。现在,由于徐涤宇教授的辛勤工作,我们又拥有了1984年《秘鲁民法典》及其修订内容的中译本,对此笔者感到非常欣喜。

1984年《秘鲁民法典》,跟其他法典一样,应该放置在体系中进行解读。这种解读应该在两个层面的体系中展开:即拉美法系子系统和罗马法系。两个不同层次法系的基本原理都滋养了这部法典,同时由于处于法具有普世性的背景之下,这部法典又反过来分别支撑了上述两个不同层次法系的基本原理。在这种法普世开放的背景中,法律是一种渊源,就像习惯是另一种渊源一样,理论则又是另外一种渊源,也正是在这一背景中,法律日益完善、更加坚固(D. 1,2,2,13)。法的普世开放性作为一种科学,应该不仅仅是市民法的解读者和编纂者,还应该为所有人共同的法所遵循。法的普世开放性还应该是奠定法典的基本要素,与立法者协作,为诸法典提供一个维度,以使得法律文本不仅能在单独的法律秩序中产生效力,而且还能服务于整个法律体系。该法律体系在所有法典的贡献中得到滋养,从而不断发展自己的原理。

作为罗马法系框架下中国法典编纂和人才培养的研究中心主任,笔者非常荣幸地能够为这些法典作序。

我们已经有了这么多法典的中译本,通过这一媒介,这些法典将成为法学家的对话纽带,并且将带来新的成果。

秘鲁民法典的中译

〔意〕里卡尔多·卡尔蒂里* 著

陈晓敏** 译

一、法典翻译与罗马法传统

1984年《秘鲁民法典》中文译本现在由亲爱的同事和朋友,中南财经政法大学徐涤宇教授翻译出版,代表了中国与拉美法律文化对话科学进程中的一项重要成果。这一进程始于《智利民法典》翻译为中文,并随着1871年《阿根廷民法典》和2002年通过的《巴西新民法典》的翻译获得进一步发展。

通过翻译的语言媒介反映了对话的一个重要面向,展示了中国向罗马法系的开放所关注的不仅是欧洲大陆(《法国民法典》《德国民法典》与《意大利民法典》已经被翻译为中文),同样也包括这一法系在世界其他地区的发展。它们作为民法典模式的体现,极大地丰富了罗马法系传统的内容。

事实上,对于今天的中国来说,法典编纂模式的复杂性代表了一个合适的阵地,用来检验在中国通过单行法迈向法典化几十年的征程之后,准备编纂中国民法典的新的法学家阶层所考虑的法律内容是否合适。

因此,中国新的法律科学从事法典编纂的挑战将中国文化的一个重要动向,即向包括法律在内的其他文化的开放,放在了中心位置。

---

* 里卡尔多·卡尔蒂里(Ricardo Cardilli),意大利罗马第二大学法学教授、拉美法研究中心主任。

** 陈晓敏,中南财经政法大学法学院讲师,意大利罗马第二大学法学博士、吉林大学法学博士。

此外,应当指出,中国与罗马法系私法的相遇是在相对晚近的时期。如果我们以清末法典编纂计划(1911年)为开端,也不过是一个世纪。这一相遇的特征是中国诉诸制定法作为法产生的首要渊源。这在后毛泽东时代体现尤为明显。这就与中国法历史中作为习惯法模式的"礼"在私的关系中的优越地位形成了一种辩证关系。

如前所述,中国开放与世界其他文化的对话。从法律视角来看,与之相伴随的是通过制定法产生法,这似乎表明了"中国迈向法典编纂阶段的一条道路"(江平语)。现在伴随着宣布制定中国民法典,这将对世界法律产生时代性的意义。在这一进程中,对当代法律体系非常重要的罗马法传统的重要法律内容,已经进入中国社会文化之中。尤其应当指出的是,像所有权(公共所有权、集体所有权与私人所有权)、他物权、合同、债、公司等法律制度,以及诚实信用与平等法律原则的重要性。

关于这些制度和原则与某个社会和某种文化的现实相适应的能力,关注法系之间对话的法学家对此抱有极大的兴趣。比如像中国这样一种具有自己根基深厚的传统和原则的社会文化,这种社会文化在法律规范的更深层次运行,并与这些法律范畴真正渗透与互动。

这事实上涉及理解对这一背景的反应。这个背景由基于罗马法以及作为罗马法系法典化法的共同基础的法律传统自身的一系列内容形成。这些内容本身处在这种对话的丰富性与复杂性之中,部分地被置于一种真正的危机之中。例如,想一想他物权制度及其在中国不动产和集体土地利用形式领域的扩张;或者作为价值衡量工具而强烈受制于特定文化的诚实信用原则的保留与具体解释;相对于法律和道德义务这类宽泛的考虑,"债"这一概念的特征塑造;等等。

这里出版的对1984年《秘鲁民法典》的良好翻译不可避免地会遇到一个真正高层次智力活动核心的一些问题。(中国和欧洲的)法学家和汉学家长期致力于解决这些问题,丰富了罗马法传统法律词汇与中文之间术语对应调整的情形。另外,对于读者而言不可回避的是,文化移植与法律内容模式传播的实质性前提之一是翻译,这是法律文化碰撞的首要领域。在这一领域中,语言学方面语义的约束使得有必要作出某种智慧的调整。这对于像法律这样一种特殊的、部门化的语言而言更是如此。

例如,要注意的是在本书的翻译中,对于卡斯蒂利亚语①的术语"acto jurídico""contrato"和"obligación",作为罗马法及其直至现代民法典的法律传统中重要价值选择的结果,它们表达了某个精确的法律内容,译者审慎地选择用相应的中文"法律行为""合同"和"债"来表达,在现今关于罗马法范畴的中文对应术语的讨论中进一步嵌入了一个楔子。

二、秘鲁民法的法典化

同其他许多产生于独立运动进程的拉美国家一样,秘鲁民法的法典化具有一种宪法意义。1852年秘鲁的第一部民法典在拉美国家法典的历史中具有重要地位,它是拉美"第一部内生性民法典"(A. 古兹曼·布里托和桑德罗·斯奇巴尼)。用这一表达意在说明相对于1804年《法国民法典》模式(被1831年《玻利维亚民法典》几乎完全照搬,并被1841年《哥斯达黎加民法典》沿袭,仅仅是减少了一些条文)其选择的自主性,开创了拉美国家自己的民法典潮流,如委内瑞拉法学家安德雷斯·贝略(Andrés Bello)编纂的1857年《智利民法典》,阿根廷法学达尔马西奥·维勒斯·萨尔斯菲尔德(Dalmacio Vélez Sarsfield)编纂的1871年《阿根廷民法典》,以及巴西法学家奥古斯都·特谢拉·德·弗雷塔斯(Augusto Teixeira de Freitas)编纂的1860年—1865年《民法典草案》。它们相对于欧洲民法典模式,具有自主性和替代性的法典范式意义。

在1852年《秘鲁民法典》编纂中扮演重要角色的是法学家曼努埃尔·洛伦索·德·比道雷(Manuel Lorenzo de Vidaurre, 1773—1841)拟定的草案。1852年秘鲁第一部民法典事实上摆脱了1804年《法国民法典》的模式,其利用了19世纪上半叶西班牙伟大"实践"的成果。

1936年秘鲁第二部民法典与1920年和1933年的《秘鲁宪法》相一致,经由1907年《瑞士民法典》和1911年《瑞士债法典》的媒介,受到19世纪德国潘德克顿学派成熟的系统分类方法的影响。

最终,秘鲁在1984年出台了新民法典,其中突显了对1942年《意大利民法典》的特别关注。后者实现了民法典与商法典的统一。

---

① 西班牙官方语言之一,后被拉美绝大多数国家确定为官方语言。——译者注

三、1984 年《秘鲁民法典》体系的历史根源

(一)罗马法典编纂中法的体系:三分法模式

"三分法"模式是古典时代罗马法学家对更古老时期关于法的不同体系化分类进行创新解释的伟大成果。这种体系化分类是用来组织处于不同系统范畴中的法:最早的《十二表法》(公元前451年—公元前450年),我们不可能在细节上重构它,但是肯定能在第一表中看到关于"行为"(agere)的规定(传唤,拘禁);从公元前3世纪—公元前2世纪累积确立的裁判官告示,罗马法学家不断耕耘使其合理化,直至最终由哈德良皇帝时期的法学家尤里安对这些告示进行了法典化编纂。

"人—物—诉讼"正是市民法(逐渐地也包括万民法在内)法律作品的体系模式,在谢沃拉(Scevola,公元前2世纪—公元前1世纪之间)18卷本的《市民法》的体系化整理,提庇留皇帝时期的萨宾(Sabino)3卷本的《市民法》,以及盖尤斯的《法学阶梯》的缓慢地体系化思考中成熟。萨宾的《市民法》的体系至少在我们所了解的顺序方面与三分法模式还不相一致。这一模式在盖尤斯的《法学阶梯》中完全成熟。

因此,这是一个起源于司法的,试图以一种简明概括的形式组织法学的体系化模式。它聚焦于罗马法中的各种制度,它们围绕三个紧密相关的基础性概念——人、物(有体物与无体物)、诉讼展开。需要立即说明的是,罗马法总体上是非常具体的,即它不是抽象化的结果,而是试图构建植根于现实的概念。它不是像现代法学经常做的那样将法律论题实体化,而是要找到法律范畴的现实基础。

这在将"人"的概念限定为具有不同法律地位(在全部人组成的社会中,区分了自由人与奴隶;在市民社会中区分了罗马市民与外邦人;在家庭社会中,区分家父、子女、妻子和其他处于家父权利支配之下的人,如奴隶)的自然人上体现得非常明显。与现代法对个体的法律能力区分权利能力和行为能力的二分法相对,这是一种不以主体的个人主义解读为特征的人法。相反,其具有的是人们被区分为不同的法律地位,在他们每种法律地位内部实行平等原则。这是在不平等的法律地位内的一种平等,而不是法律面前的个体平等主义。

在物的领域中,"res"(物)这一语义学上具有宽泛涵义的拉丁语,也

被用来描述围绕在人周围的非人的现实事物(生物或者非生物),关于其归属以及个人或者团体对其使用的可能性:由此对人法物与神法物,以及公共物与私人的物作了基本的区分。这里,对"物"基本的、非常有现实意义的概念构建自然是"一切人共有的物"(communes omnium)。

借助有体物与无体物的二分法将一系列权利纳入了"物"的范畴,这并不是由法学家思想虚构的法律概念,而是他们对以法为媒介的人与物之间关系的具体投射这一"客观现实"的核心认知的集中反映:基本的例子是以"根据奎里蒂法这是我的"(meum esse ex iure Quiritium)术语构建的"所有权"。它不是对物的个体的、抽象的权利,而是由自然人享有的、物的一种具体归属,作为服务于市民共同体利益的工具而被承认。再比如关于"债"的构建,它作为两个家父之间的债(oportere),并不是一种在两个个体之间使一人屈服于另一人的约束关系,而是在履行某人对另一人的给付期间保持的一种平等结构。

从公元529—534年在君士坦丁堡,即新罗马,在优士丁尼皇帝统治下对罗马法进行了法典编纂,其完全继承了罗马古典法学建构的三分法的内容模式。在这一内容划分之外,法典编纂形成的三部作品(《优士丁尼法典》《法学阶梯》和《学说汇纂》)形式上分为七个部分,这在之后为被称为"智者"的卡斯蒂利亚国王阿方索十世在1265年《七章律》的法典编纂中所继承。

这一事实不应当使人惊讶,因为尽管优士丁尼的《市民法大全》是皇帝权力的形式体现,其具体编纂是那个时代法学家劳动的产物,其花费了至少一代人的努力来重新掌握通过罗马古典法学作品传播的伟大法律文化(所谓的"优士丁尼的古典主义")。

但是显而易见,人们不难注意到优士丁尼的《市民法大全》(《学说汇纂》《法学阶梯》和《优士丁尼法典》)相对于盖尤斯的《法学阶梯》模式的创新。在整个法典编纂中放在前面的是作为法律原则基础的,关于法与正义之间关系的一个"部分"。

在这一"部分"将"法"(注意不是法律科学)定义为"关于善良与公正的艺术"[关于这一问题,非常重要的书箱是《杰尔苏与凯尔森》(Filippo Gallo),采用这一书名,颇具深意。现该书已被翻译为西班牙语,并在由笔者与布宜诺斯艾利斯大学出版社的同事大卫·埃斯伯拉兹(David Esborraz)主编的丛书中出版],界定为应当试图实现"善良"(使具有积极价值内容的法合理化的概念,而不是像现代规范概念中排斥价值的法的形式概念)与"平等"(作为法的基石,是落入到其作用的社会现实中的平等,而不是"法律面前人人平等"的形式标准)目标的"艺术",而不是"规范"(法的动态概念,与现代的静态概念相对)。

在这一"部分"将"正义"界定为分配给每个人属于他自己的权利这一人们的(注意不仅是法学家的)主观美德,是法学家应当"培养"(iustitiam colimus,乌尔比安语)的人们的美德,旨在日益"完善"在某一历史时刻存在的法(cottidie in melius produci,彭波尼语)。

这一部分将罗马法"划分"为市民法,即市民共同体基本的法(公法、私法、刑法);万民法,即向全人类开放、具有罗马普遍司法管辖权的(外事管辖权)、普世倾向的罗马法;荣誉法,即由罗马人民每年选举的罗马执法官为完善、补充和修正市民法所引入的法;自然法,即建立在自然基础之上的人类与动物共同的法。对于在一个承认人的不平等的社会中活动的罗马法学家而言,基于自然法,所有人都是生而自由和平等的。在这一部分确立了人民的意志是创造各种形式的法的基本原则。

最后,为了充分理解三分法模式中坚持的价值选择,应当援引《优士丁尼法典》的编纂者在片段 D. 1,5"关于人的法律地位"这一章的开头,通过戴克里先时代的法学家赫尔莫杰尼安的教诲所表达的:所有的法都是为人而设立的(omne ius hominum causa constitutum est)。对这一原则的确认在体系上导致的结果是,法典应当从人法开始。

(二)中世纪与近代(近代法典化之前)罗马法传统中法的体系

自罗马古典法学继承而来,并汇入优士丁尼《市民法大全》的三分法(人、物、诉讼),保留在了中世纪法律传统的内容划分中。对于注释法学派而言,对优士丁尼《市民法大全》权威内容的约束,即对该体系分类的遵循,披上一种"解释"的具体外衣,在权威性文本中以注释形式出现。而在他们伟大的评注作品中使解释与权威文本实质性分离的评注法学者,实际上是将权威文本并入评注作品之中,并没有实质地改变三分法模式。

与罗马法传统第一次伟大的断裂,应当归于 17 世纪的自然法学主义,通过像"人"和"物"这些一般范畴的法律含义和视角的深刻改变而实现。自然法学对法律主体(其可以是或者不是一个自然人)以及法律客体(即所有那些能够成为法律客体的物或者非物)之间的中心地位的视角作了真正的颠覆。

为了理解罗马法思想与自然法学思想之间的深刻差别,看一下这个例子就够了。在罗马法中,家父通过一个曼兮帕蓄行为(即时买卖的一种正式仪式)能够出卖自己的儿子。这在法律层面上完全不改变儿子作为人的属性。相反,适用自然法学关于法律客体的范畴,被出卖的儿子将被视为"法律客体"。

对此要补充说明的是,"主体—客体"这一新的二分法同样也推动了对作为私法原动力的主体意志一般化的、个人主义的利用,通过主体的个体意志,随着"法律行为"这一最小公分母的构建,越来越自觉地突出有法律意义的单个典型行为的统一类型的观念。这样,整个私法体系仍然是体现为三个基本部分,即法律主体部分、法律客体部分和法律行为部分。但是,这是一个显著抽象和个人主义的体系。

通过萨维尼的《当代罗马法体系》和德国潘德克顿法学派关于潘德克顿的巨著,我们在自然法学中已经看到的概括、抽象与个人主义的趋势获得了发展。然而,不同于常常高度自觉的反对之前存在的、较多依附于罗马法文献的解释的自然法学派学者,对德国19世纪私法个人主义的强大的再解读(资产阶级的罗马法)是直接与罗马法文献相联系的,并没有真正以中世纪对这一传统的解释为媒介。

德国法学确立的体系建立在四根重要的支柱之上:法律主体(自然人,或者基于法律目的对某种不同的客观事物的拟人化);法律客体(体现为所有那些能够成为法律关系客体的);作为私法原动力的意志定理及其更精致的体现,即法律行为,其法律效果与支撑该行为的意志相一致;法律关系,概括了私法中出现的各种类型的义务(义务、关系、债)。

德国法学确立的体系化结构具有非常显著的抽象性和概括性,并试图将单个法律制度中成熟的规则演绎适用于那些可以适用的领域,将那些也适合适用于其他法律制度的法律规则一般化。这一视角非常重要和强大,例如:①相对于罗马法传统中在每种典型合同内部构建的规范的多样性,构建一个关于法律行为无效和可撤销的一般化规定;②通过"法律关系"的概括,消除不同法律行为类型产生的法律效果在结构和功能上的差别。

四、近代的法典与"总则"

众所周知,"总则"能够作为民法典的一个基本部分被纳入,要归功于1896年颁布、1900年1月1日生效的《德国民法典》。如同我们在罗马皇帝优士丁尼的法典编纂中看到的,《德国民法典》编纂也涉及对法典之前的、在德国成熟的法学的继承,以及在法典体系中的接受。

19世纪伟大的德国法律科学实质上提供了组织私法的体系形式。尽管它本来是作为在非法典化的法中运作的法律科学的概念体系工具,但是当"法律"想要上升为以民法典形式体现的私法的综合的、一致的表达时,这一体系形式被接受,并被认为也适合于确立法律中的成文法规则这一目标。

《德国民法典》的"总则"实质上代表了对分则(典型合同与债、物权、继承、家庭等)多样法律现实的意义研究的概念化,引导法学家和执法者未来通过援用法律主体、法律客体、法律行为和法律关系四个关键范畴进行概括。它在一个以个人主义为核心的、高度抽象和概括的平台上,试图重新解释整个私法,旨在通过存在位阶序列的、精细的概念和制度谱系促进法律问题的抽象合理化。

一些当代法学家对《德国民法典》偏激的批评认为,该法典体现了一种远离社会具体需求的私法,没有考虑到它所处的社会的需要。

《德国民法典》的结构可以概括为:人、物与法律行为。在作为法律主体的"人"的概念,以及作为法律客体的"物"的概念上,尤其凸显了法学家为实现抽象化所作的广泛努力。除此之外,还通过对任何法律行为(单方行为、双方行为或者多方行为;生前行为或者死因行为)都适用的共同规则的确定,对法律行为范畴进行了合理化的高度概括,促进法典编纂者在传统对于同一问题传下来的更多法律规则中选择。据此,例如在某种类型的合同而不是另一种合同类型中,或者在合同中而不是遗嘱中使问题得以解决。相对于复杂化,人们选择一种简单化的方案,这常常带来的首要结果就是与罗马法传统传下来的相反,是不同解决方案差异的缩小和简化。人们可以想到一些经典的例子,例如关于不可能的条件的问题,或者作为关键的意思瑕疵,使法律行为的撤销正当化的欺诈、错误或者胁迫的重要性这一问题。

法典"总则"是对观念探索和法律现实复杂性简化的表达,从对当时改变中的社会经济现实间接管理的维度投射到《德国民法典》上。

这导致的是将民法典形式置于当时的危机中(不过,这对于那些没有上述"总则"的民法典,如《法国民法典》和《意大利民法典》而言,也是同样)。这种危机首先体现在分则的内容涉及的领域或多或少具有的吸引力。这些领域在当时逐渐产生专门特别立法的要求,有时也体现为民法典之外真正自己的微观体系形式。

这在理论上被非常敏锐的,或许有些过于绝对的,用"解法典化时代"术语进行描述,并对《德国民法典》产生了冲击,直到20世纪90年代后半期,德国完成对民法典的"现代化",而不是选择制定新民法典。

2002年《德国民法典》的现代化,事实上不仅对法典的分则进行了修改,对总则尽管非常节制,但同样也作了修改,例如在自然人的规定部分加入了两种新的主体类型,即消费者与企业主。显然,这在德国引起了一场广泛的讨论,因为人们认为这种补充对于一个"总则"而言是不合适的,几乎要导致重新塑造一个不再是统一的(20世纪德国资产阶级法典总则的首要目标)而是差异化的主体法律地位。

有必要花一点篇幅说一下1942年《意大利民法典》,因为尽管它是在完全处于法西斯统治时期颁布的,但是在从意大利王国向意大利共和国的转变中,它不仅通过一些不重要的修改进行了抵制,而且也是法律科学成熟的产物。意大利法学在两次世界大战之间在德国被培育,并受到德国潘德克顿法学的强大影响。意大利选择不追随《德国民法典》"总则"模式,尤其是基于对该模式的过度抽象和概括的充分认识,而倾向于一个传统的体系,利用合同与债的"总则",拒绝将法律行为观念法典化。《意大利民法典》是这样划分的:人与家庭、继承、所有权、债、劳动、法律保护。

事实上,《意大利民法典》真正的危机是它基于1948年《意大利共和国宪法》的重新解释。这推动了相当大一部分意大利民法学者去证实其与宪法包含的新的法律结构和价值的一致性。尤其是20世纪70年代以后,意大利也产生了法律规范高度碎片化的现象。这带来了一定数量的未被纳入民法典形式中的微观体系的成熟,迫使解释者在发生冲突时努力去安排和权衡其价值位阶。对此,人们只需要想一下银行法与消费者法的情形就够了。

在拉美地区,可以说民法典的"总则"模式实际上并没有成为19世纪和20世纪初法典化进程的特征。无论是智利的《贝略民法典》(及其作为法典范式在拉美其他国家的广泛影响),还是阿根廷的《萨尔斯菲尔德民法典》，都没有制定一个法典"总则"，尽管《智利民法典》制定了关于法律行为和意思表示的简短一题，萨尔斯菲尔德的《阿根廷民法典》（已被2015年颁布的《阿根廷共和国民商法典》所替代）有一个篇幅很大的部分，是关于"引起权利与债取得、变更、转移、消灭的事实与法律行为"[第896条至第1136条，其来源是巴西法学家奥古斯都·特谢拉·德·弗雷塔斯（Augusto Teixeira de Freitas）的《民法典草案》，他第一次在拉美的法律草案中包含了一个"总则"]。

拉美法典编纂的第一代法典中，唯一制定了一个真正的"总则"的是1917年克洛维斯·贝维拉瓜（Clóvis Beviláqua）为巴西制定的民法典。随着之前的这些民法典的发展，20世纪新的法典化进程正在发生，但是2002年通过的《巴西新民法典》和2015年颁布的《阿根廷共和国民商法典》突出了对法典总则的特别偏爱。

在这些法典中，"总则"似乎承担了一个新的角色，不同于《德国民法典》编纂技术所具有的独特特征。事实上，它与其说是通过概括和抽象构建一种对法律的简化研究，不如说是为法典配备一系列基本的、能够支撑对整个民法典进行解释的价值协调的原则。并且，人们非常清楚地认识到，民法典是一个开放的体系，而不是封闭的体系。它不仅是一个国家法律制度的体现，而且也是超国家之上、国家之间和宪法性的需求碰撞的场合。也即，这帮助了"总则"所承担功能的方向性改变，如同它被委派去承担了民法典传统概念与私法被召唤在超国家的法律问题层面应对的新挑战之间交织承担的任务。这是一个重要的方向转变，并且应当为建立在罗马法基础上的法律体系的法学家追随。这种追随具有深远利益，因为这可能成为一个至今尚未完成的，面对一个种族间的、没有边界的社会，对国家私法的乌托邦超越的标志。

五、结论

应当对这篇文章作结论了。与作为法典编纂技术的"总则"的成就伟大与否无关，事实上笔者认为，在此强调对其法学意义的一些批判性思想是有益的。

有必要用概念对人们之间关系的复杂现实进行简单化组织，这表明了一个真正的法学与对规范的肤浅描述之间的差别。通过一些基本的、概念性的指令掌握法律整体的意义的建构性努力，在大约公元前100年的伟大法学家谢沃拉的作品中就已初见端倪。18卷本的《市民法》第一次对市民法加以系统整理。共和国时期法学家的这种建构的结果影响了之后整个的法学传统,尽管其建构的体系化制度还未达到之后用"人""物""诉讼"这些术语所实现的极大精简。

罗马法学家为引导共同体的法律生活,每天对共同体就法律制度和规则的意义给出建议。毋庸置疑,对他们为解决具体需求所分析的法律论题进行精简和体系化是必要的。

在这些需求之外,也有必要将法学传给新的一代人,这可以称之为一种培养教育的需求。并非偶然的是,在大陆法系传统的著作中,从谢沃拉18卷本的《市民法》到萨宾3卷本的《市民法》的跨越被认为具有划时代的意义。鉴于那个时代的一卷并非如我们所知悉的法典的一卷,而是羊皮纸的一卷,其在当时的书籍技术条件下根据保存和使用的需要有事先确定的长度。人们不难理解萨宾学派的导师简明而伟大的作品,他在提庇留时期仅仅以3卷的容量完成了一部关于市民法的重要著作。法律语言的简明、体系的合理化以及对法学争论的复杂性和盖然性的简化,是萨宾能够完成这样一部作品的条件。这一著作被视为是萨宾学派的一个范本,它尽管尚未按照人—物—诉讼的组织结构,但是推进了在之后成熟的这样一种体系化方向,直到盖尤斯的《法学阶梯》模式完成了三分法的划分。

对《优士丁尼法典》编纂的三分法体系的接受,可以说推动了法学范式在法典化的法层面的扩张力,其在古典法学的不断耕耘中缓慢成熟,在制定法的法典中被接受。

在德国潘德克顿法学和1900年《德国民法典》对其体系模式的接受之间发生的,尽管在内容方面有所不同,但事实上是一个类似的变动。在一个非法典化的法中运作的法学所构建的体系,以民法典的体系化制度的形式出现了。

但是,众所周知,罗马法与现今的法在法律概念的抽象性上存在深刻差别。罗马法使用更加贴近现实的概念,而现行法倾向于建构更加抽象的概念范畴。这些抽象概念常常能够很好地掩盖没有明示的价值选择。

自然人与法律主体之间的差异在笔者看来是很明显的。显然,如果考虑(生物学上的)人(l'essere umano)从什么时候开始产生的这一问题,就只能看怀孕那一刻,而如果从法律主体(soggetto di diritto)的视角来看这个问题,笔者就不可避免地认为,出生并不产生法律意义。

同样明显的是,当从法律行为的视角降低"协议"这一现实的重要性时,"协议"从来不仅仅是两个相遇的个体意思的总和,而是与该总和不同的一种平衡状态,因为通过这种个人主义的抽象改变了法律保护中固有的价值要素,使这一价值要素与其说存在于信赖原则和团结原则中,不如说存在于意思的教义学原则中。即法律制度的原则和价值选择以个人主义为核心发生了一个巨大的改变。

因此,罗马法模式对于现今的法律范畴具有强大的解构批判能力,以揭示其中出现的与历史背景相联系的思想内容。法律反映的是人类社会而不是一个非人类的现实。法是为人所确立的。相对于过去,面对非人类化的衍生,为捍卫人类的需要,今天更有必要恢复法律论题有力贴近人类现实的能力。与由所谓的遗传科学取得的巨大进步,以及新世代生命延长,趋向超越必须在人体内植入的人工生殖技术,网络与对个人信息的大规模收集,对土地资源不加控制的利用,污染与气候具有密切联系的非人类化的衍生,迫使今天和未来的法学家们超越国家法模式的局限进行反思。

法学直到1800年都是一种普世的科学,而法的国家化以及准国家化意味着其不能够适当地面对像今天这样一个全球化的现实。人们感受到对在超国家层面共同使用的法律原则与价值选择进行阐明的需求,以避免罗马法视角的倾覆而有利于一种非人类的法。事实上,罗马法视角仍然为世界上那些最精致的法律科学所共享。

依己所见,可能已经是时候,并且不能够再延迟,使法学家不再只是作为预先制定的内容选择的解释者,而是凭借他们自己的能力和他们自己的敏感性进行干预,重新将法引入到更加符合现实和具体的轨道上来,以帮助构建一个适当的社会,一个适合人类的世界。

选择将一些(欧洲或者拉美的)民法典译为中文,笔者认为,这植根于一种可能蕴含了为制定中国民法典而进行大量对话的深刻理念,因为考虑到有必要对超国家层面共享的原则进行阐明,并能够进一步丰富基于罗马法的法律传统的概念内容。

秘鲁民法典的改革[*]

徐涤宇[**]

引　言

秘鲁民法史上共有三次法典编纂活动。第一次编纂发生在1845—1847年,其草案在1852年获得通过后成为秘鲁的第一个民法典。该法典被分为3编:人法编、物编以及债和合同编。这种安排和《法国民法典》并不相同,其内容实质上和1828年出现的《塔皮亚对费布勒罗著作的最新编纂》以及1845年出现的《塔皮亚对费布勒罗著作

---

[*]　本文主要参考文献为徐国栋教授提供的两本西班牙语著作:*Reforma del Código Civil Peruano*, Gaceta Jurídica Editores, Lima, 1999;*Nuevo Código Civil*, Epgraf Editores, Lima, 1996。在此,笔者要对徐国栋教授表示深深的谢意。本文曾发表于徐国栋教授主编的《罗马法与现代民法(第2卷)》(2001年号)(中国法制出版社2001年版)。其时也,秘鲁法律界不满足于通过特别法为颁行不久的民法典打补丁,1994年11月应运而生的修典委员会就是要对1984年《秘鲁民法典》进行全面检讨和整体修订,而且其修订方案在20世纪初实已就绪。但时至今日,1984年《秘鲁民法典》仍然只是通过历年的特别法被修修补补,修典委员会毕其功于一役的努力已经幻化为一种愿景。不过,即便如此,本文所描述的修典委员会当时的工作成果毕竟代表着秘鲁法律界对其新民法典的总结和反思,能帮助我们更好地理解现行《秘鲁民法典》的精义及其历史背景、发展趋势,故收录于此,以飨读者。

[**]　徐涤宇,中南财经政法大学法学院教授。

的极新编纂》①等实用法学家的著作相类似。②

秘鲁第二次法典编纂活动导致了1936年《秘鲁民法典》的产生，由于当时新生的《德国民法典》向全世界展示的巨大活力和新颖性，秘鲁法学家置身于其影响下，对民法典调整的各主题逐步实行"个别化"，换言之，把编名中使用的宏观范畴转化为较小的范畴，以使法律调整更具有分析性。按这种思想设计的民法典的基本结构为：序题；第一编，人法；第二编，家庭法；第三编，继承法；第四编，物法；第五编，债法。③ 这一结构是对罗马法传统的两大支派的综合：《德国民法典》的痕迹显然可见，但拉丁美洲传统中的人法优位主义得到了保留，人法未被总则吞没，债法未因其"在近代法中的优越地位"而凌驾于人法，反而被置于末座。这一结构是秘鲁人的法律智慧的高度表现，它预示着这一民族法典编纂潜力的实现。1936年《秘鲁民法典》在体系结构和具体制度的设计上进行的极大创新，使现行《秘鲁民法典》不得不建立在其基础上。

从1936年到1984年，虽然只经历了短短的48年时间，但秘鲁的政治、社会、经济、文化和技术生活发生了巨大变化，尤其是1979年《秘鲁宪法》更吸收了新的人文精神，这导致了1984年新《秘鲁民法典》对1936年《秘鲁民法典》的取代。

1984年《秘鲁民法典》在法典世界享有很高声誉，这首先要归功于其人法编的巨大成就（后文将有介绍）。其次，该法典的立法技术和体系构造也颇值得注意。可以说，1984年《秘鲁民法典》在这方面深受《德国民法典》和1942年《意大利民法典》的影响，其体系由序题、10编和尾题构成，共计2 122条。除序题和尾题外，其他10编分别为：

---

① 费布勒罗是18世纪西班牙著名法学家，他在1739年出版了《法庭书记员指南或初学者的理论——实践性法学阶梯》第一部分（共三卷），该书仅涉及遗嘱和合同。后来，他又出版了该书的第二部分，内容涉及财产的分割。此后，其许多追随者分别对其著作进行补充和重新注释，其中包含塔皮亚的最新编纂和极新编纂。这些著作都采用了优士丁尼《法学阶梯》的体例。

② Véase Bernardino Bravo Lira, *Difusión del Código Civil de Bello en los Paises de Derecho Castellano y Portugués*, en *Andrés Bello y el Derecho Latinoamericano*, la Casa de Bello, Caracas, 1987, p. 357.

③ See Elvira Mendez Chang, *Peruvian Codification and Roman System*, In manuscript.

人法;法律行为;家庭法;继承法;物权;债(债的分类及其效果);债的发生根据;消灭时效和除斥期间(caducidad);公共登记(含不动产登记、法人登记、身份登记、委托和授权的登记、遗嘱登记、继承人之声明的登记和动产登记);国际私法。

1984年《秘鲁民法典》颁行不到10年,秘鲁法学界又响起改革现行法典的呼声。1992年,秘鲁一些民法学者组成修典委员会,开始了对现行《秘鲁民法典》的修改工作。1994年11月22日,秘鲁通过第26394号法律,修典委员会正式成立。到目前为止(2001年),修典委员会的工作已近尾声。为使我国学者对《秘鲁民法典》的此次修改有一个较为全面的了解,本文拟就1984年《秘鲁民法典》所取得的成就以及此后的修改情况(尤其是1994年后的修改工作)作一阐述。

第一部分 秘鲁民法典的改革动因和基本思路

一、改革1984年民法典的动因[①]

对现行《秘鲁民法典》进行修改,其直接起因于该法典人法编的起草人对民法典草案审议委员会工作的不满。当时,草案中人法编的某些先进条文被审议委员会废弃不用,但从比较法的角度来看,这些条文完全是应该得到通过的。于是,包括该编起草人在内的大多数学者认为,应该重新起草这些条文,以使这些条文被纳入民法典之中。随后,法学家们又开始对其他几编的工作提出修改意见。以此为起点,秘鲁法学界形成了对现行《秘鲁民法典》进行改革的共识。在修典委员会成立后,该委员会的成员们认真思考了改革的必要性,一致认为促使改革的主要理由起码有以下几点:

(1)自1984年《秘鲁民法典》施行后,一方面,秘鲁的科学技术已有长足发展,而制定民法典的法学家受到当时社会经济条件以及政治体制的制约,对此预见不足。而另一方面,由于秘鲁法官的保守,司法实践中又缺乏完善现行立法的创造性判例。因此,1994年成立的修典

---

① 本部分参考文献为:Jorge Muñiz Ziches, *Reformas al Código Civil de 1984*, en *Reforma del Código Civil Peruano*。

委员会的任务之一就是对与此相关的主题进行修正，从而在立法的高度上对其加以补充和完善。例如，在1984年《秘鲁民法典》施行后的十几年时间里，秘鲁的经济发展导致了一些现代典型合同的出现，秘鲁法学家认为将此等典型合同纳入民法典的时机已经成熟。

（2）在1984年《秘鲁民法典》施行期间，事实上其部分规范已在不同程度上通过特别法被修订①，这就更需要将这些被修改的规范整合到同一个规范体系中去。

（3）1984年的《秘鲁民法典》是在1993年新《秘鲁宪法》颁行之前制定的，它受到经济模式完全不同的原宪法的影响。1993年《秘鲁宪法》的特点主要表现在三个方面：经济权利和社会权利的相对化和灵活化；国家在经济活动中职能的弱化；经济体制转向受宪法保护的自由市场模式。这种转化使得民法典的一些规范已不符合新宪法的精神。例如，新《秘鲁宪法》第62条明确规定了合同自由原则，依其规定，如果某一法律行为是按照某一特定规范成立的，那么即使该规范后来被变更或废除，因该合同而产生的嗣后行为也应由该规范来调整。

（4）随着现行《秘鲁民法典》的施行，其中许多缺陷也已显现出来。为维护其声誉，就必须对这些错误作出修正。

二、改革的基本思路

（一）思路之一：整体改革还是部分修改？②

现代世界正围绕着经济、社会和技术的革命而发展，这对立法的改革也提出了要求。因为，法律秩序要想不成为此等进程的障碍，就必须紧跟变革的步伐。在有其民法典的国家，当法典经历相当一段时间而滞后于社会的、经济的发展时，自然也会产生改革的需要。但这种改革是整体性的还是局部性的，往往取决于立法者采取的是激进的还是相对保守的态度。

就整体改革而言，其优越性无可比拟：法典的全部内容将是和谐一致的，它们反映着同一个立法思想，并且在各规定之间也很少存在

---

① 通过对1996年出版的《秘鲁民法典》官方版本的统计，该法典被修改的条文多达82条，此外尚有9个条文被废除、6个条文被添加。

② 本部分参考文献为：Guillermo A. Borda, *El Problema de la Reforma de los Códigos Civiles*, en *Reforma del Código Civil Peruano*; Jorge Muñiz Ziches, *op. cit*。

相互矛盾的东西,而这种危险在部分改革的情况下却是大量存在的(但这种矛盾也可通过新法默示地废除旧法得到解决)。不过,整体改革的激进性同时也是其危险性的表现。首先,变化着的现实社会不时要求迅速的变革,而民法典建立起来的内在逻辑马上就会不适应新的改革要求。于是,经常性的整体改革只会导致民法制度的变动不居。其次,一个旧民法典往往在特定的社会沉淀了相当的效果,时间已赋予其权威性和妥当性,而整体的改革意味的是一场彻底的革命,其产生的社会冲击力足以动摇一国民法制度的根基。因此,除非是社会、经济制度的根本变革致使产生整体改革的需要,各国在改革其民法典时,一般都采用渐进式的局部修改之方法。在法国、德国、意大利、巴西和智利等国,尽管其民法典的现代版本已非昔日风貌,但这种结果不过是通过渐进式的局部修改而获得的。

《秘鲁民法典》经历的是一条不同的道路。首先,在激进的秘鲁法学家的努力下,其1852年《秘鲁民法典》被1936年《秘鲁民法典》取代,而后者又被1984年《秘鲁民法典》全盘替代。甚至在今天,法学家中仍然存在全面改革1984年《秘鲁民法典》的声音。但在历经两次激烈的变革后,大多数秘鲁法学家在这方面的态度已变得审慎。尽管秘鲁政府此次成立了修典委员会,但其使命不再是拟订一个新的民法典,而只是在维持现行《秘鲁民法典》结构的前提下,对其进行必要的修订,其目的在于使该法典的内部体系以及它和其他法律制度保持和谐一致。

基于这种思路,修典委员会内部成立了几个修改小组,分别负责除有名合同、消灭时效和除斥期间、公共登记和国际私法之外的各编的修正工作。

(二)思路之二:民商合一[①]

本世纪的秘鲁立法运动由于受法国立法的影响,一直将私法区分为民法和商法,并基于这种观念分别制定了民法典和商法典。但在目前的秘鲁,于改革民法典的同时,也存在着商法典、有价证券法和公司法的改革问题,并由此诱发了一场是否对私法进行实质性改革的讨

---

① 本部分参考文献为:Lourdes Flores Nano, *La Reforma del Derecho Privado: la Unificación de las Obligaciones Civiles y Mercantiles*, en *Reforma del Código Civil Peruano*; Jorge Muñiz Ziches, op. cit。

论,其焦点就是民商合一的问题。

通过对商法历史的研究,可以发现,商法发源于13、14世纪商业资本家摆脱封建领主之重压这一进程。在当时,商人法和民法的分离,是商人区别于仍带有浓烈封建色彩之民事主体的必然结果。但在今天,这种区分是否仍有其合理性,却不无疑问。

一方面,按照传统理论,区分商事和民事的关键点在于商行为这一标准。但当今世界已普遍认为,商事(更准确地说是经济)支配着我们生活的基本方面,民事行为和商事行为的界线已变得模糊不清,民法中关于法律行为、债的规定完全可适用于商事领域。于是,界定的标准从客观标准(商行为)转向主观标准(以前以商人为标准,现在则以企业为标准)。这种新的立法导向,使得企业法成为当代商法的核心。我们不得不承认,在现代社会,企业已在市场中取得中心地位。从此种意义上说,纯粹的商事领域是存在的,该领域属于企业法规调整的范围。

另一方面,虽然商事(或从更广泛的意义上说是经济)支配着人类生活的主要方面,但幸运的是,人类还有其更为重要的生活领域。尽管人法或家庭法在某些方面具有经济的内容,但这并不意味着以其尊严和基本权利为存在前提的人类能以经济标准被评价。所以,对全人类而言,也普遍存在着一个纯粹的民事领域:人法、家庭法和继承法。

然而,区分商法和民法之标准的转化,毕竟消除了商事范围内的法律行为和民事法律行为之间的区别,民法典中法律行为编、债或合同编的规范已大多可适用于商事领域。这样,民法和商法在一定范围内的统一就有了理论和实践上的基础。

事实上,1984年《秘鲁民法典》已经朝着统一的方向迈出了实质性的一步。该法典第2112条将商事性质的买卖、互易、消费借贷、寄托、保证等合同从商法典中调入民法典中,而质押、行纪、运输合同、保险合同和交互计算合同,仍维持其商事合同的性质。此外,该法典还将一整套商事渊源的规定纳入其文本。其中最为重要的,就是第1542条关于在商事机构取得之物不得被要求返还的规定:在商店或向公众开放的场所取得的动产,如果受到出售人之发票或单据的保护,则不得被请求返还。

基于以上理由和事实,修典委员会要考虑的就不再是应否民商合一的问题,而是如何处理商法典。对此,秘鲁的主流观点认为,既然已对民事和商事采取主观的区分标准,那么就应将企业法视为商法的核心,即以一个新的一般企业法取代商法典,其目的在于使企业法成为调整所有企业之规程的一般性规范。正是因为这种理由,秘鲁第26936 号法律第 1 条授权修典委员会通过新的商法典或一个能取代它的法律制度。同时,该委员会也被授权制定保险合同法和航空与海商法。这些法律一旦颁行,《秘鲁商法典》也就将退出历史舞台。

总之,修典委员会在民商合一方面的工作计划可以综合如下:

(1)废除商法典,以一般企业法取代之。

(2)巩固民法典,在它之中采用渊源于商法的规范,并全面推进债法的统一进程。这样,在一切债和合同的领域,如果欠缺特别规定,民法典就成为补充性规范。

(3)将某些已经成熟的典型合同(如融资租赁合同、居间合同)纳入民法典。但对某些现代有名合同,如特许经营合同等,在是否将其纳入民法典的问题上存在极大争议。一些学者认为,以民法典规范这些合同是适当的;但另有学者认为,与其以立法形式强行推行尚未得到充分发展的合同,毋宁倡导合同自由原则。修典委员会对此的态度是,非典型合同的继续存在,可使当事人对其事务享有广泛的意思自由,因此不宜以严格的规范将其类型化。

(4)从民事规范中消除一系列妨碍经济活动的、对合同自由进行限制的规定,例如,民法典中有禁止约定不得转让某一财产的规定,修典委员会决定删除之。

第二部分 改革的具体内容

一、对民法典序题的修改[①]

现行《秘鲁民法典》和意大利、大多数拉丁美洲国家的民法典一样,首先在第一编之前设置关于法律之一般规定的序题,它们往往被当作法律制度的核心,不仅仅适用于民法典,而且也对所有的法律有

---

① 本部分参考文献为:Juan Guillermo Lohmann Luca de Tena, *Reforma del Título Preliminar del Código Civil*, en *Reforma del Código Civil Peruano*。

效。在该章中,最突出的修改体现在以下几个方面:

(一)法律的渊源得以明确

现行《秘鲁民法典》在序题中并未就法律的渊源作出直接规定,它只是在第八条规定:"法官不得因法律的欠缺或缺陷而拒绝司法。在此等情形下,法官应适用法的一般原则,尤其是秘鲁法中隐含的一般原则。"

修典委员会的成员认为,应该在序题增加第一条规定,对秘鲁法的渊源作出明确规定。首先,法律规范因其渊源于公共权力而具有普遍性和强制性。其次,在秘鲁,印第安人为主要居民,他们主要集中在土著的农村地区,其祖辈的习惯根本就未因几个世纪的西方教化而被改变。因此,习惯的效力来源于民众的认同,在其随时日而具有约束力时,就毫无疑问成为不能也不应被忽略的法律规则。当然,习惯只是第二位的法律渊源。并且,习惯要成为法的渊源,应该有一个被民众普遍认同而具有约束力的过程,那些不良或非法的习惯,不应该被认为是法的渊源。再次,序题中新增的第一条将法的一般原则也列为法律的渊源,它承认三种具有规范价值的原则:规范体系中明示的原则(如平等原则);从某一规范或规范群中推导出的默示原则,这是法律适用者之解释工作的产物,其功能在于补充法律的漏洞;由宪法材料或某一道德、政治哲学构成的体系外原则。最后,判决也被确认为具有重大意义的法律渊源。秘鲁的法学家认为,既然法官事实上不得拒绝判决,那么,在此种意义上,可以说法律是没有漏洞的。为此,秘鲁的司法机关组织法明确规定,已构成统一判例的判决具有强行力,从而确立了遵循先例的原则。

《秘鲁民法典修正案》中序题的另一个成就就是确定了学理在民法渊源中所处的地位。在20世纪,法学家们极其尊重法律文本,有迹象表明,他们教授的不是民法,而是《拿破仑民法典》。作为对这种注释法学派的回应,后来出现了自由的科学解释法学派,该学派也极大地影响了秘鲁学者。自1984年《秘鲁民法典》施行后,秘鲁学者针对该法典作出了各种解释和批评。这些学说在法律的适用过程中起到引导作用,由此在事实上以学说推动了民法典随着社会条件的改变而被得到正确的理解。为此,修典委员会在序题增设第二条规定,明确了学理虽然不是法律的渊源,但它应发挥其对判决理由的指导性功能。

(二)关于法律的废除或变更

根据序题中拟修改的条文规定,法律的废除或变更,只能通过明示宣告、新旧法律规范之间的不兼容性或原法律规范完全被新法律规范所包容的方式进行。该条文的新颖之处在于,某一规范的废除,并不使原来已被废除或修改的规范重新生效。

(三)关于善意(buena fe)

1984 年《秘鲁民法典》并未将善意上升到民法的一般原则的地位。根据《秘鲁民法典修正案》序题第五条的规定,权利和义务应被善意地行使和履行(诚信原则)。此处的善意,可以依其主观的或客观的意义进行理解。在主观意义上,善意涉及的是人的意图或其在行为时的信念。例如,当非法占有人因不知或错误而相信其占有合法时,他就是善意的。在客观意义上,善意是根据私人的行为来判断的。一般认为,在某一行为符合"诚信的"(recto y honesto)这一要求时,它就是善意的。在此意义上,善意被称为"法律标准",即在社会上被普遍视为典范的行为标准。

和其他有同样规定的民法典一样,该条也未就违反善意的情形设定处理性规范。按照修改者的解释,在此情形下,受害人享有被称为"诈欺抗辩"(exceptio doli)的救济手段,他可以据此削弱、排斥或阻止权利人或义务人的企图。

(四)权利不得滥用和权利失效原则的确立

《秘鲁民法典修正案》序题第六条和第七条事实上确立了权利失效和权利不得滥用原则。

1. 权利失效原则①

根据序题中新增的第六条的规定,如果某一主体有正当理由合理地相信另一主体不会行使和其先前行为相矛盾的权利,则后者对该权利的利用是非法的。此条之创设理由建立在诚信原则之上。

2. 权利不得滥用原则

权利的滥用(abuso del derecho),是指某一行为虽然未超过主观权利的界限,但它已通过权利的行使或不行使而违反某种体现社会

---

① 《秘鲁民法典修正案》中并未使用权利失效一词。笔者在此借用了日本、我国台湾地区学者所用的概念。参见王泽鉴:《权利失效》,载王泽鉴:《民法学说与判例研究(第 1 册)》,中国政法大学出版社 1998 年版。

共同价值的普遍法律义务,因此具有反社会性。这种非法行为不属于民事责任规制的范畴,因为"反社会性"只是"不规则的"或"不正常的",换言之,它违反的是抽象的社会道德,而不是具体的法律义务。秘鲁学者认为,权利人行使权利时,如果明显超出善意的界限,以至于权利的行使违背相应法律得以构建的制度性目的和社会功能,就不应受到法律的保护。因此,1992年12月11日,秘鲁政府公布的第25940号法律对1984年《秘鲁民法典》序题的第二条作出修改,明确规定法律不保护权利的滥用性行使或不行使。新的《秘鲁民法典修正案》在序题的第七条沿袭了该条文。

在发生权利的滥用时,该条文规定,利害关系人在要求赔偿或有其他主张时,可以请求采取适当的防范措施,以临时性地避免或消除滥用行为。对此,法官的任务就是根据自己的看法来判断是否以及何时出现了滥用行为,并决定何种措施是适当的。由此可见,该条规定属于授权性规范。

(五)关于对法律的诈害(fraude a la ley)

按照《秘鲁民法典修正案》序题第九条的规定,如果某人实施的行为是意图利用另一具有不同目的的规范,来达到违反某一规范的目的,则构成对法律的诈害。在本条规则确立之前,秘鲁学理和判例为制止此类隐蔽性的违法行为,通常须借助关于诈欺、对债权人的诈害(债权人据此取得撤销权)、隐藏行为和权利滥用的规定。但是,对法律的诈害毕竟不同于这些不适法行为,因为,为了规制诈害法律而建立的规范所要保护的是作为一个整体的法律制度,它并不侧重于对某一方当事人利益的保护。正是基于这一理由,该条规定诈害法律的行为无效,并且它规定被意图规避的法律规范应得到适用。

(六)关于法律的解释

根据1984年《秘鲁民法典》序题第四条的规定,确定例外情形或限制权利的法律,不能通过类推的形式被适用。《秘鲁民法典修正案》序题第四条更是对此严加限定。依其规定,规定一般规则之例外情形的法律规范,以及限制权利或规定制裁的法律规范,应严格适用于此等规范所规定的情形,不得对其进行扩张解释或类推适用。该规定事实上是要求解释者应考虑法律文本的字面含义,并参酌其中包含的目的,而不得擅离文义进行随意的主观解释。

二、对人法编的修改[①]

1984年《秘鲁民法典》第一编为人法。该法典在世界范围内都被认为是一部立法技术优良的法典,其中尤以人法编备受赞颂。在1985年由秘鲁大学组织的"秘鲁民法典和拉丁美洲法律制度"国际会议上,外国学者(尤其是意大利学者)认为:"秘鲁民法典是世界上最好的民法典,其中尤为突出的是人法部分。"[②]该法典的新颖性极大地震动了以欧洲为主的法学家,他们很难想象《秘鲁民法典》出自一个发展中国家的本国法学家之手。

撇开该法典的技术和体系特点不论,1984年《秘鲁民法典》最卓越的贡献在于,它在其许多规定中体现了权利的人文主义和社会连带观念。在该法典里,许多制度中隐含着人文思想,它试图超越以无限的唯物主义(实利主义)为标志的各国民法典。在此意义上,可以说《秘鲁民法典》以人本主义为其基础观念,是第一部摆脱《法国民法典》及其他所有以个人和财产为主导理念的民法典之影响的法典。换言之,在其他法典中,"拥有"(to have)在位阶上高于"存在"(to be),即财产权被界定为人本身权利之上的"绝对的、神圣不可侵犯的"权利,对其保护优于对人本身的保护,而《秘鲁民法典》正好相反。

基于以上观念,《秘鲁民法典》至少在人法编进行了一次革命。

首先,该法典采用"权利主体"的概念,对"人"和"权利主体"两个概念进行了有效区分[③],从而很好地吸收了一种新的分类方法。在此

[①] 本部分的参考文献为:Carlos Fernández Sessarego, *Breves Comentarios sobre las Enmiendas Propuestas al Libro Primero del Código Civil sobre el Derecho del Concebido y de las Personas Naturales*; Javier de Belaunde López de Romaña, *Reforma del Código Civil y las Personas Jurídicas*, en *Reforma del Código Civil Peruano*。

[②] Véase José Leon Barandiaran, *Presentación a la séptima edición del libro Derecho de las Personas. Exposición de Motivos y Comentarios al Libro Primero del Código Civil peruano*, del autor de este ensayo, Edit. Grijley, Lima, 1998, p.5.

[③] 意大利罗马第一大学教授皮埃特罗·雷斯克(Pietro Rescigno)对此评价说:"在技术的领域,秘鲁民法典从术语开始,顺应了在意大利学理上日益扩散的一种潮流,即以'权利主体'的概念取代诸如人格和资格之类的陈旧用语。"Véase *Comentarios al Libro de Derecho de las Personas*, en *El Código Civil peruano y el sistema jurídico latinoamericano*, Cultural Cuzco, Lima, p.234.

基础上,该法典在立法史上第一次将"胎儿"和"未经登记的组织体"①纳入权利主体的范围,突破了此前各国民法典仅将自然人和法人视为权利主体的窠臼。其中,"未经登记的组织体"和法人的组织形式一样,也包括社团、财团和委员会。②

其次,1984年《秘鲁民法典》在"人格权"一章中规定,生命权、身体完整权、自由权、名誉权及其他由人所固有的权利不可抛弃,也不得成为转让的客体(第5条);对身体本身的处分行为,以不对身体的完整造成永久损害或不违背公序良俗为条件;人体器官的捐献,以不严重损害身体健康或不减损捐献人的寿命为限。此外,该章以及"姓名"一章,还对个人或家庭的隐私权、个人的肖像权和声音权、姓名权等作出了具体而详尽的规定。为使这些权利得到切实保护,该法典第17条以一般性条款对人格进行一体保护:该章规定的任何人格权被侵犯时,受害人或其继承人均享有请求停止损害之诉权(此外尚可根据债法的有关规定请求损害赔偿);侵犯人格权的责任是连带的。

1984年《秘鲁民法典》在人法编取得的成就,是《秘鲁民法典》在世界法典编纂史上独树一帜的主要标志。因此,秘鲁学者认为,对该编的修改,不应使人以为该编已经过时,或存在大量漏洞需要立法补充。修典委员会的任务应该是:①根据具体的情况,使某些规范更具可操作性,例如对胎儿的法律待遇;②修正法典施行期间所发现的错误;③根据法律制度的最新发展丰富某些条文,例如完善关于基本人格权和隐私权的规定;如此等等。综合起来,人法编的修改主要集中在以下两大方面:

(一)对自然人部分的修改

1. 可操作性方面的修正:对胎儿的法律待遇

1984年《秘鲁民法典》第1条③规定:人自其出生之时起成为权利

---

① 根据1984年《秘鲁民法典》第77条的规定,除特别法另有规定外,法人的生存自其在相应的登记簿上被登记之时起开始。所以,此处的所谓"未经登记的组织体"不是法人。

② 《秘鲁民法典》中的委员会和《意大利民法典》中的委员会有着同样的性质。因此,可就这一问题参见《意大利民法典》第39条至第42条的规定。

③ 《秘鲁民法典》中对其条文采用两种排序方法:序题中的序数采用罗马数字表达;从第一编开始则以阿拉伯数字对全部条文重新排序。为区别序题和后面编章中重叠的条文顺序,本文以中文大写数字代表该法典序题中的条文数字。

主体;人之生命开始于受孕;胎儿就一切对其有利之事而言,为权利主体;财产权的取得以其活着出生为条件。此条文为该法典最先进的规定,在世界范围内引起广泛的注意。然而,该规定在法典施行过程中却被发现,对于法律的运用者来说,不易对其条文作出正确解释。这些运用者,主要是指对这种制度缺乏经验或对其最新发展不甚了解的人。例如,这些人往往受到拟制理论的影响,根据第1条中"(胎儿)财产权的取得以其活着出生为条件"这一规定,错误地认为该条件是指"停止条件"。事实上,胎儿在法典中已被确认为权利主体,只是其权利的行使要"悬止"到其活着出生之时。因此,胎儿显然是现实地享有其一切权利的权利主体,而无须等到其活着出生之时。在这种意义上,与其说第1条规定的是"停止条件",毋宁说是"解除条件",即胎儿如果不是活着出生,则其权利归于消灭。

从立法技术方面看,该法典第1条中"胎儿就一切对其有利之事而言"的表述是多余的。因为胎儿既为权利主体,自然具备享有一切民事权利的资格。

基于以上理由,《秘鲁民法典修正案》第1条规定:人的生命开始于受孕;胎儿为权利主体;胎儿现实地享有其一切权利。此外,该条第2款为了区分胎儿不同性质的权利的消灭,明确了其人格权在胎儿死亡时消灭,而其财产权则自胎儿死亡时起,由原来的权利人或其继承人取得。

2. 对传统错误的克服:取得权利的能力不允许例外

传统理论错误地认为取得权利的能力可以由法律规定其例外。1984年《秘鲁民法典》受到这一理论的影响,在其第3条规定:除非法律明示规定了例外,所有的人均可享有民事权利。显然,该法典并未有效区分"取得权利的能力"和"行使权利的能力"这两个概念。对权利的享有是人与生俱有的,取得权利的能力和自由一样,不允许受到任何削减、限制或存在例外,它只是在人死亡时归于消灭。只有行使权利的能力才允许存在例外。换言之,尽管法律不得限制所有的人作为人而对一切权利的享有资格,但它完全可对行使此等权利的能力加以限制。例如,关于外国人不得在内国取得土地之所有权的规定,事实上是对行使权利之能力的限制,而不是对取得权利之能力的限制,因为他保留着在将来某一时刻取得该权利的资格。例如,在限制其作为所有权人而行使其权利的法律规定在以后被废除时,他就可以取得行使权利的能力。这说明了他从来就未丧失过其取得权利的能力。因此,修改后的条文规定:所有的人可享有人所固有的权利,但法律明示地限制其行使的除外。首先,该条文明确了取得权利的能力是"人所固有的",这对所有的人都没有例外;其次,该条文明示规定行使权利的能力才是唯一允许存在例外的。

3. 对人格权内容的丰富:个人身份权(derecho a la identidad personal)和健康权的嵌入

《秘鲁民法典修正案》在第4条(对现行《秘鲁民法典》第5条的修改)增加了两种新型的人格权:个人身份权和健康权。此处所谓的个人身份,是指某人在社会中个性化的标志和特征的总和,亦即使每个人"是他自己"而非"他人"的特征总和。它分为静态的身份和动态的身份。个人身份权不同于其他诸如姓名权、隐私权、名誉权或著作权之类的相似权利类型,它广泛地涉及性别的认定及其他身份的认定问题,可以被认为是一种一般性的人格权。这种权利是最新的一种人格权,它在葡萄牙的宪法、秘鲁1993年的宪法以及阿根廷布宜诺斯艾利斯市的宪法中都有规定。该修正案之所以将其纳入民法典,主要是为了使宪法的规定具体化。

1993年《秘鲁宪法》在其第2条第1款还确定了获得福利的权利,这种权利包括健康权及其他诸如获得体面住房、可靠工作职位、适当报酬的权利,其中健康权是核心权利。由于健康权是在其最广泛的意义上被理解的,也就是说,它是一种整体的获得福利的权利,所以其内容不仅仅包括对健康的支配权,同时也包括在健康方面获得社会福利的权利。

4. 对科学发展带来的问题的调整

现代科学的发展,使民事立法面临着一场挑战。一方面,我们必须保护人类不受来自科学发展的侵害;另一方面,科学研究及其给人类健康带来的利益这两方面的正常发展又不能受到阻碍。为此,修典委员会在民法典中增加了两条新的规定,即第5条和第5a条。

《秘鲁民法典修正案》第5条对两种需要得到法律保护的状况作了一般性规定。根据该条第1款的规定,任何人都不应侵犯人的纯正性。这样,就禁止了一切意图创造混种或其他任何怪物的行为。该条第2款保护的是人的基因,即除非是以防止、减少或消除严重疾病为目的,该款禁止为了其他任何目的而改变人的基因。同样,诸如无性繁殖(非自然繁殖)、人种和性别的选择、身体或人种特征的改变之类的遗传制造手段,也是被禁止的。

第5a条对三种情况进行了规制:①人体胚胎,其细胞、组织或器官,不得被转让、制造或损坏,但对死胎之器官或组织的移植却是允许的;②只能是为了生育的目的,才能对卵子进行人工授精;③借他人进行生育或传宗接代的协议是不可执行的。

除此之外,《秘鲁民法典修正案》第6条将人的身体、器官、组织、细胞、其产品以及基因不得进入商业流通领域这一原则纳入原第6条的条文中。因此,该条明确规定他们不是财产权或专利权的客体,且对其转让或利用是无偿的。显然,其否定了人格的物化之理论倾向。

5. 其他方面的修改

其他方面的改革主要是充实和完善现行《秘鲁民法典》的有关规定,如对个人和家庭之隐私权的具体化、对侵犯人格权之救济手段的完善;另一些修改涉及对怀孕和分娩的承认、姓名权、住所、死亡和推定死亡等制度,但由于这些修改的意义相对较小,故不赘述。

(二) 对法人制度和未经登记的组织体的制度所作的修改

现行《秘鲁民法典》之人法编将法人和未经登记的组织体设为第二部分,以示其和自然人的区别。修典委员会在这方面的工作主要有两个:拾遗补漏和整理民法典颁行后部分被修改的制度。

1. 关于总则部分的修改

(1) 法人的创设。现行《秘鲁民法典》在第76条第1款和第2款分别规定了私法性质的法人和公法性质的法人。修典委员会在这方面只是明确了后者应由特别法调整,民法典的有关规定仅为补充规范。此外,《秘鲁民法典修正案》对公法性质之法人的创设采取特许设立主义,规定此等法人应通过法律或具有法律效力的规范来设立。

按照现行《秘鲁民法典》第77条的规定,私法性质的法人,自其在相应的登记簿上被登记之日起开始存在。那么,对于法人登记之前以其名义成立的行为和合同,又应作何处理呢?有趣的是,1936年《秘鲁民法典》编纂者早已忧虑到这种情形。按照该法典的规定,法人一经登记,其登记的效果就溯及至登记之前成立的行为和合同。但现行《秘鲁民法典》对此作出了修改,它规定:为使上述行为被看作是法人的行为,须由法人在登记之后的3个月内予以追认,否则应由行为人承担连带责任。然而,修典委员会认为,回到1936年《秘鲁民法典》的立场上去更为合理。于是,根据《秘鲁民法典修正案》第 77 条的规定,法人一经登记,在此之前以其名义成立的行为和合同即对法人生效;如未经登记,则由行为人对第三人承担无限连带责任。

(2)关于法人的能力。1936 年《秘鲁民法典》对法人的能力沿用了目的限制的原则,但该原则并未在 1984 年通过《秘鲁民法典》的最终文本里出现。修典委员会认为不应回避这一问题,因此在第 78 条插入一款,规定法人为贯彻其社会宗旨,享有并可以承担不专属于自然人的权利和义务。实质上,这等于是说法人的能力仅受其自然性质的限制,它和法人之社会目的的关系并不明显。

(3)关于法人人格的否认。现行《秘鲁民法典》在其第 78 条明确承认法人和其成员是不同的权利主体。这一原则虽然是法人制度的最大优点,但它也可能被法人利用作为诈害法律和从事非法活动的工具。因此,一些国家已出现诸如"揭开法人面纱""否认法人人格"的理论和判例。秘鲁虽然尚未出现此类判例,但其在立法上已通过禁止对法律的诈害,默示地规定了特定情况下可以否认法人的人格。修典委员会此次更是在第 78 条增加最后一款,授权法官在法人对其人格进行滥用或诈害性利用时,可以否认其人格区别于其成员的人格。

(4)关于法人的名称。为丰富法人制度中的一般规定,修典委员会增设第 78a 条,对法人的名称作出了以下规定:除非已被证明业经授权,任何公法性质或私法性质的法人,都不得采用和先前存在的法人同样的或类似的名称;也不得采用在法人种类上导致错误的任何表述,或采用包含驰名商标或商号、公共组织或机构之名号以及其他受法律保护的名称在内的名称。

(5)关于法人的民事责任。传统理论认为,在法人和其管理人员之间存在一种代理关系。于是,对于法人的责任,可在逻辑上得出如下结论:只有管理人员在委任范围内实施的行为,才对法人具有约束力。在现代民法中,法人有机体说以其合理而现实的方式,解决了这一问题:法人的代表人和管理人员是其机体,他们实施的行为应被看作是法人自身的行为。

秘鲁 1936 年和 1984 年的《秘鲁民法典》都未就此作出规定。司法实践中只是借助 1936 年《秘鲁民法典》第 1144 条和现行《秘鲁民法典》第 1981 条关于本人(principal)对雇员所致损害应承担责任的规定,得出法人应对其代表人在执行职务的过程中产生的损害承担责任的结论。为有效地解决这一问题,修典委员会增设第78c条,一方面规定法人应就其成员对第三人造成的损害承担民事责任,另一方面又明确法人的代表人应就其可能对法人造成的损害承担责任。

(6)营利性法人和非营利性法人。现行《秘鲁民法典》虽未对营利性法人和非营利性法人作出区分,但秘鲁学者曾普遍以是否以营利为目的作为其区分标准。这种区分标准在实务中产生了不良后果,因为,这样就以非营利性法人的所谓非营利性目的,限制了此类法人为解决其社会宗旨而开展正常的经济活动。

修典委员会吸收外国新的理论,认为法人的营利性和非营利性主要取决于法人和其成员的关系。在营利性法人中,其成员追求共同的发展目标并谋求利润,其最终目的是为了在成员之间分配红利。在非营利性法人中,并非法人不得营利,只不过其利润不得在其成员之间进行分配。因此,《秘鲁民法典修正案》中增加了第78f条的规定,矫正了两种法人的区分标准。

(7)关于法人的合并。现行《秘鲁民法典》并未对法人的合并作出一般性规定,而公司法中也只有关于公司合并的特别规范。因此,实务中已产生误解,以为法人的合并只能在公司法人之间或法律特别规定的法人之间发生。为澄清这一问题,修典委员会在第78e条中规定,两个或两个以上的法人只要属于同一类型,即可进行合并;倘若两个法人性质相同但不属同一类型,例如一个为非营利性的社团法人,另一个为非营利性的财团法人,则在其合并前,需事先将其中之一转型。此外,该条最后一款还对法人的分立作出了规定。

(8)关于法人的解散。法人的生命不可能突然停止,其终止必须经过一个过程。因此,有必要区分解散(disolución)、清算(liquidación)和消灭(extinción)。其中,解散相当于法人法律关系终止的开始,其目的是使一切旨在便利清算的行为得以实施,从而使法人最终归于消灭。所以,在发生解散时,法人的人格在清算的范围内仍然存在,但其权利能力的范围以清算为限。据此,新增的第78i条明确了法人终止的三个阶段(解散、清算和消灭)的法律效果。

2. 对现行法典中规定的各种类型的法人的完善

1984年《秘鲁民法典》针对非营利性法人,将其分为社团(asociación)、财团(fundación)和委员会(comité)三种类型。至于营利性法人,他们已被规定在商事特别法中,法典中只有总则部分可以作为其补充性规范。因此,《秘鲁民法典修正案》也只是针对这些类型的非营利性法人作出了相应的修改。由于篇幅所限,本文不拟对这些琐碎的修改详加介绍。

三、对法律行为编的修改[①]

1984 年《秘鲁民法典》继受了《德国民法典》关于法律行为的理论,将其独立成编(第二编),但它并没有在人法、法律行为制度和诉讼时效制度的基础上构建总则。此外,该法典摆脱了《法国民法典》的影响,将代理和委任作出了有效区分,从而将代理规定在法律行为一编中。显然,这是承认授权行为独立于基础法律关系的结果。

修典委员会对法律行为编最重要的修改主要是以下几个方面:

(1) 对法律行为生效要件的修正。1984 年《秘鲁民法典》第 140 条将法律行为定义为"旨在设立、调整、变更或消灭法律关系的意思表示"。根据该概念,该条对法律行为的生效要件也作出了规定。秘鲁学者将其归纳为五个方面:①意思表示;②行为人的能力;③标的在物理上和法律上是可能的;④合法目的;⑤遵守规定的、不被采用即导致无效的形式。

《秘鲁民法典修正案》针对这五个要件分别进行了修改。首先,它认为意思表示不是法律行为的生效要件。其次,它明确规定主体必须具备完全的行使权利的能力(法律规定的例外情形除外),从而有效地区分了享有权利的能力和行使权利的能力。同时,它也规定主体应能合法地实施法律行为,亦即他应当是有权处分人或有权代理人。再次,修典委员会认为,上述第三个要件只应适用于产生给予、作为或不作为之义务的法律关系。这种认识决定了给付(包括给予、作为和不作为)在物理上应该是可能的,并且所给予的财产以及作为或不作为应该是确定的。此外,该修正案也以"可以合法交易"的表述取代了"法律上可能"的说法。最后,《秘鲁民法典修正案》对第四个和第五个要件中的某些用词作了修改。

(2) 现行《秘鲁民法典》第 141 条是关于意思表示的规定,该条第 1 款规定了意思表示可以是明示的或默示的,但第 2 款又规定在以下

[①] 本部分参考文献为:Fernando Vidal Ramírez, *Los Requisitos de Validez del Acto Jurídico*, en *Reforma del Código Civil Peruano*; Jorge Muñiz Ziches, *op. cit*。

两种情况下不能采用默示的表示：法律要求明示表示的；行为人有保留或有相反声明的。《秘鲁民法典修正案》增加了几种根本不存在意思表示的情况：某人因暂时的原因丧失判断能力，此时他因欠缺表示之意图而仅在表面上存在意思表示；戏谑行为因欠缺内心意思而不构成意思表示；基于身体胁迫（violencia física）①而作出的表示，由于完全欠缺内心意思，所以也不是意思表示。显然，最后一种情况修改了现行《秘鲁民法典》的规定，认为胁迫不是意思表示的瑕疵问题，它属于欠缺意思表示的情形，这样一来，在《秘鲁民法典修正案》中，胁迫导致的是意思表示的不构成，而非法律行为的可被撤销。

（3）关于伪装的意思表示（simulación）。修典委员会认为，伪装的本质不是内心意思和表示意思的不一致，也不是表示意思和隐藏行为的不一致，而是当事人各方表示的意图和其真正意图的不一致。因此，伪装的意思表示中不存在当事人的真实意图，它在当事人之间不应产生任何法律效果。

（4）关于导致意思表示之瑕疵的错误（error）。修典委员会认为，要将错误的概念界定为意思表示的瑕疵，须错误具有可确定性这一因素。有鉴于此，《秘鲁民法典修正案》将该因素增加为构成错误的第三个要件。此外，该修正案精确地划分了错误的种类，区分了可能存在于意思形成中的错误和表示过程中的错误。

四、家庭编的改革②

1984年《秘鲁民法典》家庭编的最大成就在于对事实结合（事实婚）的规制，并且该法典也通过一系列措施实现了夫妻平等和所有子女一律平等的思想。然而，由于家庭本身的性质，家庭立法注定要受到诸如社会经济条件、科技发达程度以及扎根于一国的风俗和习惯等各种因素的影响。在这些因素发生变化时，家庭法的改革也就有其必要了。

正是因为家庭法之改革的复杂性，修典委员会到目前为止也未提交最后的《秘鲁民法典修正案》。从目前占有的资料来看，修改工作虽

---

① 该词是和精神胁迫（violencia moral）相对立的概念。
② 本部分的参考文献为：Max Arias-Schrei ber Pezet, *Reforma del Libro de Familia*, en *Reforma del Código Civil Peruano*; Jorge Muñiz Ziches, *op. cit*.

然也涉及许多单纯的技术性问题,但主要还是围绕所谓"家庭法的支柱"展开的。因此,在介绍《秘鲁民法典》家庭编的改革时,笔者也以这些基础观念为中心而展开。

(1)在家庭法中,强行性规范应占主导地位。因此,尽管意思自治原则仍然在婚姻、收养、子女认领等制度中有其一席之地,但它已受到公共利益和强行性规范的限制。基于这种观念,秘鲁也存在着将家庭编从民法典中分离出去的思潮。

长期以来,家庭法一直就被认为是私法的组成部分,因为私法是调整人类活动的共同法,家庭的形成及其特征被包容在其中。然而,目前许多法学家认为,家庭是社会的基本细胞,国家虽然应尊重个人的意思自治,但也有义务借助公法性质的规范为家庭提供保护。因此,秘鲁许多学者认为,将家庭编分离出来,并把所有和家庭有关的规范,例如实体性规范、程序性规范、公法性规范、私法性规范,集中在一个法律体系(家庭法典)中,会具有极大的现实便利性。不过,大多数秘鲁学者还是认为,家庭法即使独立成典,也不会使其成为公法的一部分,相反,它仍然属于私法的范畴。基于这种原因,修典委员会事实上并未认同分离家庭编的主张,而只是在民法典家庭编的框架内对其作出部分修改。

(2)家庭是社会的自然因子,因此它要求国家通过宪法、民法典和其他特别法给予恒久而慎重的关注。随着家庭观念的不断变化,法律也应作出适时的回应。

在这一方面,最突出的例子是事实婚问题。事实婚作为一个现实问题,不仅在秘鲁这样的发展中国家,而且在发达国家,都因婚姻观念的变化而呈上升趋势。但由于各国普遍采用形式婚主义,所以事实婚往往不能在法律上得到承认,因而也就超出了法律调整的范围。

根据《秘鲁宪法》第5条的规定,事实婚使结合者之间产生财产共有关系,并且在可适用的范围内准用关于夫妻收入财产共有制的规定。现行《秘鲁民法典》第326条对事实婚作出了类似的规定。值得注意的是,依该条第3款的规定,如果事实结合是因单方的决定而终止,则法官可依被遗弃者的选择,判给其一定数额的赔偿金或扶养费。但总的来说,秘鲁的宪法和民法典都不承认事实婚可在人身关系方面产生法律效果。

修典委员会认为,一方面,全面承认事实婚的效力会弱化婚姻制度,而《秘鲁宪法》第 5 条的规定也只是赋予事实婚在财产方面的限制性法律效果;但另一方面,如果不对事实婚这一在秘鲁占绝大比例的男女结合方式给予全方位的关注,也就是采取了一种不负责任的态度。因此,修典委员会建议在 1984 年《秘鲁民法典》第 234 条关于婚姻的定义中增加第 3 款:一男一女为了达到与婚姻目的相同的目的,并承担与婚姻相同的义务,从而自愿形成并予维持的结合,在其中不存在结婚的障碍时,就构成了能产生法律规定之效果的事实家庭。它不仅赋予事实结合以财产关系上的法律效果,同时也承认其人身关系上的法律效果。此外,为使该规定具有可操作性,修典委员会还试图对事实婚的具体法律效果作出规定。①

(3)家庭制度以爱、性的结合、生育、援助和合作等自然需要作为其基础,宗教、道德伦理和习惯往往对其影响很大。但在这些观念发生冲突时,不同的法律制度采取了不同的态度,这反映了在不同的时期、不同的社会文化背景下,有关家庭的法律制度体现着不同的价值观念。这在婚姻制度方面表现得尤为明显。

在结婚制度上,现行《秘鲁民法典》已相当全面地接受婚姻自由、男女平等的观念。所以,修典委员会只是就繁琐的结婚程式以及一些残存的歧视性规定作出小范围的修改。首先,修典委员会建议根据不同地区的具体情况,简化结婚程式,并对婚姻的缔结采取免费原则。其次,修典委员会建议删除一些带有宗教歧视性的规定。例如,根据 1984 年《秘鲁民法典》第 260 条第 2 款的规定,婚姻也可以在相应的市长授权的当地教区牧师或主教面前缔结。② 该规定显然是对其他宗教的歧视性规定(该法典第 268 条也有类似规定),因此应作出修改。

修改工作的复杂性主要集中在离婚制度③上。长期以来,秘鲁的婚姻制度受到教会法的影响,存在着一种保护婚姻的态势,这些都反映在以前颁行的民法典对离婚所作的限制性规定中。例如,由

---

① 关于事实婚的具体法律效果,许多国家都是通过判例法的形式加以发展的。参见吴天月、徐涤宇:《论身份的占有——在事实和法律之间》,载《法商研究》2000 年第 6 期。
② 依《秘鲁民法典》第 259 条的规定,婚姻主要应在当地市政府里缔结。
③ 《秘鲁民法典》中的离婚制度也包含有关分居的规定。因此,在论述其离婚制度时,当然也包含分居制度。

于当时进行改革的法学家们反对离婚制度,所以 1936 年《秘鲁民法典》以改革不包括离婚制度在内的特定几编为限,而离婚问题仍然是由此前颁行的法律调整。1984 年《秘鲁民法典》中也存在和先前民法典并无显著不同的分居制度(包括协议分居和有事由的分居)。其中,分居的事由可以作为判决离婚的事由,但这些事由是有限制的。因此,按照 1984 年《秘鲁民法典》的规定,配偶一方为了离婚,可采用协议离婚的方式,也可利用该法典第 333 条规定的事由诉请判决离婚。

在协议离婚中,出现的问题不会太多。但在一方反对离婚时,由于民法典只是非常有限地规定了 10 种可据以请求判决离婚的事由,而且这些事由都是以配偶一方有过错为前提,所以意图离婚的一方往往很难达到其目的,这实质上是一种认为婚姻应该是不可解除的观念在主导着立法者的思想。

不可否认的是,离婚不仅涉及夫妻关系的解除,而且也影响到夫妻和其卑血亲的关系,从而直接动摇家庭的稳定性和安全性。但智利著名法学家卡洛斯·坎特罗(Carlos Cantero)一针见血地指出:"我们都颂扬婚姻制度,我们都永远热爱婚姻,但残酷的现实表明感情的破裂是存在的。"因此,修典委员会认为,现行《秘鲁民法典》第 333 条应被修正,民法典中应承认无过错人的离婚形式。换言之,只要存在婚姻已不可被修复的充足理由,则无须考虑是否存在有过错的一方,即可判决离婚。

但是,修典委员会的工作并未到此止步。在他们看来,离婚已从传统的"制裁"观念转向现代的"救济"观念。以爱和共建家园的美好愿望为起点的婚姻,在结合只不过是一场虚假的做戏时,就发生了蜕化。联结夫妻的支撑点既然已被损坏,法律对这种事实状态加以承认就不是对婚姻的破坏,而是正当地以现实来取代虚拟的状态。事实上,秘鲁国会已出现过一些法律提案,认为在夫妻共同生活已确定地终止至少 5 年时,就应像西班牙 1981 年的一项法律(在葡萄牙、荷兰、瑞士、委内瑞拉等国有类似的规定)一样,承认事实离婚或曰单方离婚。这种做法已在修典委员会得到广泛讨论,而目前关注的则不是是否接受该制度的问题,而是如何避免对事实离婚的滥用。为此,修典委员会认为,应为事实离婚(或单方离婚)规定一些特定的条件。基于上述理由,修典委员会拟对第335条、第345条、第354条作出相应修改。①

(4)当今社会,不仅男女之间,而且婚内子女和婚外子女之间,在法律上已是绝对平等。现行《秘鲁民法典》在这方面已迈出一大步,它分别在其第234条第2款和第235条第2款作出了原则性规定,并且其许多条文也体现了这一精神。但修典委员会仍然就此提出了一些加以完善的意见。例如,面对妇女在家庭中充当的特殊角色,修典委员会建议在该编第二章"配偶间的人身关系"中规定,专门从事家庭和子女之照顾工作的妇女,应有权要求其夫支付法律规定的报酬。再如,根据现行《秘鲁民法典》第337条的规定,虐待、重大侮辱和丧廉耻的行为,由法官虑及配偶双方的教养、习惯和行为后加以评判。修典委员会认为,这是一条歧视性的规定,它违反了夫妻平等的原则,应该予以废除。

在子女权利一律平等这一原则上,修典委员会首先建议采用已由秘鲁签署的一些国际条约中的规定,即所有的人都有权知晓其父亲并维护其家庭身份。可以说,这项原则是所有子女一律平等的基础。然而,在现实中,婚内子女和婚外子女之间的差别仍然是存在的,这尤其体现在父子关系的认定方面。例如,对于婚内子女,往往存在父子关系的推定②,而对婚外子女之亲子关系的认定,往往要借助认领和亲子关系的宣告等制度。显然,这些制度已受到现代科技和医学理论的质疑:一方面,虚假的、不合实际的推定很容易被现代生物学证明手段(如DNA鉴定、基因分析)推翻;另一方面,认领等制度置客观的生物联系于不顾,过分强调了父母的意志。因此,修典委员会认为,在亲子关系的认定方面,应抛弃原有的、以迹象和推定为基础的封闭性制度体系,代之以一个允许采用各种科学证明手段的开放性制度体系。

基于这种理念,修典委员会拟对亲子关系的认定进行全面改造。

---

① 根据《秘鲁民法典》第335条的规定,任何人都不得基于事实本身提出(分居)请求。这事实上是对事实分居和事实离婚的否定。修典委员会对该条增加了一个例外规定,即在夫妻共同生活已确定地终止一定期间后,可以认为存在事实分居(或事实离婚)。

② 《秘鲁民法典》第361条规定:婚内出生的子女,或在夫妻关系解散后300天之内出生的子女,应认为夫为其父。

首先,修典委员会建议采用如下原则:亲子关系可以基于自然原因或收养而发生,自然的亲子关系可以是婚内的或非婚内的。对于自然的亲子关系,应承认一切业经证实的科学证明手段(尤其是生物学上的证明手段)都可用作其认定基础。这样一来,现行《秘鲁民法典》第361条关于婚内子女之推定的规定就应得到修正。换言之,在两种情况下,该推定是不能适用的:①尽管子女是在第361条假设的情况中出生,但通过科学的生物学证据能推翻自然亲子关系之存在的;②科学地看,婚内受孕的胎儿完全可能在婚姻关系解散后300天之外出生。

与此密切相关的是,现行《秘鲁民法典》第363条、第364条、第365条和第366条规定也应被废除。因为,这些条文都是关于父子关系之否认的规定,而其中规定的夫可提起否认之诉的各种理由,如子女乃于婚姻成立后180天内出生,夫无生育能力,夫在子女出生前360天内的前120天中未与其妻同居,等等,都是不可靠的推测,不足以证明父子关系的不存在,并且其证明结果也完全可以通过生物学证明手段加以推翻。

此外,在对婚外子女的承认和司法宣告两项制度上,修典委员会也建议广泛运用现代生物学上的证明手段,以承认自然亲子关系在生物联系上的客观性,而不是过于突出父母意志在认定自然亲子关系方面的强势地位。例如,现行《秘鲁民法典》第387条规定:对父子关系或母子关系的承认和宣告性判决,是婚外亲子关系的唯一证明手段。对此,修典委员会建议将任何基因分析方法添加为证明手段。再如,对于该法典第402条的规定,修典委员会也有类似的修改建议。

(5)家庭是子女的第一所学校。就子女在今后教育中的发展而言,他们在家庭中的成长具有最重要的意义。修典委员会在这一问题上的看法非常简单。他们认为,《儿童和青少年法典》已对亲权和监护等问题考虑得非常周详,例如子女顺从父母的义务(只要父母的命令不违反法律且不损害子女的权利),努力学习的义务,在尊血亲病老时予以照料的义务,以及父母或监护人对子女或被监护人应尽的义务,等等,修典委员会的工作只是将这些规定整理到民法典中去。

(6)在秘鲁,家庭立法中应注意不同居民在种族、语言、习俗方面的差异,因地制宜地制定一些特别规范。但考虑到法律毕竟是施行于全国的,它不能兼顾有着如此复杂之背景的各种居民,因此,修典委员会认为,在法律明确提及家庭习惯或在法律未作任何规定的情形中,家庭习惯应成为法的渊源;如果习惯最为平衡地满足家庭利益,法官可在例外情形根据家庭习惯法作出判决。

五、继承编的改革①

1984 年《秘鲁民法典》的继承编维持 1936 年《秘鲁民法典》的原则和体系,除了废除特留份中的追加份额和为生存配偶增加新的权利外,几乎未对其作出改变。

本编改革所追求的目标是使继承法现代化、赋予遗嘱人更大的权限、吸收一些新的制度或对现行继承制度中的某些制度加以完善和阐明。以下几方面为该编的主要修改内容:

(1)在继承人的责任上,《秘鲁民法典修正案》限制了"超过遗产负荷力的"(ultra vires hereditatis)责任②,建立了真正的"在遗产负荷力范围内的"(intra vires hereditatis)责任。按照现行《秘鲁民法典》第 661 条的规定,继承人仅在所继承财产的范围内对继承的债务和负担承担责任。但在第 662 条中,该法典事实上又将"超过遗产负荷力的"责任作为例外而规定下来,因为按照该条规定,继承人诈欺性地隐匿遗产,或者虚构债务、恶意处分被继承人遗留的财产,从而损害遗产债权人的权利,就丧失第 661 条赋予的利益。换言之,在上述两种情况下,该继承人不得援引第 661 条的规定,主张仅在所继承财产的范围内对遗产债务和负担承担责任,他实际上应承担一种无限责任,即在所继承的财产不足以清偿此等债务和负担时,他还必须以其自己的财产全部清偿遗产债务和负担。

显然,该制度使继承人转化为强制性的继承人,也就是说,他已丧失放弃继承的权利,因为他已不能从继承程序中抽身退出。此外,在这种情形中,继承也已变成有代价的继承,继承人不但得不到任何财产,反而会使自己的财产受损。可以说,诈欺性继承人承担的这种责

---

① 本部分的参考文献为:Augusto Ferrero Costa, *Propuesta de Reforma de Algunos Artículos del Libro de Sucesiones del Código Civil*, con su Correspondiente Exposición de Motivos, en Reforma del Código Civil Peruano; Jorge Muñiz Ziches, *op. cit*。

② 关于此种责任,参见[意]彼德罗·彭梵得:《罗马法教科书》,黄风译,中国政法大学出版社 1992 年版,第 440 页。

任有其合理性的一面,但要他以自己的财产对全部的不能以遗产清偿的遗产债务和负担承担责任,又未免过于苛刻。因此,修典委员会对第662条作出修改,规定此种情形下的继承人仅按其遗产份额的比例,对超过遗产价值范围的遗产债务部分承担责任。

(2) 现行《秘鲁民法典》第725条和第726条分别规定:有子女、其他直系卑血亲或配偶者,可自由处分其财产的三分之一;只有父母或其他直系尊血亲者,可自由处分其财产的一半。修典委员会认为,这是对遗嘱人意思自治和自由支配其财产的过分限制,因此建议将此等可自由处分的财产份额分别修改为一半和三分之二。

(3) 对某些条文进行技术性修改或加以完善和阐明。此类修改多而琐碎,主要涉及以下三个方面:①基于体系的考虑所作的修改。此项工作主要是按照体系的要求,协调继承法编和其他数编中有冲突或不衔接的规定。例如,根据1984年《秘鲁民法典》第689条的规定,关于法律行为之负荷(modalidades)的一般性规定,可适用于遗嘱处分;违反法律强行性规范的条件和负担,视为未被设定。修典委员会认为,遗嘱本来就是法律行为的一种,因此,该条规定过于狭窄,应被修改为:关于法律行为的规定,除和遗嘱的性质不相容者外,均可适用于遗嘱。②对概念性错误的纠正。由于《秘鲁民法典》主要是参考《西班牙民法典》《法国民法典》和《德国民法典》制定的,所以存在一些前后矛盾的概念性错误。例如,根据1984年《秘鲁民法典》第674条的规定,自由管理其财产的人,可放弃继承和遗赠。这条规定来源于《西班牙民法典》第992条,但其中所谓的"自由管理其财产的人",容易使人将其和特留份、可自由处分的财产份额联系起来,从而使人误以为只有那些没有特留份继承人的人,才能放弃继承。有鉴于此,修典委员会拟将该条改为:有行为能力者,可亲自或通过其委托代理人放弃继承和遗赠;无行为能力的人,可通过其法定代理人放弃继承和遗赠。③对某些规定加以完善和补充。

六、物权编的修改[①]

《秘鲁民法典》物权编由总则、财产、主物权(含占有、所有权、共

[①] 本部分参考文献为:Jorge Avendaño Valdez, *Las Modificaciones del Libro de los Derechos Reales*, en *Reforma del Código Civil Peruano*。

有、用益权、使用权和居住权、地上权、地役权①)与担保物权(含质权、不动产质权、抵押权、留置权)四大部分构成。其改革以前三部分为对象,不包括担保物权的修改。其中,比较重要的改革体现在以下几个方面:

(一)对财产的新分类

表面上看,对财产进行分类似乎主要是取得教义上的效果,其中并无实质性意义。但事实并非如此,因为分类决定着不同财产之所有权的移转、担保物权的设定、所有权的证明以及在各种财产上设立的权利的性质问题。因此,分类标准的不同,也往往决定各国物权制度设计上的差异。

受法国法系各民法典的影响,1936年和1984年的《秘鲁民法典》都未有效区分物和财产的概念,因而其所谓的物权,并非仅以有体财产为其客体。② 在对财产进行分类时,其最主要的分类是动产和不动产的两分法。这种分类针对的是所有财产,也就是说,不仅有体财产,而且无体财产,都可以被分为动产和不动产。《秘鲁民法典修正案》并不打算取消这种分类,但修典委员会已认识到将无体财产区分为动产和不动产是错误的,因此,他们只是将这种分类限制在有体财产的划分上。

不过,修典委员会主要的目标却是要对财产设立一个新的分类标准,即以财产是否在登记簿上进行登记为标准,将其区分为已被登记的财产和未被登记的财产。实际上,这种分类在制定1936年《秘鲁民法典》时就已经被论证过。尽管当时的学术界极力赞成此种分类方法,但它最终未得到法典审议委员会的认可。此后,1984年《秘鲁民法典》在某些规范中显然采用了可登记性这一分类标准,然而它毕竟没有明确将财产分为已被登记的财产和未被登记的财产。在这次的物权编改革工作中,修典委员会已就这种新的分类标准达成共识,一致认为,这对物权的变动、担保物权以及登记制度的科学设计大有裨益。

(二)物权的设立、变更或消灭

将财产区分为已被登记的财产和未被登记的财产,其直接意义涉

---

① 《秘鲁民法典》将用益权、使用权和居住权、地上权、地役权视为主物权,其原因应在于,它深受法国法的影响,把此等物权作为所有权的派生权利对待。

② 但根据《秘鲁民法典》第884条的规定,无体财产权(指知识产权)由其特别法调整。

及物权变动的立法模式。就已被登记的财产而言,一切设于其上的物权,在被移转、变更或消灭时,都要求在相应的登记簿上进行登记。因此,已被登记的房屋、汽车或公司股权的出售,都必须被登记。登记的欠缺将导致出售的未发生。这样,登记就有了创设物权的效果。

在涉及未被登记的财产时,一切物权的设立、变更或消灭都要求有交付的存在,即交付是在此等财产上设定的物权的变动要件。因此,在出售未被登记的房屋、就画廊设定的用益权或就珠宝设定的质权时,交付是必不可少的。事实上,现行《秘鲁民法典》第 947 条已经规定,除法律另有规定外,动产所有权的移转随交付而实现。《秘鲁民法典修正案》只不过将这一要件扩展适用于所有的物权变动情形。并且,需注意的是,该修正案中的所谓未被登记的财产,和该财产是不动产还是动产根本无关。

与此相关的是,修典委员会建议区分权源(título)和方式(modo)。前者是作为法律原因的合同,后者则为导致物权产生或消灭的事实。就已被登记的财产的变动来说,方式是登记;而就未被登记的财产的变动而言,方式是交付。

采用新的财产分类标准的另一个后果是修改善意取得制度。按照 1984 年《秘鲁民法典》第 948 条的规定,善意取得应适用于动产所有权的取得。修典委员会认为,一方面应将该制度扩大适用于所有物权的取得,另一方面又要将该规则的适用限制在未被登记的动产范围之内。

(三)对占有制度的修改

1. 以非法占有(posesión ilegítima)的概念取代容假占有(posesión precaria)的概念

现行《秘鲁民法典》第 911 条使用了容假占有而非非法占有之概念。所谓容假占有,是指无权源或权源已失效的占有。显然,容假占有不包括无权利的占有。因为,赋予占有人以权利的权源如果是由无权利之人作成,则该占有虽然是有权源的占有,但该权源对取得人来说显然是非法的。为弥补这一缺陷,修典委员会决定采用非法占有的概念,以将无权源的占有、权源已失效的占有以及无权利的占有都纳入法典的调整范围。

2. 对占有增加了新的推定规则

《秘鲁民法典修正案》保留了现行《秘鲁民法典》规定的各种关于占有效力的推定规则,同时又增加了一项新的推定规则,即除非有相反证据，推定其权利已被登记的所有人为占有人。这样一来，占有制度中就存在着反映正反两面的两个推定：一方面，将占有人推定为所有人；另一方面，又将权利已被登记的所有人推定为占有人。该规则的意义和所有权的证明密切相关。在传统理论中，为了证明不动产所有权，必须求助于所谓的"对各个权源的调查"，即确定在取得时效期间内发生的各个移转行为的有效性，以便现在的权利享有人可以将其前手的占有期间计入自己的占有，并因此以"时效取得"作为其权利的证明。然而，如果以这种方式利用取得时效，就必须证明现在的所有人和其前手一直是同一财产的占有人。① 这种证明方式往往是极为困难的。由于这一缘故，同时也因为所有人往往也就是占有人，所以《秘鲁民法典修正案》中增加了这一导致举证责任倒置的推定规则。

（四）关于所有权的永久性

现行《秘鲁民法典》在这一问题上出现了两个矛盾的规定。一方面，根据其第 927 条的规定，请求返还所有物的诉权不受时效的约束，这等于是说所有权不因单纯的不行使而消灭，换言之，它承认了所有权的永久性。但在另一方面，根据该法典第 968 条第 4 款的规定，不动产的所有权因 20 年的不行使而消灭。此种情形下，该财产就移归国家所有。

那么，是应该明白地、毫不含糊地确认所有权的永久性，还是针对特定种类的财产规定所有权因不行使而消灭呢？修典委员会内部在这一问题上发生过激烈争论，但最终还是第一种观点获得胜利。因此，《秘鲁民法典修正案》也就废除了第 968 条第 4 款的规定。

七、对合同总则的修改②

《秘鲁民法典》第六编是关于债的一般规定，而第七编的标题则为"债的发生根据"。第七编共分为六大部分，其中第一部分和第二部分分别为"合同总则"和"有名合同（相当于合同分则）"，后面四大部分

---

① 关于所有权的证明，参见尹田：《法国物权法》，法律出版社 1998 年版，第 248 页以次。

② 本部分的参考文献为：Manuel de la Puente y Lavalle, *Contratos en General*: *Motivación de Propuestas*, en *Reforma del Código Civil Peruano*; Jorge Muñiz Ziches, op. cit。

则就债的其他发生根据(无因管理、不当得利、单方允诺和非合同责任)作出规定。修典委员会认为,第六编基本无须作出修改,而第七编的修改也集中在合同总则部分。

当时起草合同总则部分的秘鲁法学家马克斯·阿里亚斯-施赖贝尔·佩泽特(Max Arias-Schreiber Pezet)深受1942年《意大利民法典》第四编第二章的启发,其许多规则直接渊源于该法典,如非常损失(lesión)、给付负担过重、指名合同等。可以说,意大利的学说构成了《秘鲁民法典》之合同总则的理论基础,并由此成为秘鲁学者研究合同理论的基本素材。但在《秘鲁民法典》施行的十几年时间里,秘鲁的现实状况引发了合同总则的一些适用问题,而这些问题在意大利却是未曾发生过的。因此,修典委员会认为,为使合同总则部分的规定和秘鲁的现实情况相适应,必须对其进行必要的改革。概括起来,修改工作是在以下诸方面展开的:

(一)消灭了一些不必要的概念重复

由于1984年《秘鲁民法典》的法律行为编和债的发生根据编乃由不同的人起草,所以在定义法律行为和合同时存在不必要的重复。为避免概念的重复,修典委员会对合同进行重新定义:合同是旨在设立具有债的性质的财产法律关系的多方法律行为。由此指出合同只是法律行为的一种,并强调了其作为债的发生根据和财产性的一面。

(二)纠正概念上的错误

合同总则中有许多关于合同解除的规定,如第1365条、第1372条、第1428条至第1433条等。显然,"合同的解除"的表述是错误的。因为,合同本为法律行为的一种,是旨在设立法律关系的意思表示。合同一经成立,本身是不可解除的,可解除的应该是因合同而产生的法律关系。因此,修典委员会将法典中所有此等表述都改为"合同所生法律关系的解除"。类似的例子举不胜举。

(三)有效区分达成合意(concertación)和合同完成(perfeccionamiento)两种事实因素

根据1984年《秘鲁民法典》第1352条的规定,除应遵守法律规定之形式的合同外,合同因当事人各方的同意而完成。修典委员会认为,该条规定未对达成合意和合同完成这两个不同的事实因素加以区分。

一般而言,在诺成合同中,达成合意和合同完成是同时发生的。但在附停止条件或其某些内容(如价金)由第三人决定的合同中,意思表示的达成一致并不意味着合同的完成。另外,就要式合同而言,其完成需要两个要素:合意和程式。有鉴于此,修典委员会决定将该条改为:除应以法律规定的程式表示同意的合同外,合同因当事人各方的同意而达成。

(四)区分撤销和解除两种不同的情况

现代学理认为,撤销是指合同因其达成合意之时存在的事由而不产生效果;解除是指合同因达成合意之后发生的事由而不产生效果。因此,宣告撤销的判决具有溯及至达成合意之时的效力,但宣告解除的判决是否具有溯及力,在学者间颇有争议。修典委员会采纳了这种理论,并在解除的效力这一问题上,建议的条文(第1372条)区别司法上的解除和司法外的解除,分别赋予其不同的效力:前者自宣告之时起发生效力,后者的效力则溯及至达成合意之时。

(五)就相关制度作体系上的调整

1984年《秘鲁民法典》第1366条至第1369条规定了某些人不得通过合同、遗赠、公共拍卖、中介人而直接或间接地取得物权。修典委员会认为,这些条文涉及的是物权之取得的问题,因此应放入物权编。

(六)对要约、承诺规则的修改

(1)按照1984年《秘鲁民法典》第1378条的规定,未遵守要约人要求的形式作出的承诺,不发生效力。学理认为,该条中的承诺事实上相当于一个新要约。所以,修典委员会决定将该条合并规定在第1376条中,把这种承诺和迟到的承诺,以及与要约不合的及时承诺都视为反要约。

(2)按照1984年《秘鲁民法典》第1385条第1款和第2款的规定,如果要约人以直接联系的方式,向某人发出未附确定或可确定之承诺期限的要约,则该要约在未被立即承诺时失效;如果要约人非以直接联系方式,向某人发出上述性质的要约,则在以同样联系方式作出的答复到达要约人所需的充分时间业已经过时,该要约失效。修典委员会认为,这种硬性规定未能照顾各种具体情形,在适用中可能有失偏颇。例如,试图就一本旧书成立使用借贷合同的要约,和以成立汽车买卖合同为目的的要约,在适用该条规定时就应该有很大的区别。因为,答复前者无须太多的考虑时间,但在对后者进行承诺时,则往往需要一段犹豫时间,而不可能即刻作出答复。显然,在该条第1款规定的情形下要求即刻承诺有其合理性的一面,但也应该承认,如果相对人依交易的性质、交易习惯或各种具体情况,而在合理的期间内作出承诺,则虽然不是即刻的承诺,要约也不应因此失效。与此同理,该条第 2 款中规定的所谓"充分时间"也足以引起争议,所以也应将其确定为"根据交易的性质、交易习惯或各种具体情况而确定的合理期间"。基于这种观点,修典委员会对两款规定作出了相应的修改。

(七)关于附合合同和一般缔约条款

现行 1984 年《秘鲁民法典》第 1390 条至第 1401 条是关于附合合同和一般缔约条款的规定。在该法典中,所谓附合合同,是指一方当事人在要么全盘接受、要么全盘拒绝另一方当事人确定的合同条款时,因选择全盘接受而成立的合同(第 1390 条);而一般缔约条款,则为某人或某一机构以一般的、抽象的形式单方面预先拟订的条款,其目的在于为将来一系列特定的合同确定其固有的规范性内容(第 1392 条),此类合同具有示范性和任意性特征。按照该法典第 1393 条和第 1395 条的规定,由行政机关核准的一般缔约条款,自动地插入一切为按这些条款缔约而作出的要约之中,但当事人可以明确约定不将某些确定的此类条款插入要约之中。

《秘鲁民法典》的这些规定是 1936 年《秘鲁民法典》所没有的,它们渊源于《意大利民法典》的相关规定(第 1339 条至第 1342 条)。为使这些规定更好地在秘鲁施行,修典委员会在以下几方面提出了加以完善的建议:

(1)明确 1984 年《秘鲁民法典》第 1393 条、第 1394 条、第 1395 条和第 1396 条中所指的行政机关为"国家维护竞争和保护知识产权局"(INDECOPI)。因此,只有该局核准的一般缔约条款才是行政机关核准的一般缔约条款(第 1393 条新增的第 2 款),并且该局有义务确定关于财产和服务的一般缔约条款(修改后的第 1394 条)。

(2)依 1984 年《秘鲁民法典》第 1395 条的规定,当事人可以明确约定不将某些特定的由行政机关核准的一般合同条款插入要约中。该规定强调了此类条款的示范性和任意性特征,使其和附合合同区别开来。但修典委员会认为,一般合同条款之所以区别于个别商定的条款,就在于其不可改变性,也就是说,这些条款要么被全盘接受,要么被全盘拒绝。如果一般合同条款可被当事人以约定方式加以排除,实际上也就是承认可以就任何一般条款进行磋商。此外,由行政机关核准某些一般合同条款,并规定其自动插入要约之中,其目的在于,一方面为缔约者提供便利(此类条款之示范性的表现),另一方面保护处于弱势地位之消费者的利益。而该法典第 1395 条的规定,则意味着开启了一扇允许通过约定取消此项保护的大门。因此,修典委员会建议将该条改为:如果当事人约定不将特定的由行政机关核准的一般合同条款插入特定合同的要约之中,则该合同应被视为均势合同(普通合同),并且不应适用关于一般合同条款的规定。

(3)依 1984 年《秘鲁民法典》第 1401 条的规定,在一般合同条款或由一方当事人拟订的格式条款存在疑问时,应作有利于他方的解释。修典委员会认为,合同解释是旨在探求其固有意义的活动(客观解释)。所以,解释一般合同条款和附合合同中由拟订人提供的条款时,也必然要寻找该拟订人所欲赋予的本来含义。该法典第 1401 条的规定显然是对解释的歪曲。要求拟订人负担清晰表述的义务,并且在其未能履行此项义务时,通过规定对有疑问的条款作有利于他方的解释,来达到对其进行制裁的目的,是值得称颂的。但需要检讨的是,是否可以将这种完全不同于解释性质的东西称之为解释。利用解释来实施对一般条款的间接控制已受到激烈批判。因此,修典委员会拟将该条义改为:在一般合同条款或附合合同的条款的含义模糊或模棱两可时,应作最符合合同之性质和目的的解释(这是第 170 条关于法律行为之解释的规定),只有在仍有疑问时,才应将其理解为有利于拟订人的相对方。

(八)完善双务合同中的抗辩权制度

1984 年《秘鲁民法典》第 1426 条是关于双务合同中同时履行抗辩权的规定。为使履行抗辩权的规定更趋完善,《秘鲁民法典修正案》在该条增加了关于先履行抗辩权的规定,即后履行义务人在负有先履行之义务的人未履行其义务时,在相对人实际履行或提供担保之前,也可拒绝履行自己的义务。同时,该修正案借鉴先进的立法经验,对第 1427 条关于不安抗辩权的规定作出了完善,规定义务人在行使不安抗辩权时,应考虑相对人的利益及其所负给付义务的性质。

(九)引进实质性违约的概念

根据 1984 年《秘鲁民法典》第 1428 条的规定,如果当事人一方不履行其义务,对方当事人可请求履行或解除合同。不过,按照该法典第 1362 条规定的诚信原则,就应该承认,即使某些履行是不完全的,但只要履行在实质上满足债权人的利益,就不应过于严格地适用第

1428 条的规定。因此,1984 年《秘鲁修正案》增加了第 1429-A 条规定:如果当事人一方的未履行就他方的利益而言并非严重或关系甚小,则因合同而生的债之法律关系不得被解除。同时,该修正案还增加了第 1430-A 条,规定了由一方当事人确定的履行期限如果应被认为是实质性条款,则在他方欲请求扩展期限时,应在 3 天内发出通知,否则因合同而生的债之法律关系依法当然解除。

(十)区分了可归责于债务人的履行不能和可归责于债权人的履行不能

虽然在这两种情况下,因合同而生的债之法律关系都依法当然解除,但在前一情形中,应由债务人承担履行不能的责任;而在后一情形中,则由债权人承担责任。

(十一)改进给付负担过重(excesiva onerosidad)制度

《秘鲁民法典》的合同总则部分第八章借鉴《意大利民法典》第 1467 条至第 1469 条的规定,就给付负担过重作出了规定。给付负担过重的理论基础,是法国学者就情势变更原则提出的不可预见理论(la teoría de la imprevisión)。按照意大利和拉美学者的理解,不可预见理论的适用条件主要有四个:

(1)导致情势变更的事实必须具备以下特征:已现实地发生;必须发生在债成立之后;其发生是不可预见和不可避免的;其发生和债务人无关。

(2)前述事实的发生导致一方当事人给付负担过重(关联性)。即,所发生的事实导致债之关系的原有对等利益的严重失衡(是否严重失衡由法官根据事实审慎地决定),以至于债之关系的维持将意味着实际的不正义。

(3)不可预见之理论的适用对象主要是持续履行、定期履行或延期履行的实定合同(contrato conmutativo)。[1]

---

[1] 尹田先生在其《法国现代合同法》(法律出版社 1995 年版)一书的第 8 页中述及实定合同与射幸合同,前者即为本文中的 contrato conmutativo。根据西班牙语法律词典,有作者认为,此类合同以相互债务的等价性为特征,据此,可将其译为等价合同;但也有作者认为,这种合同的特征是当事人各方从同意之时起已知晓其给付的范围,在此意义上,它和射幸合同相区别,因为在射幸合同中,当事人一方或双方根据不确定的事件而在取得利益或遭受损失方面存在偶然性。本文之所以将其译为实定合同,显然采用的是后一定义。

(4)债务人不存在过错或迟延。①

由上述可见,给付负担过重之规则是对不可预见之理论的具体化,其目的在于防止情势变更原则的滥用。按照这一规则,虽然合同在其履行过程中存在各种各样基础性条件的变化,但并非所有此等条件的变化都会导致不可预见之理论的适用,只有那些导致给付负担过重的情势变更才能适用该理论。②

一般而言,给付负担过重的后果可以是合同关系的解除,也可以是对给付和对待给付之价值进行司法调整,使之回复到合同成立之时的原始平衡状态。在此问题上,意大利的立法选择了解除合同这一救济手段;秘鲁的立法则规定首先应对给付进行重新调整(即增加或减少相应的给付),而只有在这种做法不可能时,才允许解除合同关系。修典委员会认为,在法官重新调整失去平衡的对待给付时,其手段不应被限制在增加或减少相应的给付上,此外也应允许他变更相应给付的履行方式,以消除过重负担的消极效果。

第三部分 评价和启示

1984年《秘鲁民法典》取得的成就世所公认,并且其目前进行的民法典改革工作也受到世界范围的瞩目。③ 但由于语言障碍和我国学者对发展中国家立法的有意识的遗忘,必然导致我们在借鉴他国先进经验而制定中国民法典的过程中,难免以偏概全,忽视像秘鲁这样和我国具有类似社会经济背景的发展中国家的经验和教训。总结其基本思路和具体内容,笔者认为,《秘鲁民法典》改革的主要成就对我国民法法典化颇具借鉴意义,理应受到中国民法学界的重视。

---

① Véase Jorge Joaquín Llambías, *Tratado de Derecho Civil*, *Obligaciones*, Tomo I, Editorial Perrot, Buenos Aires, 1994, ps. 256 y ss.

② 关于这一问题,参见〔秘鲁〕马西亚尔·鲁比奥·科雷阿:《秘鲁法典编纂中的给付负担过重》,徐涤宇译,载《第二届"罗马法·中国法与民法法典化"国际研讨会论文集》。在该文中,作者有效区分了四种情势变更的情形,并认为前三种情形应适用其他民法规则。

③ 秘鲁修典委员会已将其工作成果——《秘鲁民法典修正案》的条文和立法理由公布在因特网上,其目的在于广泛征求各国法学家的意见。

(1)《秘鲁民法典》的历次改革都是法学家积极推动的结果,这反映了立法者、司法者和法学家之间的一种良性互动关系。在这种关系中,立法和司法保持着必要的界限,理论界则从立法和司法中出现的问题出发,结合本国实际情况,吸收并消化国外最新研究成果,积极促进和参与民事立法活动。另外,《秘鲁民法典》的此次改革,更是明确了学说在司法判决中的地位和作用,其意义不可低估。

自新的合同法起草到颁布,我国也已掀起一股学者立法的热潮,这在一定程度上弥补了非学者立法的缺陷,唤醒了学者在法制建设中的使命感。但在这种热情的背后,我们也不得不承认,我国民法学界对某些基础理论的研究稍嫌粗陋,对国外一些最新成果未见吸收和消化,视野也仅仅局限于一些发达国家的立法经验,显得不够开阔。尤为重要的是,我们并未明确学说在立法和司法中的地位和作用,这造成理论界在面对立法者和司法者时,处于一种被动地位。当然,我国目前已进行的和正在进行的一些民间立法活动,大有扭转这种被动局面的勇气,这不可不谓之为一个进步。

(2)《秘鲁民法典》改革在立法技术方面也为我们提供了诸多启示。从民法典体系的构造来看,秘鲁显然遵循了潘德克顿式的体系构造方法。以债编的构造为例,其1984年《秘鲁民法典》第六编以"债"为题,就债的各种类型、债的效力作出一般性的规定,从而形成了债法总则;继而,该法典第七编将债的各种发生根据设定为五部分,并分别加以规定,这事实上是关于债法分则的规定。此外,在规定债的最重要的发生根据——合同时,又分别就合同通则和各种有名合同作出规定,从而在第二个层面上构成了总则—分则体系。这种多层次的总则化立法技术,构架了一个合乎逻辑、位阶关系较为分明的债法体系。但是,《秘鲁民法典》并不囿于《德国民法典》所构造的体系,而是顺应最新的体系构造方法,突破了德国、意大利等国的民法典体系,形成了独树一帜的风格。例如,总则—分则的立法技术容易造成原则与例外的复杂关系,在法律的适用中也因各编的关联而增加理解和适用的困难。① 于是,《秘鲁民法典》并未将人法、法律行为和时效制度构成为民法典的总则,避免了一些逻辑上的不严密性(如法人制度不能适用

---

① 参见王泽鉴:《民法丛书·民法总则》,台北2000年自版,第23、24、28、29页。

于继承编、家庭编等)。同时,该法典也未按民事权利体系的模式,就人格权单独设编,以使其成为和身份权、继承权、债权、物权并行的格局。这样一来,人格权被有机地纳入有关自然人的规定中,减少了理解和适用上的困难,也丰富了人法中人文精神的内容。①《秘鲁民法典》的这种体系安排,为我们构建民法典体系提供了新的思路。

此外,秘鲁学者在改革其民法典时对精确概念用语的近乎完美的追求,例如将"合同的解除"改为"合同所生之债的关系的解除",体现了其在立法技术上一丝不苟的精神。相比之下,我国合同法中许多用语就有欠科学(如合同的变更和转让、合同解除等),需要在以后制定民法典的过程中进行纠正。

(3)正如前述,《秘鲁民法典》最卓越的贡献在于,它全面体现了权利的人文主义和社会连带观念,摆脱了所有以个人和财产为主导理念的民法典的影响。这种注重对人本身的保护的立法例,强调人的权利能力始于受孕,将胎儿的地位上升为一种新的权利主体,坚决否定人格的物化,并对各种人格权提供切实的保护机制,实应为我国未来民法典所借鉴。

(4)在民事和商事活动的界限日趋模糊的当代社会,世界各国民法典的编纂和改革活动,如《荷兰新民法典》《魁北克新民法典》和《阿根廷新民法典》的起草,以及《秘鲁民法典》的改革,都以民商合一作为目标之一。《秘鲁民法典》的改革以此为基本思路,拟以一般企业法取代商法典,并在一定程度上将传统商法规范纳入到民法典中去,当能为我国未来民法典的设计提供一个参考方案。

(5)科学技术的迅速发展,对传统民法理论提出了挑战。而在如何改造传统理论并使民法典具有一定程度的前瞻性的问题上,秘鲁学者和立法者回应和创新的魄力及其提出的解决方案,也是值得我们学习的。

---

① 在对《秘鲁民法典》和《荷兰新民法典》《魁北克新民法典》进行体系对比时,笔者发现,三者在大的方面具有惊人的相似性,这也许说明了民法典体系构造的新趋向。

其他拉美国家民法典编纂研究

《波多黎各民法典》的重订进程

〔波多黎各〕马尔塔·菲桂罗阿·托勒斯* 著

徐涤宇** 译

> "……法典意在传输生活信念和正义,是价值的标准,或组织法律事务的纲领……"
>
> ——路易斯·佚斯-皮卡索

一、引言

1997年8月16日,波多黎各第85号法令①的通过,标志着其民法典重订工作的开始。其时也,至少在学者、法官、律师以及法律共同体之间,普遍可以感受到一种怀疑论的气氛。今天,在克服了自认为是迄今为止本人职业生涯中的最大挑战所带来的不安之后,笔者谦恭地承认自己也曾存有疑问。即便如此,在掂量议会就本人领衔这一工作所发出的邀请后,精神还是战胜了理智,于是笔者接受了邀请。尽管笔者曾收到不要"在这一事务上浪费时间"的建议,而此前计划的受挫以及某些同行的负面经验也曾证明这些建议是正确的,但笔者仍然勇敢地认为,该方案是可行的。更确切地说,笔者拒绝承认在我们国家没有这样一种意愿和能力:不再讨论我们百年法典修改的必要性,而是把先前的讨论付诸行动。从那时起,对于所有意在提前向笔者表示哀悼的人,笔者总是热情洋溢地感染并告诉他,我们只是为尽我们的

---

* 马尔塔·菲桂罗阿·托勒斯,波多黎各美洲际大学法律系副教授,《波多黎各民法典》重订及改革常设委员会执行主任。
** 徐涤宇,中南财经政法大学法学院教授。
① 2 L. P. R. A. § 141 y ss.

责任而殚精竭虑。至于其他人(包括那些必须行使其宪法上特别权利的立法者)的责任,不在我们控制的范围之内。就他们是否会履行其义务所作的思考,仅仅是一种无关紧要的考查,不过是在浪费时间。就这样,笔者促成机组人员登上这艘船舰,而今天,这艘船舰正一帆风顺地驶向地平线上已被描绘出来的港口。

  美洲际大学的民法研究所和该校法律系的法学杂志盛邀笔者撰文,以发表在关于美洲一些国家民法典之重订的专刊上,他们特别邀请笔者就《波多黎各民法典》重订工作的开展撰写一篇论文。该工作正处于民法典草案编纂的前期阶段,因此,这篇文章不同于刊载在该专刊上的另外一些文章,因为后者针对的是已完成的草案,甚至是已提交给相应国家之国会讨论的草案。

  尽管西班牙已通过1889年7月31日的王室法令把法典的效力扩展到我岛以及古巴和菲律宾群岛,但《波多黎各民法典》还是自1890年1月1日起生效。1902年,该法典由因主权变更而由重订委员会修正,1930年,现行《波多黎各民法典》获得通过。① 此后,该法典一直成为修正的对象,有些修正非常不适宜,有些则要适当得多,但它们同样和法典的其他部分不太协调。可以说,由于其重要性和深远影响,这些修正改变了已婚妇女的法律地位以及其他一些夫妻之间的权利和义务。②

  除了部分立法倡议,《波多黎各民法典》从未被整体地重订,亦未

---

① 关于《波多黎各民法典》的施行历史及后来的发展,参见〔波多黎各〕路易斯·穆略斯·莫拉勒斯:《〈波多黎各民法典〉:历史简述》,载《波多黎各美洲际大学法律评论》1932年第1卷,第75—100页;〔波多黎各〕路易斯·穆略斯·莫拉勒斯:《1930年后的〈波多黎各民法典〉修订》,载《波多黎各律师协会杂志》1950年第4卷,第13页。

② 参见〔波多黎各〕爱德华多·瓦斯圭斯·波特:《家庭法的改革:批判力的结果》,载《波多黎各美洲际大学法律评论》第13卷,第61页;〔波多黎各〕奥尔加·克鲁斯·希梅内斯·德·尼加略尼、马加立·奥斯达·德·库斯曼:《调整收益共有的法定财产制的新立法》,载《波多黎各律师协会杂志》1976年第37卷,第701页;〔波多黎各〕伊莎贝尔·皮科·瓦达尔:《收益财产管理改革的意义和结果》,载《波多黎各美洲际大学法律评论》1984年第18卷,第241页。

适当反映私的法律关系中产生的新范例。① 对此,有必要补充说明其他两个重要因素,这些因素表明《波多黎各民法典》并非不受所谓的"解法典化"潮流的影响。② 第一个因素是,特别立法经常被用来作为对法典和新的现实之间的断裂所作出的不适当回应,而有时它又是基于纯粹观念上的理由而作出的回答,这些立法的繁衍危及法典的统一性和协调性。第二个因素是由于判例的发展而发生的变迁,特别是那些在1952年《波多黎各宪法》获得通过后,因法典规范之宪法问题导致的变化。看似不重要,其实还算得上是波多黎各法遭遇的两种法律文化的持久对抗,而在此对抗中,该法典毫无疑问一直是深受影响的受害者。③

《波多黎各民法典》重订及改革常务委员会(以下简称"委员会")是由1997年8月16日通过的第85号法令(以下简称"85号法令")

---

① 多年来,已有许多关于重订民法典之必要性的呼声,这促成了一些重要法律文献的产生。同时,一些重要的法律讨论活动得以开展,从而就这一主题提供了富有价值的贡献。例如,1983年,《波多黎各美洲际大学法学杂志》[52 REV. JUR. U. P. R. 141(1983)]专刊刊登了"《波多黎各民法典》改革专题研讨会"上所提交的论文。该研讨会汇集了优秀的法学家,其中有本国的,也有外国的,他们就《波多黎各民法典》的重订以及魁北克、路易斯安那和欧陆一些国家民法典重订的经验,展开了重要的思考和讨论。此后,《波多黎各律师协会杂志》第52卷(1991年)刊登了1989年在波多黎各美洲际大学法律系举行的"《波多黎各民法典》百年纪念大会"上提交的论文。最近,《波多黎各律师协会杂志》第52卷(1998年)刊登了在"民法·合同法会议"以及"1898—1998年波多黎各民法之反思大会"上提交的论文。

② 关于解法典化现象的卓越论述,参见〔波多黎各〕路易斯·佚斯-皮卡索:《法典编纂、解法典和重订法典》,载《民法年刊》1992年第2分册第45卷,第473页。

③ 关于这一问题,毫无疑问必须参见〔波多黎各〕何塞·特里阿斯·蒙赫:《两种法律文化在波多黎各的冲突》1991年版;〔波多黎各〕丽亚那·菲约尔·马塔:《波多黎各法律方法中的民法与普通法》,载《美国比较法杂志》1992年第50卷,第783页;〔波多黎各〕丽亚那·菲约尔·马塔:《文本的审查:法律方法与跨文化》,载《波多黎各美洲际大学法律评论》1999年第68卷,第803页。

创设的。① 该法令授权委员会重订和改革《波多黎各民法典》,并完成该法令描述的里程碑式的任务,其目标是草拟一部和这个时代相适应的作品以及其他任务。② 这样,波多黎各议会承认重订调整私人法律关系之法律重要部分的重要性和必要性。当然,给予这一努力以连续性并避免政治变革的影响是不可或缺的。到目前为止,事实表明,这一任务中的利益平衡贯彻了政党路线。③

尽管85号法令在1997年8月获得通过,但直到1998年2月,委员会的各项工作才真正开始,并开始委任笔者为执行主任。工作的第一天,笔者只有一份85号法令的复印件和一间带有一张借用的办公桌的工作室。在此,笔者想指出,从后勤管理到重订工作本身的构建,这一工作的各个组成部分在当时必须同时进行。笔者开始了各项工

---

① 根据85号法令第2条(2L. P. R. A. §141a)的规定,委员会应由14位成员组成(每一立法机关有7人),并且应有两名共同主席,这些成员应分别由参议院和众议院的法律事务委员会主席任命。两个立法机关(指参议院和众议院的法律事务委员会——译者注)的主席亦为委员会的当然成员。分别由查列·罗德里格斯勋爵和厄蒂森·米斯拉·阿尔达隆多勋爵担任主席的两个立法机关任命的第一批成员为:由波多黎各参议院任命的有赫尔黑·A. 桑蒂尼·帕蒂亚勋爵(共同主席)、罗伯特·勒克萨奇·贝尼特斯勋爵、路易莎·勒布隆·乌达·德里维拉勋爵、肯尼斯·麦克·林托克·厄尔南德斯勋爵、赛尔赫奥·贝纳·克罗斯勋爵、欧达尔多·巴厄斯·伽里布勋爵,以及卢文·贝里奥斯·马尔蒂勒斯勋爵(后由马努尔·罗德里格斯·奥勒亚纳勋爵替代其职务);由波多黎各众议院任命的有阿尼巴尔·维加·波尔赫斯勋爵(共同主席)、勒奥尼德斯·迪亚斯乌尔比纳勋爵、奥古斯多·桑切斯·弗恩德斯勋爵、安赫尔·辛特龙·伽尔西亚勋爵、内斯托尔·阿鹏特·厄尔南德斯勋爵、阿尼巴尔·阿瑟维多·维拉勋爵,以及维克多尔·伽尔西亚·桑·伊诺森西奥勋爵。从2001年开始的四年一期的现任委员会则分别由安东尼奥·珐斯·阿尔萨莫拉勋爵和卡罗斯·维斯加隆多勋爵担任主席,其成员为:由波多黎各参议院任命的有欧达尔多·厄巴斯·伽里布勋爵(共同主席)、何塞·奥尔提斯·答利奥特勋爵、罗伯特·普拉茨·帕勒姆勋爵、拉斐尔·伊利萨里勋爵、希克斯托·厄尔南德斯·瑟拉诺勋爵、肯尼斯·麦克林托克·厄尔南德斯勋爵,以及费尔南多·马尔廷·伽西尔勋爵;由波多黎各众议院任命的有卡罗斯·厄尔南多斯·洛佩斯勋爵(共同主席)、俄克托尔·费勒尔·利奥斯勋爵、瑟维洛·郭尔贝格·托洛勋爵、维克多尔·伽尔西亚·桑·伊诺森西奥勋爵,其他三位成员尚未指定(现已补全——译者注)。

② 参见85号法令关于(立法)目的的说明。

③ 根据85号法令第2条(2L. P. R. A. §141a)的规定,少数派在委员会中应有代表。

作,为了使这一方案运行,并咨询了顾问和必要的雇员,他们一直是我们实现目标的组成部分。①

即刻需要做的是使立法者相信,该立法计划是一项大规模的、极其重要的计划,它不能按照传统的方式着手,同时,应避免委员会的资源被用来评估各种一般立法委员会按常规开展的立法计划。作为85号法令执行人中的成员,委员会的共同主席深谙此中"关节",但立法计划的其他成员却并非如此。逐渐地,所要求的工作规模和深度方面的准则建立起来,该准则证明,我们脱离通常立法机制的做法是正确的。尤其值得一提的,是那些继续向议会提交的法律草案以及以某种方式对民法典作出修正的草案。即便无人质疑立法者如此行事的宪法特权,但在试图弥补一部法典所应具备的完美和谐而进行修正的过程中,通过这些草案显然是不合逻辑的。然而,甚至最基本的逻辑也未能避免2000年9月1日第289号这样一个糟糕的法律获得通过,该法律把成年的标准降至18岁周岁,而没有考虑该决定对现行立法的冲击。一项如此欠妥的法律对法律制度具有的影响是众所周知的。②这正是我们需要避免的,而且,创设委员会的85号法令事实上极为明智,它规定委员会的共同主席应分别是参议院和众议院法律事务委员会的主席。此外,这也是体现了"《波多黎各民法典》重订工作指导准则"第5条的意图,它规定:"作为重订工作的一部分,对于那些向议会提交的、按照现行民法典规定的某种方式进行修正的法律草案,应考虑其一致性。"

在此意义上,笔者认为,我们从首任以及现任共同主席那里获得的帮助是决定性的,他们经常鼓励我们保持这一姿态。笔者过

---

① 委员会包括一个执行机关,该机关负责指导工作、任命和监管人事,并有权执行各种管理活动以及为贯彻85号法令的宗旨而有必要的一般活动(第4条和第5条,2L. P. R. A. § 141c 和 141d)。自其创设之时起,委员会就有两位专职法律顾问:律师莫林·贝利奥·拉莫斯和瑟萨·A·阿尔瓦拉多·托勒斯。完成向委员会提交的草案所需要的经费源自于一项年度立法拨款,该拨款由两个立法机关的预算均摊,而根据85号法令第13条的规定,这些预算应在"波多黎各自治领总预算共同决议"中明列。

② 目前,就议会而言,其第14届会议的决议意图使第289号法令(所谓的"未成年人、其父母或监护人以及国家之权利和义务的宣言"第3条)不发生效力。

去总是在想,唯有如此,才能实现85号法令的目标:对现行《波多黎各民法典》进行一场广泛的、结构性的、深刻的变革,在承认维持其法律传统及和谐、统一的特性之必要性的同时,使得法典适应当前的社会、经济现状。

重订工作的各个阶段,以及支持重订任务开展的其他计划和活动,将在下文简要叙述。①

二、重订工作的构思

在工作的第一阶段,要做的是把重订的性质和范围以及该工作的结构、方法和意义理论化。包括其他事项在内,在波多黎各及其合作者的范围内,所实施的重订前期工作是结合在一起做的:为了以其经验丰富我们的工作,对国外最新的重订工作进行了研究;举行了数次会议,包括行政听证和公共听证,使讨论目前重订工作之前景有利害关系的部门都有机会参与这些会议。② 构思阶段的工作被分为两个方面:对其他国家的重订工作进行调查和研究,并制定指导重订工作的准则。

(一)对国外重订工作的调查和研究

委员会所作的最初的一个决定,是确认建立某些联系的必要性,其对象包括致力于民法研究的机构和这一领域中著名的法学家和专业人员,特别是那些参与过国外民法典重订工作的人士。③ 通过调查和研究活动的展开,以及重要法律事务的参与,这一目标已经达成。已取得的经验证明,这一做法对委员会的工作特别有用,而且可以产生国际影响,这将使草案从其他国家的经验中汲取营养成为可能。

这样,就可以对魁北克省和路易斯安那州如何在最近20年里成功地重订其民法典进行详尽的分析。同样,我们也研究了《西班牙

---

① 至于对各项工作的详细分析,参见根据1997年8月16日85号法令第12条的规定而向议会提交的1998年、1999年和2000年的《〈波多黎各民法典〉重订及改革常务委员会年度报告》,载2L.P.R.A §141K。这些年度报告也可以在委员会的网页上获得,网址为:http://www.microjuris.com/comisioncodigocivil/。

② 参见上述年度报告第2卷,1998年年度报告附录G。

③ 对其他重订经验的调查并不限于那些被邀请者。它还包括巴西、荷兰、法国、意大利。在法典编纂活动中,这些国家有其重要性,并且它们也有考虑中的重订草案,或者是已经作出局部的实质改革,或者是已经全面改革其法典。

民法典》在最近数十年里如何实现重要部分的修订,它或者是为了与西班牙社会民主化所产生的新宪法规范保持一致,或者是为了导入基于其他原因而发生的变更。[①] 此外,我们也考察了最近数十年在阿根廷、玻利维亚、秘鲁、墨西哥和巴西如火如荼地开展重订工作的各种情势。

在阿根廷共和国,数十年里展开的多方努力最终汇聚为1998年的民法典草案,该草案已在是年12月被报送到司法部,并在1999年7月被提交到国家众议院讨论。[②] 同样,玻利维亚议会也正在讨论通过去年提交的一部民法典。在秘鲁,修正委员会正在起草一个初步修正方案,其意图是完善已施行15年的1984年《秘鲁民法典》。[③] 在墨西哥,一部新民法典在2000年5月获得通过。[④] 在巴西,其改革方案正待众议院全体会议的最后表决。[⑤]

通过对外国经验的调查,我们已收到当前或曾经分别在其国家参与重订工作的不同法学家的材料。同时,波多黎各也已融入对其他国家发生的不同改革趋势的讨论中,和这些国家一起,我们有着共同的民法法律传统或某些此类因素,例如,魁北克省和路易斯安那州的情形;再如,委员会参加了第二届民法国际会议,在其框架内,设立了一个将阿根廷、玻利维亚、秘鲁和波多黎各的改革委员会合为一体的常设委员会。为此,签订了一个关于联络和合作的协议,该协议使得各国民法典的重订及相应草案的传播和讨论的观点与信息的互通成

---

① 关于这一主题更为详尽的讨论,参见〔波多黎各〕奥古斯丁·鲁那·赛兰诺:《〈西班牙民法典〉的改革》,载《波多黎各律师协会杂志》,1988年第59卷,第117页。

② 参见〔阿根廷〕阿提略·阿尼瓦尔·阿尔特立尼:《1998年民法典草案:基础与前景》,载《阿根廷律师协会联盟杂志》1999年第1号,第21页;〔阿根廷〕路易斯·雷瓦·费尔兰德斯:《1998年民法典草案的立法技术》,载阿根廷的法律杂志:《法律》1999年第D期,第1100页。

③ 参见〔秘鲁〕马克斯阿里亚斯-希莱布·佩赛特:《民法典的光与影》,秘鲁学校图书馆出版社1991年版;〔秘鲁〕马克斯阿里亚斯-希莱布·佩赛特:《〈秘鲁民法典〉10年:效果考量与前景》,利马大学出版社1995年版。

④ 关于共同事项的联邦区民法典和关于全共和国的联邦事项的民法典的文本可在互联网上获得,网址为:http://www.asambleadf.gob.mx/pricip/informac/legisla/codigos/ind_civ.htm。

⑤ 2003年,《巴西新民法典》已生效。——译者注

为可能,其目的是深化理论工作。这一全球化的努力促使其他国家的重订委员会整合在一起,以有助于其工作和不同方案的交流。为便利读者了解和彰显协议的意义,特将其全文附录如下:

阿雷基帕纲要

以"秘鲁和阿根廷民法典改革委员会碰头会"和"《秘鲁民法典》15年及其改革进程"为题的第二届民法国际会议于1999年8月4日至7日在秘鲁阿雷基帕市举行。在此框架内成立的阿根廷、玻利维亚、秘鲁和波多黎各民法典改革委员会宣告:

一、法典编纂是表述私法最适当的方式,在所有法律体系中广受青睐的法典编纂活动亦证明此点。

二、该方法不可否认的有效性要求现行法典与时俱进,以使其适应新的社会、文化、政治、经济和技术现状。

三、法律—经济关系的国际化以及全球化的进程,要求在尊重各个社会的特殊性的同时,在一切可能的范围内,甚至在立法技术的一般规则方面,谋求法典编纂的统一。

四、由于同属罗马—日耳曼法系,从而具有一个毫无疑问的同质因素,所以私法相关部分的统一在拉丁美洲是可能的。

五、新法典的编纂或现行法典的重订,必须建立在一些基本原则的基础之上:

1. 和各国宪法以及一体化之共同体的可能管辖保持一致;

2. 接受并调整人权,使法典继续成为保护世人最直接和最有效的根据;

3. 保护弱者,并尊重具有同等协商能力的主体在相互关系中的意思自治;

4. 以切实可行的方式,在平等的框架内,改造缔约原则、信息程序和财产流转程序,使之符合现代需要,以建立与人民经济发展相适应的共同制度;

5. 承认新的财产权形式;

6. 建立均衡的民事责任制度;

7. 巩固家庭;

8. 尊重未成年人;

9. 承认印第安居民的文化身份;

10. 通过国内立法便利区域一体化。

六、阿根廷、玻利维亚、秘鲁和波多黎各各自的委员会承诺:

1. 为交换观点和信息而建立永久的联系;

2. 安排其各自工作的传播;

3. 促成其任务的迅捷完成,并促成按照前述原则制定的法典或改革方案获得通过。

七、为了所有上述目的,在阿雷基帕第二届民法国际会议范围内的各委员会协议如下:

1. 设立常设委员会;

2. 交换各自的改革和修正草案,以深化理论工作;

3. 邀请其他国家的民法典改革委员会共同参与本工作;

4. 下次会议的地点确定为玻利维亚共和国,待定日期不应超过自本日起6个月的时间;

5. 成立一个协调缔约委员会的执行秘书处,负责提议其他国家民商法典改革委员会的加入,并协调此后会议的召开。执行秘书处由阿根廷共和国负责至2000年8月,然后依协议其他国家轮流接替。

改革委员会各参加者于1999年8月7日签署本"阿雷基帕纲领",以示同意。

另一使其他国家之经验得以研究的贡献,是就民法不同事项之文献以及各改革委员会之工作的认同和取得。

最后,对于委员会的工作来说,能和一大群尊敬的法学家、学者、律师、议员和私人建立专业联系一直是根本性的,他们对《波多黎各民法典》的重订工作显示出极大的兴趣,并以其智慧贡献其建议和宝贵的经验。①

(二)重订工作的指导标准

重订或立法改革的工作要求制定某些作为方针或者宗旨的原则，

---

① 所联系之人依其所属国家而名列如下：德国：Stefan Leible, Karl August von Sachsen-Gessaphe；阿根廷：Héctor Alegría, Atilio Aníbal Alterini, Augusto Belluscio, Ambrosio Luis Bottarini, Aida Kemelmajer de Carlucci, Luis F. P. Leiva Fernández, Beatriz Martorello, Graciela Medina, Maria Josefa Mendez Costa, Julio Cesar Rivera, Horacio Roitman, Robeito lópez Cabana, (Q. E. P. D.)；玻利维亚：Juan Antonio Chahín Lupo, Mario Cordero Miranda；巴西：Walter Sztajnberg；加拿大：Jean Luis Baudouin, Jacques Chamberland, Pierre Charbonneau, André Cossette, Paul-André Crepeau, Edith Deleury, Aldeé Frentte, Francois Frenette, Marie-José Longtin, Ejan Mackaay, Sergé Ménard, Louis Perret, Jean Pinneau, Gil Rémillard, José Touchette；哥伦比亚：Jaime Ballesteros Beltrán, Fernando Hinestrosa, Mariana Gutiérez Dueñas；哥斯达黎加：Diego Baudrit Carrillo, Henry Lang, Victor Pêrez Vargas, Gerardo Trejos Salas；古巴：Olga Mesa Castillo, Luis Valenzuela；西班牙：Manuel Albaladejo Garc-ía, Joaquín Almoguera Carreres, María Isabel Alvarez Vélez, Alberto Ballarín Marcial, Roberto Blanquer Uberos, Luis Ma. Cabello de los Cobos y Mancha, José Ma. Castán Vázquez, José Luis De los Mozos, Silvia Díaz del Corral y Rivas, Luis Díez del Corral y Rivas, Luis Díez-Picazo, Diego Espín Cánovas, Manuel Gitrama González, Carmen Gómez Laplaza, Antonio Gullón Ballesteros, José Javier López Jacoiste, Ramón López Vilas, Isidoro Lora-Tamayo, Luis Martí Mingarro, Manuel Manuel Medina de Lemus, Luis Sancho Mendizábal, José Miura Fuentes, Antonio Manuel Morales Moreno, Rosa María Moreno Florez, Francisco Núñez Lagos, Julio Padilla Carballada, Antonio Pau Pedrón, Joaquín Rams Albesa, Francisco Ribero Hernández, Carlos Rogel Vide, José Ignacio Rubio San Román, Ignacio Serrano García, Concepción Sierra Ordóñez, Manuel Taboada Roca, María Telo Múñez, Rodrigo Tena Arregui, Juan Vallet de Goytisolo, Agustín Vifuri Bresa；美利坚合众国(路易斯安那州)：Willam Crawford, Alain André Levasseur, Saul Litbinoff, Symeon Symeon Symeonides, A. Yiannopoulos；(华盛顿特区)：Luis G. Ferrand；墨西哥：Ingrid Brena, Manuel F. Chávez Asencio, José de Jesús López Monroig, Jorge de Presno Larrañaga, Julián Güitrón Fuentevilla, Othón Pérez Fernández del Castillo, Carlos F. Pastrana Angeles, Javier Romo Michaud；巴拿马：Ulises Pitti；秘鲁：Max Arias-Schreiber Pezet, Francisco Avendaño Arana, Jorge Avenaño Valdéz, Eduardo Benavides Torres, Carlos Cárdenas Quirós, Javier de Belaúnde Sessarego, Augusto Ferrero Costa, Lourdes Flores Nano, Guillermo Lohmann Luca de Tena, Raúl Lozano, Jorge Muñiz Ziches, Luis Pizarro Aranguren, Nelson Ramírez Jiménez, Carlos Alberto Soto Coaguila, Yuri Vega Mere, Fenando Vidal Ramirez；多米尼加共和国：Carmen S. Herrera；委内瑞拉：Lourdes Wells Rivera。

这些原则首先应保证各项工作朝着确定的方向持续前进。就一部民法典而言,此为必要中的必要。在许多被调查的国家,我们找到某一类型作为公分母,该机制服务于前述各项目标。以此为目标,构思重订工作的成果体现为一个以"《波多黎各民法典》重订工作之指导标准"(以下简称为"指导标准")为名的文件,该文件于1999年拟定并获得委员会一致通过。它包含总体适用的指导标准(笔者将在下文中援引),以及分别就法典调整的各种主题特别列明的方针或宗旨。鉴于后者的广泛性,并且为了在总结时不过于疏忽,笔者建议参考该文件的全部文本,以供诸君审查。①

第1条 根据1997年8月16日85号法令授予的权限,兹授权委员会之执行主任,在咨询本委员会各成员的前提下,按照需要组建各工作组,以完成重订任务。对民法典所作的修改,应为多元的成果,亦应为所有有能力且乐于贡献各种展望和利益的波多黎各社会各阶层共同参与的成果。这些工作组应按不同主题组成,并应由法律共同体的代表(教授、律师、法官、检察官、财产登记人员、公证员)参加;应借助和重订事项相关的专业人员(社会工作者、心理学家、工程师、城市规划专家、建筑师、规划师、会计师、经济学家等)以及市民社会团体的代表。

第2条 各工作组须向委员会提交其建议和方案,委员会则应准备相应的立法措施,以提交议会。

第3条 《波多黎各民法典》重订工作须遵循下列标准:

重订工作应遵守我国民法传统的指导方针。

鉴于宪法及法律解释中须优先考虑的原则,且宪法已对立法者有所指令,并鉴于《波多黎各自治领宪法》后于民法典颁行,故必须根据合宪性价值另行解读其传统制度和文本。

重订工作应努力收集在解决实践提出的问题时出现的理论教训,并应考虑新的需要,寻求具有科学基础的或在本国、外国立法中已成为权威先例的,并且已在我国法学家中

---

① 参见委员会"1998年年度报告",网址为:http://www.microjuriscom/comisioncodigocivil/。

达成共识的解决方案。

应审查现行法中各种主题的体系或归类,并应确定对整体框架作出新的安排或变更是否必要。这一工作不应妨碍民法典维持其整体性,也不应妨碍对传统上形成的各种主题的维持。

应鉴别那些尽管继续构成民法典一部分但必须使之符合新的历史现实的法律制度。对于那些尽管科学理论或法学理论已作出相应矫正但仍维持其原初瑕疵的规范,应予以调整。此外,对于那些因当代语言的模棱两可,或因矛盾规范、不协调规范的存在导致歧义解释的规范,亦应阐明之。

对于那些因其试图调整的情势不具现实可能性,或因价值的转换以及社会—文化、技术、科学或经济因素的变化应废除的、不合时代潮流的规范,应鉴别之。

应导入那些和我们民法传统相容的法学上的发展,并应矫正那些由科学理论证实的偏差。

应鉴别那些应称为特别立法一部分的民法典规范,并评价其是否适宜被移动。对于那些由或应由特别立法考虑而不应进入民法典的规范,应作同样处理。

应对私法之特别立法进行鉴别和分类,并应确定该特别立法更适合纳入民法典而应被法典化,还是恰恰相反而应处于法典体系之外。

应特别注意语言的正确使用,并应避免表述模糊或文风缺陷。对于所保留的规范中的那些歧视性、蔑视性或不合时代潮流的语言,亦应替换之。

第4条 在尊重民法典重订工作及各机构的范围内,应考虑以前提交的各项工作、文件、计划和方案。

第5条 向议会提交的、旨在修改或以某种方式纳入现行民法典的各种草案所确认的事项,应视为重订工作的组成部分。

第6条 前述列举不应被理解为严格的或限定的职责。委员会、其工作人员以及为完成重订工作本身组成的工作组,可以认定其他应重订的事项和主题。

第7条 本委员会认识到,一切严肃的、负责的和出色的重订工作,都必然意味着一段相对较长的工作期间。为了协调各种紧迫的和可尊重的利益,兹授权执行主任在和其他管理机构协商的前提下,制定包含宗旨和特定任务以及执行时间和日期在内的工作计划。

三、重订工作的开展

指导标准一经委员会完全通过,重订工作即被分为四个阶段,其中已完成的第一阶段和第二阶段工作被极大地提前。这两个阶段的工作用了相当长的一段时间,它们为第三阶段和第四阶段的工作构建了一个参考框架。

（一）第一阶段:预备性研究

概言之,第一阶段的工作就是着手预备性研究,它完成于1999年年底。该阶段最初的任务是认定专业人员。来自本国不同大学的5位法学教授被挑选出来,他们从现行《波多黎各民法典》的框架出发[①],在如下领域进行了预备性研究:人法和家庭法(米格达利亚·弗拉提瑟伊·托雷斯教授)、物权(拉斐尔·李维拉·李维拉博士)、债法和合同总则(路易斯·穆尼斯·阿尔古厄耶斯博士)、合同分则(拉蒙·A.古斯曼·李维拉教授)和继承法(罗萨利奥·德·皮拉·费尔南德斯·维拉教授)。

预备性研究审查了《波多黎各民法典》的现行规定,并对每一主题作出了初步的诊断。此外,也分析了应废除的规范和应作最小修改的主题。最后,也指出了拟作的修改可能对民法典其他部分或特别立法造成的影响。[②]

（二）第二阶段:调查和法律分析

预备性研究是为第二阶段"调查和法律分析"的开展设计的参考框架。第二阶段需要近似地得出结论,其第一步工作是确认民法领域的法学家和专家,使他们组成研究不同主题的工作组。在最初采用的组织方案中,决定了工作组应按现行《波多黎各民法典》的结构组成,但为协调各项工作作了应有的调整。当时预见到,在某些情况下,必

[①] 该决定绝不意味着关于法典所应遵循的结构这一方面的关键性讨论已被回避,相反,由于审查该问题意义重大,所以决定在后来的阶段加以考虑。

[②] 欲查验"预备性研究"的全部文本,参见委员会在互联网上的网页:http://www.microjuris.com/comisioncodigocivil/。

须因主题的扩大创设分组,在另外一些情况下,则应考虑某些分主题在特定的总主题中的位置。

经过一段较长时间的评估、讨论工作,并且经过几次会议,组成了工作组及其分组,它们按以下方式构成一个整体:

1. 人法和家庭法

米格达利亚·弗拉提瑟伊·托雷斯教授(协调人)

伊利斯·卡马乔·梅棱德斯教授

依维特·拉莫斯·布奥诺莫教授

厄德纳·圣地亚哥·佩雷斯教授

佩德罗·席尔瓦·鲁伊斯博士

卡恩迪达·罗萨·乌鲁提亚·德巴索拉教授

萨拉·托雷斯·佩拉尔塔教授

2. 债法、合同法以及合同分则

(1)债和合同分组

路易斯·穆尼斯·阿尔谷厄耶斯博士(协调人)

哈维厄尔·厄切瓦里亚·瓦尔尕斯教授

拉蒙·A.古斯曼·李维拉教授

奥尔加·索勒尔·伯宁教授

(2)非合同民事责任分组

安东尼奥·S.内格隆·伽西亚教授(协调人)

卡洛斯·J.依利萨里·云格教授

罗伯尔多·托雷斯·安多马特教授

3. 物权

拉斐尔·李维拉·李维拉博士(协调人)

恩尼奥·科隆·伽西亚教授

安德雷斯·科尔多瓦·费尔普斯教授

马尔加利塔 E.伽西亚·卡尔德拉斯教授

安纳·I.伽西亚·萨乌尔教授

依维特·冈萨雷斯·布依特拉格教授

佩德罗·萨拉萨尔·迪亚斯—厄林博士

4. 继承法

罗萨利奥·德·皮拉·费尔南德斯·维拉教授(协调人)

西尔维亚·E·卡恩西奥·冈萨雷斯教授

依维特·科尔·德培斯塔尼亚教授

依利斯·高提厄尔·罗德里格斯教授

加尔门·特蕾莎·鲁果·伊利萨里博士

第二阶段的主要目的就是准备报告。这些报告要考察每一法律形态的历史渊源和演进,它在波多黎各法中的现状和在其他国家法律制度中的待遇,以及立法上和理论上的新趋势。这些报告应包括针对调整该形态的每一法律规范作出的特别建议。

至于序题和国际私法这一主题,委员会当时认为,在这一阶段不必组成独立的工作组。委员会自己的咨询顾问将完成该项调查事务。

除上述咨询小组之外,委员会还努力建立一个适当的基层组织,以便利并支持第二阶段的调查工作。作为这一努力的一部分,委员会构建了一个由国内所有法学院的学生组成的法律调查人员名册,这有助于加强各大学对重订工作的参与。

在第二阶段结束时,大部分调查工作将会完成,继续第三阶段工作(草拟民法典草案)的条件也将成熟。初拟阶段的工作将由类似于第二阶段的工作组来完成,尽管编纂工作的本质决定这些工作组将会变小。一旦初拟方案完成,就会接受不同部门的材料,以丰富此项工作并使委员会处于更有利的地位,从而进入拟定草案的第四阶段,该草案将提交议会讨论。

四、重订工作的补充性活动

在动议重订《波多黎各民法典》之前,人们对委员会之工作现有的制度框架和财政支持并无依赖。[1] 这就使得适当的人力资源可用于重订工作,同时也促使采取相当的努力去开展补充性活动,以支持与《波多黎各民法典》重订相对应的调查活动和分析工作。[2]

除了本文前述活动之外,委员会通过其成员、工作人员或从属人员直接参与了各种国际活动。我们可以列举如下参与:由(美国)图兰

---

[1] 《波多黎各民法典》的重订一经提出,对各种资源的支配就一直是所担心的事,甚至,这还被列举为此前重订企图失败的原因。参见〔波多黎各〕路易斯·穆尼斯·阿尔圭叶斯:《关于〈波多黎各民法典〉的修订机制的建议》,载《波多黎各美洲际大学法律评论》1985年第54卷,第159页。

[2] 所有活动均存档于"委员会年度报告"中。

大学法学院易森—维曼比较法中心举办的"混合法域之路易斯安那——缩影"会议(1998年);分别在阿根廷的门多萨(1998年)和哥伦比亚的波哥大(2000年)举办的家庭法国际会议;于阿根廷的圣大菲举办的第17届民法全国研讨会;西班牙司法部法典编纂委员会民法分会的一个会议;和西班牙法理与立法皇家学会成员的聚会;分别在秘鲁利马(1998年)和墨西哥城(1999年)举办的泛拉美律师联合会议,以及已经提到的第二届民法国际会议,即在这次法典编纂委员会碰头会(1999年)的框架内,通过了《阿雷基帕纲领》。委员会还参加了各种本地活动,它们包括1999年在波多黎各的圣胡安市举办的儿童和青少年法国际会议,以及2000年3月在波多黎各天主教教皇大学法学院举办的主题为"波多黎各民法典重订"的波多黎各法律周。1998年,委员会参加了两个由波多黎各律师学院主办的重要活动,这些活动使波多黎各和国外的杰出法学家的思想交流成为可能。两次活动中由参与者提交的论文对已开始的重订工作贡献巨大。《波多黎各律师协会杂志》为两次活动开辟了两期专刊。[①]

这些活动都是委员会在其职责范围内对分内事务的补充,以加强更多活动主题的广泛讨论。接下来,笔者将简要描述执行机构的倡导性方案,这些方案被用于支持调查活动。

(一)法律信息系统

为法律调查而开发的信息系统,在委员会掌握的进度中一直是一个基础的和决定性的项目,其中电信功用非凡。委员会注意到,适当掌握此类资源的必要和便利,占有了一套核心目的在于远程研究的信息系统,这一目标是通过因特网的运用和私人信息系统或信息库实现的。通过电子邮件的广泛使用,增加了专家和法学家直接沟通的可能性,通过和这些人的联系,他们在专题研究方面颇有价值的信息得到互换。

作为信息系统引进的一部分,在互联网上创设了一个与微观法学家(MicroJuris)法律信息公司合作的委员会网页。其目的是介绍委员会开展的各项活动,通过文件公布实施调查以及讨论处于考虑之中的各个专题。由此,扩大了重订工作的传播范围,同时也为专家、学生和

[①] 其全部内容请参见《波多黎各律师协会杂志》1998年(第59卷)第2期(主题为:"民法会议:合同法")和1998年(第59卷)第3—4期(主题为:"波多黎各民法之反思大会")。

一般市民的参与提供了珍贵的机会。

(二)比较栏目

1999年11月,为了支持各工作委员会的融合和便利各国民法典规范的比较,人们开始了对民法规范的比较研究。这一分析工作聚焦于对《波多黎各民法典》中各种制度之修改方案的比较,并对其他一些法典包含的心得或不同的法律制度进行鉴定。针对这一工作,人们主要利用了互联网,此项工作因调查之用的电子连接图书馆(BIENEL)而变得便利,该图书馆工程将在后文中介绍,它因经常更新而包含最新内容。如果有些法典只有其原文版本,人们就对其中一些进行灵活翻译。① 利用德国、阿根廷、玻利维亚、巴西、智利、哥斯达黎加、古巴、西班牙、法国、荷兰、意大利、美国路易斯安那州、墨西哥联邦区、尼加拉瓜、秘鲁、葡萄牙、加拿大魁北克省和委内瑞拉等国家或地区的民法典以及阿根廷、玻利维亚新民法典草案和现已通过的墨西哥联邦区民法典草案,我们建立了一些比较栏目。在有些情况下,我们通过和一些国家的议会或学术、专家机构进行电子联络,获得了最新的官方文献。②

(三)电子连接图书馆(BIENEL)

随着工作的开展,为了不丧失在所开展的调查中偶尔出现的有价值的信息,委员会逐渐在互联网上建立了一个连接表,这就使更广泛和更有现实意义的调查文献能为专家顾问和调查者所用,从而节约了时间和资源。

人们为创设电子连接图书馆,增加了连接表,并依主题对它作了分类。"BIENEL"是用以识别这一图书馆的缩写名称,该图书馆可即刻指向因特网上可链接的难以数计的信息资源。该图书馆处于微观法学家主页之委员会的网页中,可任由波多黎各和国际法律人士使用。这一资源库在逐渐扩大,其内容定期更新,因而可以继续成为对研究和调查的有用资源。

目前,BIENEL包括两千多条链接。尽管起初的目的是专门针对

---

① 由于工作的紧迫,委员会已暂停翻译工作,因此,在许多栏目中只有一些原文版本。

② 到目前为止,该项工作的资料只能由委员会参加第二阶段法律调查和分析工作的雇员和调查人员通过互联网在委员会的网页中获得。可期待的是,该工作将在2001年上半年完成。最终,这些资料将由整个法律群体所共享与利用。

民法主题,但面对网络上可用资源的多样性,委员会还是扩大了其范围,以便通过增加所有那些对委员会开展的工作有益的地址,使它成为一般的资料库。地址列表包括了许多国家的法律信息系统和民法典、刑法典、程序法典、法规、国际条约和协议的文本,以及判例、法律和科学杂志、论文、图书馆和书店目录,此外也包括国内和国际机构的地址簿、词典以及其他类型的、便于在无边无际的互联网空间上开展调查的文献和信息检索材料。

(四)定期通报

1. 即时法律信息(N.J.C.R.C.C.)

委员会组织了顾问和调查者之间的国际即时法律信息之电子流通工程,该工程的基础是订阅不同国家定期发布的免费信息公告的电子服务。这些电子服务公布立法新闻和文献新闻、各种观点的进展以及法院面临的最新问题,此外还公布所有类型的消息、新闻以及相关文章,一般情况下,它们提供一个摘要和某些评论,但有些电子商务服务也有其优势,能使人获得观点、法律、书评或翔实报道的全部文本。委员会电子邮箱中收到的邮件经审查后转发给顾问们和调查者,在寄发时一般对那些和研究中的主题相关的消息加以特别标明。

一般来说,即时法律信息的传播对顾问们和调查者极为有用,因为它使国际法律事务进入这些人的视野。

2. 波多黎各法律消息(NJPR)

委员会曾受邀合作实施伊比利亚美洲国家电子月刊计划,该计划首创了西班牙语的"法律消息"通报(N-Leggio)。我们的出版物被命名为《波多黎各法律消息》(NJPR),它通过互联网向订阅者免费提供服务。

《波多黎各法律消息》始于 2000 年 5 月,该计划的核心目的是,利用波什(Bosch)出版社在其电子通报中提供的空间,介绍民法典的重订工作;向国际社会较好地展示波多黎各法律事务。它包含法院的观点、立法、评论和书目简讯、关于各种会议及一般学术活动的信息,也包括各种文章及其他即时的有关事务。此外,每期还有以 NAVEG@NDO 为题的调查人员专栏,其中包括因特网上关于民法专题尤其是与出版的主要文章相关的法律链接。考虑到委员会在参加的国际事务中建立的各种关系以及《阿雷基帕纲领》的目的,这些通报曾被认为能成为介绍拉丁美洲法典编纂和重订工作的平台,因此,《波多黎各法律消息》开始在第 4 期通报中,开辟了一个刊登美洲各民法典重订工作之专题论文的专栏。①

五、本文之总结

法律乃为社会服务,并且,为完成其任务,法律应考虑社会的需要。时间不可避免地飞逝必然导致法律的不完善,法典也不免如此。因此,在承认我们对始终变化着的人类关系之范例并无永恒的解决方案的同时,有必要根据生活本身固有的变化反思法律规范,并始终能预见规范应如何被完善。立法者对此已有认识,因而决定通过《波多黎各民法典》重订及改革常务委员会的设立来重订这一重要的法律体系。

本文简介的各项工作的开展,证明了设立常设机构的必要性和有效性。该机构引导立法上的深层而认真的研究,以使立法超越深深分裂我们的各种意识形态,反映我国人民的现实。挑战是巨大的,因为在本委员会工作的基础上,构建的是波多黎各私法在21世纪初将走向的目标和方向。我们所有的人应以我们的庄严和职业精神负担起我们的职责。

活法观念应该成为法的特征,大师路易斯·迭斯-皮卡索的话可被用来对此进行概括:

> 如果立法者不维持法律规范的活力或者废除之,如果法官不直接适用规范,如果教授和学者不对规范加以分析,任何制度都不可能具有生命力。问题在于所有这些因素的整体调节。②

---

① 2000年5月,《波多黎各法律消息》第1期开始公示委员会工作状态的信息,在其中包含的多个网址上,可以找到各国民法典乃至某些草案和改革方案的文本。第2期刊登了阿根廷(民法典)改革委员会成员胡里奥·瑟萨尔·李维拉博士的一篇文章,该文对拉丁美洲法典编纂运动作了一个回顾,并且,为了实现2000年6月结束的波多黎各立法大会第十三次一般会议通过的重订任务,也部分预发了特别利益的立法。《波多黎各法律消息》接下来的数期,刊发了一些针对最新主题的民法研究论文,这些主题是法律群体讨论的对象,但被特别限定在各项任务的范围内。这些通报在 http://www.codigocivilpr.net 之委员会的网页以及互联网如下地址的"法律消息"栏中可以找到:http://www.noticias.com。

② 〔波多黎各〕路易斯·迭斯-皮卡索:《法典编纂、解法典和重订法典》,载《民法年刊》第45卷,第484页。